Klaus Hemmerle

Ausgewählte Schriften

Band 5

Klaus Hemmerle
Ausgewählte Schriften

Herausgegeben von Reinhard Feiter

Band 5

Gemeinschaft als Bild Gottes
Beiträge zur Ekklesiologie

Klaus Hemmerle

Gemeinschaft als Bild Gottes

Beiträge zur Ekklesiologie

Ausgewählt und eingeleitet von

Hanspeter Heinz
Anton E. van Hooff

Herder
Freiburg · Basel · Wien

Gedruckt mit Unterstützung
des Bistums Aachen

Herstellung: Wilhelm Röck, Weinsberg
Gedruckt auf umweltfreundlichem,
chlorfrei gebleichtem Papier
ISBN 3-451-23895-0

VORWORT

Mit diesem Band wird die Reihe „Ausgewählter Schriften“ von Klaus Hemmerle beschlossen. Die Beiträge zur Ekklesiologie bestimmt in besonderer Weise, was die Schriften Klaus Hemmerles insgesamt kennzeichnet: dem Dialog erwachsen und dennoch einem charakteristischen Gedanken verpflichtet zu sein, ebensosehr die Merkmale ihrer Entstehungssituation wie das Gepräge eines unverkennbaren persönlichen Sprachgestus zu tragen.

Diese Schriften erfordern es, von den Leserinnen und Lesern ins verstehende Gespräch geholt und in die kritische Auseinandersetzung gestellt zu werden. Die Bearbeiter und der Herausgeber der „Ausgewählten Schriften“ wollten dazu beitragen.

Darin wurden sie von vielen unterstützt. Die Edition in Rat und Tat mitgetragen haben Frau Sigrid Albus, Frau Marianne Bandel, Herr Hans-Werner Fröhlich, Dr. Eugen Maier, Msgr. Johannes Pasch, Dr. Ewald Vienken und Herr Joachim Wollenweber. Der Generalvikar des Bistums Aachen, Prälat Karlheinz Collas, hat das Entstehen der Ausgabe von Anfang an gefördert und mit persönlichem Interesse begleitet. Ihre Realisierung wäre jedoch nicht möglich gewesen ohne die stete kooperative Mitsorge von Herrn Diedrich Steen, dem verantwortlichen Lektor des Verlages Herder, und ohne die Hilfe der Mitarbeiterinnen und Mitarbeiter von Diözesanarchiv und Diözesanbibliothek in Aachen. Ihnen und auch denen, die nicht eigens genannt sind, sei herzlich gedankt.

Weil es das Anliegen dieser Ausgabe ist, den Zugang zum Werk Klaus Hemmerles offenzuhalten, ihn aber auch in neuer Weise zu eröffnen, findet sich im Anhang dieses Bandes eine vorläufige *Bibliographie*; am Ende der vorgelegten Auswahl stehend, soll sie Einladung und Hilfe sein zu eigener und weitergehender Beschäftigung.

Aachen, den 29. August 1996 *Reinhard Feiter*

INHALTSÜBERSICHT

EINLEITUNG

Im Vergleich mit anderen Traktaten zur Ekklesiologie fällt ein doppelter Überschuß auf. Ekklesiologische Fragen im strikten Sinn erörtert der Zweite Teil, der von Kirche als Institution, Strukturen der Mitverantwortung und von der Stellung des kirchlichen Amtes handelt. Diese Ausführungen werden im Sinne von Klaus Hemmerle im Gleichgewicht gehalten durch den breit angelegten Ersten Teil, der Kirche als Geheimnis des Glaubens von ihrer Herkunft aus der Dreifaltigkeit darstellt, und vom kurzen Dritten Teil, der den Kirchenbau als ästhetische Verdichtung eben dieses Geheimnisses auslegt. Der Vierte Teil „Ekklesiale Existenz in Dialog und Begegnung" trägt wie ein basso continuo sämtliche Motive und Themen des Bandes, die im Grunde nichts anderes sind als Reflexionen über die persönliche (und nicht nur seine persönliche) Existenz aus dem Glauben. Hemmerles theologische Reflexionen leiten sich ausdrücklich von der ekklesialen Existenz her, heben sie ins Wort und führen wieder zu ihr hin. Das läßt sich nicht zuletzt daran ablesen, daß viele Beiträge die Leserinnen und Leser direkt ansprechen. Bezeichnend für Hemmerles Ansatz ist auch, daß „sein Kirchenvater" Bonaventura heißt und sein Bonaventura-Buch den Titel trägt „Theologie als Nachfolge" (Christi). Die Gliederung des Bandes bietet ein Geleit an durch die Vielzahl der Themen und eine Hilfe zum Verständnis.

Dieser Überblick provoziert die Frage: Was treibt und bestimmt diesen Mann, sich so über Kirche zu äußern, aus welcher einenden Kraft und Intuition speist sich die offensichtliche Identität seines kirchlichen Wirkens? Klaus Hemmerle selbst hat sich den vielen Fragen, die sein Auftreten hervorgerufen hat, meist entzogen. Diese Scheu rührte aus seiner tiefen Überzeugung, die er mit der ihm eigentümlichen Diskretion schützte. Erst eine Woche vor seinem Tod gab er ein Interview, in dem er ungeschützt und öffentlich über eine Glaubenserfahrung erzählte, die ihn als Person geprägt hat und seinem ganzen Wirken den entscheidenden Antrieb gab.[1] Auch wenn nicht auszumachen ist, inwiefern diese Erfahrung von Anfang an all das enthielt, was der Rückblick nach fünfunddreißig Jahren wahrzunehmen meint, der Bericht legt auf jeden Fall den inneren Kern seiner Glaubensgestalt und den Impuls seines Denkens frei.

Das Ereignis, das für ihn sowohl einen ursprünglichen als auch einen maßgeblichen Charakter besaß, geschah 1958, als er zum ersten Mal der Fokolar-Bewegung begegnete. Aufhorchen läßt, daß Klaus Hemmerle von sich und von Gott erzählt, indem er über Menschen erzählt, die sich als Glaubensgemeinschaft zusammengefunden hatten. Er fühlt sich von ihnen eingeladen, an ihrer Erfahrung mit Gott teilzunehmen. Weil sie ihren Kreis für ihn öffnen, tut sich für ihn der Raum auf, in dem ihm Gott neu begegnet, in dem ihm seine eigene Erfahrung mit Gott widerfährt. Dieses initiierende Erlebnis hat sich auf sein ganzes Leben ausgewirkt.

Das Ereignis von 1958 eröffnet den geschichtlichen Kontext, den Hemmerle ebenso bewußt mitgestaltet, wie er sich von ihm prägen läßt. In der Begegnung mit Chiara Lubich, der Gründerin der Fokolar-Bewegung, in der gemeinsamen Verwirklichung ihres geistlichen Ideals liegt der Beweggrund seines vielfältigen Lebenswerkes. In sich ständig ausbreitenden Kreisen geht er auf Menschen zu, weil der Glaube sich nicht einengen läßt; immer wieder überschreitet er Grenzen, um andere zu erreichen: als Universitätslehrer, als geistlicher Berater katholischer Verbände, als Hirt innerhalb des eigenen Bistums („Weggemeinschaft"), als Bischof in Verantwortung für die Welt-Kirche, als Gesprächspartner in der Begegnung mit Wissenschaftlern, Politikern und Künstlern, als Glaubender in gemeinsamem Gebet und vertraulichem Dialog mit Gläubigen anderer Konfessionen und Religionen. Wenn er sich in all diesen Wirkungsbereichen zu Glaube und Kirche äußert, reflektiert er zugleich den Vorgang der mannigfaltigen Begegnungen selbst. Sein innerstes Motiv liegt im eigentlichen Glaubensgeschehen, nicht auf der Ebene einer äußerlichen Repräsentation, weil Glaube sich als Gemeinschaft und in Gemeinschaft vollzieht. Denn der einzelne soll nicht mit Gott allein bleiben, sondern zusammen mit anderen im ursprünglichen Sinne „Kirche sein". Klaus Hemmerle lebt aus dem Ideal der Fokolar-

[1] Siehe den Beitrag „Unser Lebensraum – der dreifaltige Gott", 296–305.

Bewegung, gerade weil er in dieser kirchlichen Gruppierung Eigenständigkeit wahrt.

Der maßgebliche Charakter dieser Glaubenserfahrung ist bereits angeklungen. Das Grundwort bzw. die Grundgestalt des Glaubensgeschehens heißt für Hemmerle „Gemeinschaft". In der Vieldeutigkeit dieses Wortes verbirgt sich der Anspruch jener komplexen Wirklichkeit, auf die es hindeuten soll. Glaube geschieht dort, wo drei unterschiedliche Weisen von Gemeinschaft so in eins fallen, daß jede Weise – wenn auch je unterschiedlich – für die beiden anderen den Raum bildet, in dem sie sich ereignen. Der erste Raum ist die Gemeinschaft der Glaubenden untereinander. Die Kirche ist nicht ein Verein von religiösen Gesinnungsgenossen, kein nachträglicher Zusammenschluß von Menschen, denen Gott bereits zuvor begegnet ist. Vielmehr ist sie in einem ständigen Werden begriffen; theologisch betrachtet entsteht sie jedesmal aufs neue, wenn alle einzelnen in ihrem Miteinander Gott persönlich erfahren. Der „Ich-Glaube" und der „Wir-Glaube" sind im Glaubensgeschehen deshalb untrennbar, weil es den Glauben des einzelnen nur als Teilnahme am Glauben der Gemeinschaft gibt. Glauben „geht" als Kirche. In sich und durch sich vermittelt die Gemeinschaft der Glaubenden einem jeden Gemeinschaft mit Gott.

In der Verschränkung von einzelnem und Kirche öffnet sich der zweite Raum: die Trinität. Im erwähnten Beitrag erzählt Klaus Hemmerle, wie er in einer Gemeinschaft gläubiger Menschen der Gegenwart Gottes gewahr wurde, einer Gegenwart, die aber nicht gestaltlos ist. In jedem Menschen erblickt er Jesus, das menschgewordene Antlitz Gottes. Das schließt die Entdeckung ein, daß er Jesus nur als den vom Vater geliebten Sohn lieben kann. „Wer mich gesehen hat, hat den Vater gesehen ... Glaubst du nicht, daß ich im Vater bin und daß der Vater in mir ist?" (Joh 14,9f.). So enthüllt die Weise, in der Gottes Gegenwart unter den Menschen aufgeht, das Geheimnis Gottes selbst. Gott bezeugt sich in der Gemeinschaft der Glaubenden, weil er, der eine und einzige Gott, in sich selbst Gemeinschaft ist, Liebesgeschehen von Vater, Sohn und Geist. Die dreifaltige Liebe ergreift Menschen, um aus ihnen eine Gemeinschaft der Liebe, Kirche zu bilden. Wie der Vater im Sohn ist und der Sohn im Vater, so ist der Drei-Eine im Raum der Kirche offenbar und Kirche im Raum der Dreifaltigkeit geborgen.

„Alle sollen eins sein: Wie du, Vater, in mir bist und ich in dir bin, so sollen auch sie in uns eins sein“ (Joh 17,21). Auf diese Entdeckung weist nicht nur sein bischöflicher Leitspruch hin: „omnes unum, ut mundus credat“, sondern auch die oft von ihm zitierten Sätze aus dem Johannes-Evangelium sowie das ständig wiederholte Wort des heiligen Cyprian aus Lumen gentium, Nr. 4: „So erscheint die ganze Kirche als ‚das von der Einheit des Vater und des Sohnes und des Heiligen Geistes her geeinte Volk‘.“ Solche Zitate verwendet er als Kurzformeln bzw. Chiffren für seine maßgebliche Glaubensintuition. Sie bildet auch die Grundlage, das Seinsgeschehen in Abhebung von der klassischen Substanzmetaphysik als trinitarische Ontologie neu zu denken. Trinitarische Ontologie ist zugleich, ja zuerst ekklesiale Ontologie.

Auch der dritte Raum, die „Welt“, d. h. die Menschenwelt im Sinne des Johannes-Evangeliums, gehört wesentlich zum Glaubensgeschehen. Dafür beruft sich Klaus Hemmerle nicht nur auf die Offenbarung, sondern wiederum auch auf seine Erfahrung im Glauben. Das gegenseitige In-Sein von Gott und Kirche öffnet sich für die Welt. Denn Gott geht es letztlich nicht um die Kirche als solche, sondern um das Heil der ganzen Welt. „Gott hat die Welt so sehr geliebt, daß er seinen einzigen Sohn hingab, damit jeder, der an ihn glaubt, nicht zugrunde geht, sondern das ewige Leben hat“ (Joh 3,16; vgl. 1 Joh 4,9f.). Die Rettung der Welt geschieht mithin in der gekreuzigten Liebe: in der Selbsthingabe Jesu bis zur Gottverlassenheit. Wie sich die Sendung des geliebten Sohnes in die geliebte Welt im Kreuz bezeugt, so ist auch die Sendung der Kirche als ganzer, ebenso die Sendung der einzelnen Glaubenden in Ämtern und anderen Charismen vom Kreuz geprägt. Darin liegt für Hemmerle eine unausweichliche göttliche und zugleich menschliche, zwischenmenschliche Realität.

In dieser Perspektive wird die Zumutung so mancher Äußerung im vorliegenden Band verständlich. Kirche erfüllt den ihr von Gott eingestifteten Sinn nur dann, wenn sie sich fortwährend auf Gott hin und auf Welt hin transzendiert, sich nicht als Institution in sich selber schließt. Der doppelte Überstieg vollzieht sich in der Gestalt des Kreuzes. Dieser Überzeugung entspringt Hemmerles innere Freiheit gegenüber der Institution Kirche, sein ungeduldiges Plädoyer für ihre ständige Erneuerung in der radikalen Einforderung ihrer doppelten Selbsttranszendenz.[2] Die Grundeinsicht, daß sich die trinitarische Liebe in der gekreuzigten Liebe offenbart und mitteilt, klingt als Leitmotiv im ersten und im letzten Beitrag dieses Bandes an.[3] Auf diesen beiden Pfeilern spannt sich der weite Bogen über alles, was Klaus Hemmerle auf seine Weise zum Geheimnis der Kirche zu sagen hat.

---

[2] Siehe die Beiträge „Wandelbares und Unwandelbares in der Kirche" und „Ist das Konzil schon angekommen?", 55–58; 60–71.

[3] Siehe die Beiträge „Die Ironie Gottes" und „Der Gekreuzigte", 18–26; 374–380.

ERSTER TEIL

Kirche als Geheimnis des Glaubens

Erstes Kapitel

Ursprung und Sendung

DIE IRONIE GOTTES

Etwas über die Kirche heute zu sagen ist einerseits beglückend und andererseits schwer. Schwer deswegen, weil die Kirche nicht nur von den anderen draußen, sondern auch von uns selbst immer wieder so schwer zu verstehen ist.

Ich erinnere mich gut an eine Erfahrung, die mir das besonders deutlich machte. Es war während einer Sessio des II. Vatikanischen Konzils, als mein Bischof die katholischen Geistlichen unserer Stadt zu einem gemeinsamen Gottesdienst mit ihm in den Dom einlud. Wir mußten mit Chorrock feierlich und würdig im Altarraum Platz nehmen, und unsere Blicke trafen sich, denn die Bänke stehen gegeneinander. Normalerweise ist man ja davor verschont, einander sehen zu müssen, aber hier waren wir einmal einander konfrontiert. Ich muß gestehen, als ich diese sehr unterschiedlichen Leute sah, da überkam mich ein leises Grauen, und ich sagte mir: „Um Himmels willen, aus dieser Portion Menschheit, diesem sonderbar zusammengewürfelten Gefüge, soll Gott etwas fertigbringen können? Wenn ich da an irgend jemand denke, der auf der Straße draußen läuft und dem es nicht einfällt, in solch einen Gottesdienst zu kommen, dann habe ich es leichter, mich mit dem zu verstehen, als hier mit diesen sonderbaren Confratres neben mir. Wie sollen wir unter einen Hut kommen, wie sollen wir die Stelle des Wirkens Gottes in der Welt sein?“

I. Weil Gott barmherzig ist*

Gerade bei dieser Schwierigkeit überfiel mich zugleich ein anderes: Genau das ist es, was Gott mit seiner Kirche zeigen will. Genau das ist es, daß er aus Menschen, die so unterschiedlich, die „Juden und Griechen“ sind – um es in der Sprache des Neuen Testamentes zu sagen –, etwas machen kann. Nicht weil wir prima, nicht weil wir die besten Menschen sind, nicht weil man sich auf uns verlassen kann, sondern allein aus dem einen Grund: weil Gott gnädig, weil er barmherzig ist. Weil er der Menschheit zeigen will, daß er aus solchen „Figuren“ etwas machen kann, daß sie die Zeugen seiner Gnade, seines Erbarmens, seines Daseins mitten in der Welt sein dürfen.

Und wie ich jetzt zu diesen Menschen ja sage, daran bewährt es sich, wie echt, wie ehrlich, wie radikal ich ja gesagt habe zu Gott, zu seiner Tat in Jesus Christus, zu dem, was sein Wirken, was Kirche ist – nicht nur als ein äußerer Verband, sondern als sein Wirken für die Menschheit und in der Menschheit.

Wenn man mich fragen würde, was ich am meisten in der Welt liebe, was mir das Kostbarste in der Welt ist, könnte ich wirklich nichts anderes sagen als: die Kirche! Allerdings, wenn man mich fragen würde, was das Vergänglichste in der Welt ist, was am meisten anders werden muß, müßte ich wiederum sagen: die Kirche!

Warum liebe ich die Kirche über alles, was ich in der Welt habe? Deswegen, weil ich daran glaube, daß in dieser Kirche mit all ihren Mängeln, mit all ihrer Not, mit all ihrer Vorläufigkeit, mit all dem, was anders sein könnte an ihr, Gott zur Menschheit steht. Und wenn ich alle Menschen liebe, dann muß ich gerade, wenn es mir um die Menschen geht, die Kirche lieben. Denn Kirche ist nichts anderes als das Zeichen dafür, daß Gott Menschen, wie sie sind, in ihrer Armseligkeit, in ihrem Nichts, in ihrer Vorläufigkeit und Relativität angenommen und ernst genommen hat. Mein Ja zu allen Menschen ist also dadurch real und wirklich, daß ich sie hineinstelle in dieses Ja Gottes, in sein Handeln, in seine Gnade, in sein Erbarmen mit den Menschen. Und das erfahre ich daran, daß ich mit anderen, die diese Kirche bilden, zusammengehören, daß ich diese Menschen und mit ihnen alle anderen annehmen darf daraufhin, daß Gott uns selber in Jesus Christus angenommen hat.

Freilich, diese Kirche ist gerade deswegen auch furchtbar endlich, so endlich, wie Menschen es eben sind. Sie ist so endlich und relativ, wie es Geschichtliches eben ist. Kirche, das ist – wenn wir darauf schauen, was Jesus eigentlich bringen wollte, das Reich Gottes, die Herrschaft Gottes, in der die ganze Schöpfung eins ist in Gott – geradezu eine „Ironie“. Kirche, das ist Struktur, Institution, Amt, Sakrament, Grenze, Dogma, Endlichkeit, Trennung voneinander. Aber es muß so sein, weil sonst die Endlichkeit, die Wirklichkeit, die jetzige Stunde, nicht ernst genommen würde. Kirche in all dem wird vergehen. Sie ist nicht ein Götzenbild, an dem wir uns festhalten dürfen, aber sie ist der Ort, an dem wir unser Ja zu Gott konkret sprechen können und an dem wir glauben können, daß Gott zu uns konkret ja gesagt hat.

Über das, was Gott in der Kirche will, was Gott sich dabei gedacht hat, als er Kirche wollte, möchten wir kurz nachdenken.

II. Einssein als Zeugnis für den Dreifaltigen*

Gott hat ja zum Menschen gesagt, er liebt den Menschen. Und wenn er liebt, dann ist seine Liebe so total, wie er selbst eben total ist. Er ist Liebe, und deswegen kann er aus seinem Handeln, aus seiner Liebe nichts auslassen. Alles, was er ist und was er hat, muß er in diese Liebe zum Menschen investieren: sich selbst! Er hat sich so radikal investiert, daß er sich selbst in diese Menschheit hineingegeben hat, in seinem Sohn, in der Inkarnation. Christus ist die Selbstinvestition Gottes in diese Menschheit hinein. Aber wenn es nur Jesus Christus gäbe, wenn nur er da wäre, dann wäre Gott in der Menschheit nicht ganz da. Wenn es nur diese eine Person, diesen einen Menschen gäbe, in dem Gott anwesend ist, wenn es Jesus Christus nur als isolierten Punkt in der Menschheitsgeschichte gäbe, dann hätte Gott sich nicht ganz hineingegeben, wenngleich der ganze Gott in Jesus Christus da wäre. Gott wäre trotzdem noch einer, der irgendwo einsam da oben steht, er hätte in Jesus Christus gleichsam eine Kontaktstelle, eine Leitung in die Welt hineingegeben. Was er aber selbst ist, die „Innenseite" Gottes, das wäre noch weit weg.

Gott ist nicht nur die Vertikale, nicht nur „der da oben" – selbstverständlich ist er es und muß es bleiben, und wehe uns, wenn wir diese Vertikale umstürzen! Vielmehr ist Gott auch in sich selbst horizontal, ist er in sich selbst Gemeinschaft, dieses unendlich liebende Du-Sagen von Vater und Sohn zueinander im Heiligen Geist. Nur dann ist Gott ganz da, nur dann erfahren wir ihn ganz, nur dann hat er sich uns ganz geschenkt, nur dann ist sein Ja zum Äußersten und Letzten bezeugt und Wirklichkeit geworden in dieser Menschheit, wenn er selbst uns auch dieses horizontale Geschehen schenkt und wir auf unserer Ebene Gott so finden, daß er als Gemeinschaft hier unter uns lebt, daß das, was zwischen dem Vater und dem Sohn lebt, in unserer Mitte, zwischen uns, lebt.

Jesus hat in seinem Hohenpriesterlichen Gebet, wie es uns Johannes überliefert (vgl. Joh 17), nicht nur darum gebetet, daß wir mit dem Vater eins seien, wie er mit dem Vater eins ist – das ist sicher die Voraussetzung –, sondern er hat das im Grunde Unerhörte dazu erbetet, daß wir *untereinander* eins seien, wie der Vater und der Sohn eins sind. Dieses Leben Gottes – das heißt, wie Vater und Sohn zueinander stehen, miteinander sind, einander ganz annehmen, einander sich ganz und gar verschenken, so daß alles, was der Vater hat, auch dem Sohn zu eigen ist und umgekehrt –, das hat er für uns als das Leben erbeten, das wir miteinander führen sollen.

Ich nehme dieses Wort ganz ernst und glaube, daß es keine Spekulation ist, sondern daß dieses Gebet Jesu die große Verpflichtung ist, nach der wir streben müssen, das, worauf letztlich alles ankommt. Nicht umsonst heißt es dort: „Daß sie eins seien in uns, damit die Welt glaube, daß du mich gesandt hast" (Joh 17,21). Das eben ist die Kirche, Kirche als Handeln Gottes: daß solche Einheit, wie sie in Gott lebt, zwischen uns leben kann durch Gott, aus ihm, daß er sich der Welt bezeugen kann, er, der entzogene, dreifaltige Gott, in unserem Einssein miteinander. Nur dann hat mir der Sohn alles geschenkt, was er in sich hatte, wenn er mir schenkt, daß ich in einem, der mir gleich ist, Gott selbst finden kann. Nicht im Sinne einer Verklärung des Menschen, einer humanistischen Anmaßung, in einem Sich-Aufwerfen des Menschen zu Gott, sondern darin, daß Gott selbst sich in diesen anderen und in mich hineingesenkt und hineingeschenkt hat, daß aus Gott und durch seine Gnade zwischen uns Menschen gegenseitige göttliche Beziehung wird.

Das ist das Maß der Kirche, darum geht es, dafür lebt Kirche, das soll Kirche der Welt schenken. Nur nach solchem Leben, nach solcher Fülle sehnt sich der Mensch, und nur wenn das dem Menschen geschenkt wird, wird er die Fülle seines Lebens und die Fülle seiner Menschlichkeit finden. Denn alles Streben des Menschen nach Menschlichkeit ist im Grunde Streben des Menschen nach göttlichem Leben, das er von sich aus nie erreichen kann, das ihm aber Gott in Jesus Christus geschenkt hat. So gehört die Kirche als die gegenseitige Beziehung zueinander – wie der Vater und der Sohn eins sind – in die Mitte des göttlichen Handelns hinein, sie „ist“ der in der Welt handelnde Gott. Hier kommt Gott in der Welt zur Darstellung, zur Wirklichkeit und Wirksamkeit.

III. Einssein im Zeichen des Kreuzes*

Solange man derlei nur sagt, bleibt es eine schöne Theorie, und es besteht die Gefahr, daß wir uns in die Meinung hineinträumen, das sei köstlich und wunderbar, aber daß wir im Grunde nichts an unserem persönlichen Leben und Dasein ändern. Wir müssen folgenden Schritt tun: Wir müssen einmal den Satz, daß Vater und Sohn ganz eins sind, daß sie sich ganz gehören, aus dem Verstand, aus der Spekulation, ja auch aus der Dogmatik herunterziehen in das Leben, um zu sehen, wie denn Jesus Christus sein Einssein mit dem Vater real und mitten in der Geschichte gelebt hat.

Wie hat er es selber gezeigt, daß er mit dem Vater ganz eins ist? Ganz gewiß in der Innigkeit und Freude der Hingabe an seinen Willen, ganz gewiß darin, daß er jede Stunde und jeden Augenblick bereit war, den Willen des Vaters zu tun. Am tiefsten und radikalsten aber so, daß er die äußerste Verlassenheit, die äußerste Ohnmacht, das äußerste Nicht-mehr-Können, Nicht-mehr-Mögen, Nicht-mehr-Wollen, Nicht-mehr-Sehen, Nicht-mehr-Empfinden zum Rohstoff seiner Einheit mit dem Vater gemacht hat. Er wollte und konnte nicht mehr, er hatte einen Ekel gegen den „Kelch“, aber doch hat er gesagt: „Nicht mein Wille geschehe, sondern der deine“ (Lk 22,42).

Er hat den Vater nicht mehr verstanden, er hat nicht nur im Sinn einer frommen Zitation den 22. Psalm gebetet, sondern er hat ihn gebetet als Ausdruck dessen, was er selber war: am Kreuz ausgespannt zwischen Himmel und Erde. „Gott, mein Gott, warum hast du mich verlassen?“ (Mt 27,46). Und gerade darin hat er sich ganz dem Vater ausgeliefert. Das Kreuz ist die Stelle, an welcher Gott die Einheit mit Gott zeigt. In weltliche Verhältnisse, in die äußerste Wirklichkeit unseres Daseins übersetzt, heißt Einheit von Gott mit Gott, Einheit des Vaters mit dem Sohn: „Gott, mein Gott, warum hast du mich verlassen?“ Und trotzdem Ja zum Vater – das ist göttliche Einheit, gelebt mitten in unserer Welt der Schuld, der Trennung, des Irrtums, der Spaltung, des Fernseins von Gott. Unser Fernsein, unsere Sünde, unser Gott-verlassen-Haben macht Gott zum Ort seiner Einheit mit Gott. So realisiert Gott sein innergöttliches Einssein mitten in der Welt, eingebohrt in die Wirklichkeit der Welt, auf Golgatha, am Kreuz, im Schrei der äußersten Gottverlassenheit.

Und das zeigt, daß Einssein miteinander, daß Kirche-Sein alles andere eher heißt als ein netter Club von freundlichen Leuten sein, die es im Grunde ja alle gut meinen und die alle ein gewisses überirdisches Bedürfnis nach einem höheren Wesen haben und die Jesus für einen ausgezeichneten Menschen halten, der etwas mit diesem Gott zu tun hat. Nein, es heißt, daß wir in der äußersten Härte und Dunkelheit, wenn wir uns nicht verstehen, wenn wir es nicht mehr miteinander aushalten, daß wir gerade dort radikal aneinander verwiesen sind. Dort müssen wir auf Gott im anderen schauen. Das darf natürlich nicht heißen, daß wir über den anderen wegsehen, daß der andere uns nur zur Attrappe Gottes wird. Dieser andere ist von Gott angenommen, so wie er ist, mit all dem, was mir auf die Nerven geht, was mir ideologisch, komisch, vordergründig und banal an ihm vorkommt. Dort hat Gott sich mit diesem anderen identifiziert. Nur wenn ich mich mit ihm so, wie er ist, identifiziere, nur dann identifiziere ich mich mit Gott. Kirche sein, Kirche leben heißt ein menschlich nicht mehr begründbares, ein von unserem Gefühl und Geschmack nicht mehr verantwortbares Ja zueinander sagen.

Es ist sonderbar, was darin eingeschlossen ist. Darin ist eingeschlossen, daß ich ja sage dazu, daß es ein Amt in der Kirche gibt, daß ich ja sage zur Sonderbarkeit dessen, daß es ein menschliches Wort gibt, in dem mir Gottes Wort begegnet. Es gehört dazu, daß ich ja dazu sage, daß in einer irdischen Institution, die besser sein könnte, Gott zu mir ja sagt. Es gehört dazu, daß ich ja sage zu einem, der ganz anders denkt und ist als ich, weil Gott ihn angenommen hat und weil Gott mir in ihm begegnet. Das ist der Auftrag an die Kirche, das ist es, was wir immer wieder neu versuchen müssen, was uns total überfordert, weil wir es nicht können, weil nur Gott allein in uns es kann.

Wenn solche Gegensätze wie Juden und Griechen eins werden, so daß im Epheserbrief auch angesichts der Spaltung in der Gemeinde der Hymnus gesungen werden kann „Er ist unser Friede“ (Eph 2,14), dann ist es notwendig, daß auch zwischen Progressiven und Konservativen, zwischen Pietisten und Orthodoxen, zwischen Menschen verschiedenster Lager und Meinungen letztlich um Jesu willen, durch ihn und von ihm allein her eine Einheit, ein Einssein wachsen kann. Das ist eine ungeheuerliche Verantwortung für uns. Daß wir gespalten sind in verschiedenen Kirchen, ist eine Last. Aber wenn schon die Last schlechthin, die Schuld, die Sünde, von Gott verwandelt werden konnte – wobei gerade aus dem Warum unserer Gottverlassenheit Gott die tiefste Einheit mit Gott leben konnte –, dann ist unser Zerspaltensein in die Kirche hinein nur ein Aufruf dazu, daß wir noch viel tiefer, radikaler, abgründiger, ja noch göttlicher dieses Einssein von Vater und Sohn zwischeneinander suchen müssen und können.

Das Ja zueinander heißt auch ein Ja dazu, daß in dieser Kirche, zu der dieser andere gehört, Menschen um Jesu willen beieinander sind und Jesus in ihrer Mitte lebt, daß wir uns gegenseitig radikal an- und ernst nehmen. Aber es gibt kein anderes An- und Ernstnehmen als im Zeichen des Kreuzes Jesu Christi. Und das heißt, es wäre ein Verrat, wenn wir dächten: Jesus will die Einheit, also machen wir uns eins, was uns trennt, ist egal, wir können uns schon verständigen und durchlavieren, wir meinen es doch alle gut, wird setzen uns ganz einfach um denselben Tisch, dann wir der Herr schon in unserer Mitte sein. Das hieße, um das, worauf es ankommt, genau einen Bogen machen. Das ist die eine Fehlform. Und die andere ist die, daß wir sagen: Den anderen liebe ich schon, aber seine Kirche ist fatal, ich schaue, wie weit ich mit ihm kooperieren kann, im übrigen ist er eben etwas komisch, ich vielleicht auch, aber jeder behält seinen eigenen Glauben und seine Konfession privat für sich, eingepackt in den „Plastikbeutel“ seiner unantastbaren Rechtgläubigkeit.

Wir müssen uns einfach zumuten, daß wir diese Spannung des Kreuzes, die *wir* nicht aushalten können, *von dem her* aushalten, der am Kreuz hängt, daß wir sie in uns von ihm aushalten lassen: ein radikales Ja zueinander, das trotzdem in der ganzen Ehrlichkeit des Ringens um ihn sich Stück um Stück an die Arbeit macht. Wir dürfen uns nichts ersparen, wenn der Vater und der Sohn sich nichts erspart haben. Denn wenn wir uns etwas ersparen, dann ersparen wir uns ihn, und ihn dürfen wir uns nicht ersparen. Und das heißt ebenso, in allem Ernst des Ringens um ihn, aufeinander zugehen, in der ganzen radikalen und unendlichen Liebe, die ihn mit dem Vater verbindet, aufeinander zugehen. Wir werden von daher unwahrscheinlich schöpferisch werden, es werden neue Kräfte entbunden werden durch ihn in uns, um uns zu finden, um aufeinander zuzugehen, um neue Wege zu finden; aber nicht Wege an ihm vorbei und um ihn herum, sondern mitten durch ihn und durch sein Kreuz hindurch.

Das ist die Aufgabe der Kirche, darauf kommt es letztlich an, und das ist meine Hoffnung für die Kirche. Die Kirche, die hineingerät in die äußerste Not und Verlassenheit, hat Anteil an ihm. Alles, was es in der Menschheit an Not, an Fragen, an Schwierigkeiten gibt, muß in den Kirchen leben, muß ausgestanden werden in ihm, und wir müssen voneinander ausgestanden werden in ihm, und wir müssen in ihm die Tür zueinander haben, die Tür, die uns gerade dort verbindet, wo wir uns nicht verstehen, wo das Warum stehen bleibt. Ich glaube daran, daß in jedem von denen, die eine andere Konfession haben als ich, Jesus Christus am Werk ist. Ich glaube daran, daß in der Gemeinschaft, zu der er gehört, Jesus Christus am Werk ist. Ich bete Jesus Christus an in einem jeden einzelnen von ihnen, ich bete Jesus Christus an in der Mitte einer jeden dieser Gemeinschaften. Gerade in dieser äußersten Haltung der Ehrfurcht und Anbetung zu ihm müssen wir einander ertragen, aufeinander zugehen, miteinander gehen, bis er ganz und gar in unserer Mitte ist.

Als „Gedanke“ ist das harmlos. Doch eines Tages fiel mir auf, daß ich ihn als einen bloßen Gedanken konserviert hatte, mich aber im Grunde doch behäbig und freundlich und glatt innerhalb meines eigenen Zauns wohl fühle und dort, wo ich die anderen nicht mehr verstehe, versuche, Höflichkeit und Respekt walten zu lassen, aber bei mir bleibe. Aber wenn ich Gott nicht überall annehme, wo er lebt, wenn ich Gott in der Kirche meines getrennten Bruders nicht liebe, wenn ich mir den Weg des Schmerzes, der Auseinandersetzung, der Liebe, des Aushaltens, des Warum erspare, dann habe ich nicht wirklich ja zu Gott gesagt. Es ist einfach notwendig, daß wir diese Entscheidung sehen und treffen. Entscheidung für Gott heißt Entscheidung für den Bruder und für Jesus – auch in der Mitte der getrennten Brüder in der anderen Kirche.

Diese Entscheidung zu treffen im letzten Ernst, in der letzten

Redlichkeit meines Glaubens an ihn und in der Verbindlichkeit meiner eigenen Kirche, das ist der Weg. Es gilt, Gott lieben, ihn selbst annehmen, radikal, ganz und gar, durch sein Kreuz hindurch in denen, die anders sind als ich. Dann wird er in unserer Mitte sein können als der Auferstandene, der zu uns und zu den Kirchen sagt: „Seht, ich mache alles neu!“ (Offb 21,5).

MERKMALE DER KIRCHE – KENNMALE DES GEISTES

I. Zum geistlichen Ansatz des pastoralen Dienstes

Es kann berechtigterweise viele Motivationen und Anlässe geben, einen pastoralen Dienst in der Kirche zu übernehmen.

Vielleicht geht es uns zunächst ganz einfach um den Menschen. Wir haben Menschen gerne und wollen, daß sie leben und wahrhaft Mensch sein können. Und dabei entdecken wir, daß der Mensch eine Mitte braucht, die tiefer innen in ihm ist als sein Innerstes, und ein Ziel, das höher gesteckt ist als das, was sich durch eigene und andere Kraft erreichen läßt. Gottes in Jesus gesprochenes und vollbrachtes Ja zum ganzen Menschen nimmt uns in jene Dimensionen mit hinein, die Jesus in seiner Zuwendung zum Menschen eröffnet hat: Erlösung von Schuld und Sünde, Gemeinschaft mit Gott in der Gemeinschaft miteinander. Weil es uns um den Menschen geht, geht es uns um den Gott für den Menschen, um die Kirche für den Menschen.

Oder wir werden einfach davon nicht losgelassen, daß Gott Gott ist, daß trotz aller Verdunkelungen und Verschattungen dieses Gottes er der Lebendige ist und Leben nur mit ihm wahrhaft Leben ist. Wir wollen dasein für ihn und mit ihm. Und dabei entdecken wir: Dieser Gott wendet sich dem Menschen zu, wagt sich aus der Wolke seines Geheimnisses heraus, er ruft und sammelt Menschen und gibt sich selber für den Menschen hin. Und so nimmt uns die Zuwendung zu Gott in die Kehre Gottes zum Menschen hinein; Dienst am Menschen wird uns zum Vollzug des Gottesdienstes.

Oder wir sind bewegt von Erfahrungen mit der Kirche, positiven oder negativen. Daß es da einen Lebensraum unter Menschen gibt, der sich nicht in den Zweckdienlichkeiten und Interessen erschöpft, daß es da eine Gemeinschaft gibt, in der es um Gott selber und um den Menschen selber geht, das ist uns auf die Seele gefallen. Wir wollen, daß Kirche dem Maß Gottes und des Menschen mehr entspreche, daß sie glaubwürdiger und wirksamer auch heute gegenwärtig sei in dieser Welt. Wir wollen uns dem zur Verfügung stellen, wollen uns einlassen, auch auf ihre Armseligkeit, um in ihr Gottes größeren Plan mit dem Menschen zu verwirklichen. Vielleicht haben wir auch einfach vieles von dieser Kirche empfangen, hat sie uns selber Tiefen unseres Lebens und Horizonte unserer Sicht erschlossen, die wir nicht für uns behalten, sondern anderen weitergeben wollen.

Was immer für uns im Vordergrund steht, bei näherem Zusehen spielen alle drei Größen jeweils ineinander: Gott, die Menschen, die Kirche. Pastoraler Dienst bedeutet für den, der ihn übernimmt, diese dreifache Option: für Gott, für den Menschen, für die Kirche. Sie kann und muß zur beständigen Anfrage an unser Tun und Sein werden. Sie allein kann uns vor Verengung oder Verflachung schützen.

Aber was heißt das? Verdeutlichen wir es uns noch einmal: Wie ist dieser Gott? Er *ist* Gott, ist der je Größere, der sich nicht berechnen und begreifen, stören und manipulieren läßt, der heilige Gott. Aber er ruft den Menschen in sein Geheimnis hinein, gibt ihm an seinem eigenen Leben Anteil, will sein Größersein nicht für sich behalten. Das je Größere an ihm ist – Liebe, die sich mitteilt und verschenkt.

Diese Liebe ist nicht etwas, was erst nachträglich zu ihm dazukäme, er ist selber, in sich selber, Liebe, die sich verschenkt und mitteilt. Er ist der Eine, der Einzige – aber seine Einheit und Einzigkeit ist alles eher als Einsamkeit, sie ist vollendete Mitteilung, vollendete Gemeinschaft. Gott ist der Eine und Einzige als der Dreieine, als Vater, Sohn und Geist. Und deswegen ruft er die Menschen, die er zu sich selber, zum Anteil an seinem göttlichen Leben ruft, zugleich zueinander. Er sammelt Menschen, er verbindet Menschen, er eint sie.

Der Gott, der Liebe ist, ist Mitteilung, ist: Verschenken. Er überschreitet sich, er bleibt nicht bei sich, sondern kommt her zu uns, geht an die Ränder. Er ist Licht als reine, ganz in sich gefaßte Quelle – aber gerade darum gehören die Strahlen zu ihm hinzu.

Und schließlich ist dieser Gott der Gott des Ganzen. Der Gott, der nicht nur *etwas*, sondern *sich* mitteilt und dem deswegen nicht nur an etwas, sondern an allem liegt, was er sein läßt. Alles ist in ihm, und er ist der Gott aller, der Gott des Ganzen. Er ist die Mitte, die sammelt, verdichtet – und ausstrahlt, sich mitteilt, ausweitet.

Drehen wir die Perspektive, fragen wir einmal genauso nach dem Menschen, nach den Nöten und Sehnsüchten, die ihn heute umtreiben.

Der Mensch macht die Erfahrung der Entfremdung. Er findet sich nicht, er wird verzweckt und verbraucht. Aber auch wenn er sich selber in der Hand hat, dann zittert diese Hand; er ist zu schwer für seine ganze Hand, er droht sich zu entgleiten – oder wird gar für sich selber zur Wegwerfware: Was soll ich schon, was hat mein Leben für einen Sinn? Der Mensch auf der Suche nach sich ist im Grunde auf der Suche nach mehr als nur sich, nach jenem Geheimnis, das ihn selbst versiegelt, schützt, rettet. Er sucht das Heiligtum, in dem seine eigene Würde unentreißbar und unentfremdbar geborgen ist.

Der Mensch, unterwegs nach seinem rettenden Ort, unterwegs zu sich selbst und seinem Geheimnis, sucht zugleich aber den anderen, das Du, das Wir. Vereinsamung und Vermassung drohen ihn zu verschlingen. Er ist angelegt auf Begegnung, Gemeinschaft, Einheit.

Unterwegs zu sich: das heißt unterwegs zu seinem Geheimnis und unterwegs zur Gemeinschaft. Wenn der Mensch aber bei solchem Unterwegssein nur die Befriedigung seiner selbst findet, dann ist er gerade nicht zufrieden. Die tiefste Bedrohung seines Lebenssinnes besteht darin, daß er für nichts mehr gut, für nichts mehr nütze ist. Ungebraucht, ohne Wozu und Wofür. Sende mich, gib mir einen Inhalt, gib mir ein Ziel, wofür ich mich einsetzen kann! Das ist nicht nur der Schrei aktueller Arbeitslosigkeit, es ist der Ruf des menschlichen Wesens.

Und schließlich ist der Mensch Wesen des Ganzen. Eingesperrt in ein Getto, beschränkt auf eine Funktion und einen Sektor, findet er sich nie. Nur wenn es im ganzen gut ist, steht es mit ihm selber gut. Sein Interesse an sich ist Interesse am Ganzen. Zum Menschen gehört die Menschheit, zum Menschen gehört die Welt, das Ganze. Der Blick und der Weg des Menschen gehen über alle Grenzen hinaus – und wollen sich doch nicht im Leeren verlieren oder verlaufen.

So aber sind in den Paß des Menschen dieselben Kennzeichen eingetragen, wie wir sie abgelesen haben an Gottes Sein und Handeln. Es sind jene Merkmale, die schon seit Anbeginn in das Wesen der Kirche eingetragen sind. Das Credo bekennt sie als die eine, heilige, katholische (ganze, umfassende), apostolische (in Sendung und Dienst der Apostel begründete und zu Sendung und Dienst bestellte). Kirche soll das Sakrament der *Einheit*, der Begegnungsort zwischen Gott und Mensch und zwischen den Menschen sein, wie es die großartige Sicht der Dogmatischen Konstitution über die Kirche des Zweiten Vatikanischen Konzils uns vor Augen stellt.[1] Die Kirche ist die durch Jesu heiligende Hingabe ins Herz Gottes geborgene Menschheit, sie ist die Stätte, an welcher wir uns und unsere Welt in Gottes heilende und *heiligende* Liebe hineinhalten. Die Kirche ist nicht nur begründet in jener liebenden Entäußerung Christi, der sich an die Ränder, der sich in Tod und Verlassenheit hinein hat senden lassen und seine Sendung den *Aposteln* anvertraut hat – sie ist und bleibt dieses Unterwegssein Gottes, dieses Gesandtsein von ihm bis an die Enden der Erde, der Menschheit, der Geschichte. Und Kirche ist schließlich *Welt-Kirche*, Raum, in dem Gottes Interesse für das Ganze der Menschheit, der Schöpfung, der Geschichte lebendig, berührbar, wirksam werden will.

Dienst an der einen heiligen katholischen und apostolischen Kirche – das ist Dienst im Namen des Gottes, der die Liebe ist, und Dienst für den Menschen, der diese Liebe braucht und sucht. Liegt nicht in diesen Merkmalen der Kirche, die zugleich Kennmale Gottes und des Menschen sind, ein Ansatz für den Vollzug des pastoralen Dienstes, der tiefer liegt als die Unterscheidung in verschiedene Funktionen und „Stände"? Es ist ein Ansatz bei Gottes Geist, ein geist-licher Ansatz. Denn das sind die Grundrichtungen des Geistes: hin zum Vater, hinein in Gottes Geheimnis (heilig) – her vom Vater hinein in die Welt (apostolisch) – aufeinander zu zum Herrn in der Mitte (eins) – alles umfangend und verbindend: der Radius des Geistes ist unendlich (katholisch). Wer pastoralen Dienst tut, dem ist anvertraut und zugetraut, daß er in diesem vierfältigen Sinn ein geistlicher Mensch sei.

II. *Dienst an der Ecclesia una – Geist der Einheit*

„Wenn es also Ermahnung in Christus gibt, Zuspruch aus Liebe, eine Gemeinschaft des Geistes, herzliche Zuneigung und Erbarmen, dann macht meine Freude dadurch vollkommen, daß ihr eines Sinnes seid, einander in Liebe

[1] Vgl. *Zweites Vatikanisches Konzil*, LG 1-4.

verbunden, einmütig und einträchtig, daß ihr nichts aus Ehrgeiz und nichts aus Prahlerei tut. Sondern in Demut schätze einer den anderen höher ein als sich selbst. Jeder achte nicht nur auf das eigene Wohl, sondern auch auf das der anderen. Seid untereinander so gesinnt, wie es dem Leben in Christus Jesus entspricht..." (Phil 2,1-5).

Es gibt kaum eine leidenschaftlichere Ermahnung des Apostels als diese seine „Einleitung" zu dem uns allen wohlbekannten Christushymnus, den offenbar die Gemeinde bereits als ein Lied auf den Herrn kannte, der seine Gottgleichheit aus Gehorsam gegen den Vater aufgab, Knechtsgestalt annahm und sich entäußerte bis zum Tod, dann aber vom Vater über alle erhöht wurde (vgl. Phil 2,6-11). Aber ist das Wort „Einleitung" das richtige Wort? Stehen die Dinge nicht umgekehrt? Worauf es Paulus ankommt, das ist eindeutig die Einheit der Gemeinde. Und sie wird nicht herausgerechnet aus der Gleichheit aller, sondern sie entsteht, indem jeder einzelne in die Haltung Christi gegenüber dem Vater tritt, aber diese Haltung nun nicht nur gegenüber Christus und dem Vater lebt, sondern gegenüber dem anderen, dem Nächsten in der Gemeinde. Die Gabe des anderen mehr lieben als die eigene, das Wohl des anderen höher schätzen als das eigene, sich entäußern, damit der andere aufgehe, lebe, groß sei. Dies ist das im Paradox des Kreuzes begründete neue Lebensgesetz, wie Einheit wächst. Muß hier nicht auch die Spiritualität dessen einsetzen, der sich in den Dienst der Gemeinde stellt?

Dieses Lebensgesetz ist verankert in Jesu Verhältnis zum Vater. Der Weg von diesem Stück des Philipperbriefs zum Gebet Jesu, das uns im Johannesevangelium überliefert ist, ist nicht weit: „Alle sollen eins sein: Wie du, Vater, in mir bist und ich in dir bin, sollen auch sie in uns sein, damit die Welt glaubt, daß du mich gesandt hast. Und ich habe ihnen die Herrlichkeit gegeben, die du mir gegeben hast; denn sie sollen eins sein, wie wir eins sind, ich in ihnen und du in mir. So sollen sie vollendet sein in der Einheit, damit die Welt erkennt, daß du mich gesandt hast und die Meinen ebenso geliebt hast wie mich" (Joh 17,21-23).

Wenn wir die apostolischen Ermahnungen zur Einheit insgesamt in Betracht ziehen (vgl. 1 Kor 1,10-17; 1 Kor 12-14; Eph 2,11-22; 4,1-16), dann entdecken wir: Es handelt sich hier offenbar um mehr als nur um eine praktische Beschwörung, sich nicht auseinanderdividieren zu lassen, im Sinne der Rede „Einigkeit macht stark". Nein, das neue Leben, das Jesu Geist uns bringt, wird erst dann ganz ernst genommen, wenn die persönliche Umkehr des einzelnen – nicht mehr von mir her, sondern von Gottes Ruf und Liebe her leben – bis in die Konsequenz der Umkehr zueinander gelebt wird: nicht mehr von mir her auf dich zu, sondern von dir her auf mich zu leben. Das kann nicht anders sein, wenn eben in Jesus, in seinem Verhältnis zum Vater und in des Vaters Liebe zu ihm Gottes Reich unter uns anhebt, Gottes Lebensraum der unsere zu werden beginnt. Da gehen die Beziehungen einfach anders als dort, wo jeder sich nur gegen den anderen durchzusetzen oder an ihm vorbeizukommen versucht oder wo ein kollektives Super-Ich den einzelnen verschlingt.

Im 18. Kapitel des Matthäusevangeliums wird uns eindringlich vor Augen geführt, wie aus dem Vermächtnis und Geist Jesu Gemeinde aufgebaut werden will. Kleinsein vor Gott und voreinander, Gottes Vorliebe für die Kleinen teilen, einander vergeben, dies faßt sich zusammen in jenes „symphonein", in jenem Einigsein, Übereinstimmen, das dich und mich zugleich in den Einklang mit Jesu bringt, so daß er in unserer Mitte sein kann: „Alles, was zwei von euch auf Erden gemeinsam erbitten, werden sie von meinem himmlischen Vater erhalten. Denn wo zwei oder drei in meinem Namen versammelt sind, da bin ich mitten unter ihnen" (Mt 18,19f.). Da kommt etwas zu jener Verheißung des Herrn hinzu, daß er bei seiner Kirche bleiben werde alle Tage bis ans Ende (vgl. Mt 28,20). Diese letztgenannte Gegenwart ist nicht an Bedingungen von unserer Seite gebunden, Kirche ist über unser Versagen oder Entsprechen hinaus gehalten in der unaufkündbaren Nähe des Herrn durch diese Kirche hindurch bei der Welt. Es gibt aber eine lebendige Nähe des Herrn, die abhängig ist davon, daß wir zwischen uns seinem Leben mit dem Vater Raum geben. Daß der Herr dort zu sein vermag, wo wir uns auf ihn berufen und zusammen sind: darauf kommt es an, damit wir uns als seine Jünger erweisen (vgl. Joh 13,34f.) und die Welt glauben kann (vgl. Joh 17,21-23).

Kirche ist die eine, großräumig, aufs Ganze hin; sie muß das eine Heil Gottes, den einen Herrn, seine eine Liebe bezeugen. Aber sie will auch als die eine auferbaut werden überall, ganz kleinräumig, kleinzellig. Sie will Netz sein aus vielen Zellen, und in allen Zellen und zwischen allen Zellen soll der Herr lebendig in ihrer Mitte sein. Daß dies geschieht, daß Kirche von bloßer funktionaler und objektiver Organisation in gelebte Einheit hineinwachse, das ist Sache des pastoralen Dienstes. Jeder Getaufte und Gefirmte ist dazu „geweiht“, Diener der Gegenwart Jesu in der Mitte derer zu sein, mit denen er zusammenlebt und -wirkt. Sicher, solche Einheit findet vollendet Gestalt in der Eucharistie. In ihr vollbringt der Herr in sakramentaler Leibhaftigkeit unser Einssein in seinem Namen, er schenkt uns seinen Leib und macht uns zu seinem Leib. Diese eucharistische Integration der Einheit der Kirche braucht die Sendung und Vollmacht dessen, der im Sakrament der Weihe dazu bestellt ist, die schenkende Gebärde des sich hingebenden Herrn für die Kirche gegenwärtig zu halten, des Priesters. Aber was sagt und wirkt Eucharistie, wenn nicht zwischen uns jene Einheit gewachsen, jenes Umfeld bereitet ist, das die Eucharistie verankert in unserem Alltag? Und was Eucharistie als Anfang von Gott her setzt, das will wiederum eingelöst werden durch die Verwandlung des Lebens in immer mehr Gemeinschaft und Einheit aus Jesu Geist. Dienst an der Einheit, das ist gemeinsamer Dienst der geweihten Amtsträger und des ganzen Volkes Gottes und unter diesem Volk zumal jener, die sich ganz dem zur Verfügung stellen, daß Kirche Kirche sei – und das heißt: daß Kirche eins sei. Spiritualität des pastoralen Dienstes ist Spiritualität der Einheit. Einheit bauen kann nur, wer Einheit lebt; andere hinführen, damit Christus in ihrer Mitte sei, kann nur jener, der mit seinen Nächsten, seinen Mitarbeitern den Herrn in der Mitte zu halten bereit ist. Jeden Tag ist ein Mitarbeiter in der Pastoral zum konkreten Dienst an der Einheit gerufen, jeden Tag ist für ihn auch persönlich dieser Schritt zur Einheit, diese Umkehr zur Einheit fällig.

III. Dienst an der Ecclesia sancta – Geist der Heiligkeit

„Angesichts des Erbarmens Gottes ermahne ich euch, meine Brüder, euch selbst als lebendiges und heiliges Opfer darzubringen, das Gott gefällt; das ist für euch der wahre und angemessene Gottesdienst. Gleicht euch nicht dieser Welt an, sondern wandelt euch und erneuert euer Denken, damit ihr prüfen und erkennen könnt, was der Wille Gottes ist: was ihm gefällt, was gut und vollkommen ist. Aufgrund der Gnade, die mir gegeben ist, sage ich einem jeden von euch: Strebt nicht über das hinaus, was euch zukommt, sondern strebt danach, besonnen zu sein, jeder nach dem Maß des Glaubens, das Gott ihm zugeteilt hat. Denn wie wir an dem einen Leib viele Glieder haben, aber nicht alle Glieder denselben Dienst leisten, so sind wir, die vielen, ein Leib in Christus, als einzelne aber sind wir Glieder, die zueinander gehören. Wir haben unterschiedliche Gaben, je nach der uns verliehenen Gnade. Hat einer die Gabe prophetischer Rede, dann rede er in Übereinstimmung mit dem Glauben; hat einer die Gabe des Dienens, dann diene er. Wer zum Lehren berufen ist, der lehre; wer zum Trösten und Ermahnen berufen ist, der tröste und ermahne. Wer gibt, gebe ohne Hintergedanken; wer Vorsteher ist, setze sich eifrig ein; wer Barmherzigkeit übt, der tue es freudig" (Röm 12,1-8).

Liturgie ist nicht nur ein „Höhepunkt", das Leben der Kirche, der Gemeinde, das Leben eines jeden Christen will selber die entscheidende Liturgie sein. So gelesen, ist der zitierte Abschnitt aus dem Römerbrief, der dessen dritten Hauptteil einleitet, ein aufregender Text. Bedenken wir den geistlichen Hintergrund: Jesus ist in die von Gott entfremdete und in ihre Selbstherrlichkeit, somit aber in ihren Tod hineingefallene Welt gekommen. Er macht sich eins mit den Menschen dort, wo sie sind, und so, wie sie sind. Er nimmt unser Leben in sich hinein und sagt von der Gottesferne aus, in die wir geraten sind, sein liebendes Ja zum Vater. Er schenkt sich dem Vater und schenkt in sich die Welt, die Menschheit dem Vater. Das ist seine priesterliche Tat, sein Opfer.

Aussondern und in den Bereich Gottes hineingeben, das heißt: heiligen. Heilig heißt: Gott übereignet, in den Bereich Gottes hineingehalten, herausgenommen aus dem, was niederzieht und wegzieht von Gott. Wer sich glaubend losläßt in diese Hingabe Jesu an den Vater hinein, der ist selber heilig. Er steht in Gottes Bereich und bekommt die neue Chance, in diesem Bereich zu bleiben, heilig zu leben. Solche Heiligung und Heiligkeit sind nicht ein kultischer, sakraler Überbau über dem, was wir „sonst noch" sind, über unserer Identität in uns selbst. Nein, Heiligung und Heil hängen untrennbar miteinander zusammen. In Gottes Bereich leben heißt: in dem Bereich leben, in welchem der Mensch erst er selber ist, entrissen den Mächten der Zersetzung, des Verfalls, der Entfremdung. Selbstverwirklichung hängt in solcher Logik entscheidend an der Selbsthingabe. Schwerpunkt in sich hat nur, wer ihn verlagert in Gott. Identität haben wir nur in der Beziehung, in der Beziehung zu Gott, in letzter Tiefe: in der Beziehung Gottes zu Gott, im Geist. Er ist *Heiliger* Geist. Der Heilige – und die Christen sind die Heiligen, die Geheiligten – ist erfüllt von diesem Geist.

Dann aber ist Kirche der „Transformationsprozeß" der nur in sich selber stehenden Welt zu diesem neuen Stand in Gott hinein. Der Dienst der Kirche ist Heiligungsdienst. Und das haben nicht ein paar Leute für die anderen in der Kirche zu tun, sondern es ist Werk der Kirche als ganzer. Sie als ganze ist geheiligt und heiligend. Wir sind es einander schuldig, einander zu heiligen, einander bei diesem Weg in die neue Identität, in den Bereich Gottes, in die Heiligkeit hinein zu begleiten und zu helfen. Gott hat aus allen Völkern ein Volk herausgenommen, nicht nur im Interesse des eigenen Heiles der Berufenen, sondern damit vor der Welt die Großtaten Gottes verkündet, damit sie der Welt bekanntgemacht werden. Er will sich als heilig erweisen in einem Volk vor aller Welt und will die Menschheit hineinrufen in sein eigenes Leben; die Welt soll geheiligt werden durch das Zeugnis dieses Volkes. Dazu sind wir alle getauft und gefirmt (vgl. 1 Petr 2,9; Ex 19,5f.).

Lesen wir auf diesem Hintergrund den zu Beginn zitierten Text des Römerbriefs. Der erste Teil (12,1-2) artikuliert die Voraussetzung: die Berufung aller zur Heiligkeit. Wir werden ermahnt, uns „selbst als lebendiges und heiliges Opfer darzubringen, das Gott gefällt". Dies ist die Liturgie unseres Lebens, der „wahre und angemessene Gottesdienst". Dies aber erfordert eine stets neue Umkehr, einen Ausstieg aus dem alten, weltkonformen Denken und die Erneuerung durch ein neues Denken. Nur im Vollzug solcher „Heiligung" können wir „prüfen und erkennen", „was der Wille Gottes ist".

Darin aber ist ein neues Verhältnis zu uns selbst und zu unserer Berufung grundgelegt. Wir werden frei von einem bloßen Kompetenzdenken, von einem unguten Vergleichen unserer eigenen Aufgabe mit jener der anderen (vgl. 12,3). Und daraus erwächst die Bereitschaft, den je eigenen Dienst fürs Ganze so zu tun, daß hier nicht nur Funktionen aneinandergefügt werden, sondern daß der Geist Gottes im Zueinander und Miteinander der Funktionen durchschlägt: das Ganze wird aus der Vielzahl der Gaben des Geistes geistlich aufgebaut (12,4-8).

Immer wieder wird in diesem Abschnitt, mitunter ausdrücklich, mitunter indirekt, das dem „neuen Denken", das der „Heiligkeit" entsprechende Wie des jeweiligen Dienstes angemahnt. Die Auferbauung des Leibes Christi, die Heiligung seiner Glieder, geschieht gerade dadurch, daß jener, der den jeweiligen Dienst tut, ihn „heilig" tut. Das Leben aus dem Geist läßt in der jeweiligen Funktion die Gabe des Geistes sichtbar werden, bringt sie zum Strahlen. Dies gilt für den Laien genauso wie für den geweihten Amtsträger (es ist unter den verschiedenen Gaben hier auch vom Vorsteheramt die Rede). Es ist indessen gerade wichtig, daß nicht nur amtliche Tätigkeiten, sondern in ganzer Breite die Dienste, die Christen für Christen tun können, unter diesem Blickwinkel gesehen werden. Alles, was wir einem anderen tun, kann und will heilig getan werden, kann und will der Heiligung des anderen dienen.

Sicher ist höchster Ausdruck dieses Heiligungsdienstes wiederum die Eucharistie, in welcher ein Stück Welt verwandelt wird in die Gabe Gottes an Gott und die Gabe Gottes an die Welt, die sein eigener Sohn ist. Doch was in der Eucharistie vollendet und ratifiziert wird, das möchte der Inhalt des ganzen Lebens und Wirkens der Christen sein. Aller pastorale Dienst ist Heiligungsdienst, und das Stück Welt um mich herum heiligen, es zu seiner Erfüllung bringen, indem ich es Gott übereigne, dies ist vielleicht gar die Herzmitte dessen, was gerade dem Laien im pastoralen Dienst aufgetragen ist. Die anderen begleiten auf ihrem Weg des Glaubens, das heißt doch: sie begleiten bei dieser beständigen Verwandlung der oft bedrückenden Lebenserfahrung in die neue Lebenserfahrung des Erlöstseins, des Glaubens an die Liebe. Es gibt keine andere Spiritualität als jene des Geistes der Heiligkeit, auch und besonders im pastoralen Dienst.

IV. Dienst an der Ecclesia catholica – Geist des Ganzen

„Er hat beschlossen, die Fülle der Zeiten heraufzuführen, in Christus alles zu vereinen, alles, was im Himmel und auf Erden ist" (Eph 1,10).

Eigentlich müßte hier der ganze Text des Epheserbriefes folgen, man könnte ihn als die schlechthin „katholische" Schrift des Neuen Testamentes bezeichnen. Will sagen: an ihm läßt sich ablesen, was

„Katholizität“ der Kirche meint. Oder besser: Daß Kirche nicht nur entweder Weltorganisation mit Ortsvereinen oder umgekehrt Summe in sich geschlossener Gebilde ist, sondern weltweite Communio, wie sie im Petrusamt einerseits und in der Kollegialität der Bischöfe andererseits verfassungsmäßig Ausdruck findet, das hat einen inneren, geistlichen Grund, und dieser ist Thema und Botschaft des Epheserbriefs. Seine Grundfrage ist die nach dem Zusammenhang der gesamten Weltgeschichte und der Menschheit. Was hat Gott mit dem Universum, was hat er mit der Menschheit vor? Die Antwort ist Jesus Christus. In ihm ist alles zusammengefaßt, in ihm ist der Heilswille Gottes für alle offenbar geworden. In seinem Kreuz hat er die Trennungen überwunden, die Mauern niedergerissen, den Frieden gestiftet, den einen, gemeinsamen Zugang des berufenen Gottesvolkes Israel und jener, die fern und ohne Gott erschienen, der Heiden (vgl. Eph 2) zu Gott eröffnet. So aber springt das Geheimnis Christi wie von selbst über ins Geheimnis der Kirche (vgl. Eph 3-4). Sie ist als die Kirche aus Juden und Griechen Zeichen der versöhnten Menschheit, ist Vorwegnahme, Modell, Ansatzpunkt des universalen Heilsplanes Gottes und sein Werkzeug, seine Stätte inmitten der Geschichte. Dies muß freilich eingelöst werden durch die Weise, wie Kirche lebt. In ihrer Einheit muß die Fülle der Gaben und Dienste gewährleistet sein (vgl. Eph 4); aber auch die verschiedenen Lebenssituationen mitten in der Welt, das Leben in Ehe und Familie, als Herr oder Sklave, sind beansprucht von der neuen Wirklichkeit, die in Jesus Christus angebrochen ist (vgl. Eph 4-6). Von ihm her muß alles neu gesehen, muß alles von seinem Geist durchdrungen werden.

Man könnte hier zwei Schichten von Katholizität unterscheiden. Einmal die „äußere“ Katholizität, also Katholizität, sofern sie alle Kulturen, Völker, Traditionen umfaßt (vgl. die eine Kirche aus Juden und Griechen); zum anderen die „innere“ Katholizität, die allüberall, in jeder Gemeinde zu leben ist, also Katholizität als Offenheit für die unterschiedlichen Lebenssituationen und Lebensbereiche, die vom Evangelium her zu verwandeln sind.

Den Menschen in ihren Situationen und Aufgaben nahe sein, ihre Erfahrungen teilen und von innen her für das Evangelium und die Kirche aufschließen, die Fragen der Zeit und der Gesellschaft an die Kirche und umgekehrt ihre Botschaft an Zeit und Gesellschaft herantragen: das ist elementarer katholischer Dienst des Laien in der Pastoral. Er erfordert die geistliche Kraft, sich auf die Vielfalt der Menschen, ihrer Erfahrungen und Erwartungen einzulassen, ohne sich in ihnen zu verlieren. Mit Paulus gesprochen: Es gilt, „allen alles zu werden“ (vgl. 1 Kor 9,22), sich dem, was auf uns zukommt, und denen, auf die wir zugehen, auszusetzen und zugleich doch nur von Einem ergriffen zu sein und Einem nachzujagen (vgl. Phil 3,7-14).

Dieser „inneren“ Katholizität muß freilich auch beim Laien im pastoralen Beruf die „äußere“ Katholizität entsprechen. Nur wer auf die Welt-Kirche schaut, sie im Herzen trägt, die Schicksale und Entwicklungen der Menschheit im Ganzen lebendig begleitet, hat auch Herz und Blick Jesu für den Nächsten und vermag, „katholische“ Kirche vor Ort zu bauen.

Wiederum: Nichts ist „katholischer“ als die Eucharistie, in der Gott und Welt, das Einmal und das Immer, Tod und Auferstehung, Gemeinde hier und Gemeinschaft der Heiligen überall in eins kommen. Aber daß Eucharistie „katholisch“ ist, dies muß Gestalt und Leben werden in jenem Leib des Herrn, der die Kirche und deren Glieder wir alle sind.

Pastoraler Dienst braucht katholische Spiritualität, Leben aus der Leidenschaft fürs Ganze, Leben der Inkarnation, damit Gottes Wort in allen und allem Fleisch werde.

V. Dienst an der Ecclesia apostolica – Geist der Sendung

„Bei der Verfolgung, die wegen Stephanus entstanden war, kamen die Versprengten bis nach Phönizien, Zypern und Antiochia; doch verkündeten sie das Wort nur den Juden. Einige aber von ihnen, die aus Zypern und Zyrene stammten, verkündeten, als sie nach Antiochia kamen, auch den Griechen das Evangelium von Jesus, dem Herrn. Die Hand des Herrn war mit ihnen, und viele wurden gläubig und bekehrten sich zum Herrn“ (Apg 11,19-21).

Dies ist eine Momentaufnahme aus jenem andauernden Übersetzungsprozeß, in dem die Sendung des Sohnes durch den Vater Weltgestalt annimmt, ja die ganze Welt, die Geschichte, die Völker einholt – und dieser Prozeß ist erst zu Ende, wenn die Geschichte selbst zu Ende ist. Hier handelt es sich um das erste Weitergehen über den Kreis der Juden hinaus in die Welt der Heiden. Nicht mehr nur um die Taufe eines einzelnen wie beim römischen Hauptmann Kornelius (vgl. Apg 10), sondern im eigentlichen Sinn: um Heidenmission. Die Versprengten, die damit wie zufällig begannen, als Reaktion auf die Not der Verfolgung, die sie vertrieb, waren übrigens keine Amtsträger.

Kirche ist missionarisch, apostolisch, oder sie ist nicht. Das ist ihr erstes Worumwillen, der Grund ihrer geschichtlichen Notwendigkeit. Der aller Menschen Last getragen und aller Menschen Heil gewirkt hat, er möchte die Menschen dort treffen, wo sie sind, dort rufen, wo sie leben – und deswegen dehnt er sich kraft seines Geistes über sich selbst hinaus in den geschichtlichen, geheimnisvollen Christus, der die Kirche ist. Sie ist als Ganze apostolisch. Sie braucht die Verankerung im Ursprung, sie braucht die Identität mit den ersten Zeugen, sie braucht die Gründung auf das Fundament der Apostel. Aber apostolisch ist die Kirche eben nicht nur in der Rückbindung an ihren verbindlichen Ursprung, sondern zugleich in der Übersetzung nach vorne, in der unabschließbaren Bewegung des Hingehens, des Bezeugens, des Dienens, das sie wie Christus an alle Ränder dieser Welt hinausführt.

Es bedarf dazu des besonderen apostolischen Dienstes, der sich fortsetzt in der sakramental vermittelten Nachfolge der Apostel; diese Sendung steht aber im Dienst an der apostolischen Sendung der *gesamten* Kirche, des gesamten Gottesvolkes.

Kein Zweifel, pastoraler Dienst ist missionarischer Dienst, ist Vollzug des apostolischen Grundcharakters der Kirche.

Wie schon angedeutet, bezeugt uns die Apostelgeschichte, wie durch die innere Logik des Geistes und sein Drängen, das sich selbst der Krisen, Verfolgungen und Rückschläge bedient, Christi Sendungsauftrag an seine Kirche Schritt um Schritt Gestalt gewinnt und Kirche so hinauswächst in die Welt. Das „Mitspielen" der Christen mit der Geschichte ist je eine apostolische, missionarische Chance, wie es uns der eingangs zitierte Text ja zeigt. Die Leidenschaft für das Evangelium, die Leidenschaft, daß es überall gehört und verstanden wird, ist ein Grundzug der Spiritualität pastoralen Dienstes.

Wir finden indessen einen weiteren wichtigen Hinweis für diese Spiritualität in der Grundaussage des 1. Petrusbriefes. Die Situation der Bedrängnis als eine Chance des Zeugnisses, das ist der unmittelbare Hintergrund der Ermahnungen und Tröstungen dieser Schrift. In ihrer Situation wird etwas besonders dringlich, was gerade auch uns angeht: Das missionarische Zeugnis ist besonders gefordert, wo wir in den Räumen einer nicht vom Christentum durchdrungenen und geprägten Gesellschaft leben. Es geht da nicht um Erstmissionierung, um Mission nach außen, sondern um Mission nach innen, will sagen in die Milieus hinein, in welchen der Glaubende Schulter an Schulter neben dem Unglaubenden lebt. Für solche Mission gibt der 1. Petrusbrief drei geistlich und pastoral bedeutsame Hinweise.

Der erste: Sozusagen die „Kopfleiste" seiner praktischen Ermahnungen an uns, die als Gläubige „Fremde und Gäste" in dieser Weltzeit sind, geht dahin, wir sollen „unter den Heiden ein rechtschaffenes Leben" führen, damit sie durch unsere „guten Taten zur Einsicht kommen und Gott preisen am Tag der Heimsuchung" (1 Petr 2,11f.). Das Entscheidende ist also das Zeugnis des Lebens, die Vorbereitung aufs Evangelium nicht durch das gesagte, sondern durch das gelebte Wort. Beinahe noch schärfer kehrt dies an einer späteren Stelle wieder, wo die Hoffnung ausgesprochen wird, die noch ungläubigen Männer mögen „durch das Leben ihrer Frauen ohne Worte gewonnen werden" (1 Petr 3,1). Sei, was du sagst, lebe, bevor du redest – dies ist sicher Maßstab für allen pastoralen Dienst. Gerade aber dort, wo er von den Lebenssituationen der Menschen ausgeht, wird sein Weg mit Vorrang nicht der vom Wort zum Leben, sondern vom Leben zum Wort sein. Gerade auch die Befähigung ehrenamtlicher Dienste in der Pastoral geschieht vorzüglich in der Begleitung und Befähigung zu solchem Lebenszeugnis, als dessen „Experte" sich der beruflich im pastoralen Dienst Stehende erweisen muß.

Der zweite Hinweis aus dem ersten Petrusbrief: Das Wort ist nichtsdestoweniger unersetzlich auch in der Situation solcher Mission von innen. Der entscheidende Ansatz: „Seid stets bereit, jedem Rede und Antwort zu stehen, der nach der Hoffnung fragt, die euch erfüllt" (1 Petr 3,15). Rechenschaft geben über unsere Hoffnung! Wiederum spitzt sich in der Situation des Laien im pastoralen Dienst das zu, was für diesen Dienst ganz allgemein gilt: Das Wort tut not, aber es muß geronnenes Leben, zum Argument und Dialog erhärtete Erfahrung, Zeugnis gewordene Hoffnung sein.

Ein letzter, aufs Innerste zielender Hinweis: Es durchzieht den ersten Petrusbrief wie ein Leitmotiv, daß hier die Situation von Bedrängnis, äußerer Unterlegenheit und Leid durch das Beispiel des Herrn gedeutet wird, der für uns gelitten hat. *Das* apostolische Zeugnis ist nach diesem Brief die Gemeinschaft mit dem gekreuzigten Herrn, dem „Apostolos“ schlechthin, dem vom Vater in unseren Abgrund hinein Geschickten und Gestoßenen, der uns in der äußersten Ferne einholt und zum Vater heimruft und heimträgt (vgl. 1 Petr 2,18-25; 3,13-18; 4,1; 4,12-19). Liegt der Schwerpunkt apostolischen Zeugnisses im „anders leben“, so heißt die Tiefe, der Radikalfall des „anders leben“: anders leiden. Wie gehe ich um mit den Schwierigkeiten und Kreuzen meines Lebens? Dies ist die Testfrage der Spiritualität pastoralen Dienstes, dies der Hintergrund für jegliches Zeugnis und die innere Befähigung zum delikatesten, aber auch wichtigsten apostolischen Tun: zum Begleiten anderer auf ihrem Kreuzweg, zum Deuten ihres oft stummen oder schreienden Warum durch den Blick auf das Kreuz des Herrn, recht verstanden: zum Raten und Trösten, was das Gegenteil ist von Vertrösten und resignativer Hinnahme.

VI. Fazit

Unser Weg entlang den vier Kennmalen der Kirche hat uns dreierlei erbracht.

Das erste: Er zeigt uns die *geistlichen Haltungen*, die pastoraler Dienst erfordert. Wem die Kirche zum Beruf wird, der kann dies nur bestehen und kann dies wirksam und glaubwürdig nur vollziehen, wenn er ein Mensch der Einheit ist, einer, der aus der Einheit der Kirche lebt und sie nicht nur im Großen bejaht, sondern auch im Kleinen immer neu um sich herum wachsen läßt. Er kann nicht nur Standpunkte vertreten, in Sektoren und Kompetenzen denken, Funktionen erfüllen und eine Organisation am Laufen halten. Er ist gedrängt, mit Jesus in dem zu sein, was des Vaters ist (vgl. Lk 2,49). Geistliches Leben wird ihm nicht Fluchtburg sein, in die er sich immer wieder aus der schlimmen Welt zurückzieht, sondern er wird sein Leben und das Leben derer, für die und mit denen er da ist, mitbringen in seine Beziehung zu Gott und Weggenosse der andern sein auf dem Weg der Heiligung. Er wird den offenen Horizont des

Ganzen haben, die Menschheit, die Welt, die Weltkirche in seinem Herzen tragen bei dem, was er tut, er wird aber auch jene innere Katholizität leben und fördern, in der Ehe und pastoraler Dienst, privater Lebensstil und Gebet, gesellschaftliches Interesse und geistliche Orientierung ungetrennt und unvermischt doch auf die eine Mitte hin tendieren: Jesus Christus. Er wird schließlich von der Leidenschaft Jesu getragen sein, der sich senden läßt vom Vater, um seine Liebe mit dem eigenen Sprechen und Handeln, aber noch mehr mit dem eigenen Sein, mit dem eigenen Leben und Sterben zu den anderen hinzutragen. Die Handbewegungen des vom Geiste erfüllten Jesus werden jene seines eigenen Lebens sein: die des einenden Sammelns und Zusammenführens, die der Erhebung hin zum Vater, die der grenzenlos einladenden Offenheit, die der Hingabe und Weggabe nach unten und außen. Es sind die Grundrichtungen des Geistes, es sind die der Eucharistie als Mahl und Opfer, als Brot für die Welt, zu dem alle eingeladen sind und das an alle sich austeilt.

Das zweite: Die vier Merkmale der Kirche bezeichnen auch den *Auftrag*. Die geistlichen Grundhaltungen stehen nicht neben dem, was zu tun ist, sondern zeigen die Richtungen, den „springenden Punkt“ für das Handeln an. Gewiß, dies gilt für alle im pastoralen Dienst, mit besonderer Deutlichkeit aber für den Laien, für jenen, der aus der sakramentalen Befähigung in Taufe und Firmung heraus sich bestellen läßt, Kirche als seinen Beruf zu haben. Lebendige Zellen bilden, in deren Mitte der Herr lebt, und diese Zellen zu verbinden zu einem Netz, die Einheit zu fördern und dort, wo sie zerbrach, neu anzubahnen: Dienst an der Ecclesia una. Den Menschen in unterschiedlichen Lebenssituationen nahe sein, Resignation und Verschlossenheit in sich selber aufbrechen helfen, Weggenosse sein für die andern, um wieder Glauben und Vertrauen zu lernen, um mehr Glauben und tieferes Vertrauen zu lernen: Dienst an der Ecclesia sancta. Das Ganze im Blick behalten, die Leidenschaft der Welt, Menschheit und Kirche insgesamt wachhalten, in die verschiedenen Lebensbereiche hineingehen und dort von innen und unten her den Geist Jesu und die Kirche präsent werden lassen: wahrhaft katholischer Dienst. Und schließlich einfach Zeuge sein, Glauben anstiften, andere befähigen, nicht nur Konsumenten der Heilsgüter zu sein, sondern den Glauben weiterzutragen, Diener aller zu sein: Dienst des Apostolates.

Noch ein drittes sei abschließend vermerkt: Die vier Kennzeichen der Kirche markieren nicht nur die gemeinsame Aufgabe aller im pastoralen Dienst, zuletzt und zutiefst aller Getauften und Gefirmten, die als solche den Auftrag haben, zur Auferbauung der Kirche beizutragen. Sie markieren auch den eigenen Beitrag, der durch das Sakrament des ordo, der Weihe, den Amtsträgern zukommt. In der durch die Handauflegung empfangenen Gabe des Geistes sind sie der leibhaftige Strang der Verbindung hin zum Ursprung. Sie sind in der eucharistischen Zelebration und nicht nur in ihr Ausdruck und Garant der Einheit, die wir alle je neu zu bauen und zu leben haben. Sie sind die Hand des Herrn, die seine heiligende Kraft im Sakrament weiterreicht und die Gabe unseres Lebens verwandelt zur Liturgie der Kirche. Sie sind in sakramentaler Bruderschaft weltweit verbunden und setzen so an jedem Ort die Catholica, die Weltkirche präsent, sie kommen aus der Sendung der Apostel her und tragen sie als den maßgebenden Ursprung und die weiterdrängende Kraft hinein in jede Generation von Kirche. So brauchen kirchliches Amt und Volk Gottes einander. So leben und wirken sie aus dem einen Geist und bezeugen ihn gerade dadurch, daß sie einander je ihre Gabe schenken, damit der Herr selber in der Mitte seiner Kirche lebendig bezeugt werde.

DIENST AUS DEM GLAUBEN – DIENST IN DER KIRCHE

Das Jahrhundert der Kirche, als das man das 20. bezeichnet hat[1], scheint drei Jahrzehnte vor seinem Ablauf und kein Jahrzehnt nach seinem Höhepunkt, dem II. Vatikanischen Konzil, ziemlich rapide beendet zu sein. Manches neue Interesse an Jesus, an der Gottesfrage, an der Frage nach einem letzten Sinn des Lebens bricht heute auf; eine Zukehr zur Institution Kirche ist damit aber nicht verbunden. Im Gegenteil, Tradition und Organisation, objektive Bindung und die kleine Gruppe übersteigende Gemeinschaft stoßen wachsend auf Unverständnis und Abneigung. Gerade auch solche, die sich aus religiösen Motiven im Dienst am Menschen engagieren, empfinden Kirche eher als Hemmnis. Was Glaube an Jesus Christus, was Dienst in seiner Nachfolge und aus seinem Impuls mit Kirche zu tun haben, ist keineswegs selbstverständlich, ja weithin kaum mehr verständlich. Die theologische Besinnung darauf tut not. Sie soll im folgenden an zwei Grundworten anknüpfen, mit denen das Dokument der Römischen Bischofssynode 1971 über den priesterlichen Dienst das Wesen von Kirche anspricht: missio und communio, Sendung und Gemeinschaft.

I. Glaube und Sendung

1. Anthropologische Grundspannung

Der Mensch ist ein merkwürdig zwiespältiges Wesen. Er ist Ursprung, er ist Freiheit, er verantwortet sich selbst, plant und entwirft sein Leben aus Eigenem – aber er ist nicht allein. Daß noch an-

[1] Vgl. *O. Dibelius*, Das Jahrhundert der Kirche (Berlin 1926); *Y. Congar*, Handbuch der Dogmengeschichte, Bd. III, Faszikel 3d (Freiburg i. Br. 1971) 114 ff.

dere da sind, ist einerseits Hilfe und Erfüllung, es ist andererseits aber auch Grenze und Herausforderung. Das Ich steht in der Konkurrenz; es kann nicht alles haben, sondern muß teilen; es kann nicht alles machen, sondern muß Rücksicht nehmen, braucht Bundesgenossen und darum den Kompromiß mit ihnen. Doch nicht nur der neben mir setzt meiner Freiheit die Grenze; sie ist in sich selbst begrenzt. Ich wurde nicht gefragt, wann und wo, in welcher Sprache, in welcher Familie ich geboren werden will. Daß ich überhaupt bin, ist über mich verfügt, und auch, daß ich frei bin. Ich kann gar nicht *nicht* frei sein, kann nicht die lästige Situation, mich verantworten zu müssen, loswerden, meine Selbständigkeit steht nicht in sich selbst, sondern ich bin in sie hineingestellt. Es ist mehr als eine spielerische Übertreibung, wenn man den Menschen als den geschaffenen Gott bezeichnet: Wesen mit einem unendlichen Horizont, Wesen, das an keiner Grenze zufrieden ist, Wesen, dem es ums Letzte und Äußerste geht – aber die Fliege auf der Stirne und der Virus im Blut, der Appetit auf eine Zigarette verwirren dieses Wesen, blockieren seine Aktivität.

Diese Spannung zwischen unendlichem Horizont und endlicher Wirklichkeit läßt den Menschen immer neu nach seiner Identität fragen: Was bin ich eigentlich, Gott oder Staub, höchstes Prinzip, Weltenplaner oder kümmerliches Zufallsprodukt der Evolution, Fehlkonstruktion der Natur? Um mit sich identisch zu sein, um mit sich zufrieden, in sich stimmig, mit sich und der Welt in Harmonie zu sein, ist der Mensch immer wieder über sich selbst hinausgewiesen. Er kann kein in sich beruhigtes, einfaches Ja zu sich selber sagen, er muß sich immer zugleich auch an anderem orientieren, anderes bejahen. Das Ja des Menschen zu sich gelingt nur, wenn es mehr bejaht als ihn selbst: die anderen, alles, die eigene Endlichkeit und so im letzten und tiefsten den Grund, der den Menschen trägt, den ungeschaffenen Gott, dessen Bild er, der geschaffene Gott, nur ist. Auch wer den Menschen nicht auf diesen Gott hin versteht, kommt nicht um die Doppelbödigkeit in seinem Ja zu sich selbst herum. Das Verhältnis zu mir ist immer auch Verhältnis zu dem, was ermöglicht, daß und was ich bin; immer deutet der Mensch, bewußt oder unbewußt, den Grund seiner Existenz, immer bestimmt etwas wie „Glaube“ sein Selbst- und Weltverständnis.

Es ist freilich anstrengend, stets über sich selbst hinaus zu müssen, stets mehr als das eigene Ich in seinen Händen, in seinen Gedanken, in seiner Verantwortung zu tragen. Einfach nur sein, das ist eine Ursehnsucht des Menschen, und sie lebt genauso in der Flucht vor sich selbst, die sich auf die Erfahrung des Augenblicks beschränken und alle weiterreichenden Fragen und Ansprüche verdrängen will, wie in jener anderen Flucht, die die Endlichkeit zu überspringen sucht, indem sie dem Menschen vormacht, er sei schon in sich selbst das Letzte und das Ganze. Beide Gestalten der Flucht lassen sich auf den Nenner der Urversuchung des Menschen bringen, die biblisch heißt: sein wollen wie Gott.

2. Das Paradox theologischer Antwort

Gibt es in der Tat keinen Ausweg? Von sich her ist der Mensch: nichts. Aber er ist. Wenn der Mensch weiß, daß er, von sich her, nichts ist, dann gewinnt er eine ungeheuerliche Freiheit: Er hat nichts zu verlieren, aber er hat alles zu empfangen. Er ist grenzenlose Offenheit, die sich nicht auf dies oder jenes fixiert, sondern hinaushält. Er ist so groß und so weit wie Gott, aber er ist nicht Gott, sondern Raum für Gott. Daß er dieser Raum für Gott ist, ja daß er überhaupt ist, das ist ihm aber „geschenkt“: wer sich dahinein freigibt, es anzunehmen, es mit seinem Dasein zu „sagen“: Ich bin aus mir selber nichts, der hat in einem Atemzug seine eigene Armseligkeit und das Geschenk der göttlichen Fülle bekannt, er ist – und danach sehnt sich doch der Mensch – „einfach“ geworden, einfach ohne die verkehrende Vereinfachung der Flucht. Beschenkt sein und sein Beschenktsein weiterschenken, das ist die Bewegung menschlichen Daseins, in welcher die Wahrheit des Menschen, seine innere Einheit mit sich, ohne Verkürzung der Endlichkeit oder Unendlichkeit, zum Vorschein kommt.

Das ist kein abstraktes Experiment der Philosophie, das ist die konkrete Gestalt des erlösten Menschen, es ist die Urform *des* Menschen, der Raum sein durfte für Gott, der Gott weiterschenken durfte, und dieser Mensch heißt Maria. Sie hatte von sich aus nichts, war nichts; sie hat alles empfangen; sie hat alles weitergegeben. Und in allem dem tat sie nicht vielerlei, sondern sie war einfach da. In ihr wird sichtbar, daß das selbstherrliche Seinwollen des Menschen wie Gott ein Mißverständnis ist: Mißverständnis nicht zuerst des Menschen, sondern Gottes. Gott selbst ist nicht jener, der sich in sich selber schließt, der sich nur selber hat; seine totale Einfachheit, seine Ruhe in sich selbst, seine Identität mit sich selbst ist agape, ist sich verschenkende, sich dem Nichts gönnende Liebe. Und gerade *der* Mensch, der es annimmt, nichts zu sein und sich darin beschenken zu lassen, wird diesem Gott „gleich". Nicht daß der Mensch in Gott hinein aufgelöst würde, der Mensch bleibt der andere, der Partner. Aber sein Dasein wird hineingerissen in die Bewegung Gottes selbst, in die Bewegung des Sich-Verschenkens, er gewinnt Anteil am Wesen Gottes, das Liebe ist. Der Mensch bringt Gott, liebt Gott – nicht aus Anmaßung, sondern gerade weil er beschenkte Leere ist. Glaube heißt sich verdanken, sich beschenken lassen; in seiner Konsequenz aber heißt solcher Glaube alsdann: sich verschenken, Gott verschenken, sich senden lassen. Nur aus solcher Sendung, in der von Gott beschenkte Menschen Gott weiterschenkten, sind wir zum Glauben gekommen, sind wir hineingenommen in das Leben des Gottes, der die Liebe ist. Hier wird der Grund von Kirche, hier die Verbindung zwischen Glaube und Kirche sichtbar.

3. Struktur von Sendung

Wie tritt der Mensch in solche Sendung ein? Das Modell dafür zeigt uns die Perikope vom reichen Fischfang (Lk 5,1-11). Ein Mensch wird in einer konkreten Erfahrung seines alltäglichen Lebens hineingestellt in seine Grundsituation, nichts zu sein, nichts zu haben. Er „wiederholt" im nachhinein, was er im vorhinein schon ist; Simon hat die ganze Nacht gearbeitet und nichts gefangen. Aber zugleich wiederholt ins Nichts des Menschen Gott sein schöpferisches Sei [Fiat], indem der Herr den Simon auf die hohe See hinausfahren und die Netze auswerfen heißt. Dieses Sei wirkt aber nicht „automatisch", sondern es wendet sich an die Freiheit des Simon. Er muß sich dem Geheiß des Herrn anvertrauen, das schöpferische Wort wird zum Imperativ an seinen Glauben: Auf dein Wort hin will ich die Netze auswerfen. Simon muß sozusagen die Stoßrichtung des göttlichen Wortes, das in sein eigenes Nichts hineinzielt, mitvollziehen, er muß von sich selber weggehen, muß dorthin gehen, wo sich ihm erwiesenermaßen doch gerade die eigene Ohnmacht, das eigene Nichts zeigt; das Wunder wird ihm nicht „fertig serviert". Ohne daß es aufhört, die überraschende und alleinige Tat, das unberechenbare und unverfügbare Geschenk Gottes zu sein, muß die Freiheit des Menschen dieses Wunder „mittun“: Simon muß sein eigenes Nichts an den Herrn verschenken, der ihm die Erfüllung schenkt. Jetzt aber wird gerade die Spannung offenbar, die solche Gemeinschaft des menschlichen Nichts mit dem göttlichen Alles bedeutet. Simon erkennt, daß er es mit der Macht und Herrlichkeit Gottes zu tun hat, vor der er nichts ist. Die Situation tritt in ihr eigenes Licht. Simon ruft aus: Herr, geh weg von mir, ich bin ein sündiger Mensch. Da der Mensch von sich her dem nicht gewachsen ist, was ihm von Gott her widerfährt, muß der Herr seinen schöpferischen Imperativ nochmals wiederholen, muß er von sich her bestätigen und befestigen, was er eröffnet hat. Sein Imperativ heißt jetzt: Fürchte dich nicht! Und aus diesem Imperativ springt die Wiederholung des Wunders und des Glaubens in die Sendung und ins Gesendetwerden: Von nun an sollst du Menschenfischer sein. Und noch einmal wiederholt der Mensch sein eigenes Nichts, um es zum Raum zu machen für das göttliche Alles, das er verschenken soll: Sie verließen alles und folgten ihm nach. Der Weg dieser Sendung bleibt „Weg hinaus“, Weg ins Nichts, ins Draußen menschlicher Erfahrung, die durch das Zeugnis des Glaubens, die durch das weitergehende Angebot und den weitergehenden Anspruch des göttlichen Wortes hineinbezogen werden soll in die allumfassende Communio mit dem göttlichen Ursprung. Die Begegnung im Innersten und Eigensten mit dem Geschenk Gottes wird zur Begegnung mit seinem sendenden Geheiß, und sie führt so in den Weg, der zu anderen hingeht, andere hineinzieht in das Netz, das der Herr ins Meer der Menschheitsgeschichte auswirft. Wo Glaube in seine innere Konsequenz gerät, da bleibt ihm dieser Umschlag nicht erspart: Glaube führt, auf vielfältige Weise zwar, wesenhaft zur Sendung, Sendung aber führt in die Gemeinschaft nicht nur mit dem Herrn, sondern in die Gemeinschaft mit den anderen.

Was soll der Aufweis des sich in vielfältigen Stufen wiederholenden Spiels zwischen der Erfahrung des Nichts, dem Verschenken des Nichts und dem Empfang des göttlichen Alles, das, von Gott geschenkt, den Menschen hineinnimmt in die Bewegung göttlichen Sich-Schenkens? Für den Menschen ergibt sich eine Stufenfolge von Erfahrungen, die er auf dem Weg zum Glauben und vom Glauben zur Sendung bestehen muß: Ich muß mich meinem eigenen Nichts konfrontieren lassen – ich muß mich dem Wort konfrontieren lassen, das mich über mein eigenes Nichts hinaus, aber gerade darum in mein eigenes Nichts hineinweist: Ich muß das Wort göttlicher Verheißung mittun, ohne daß meine Erfahrung schon seinen „Erfolg“ deckt – ich muß die Spannung aushalten, daß Gott mir das schenkt und zumutet, was zu „groß“ ist für mich, der ich nichts bin – ich muß das, was zu groß ist für mich, Gott zutrauen und nicht mir und finde daraus den Mut, mich und Gott in mir zu verschenken.

4. Jesus als Ursprung und Maß der Sendung

Sendung, die aus dem Glauben wächst, ist nicht nur Einzelschicksal des jeweils Glaubenden, sondern Eintritt in Schicksal und Vollmacht Jesu selber: Er ist der Gesandte schlechthin. Weil er allein auf den Vater schaut, weil es ihm allein um den Vater geht, weil er das ewige, unbedingte, innergöttliche Ja zum Vater ist, ist er das Ja zur Liebe des Vaters, die grenzenloses Sich-Verschenken bedeutet. Die Bewegung auf den Vater zu wird im Leben Jesu zur Bewegung vom Vater her. Im Sohn tut Gott seinen Gang ins Nichts, der ganz in den Vater Verlorene, ganz mit dem Vater Eine wird der Sich-Verlierende, der Sich-Entäußernde, er nimmt das Nichts des Menschen in sich selbst hinein. Menschwerdung, Gehorsam bis zum Tod am Kreuz sind der Vollzug dieser Bewegung, sind die gelebte Sendung, in welcher der Sohn der Welt das Leben schenkt, das er vom Vater her in sich trägt. Über diese Sendung des Sohnes hinaus hat Gott nichts anderes mehr zu sagen und zu geben, in Jesus Christus ist erschöpfend und endgültig offenbar und verschenkt, was Gott zu sagen und zu schenken hat. Aber gerade deshalb ist die Sendung Jesu in ihm selbst nicht am Ende. Es ist ja die Sendung, sich zu verschenken, Gott zu verschenken, und gerade dadurch verschenkt Gott sich ganz in ihm, daß er sein Verschenken verschenkt, daß er Menschen nicht nur zu passiven Empfängern der göttlichen Gabe macht, sondern daß sie aus demselben Geist, aus dem der Sohn eins ist mit dem Vater, auch selbst Einheit der Menschen mit Gott eröffnen können. Vom Auferstandenen berichtet das Johannesevangelium das Wort: „Wie mich der Vater gesandt hat, so sende ich euch“ (Joh 20,21), und der Evangelist fährt fort: „Und als er dies gesagt hatte, hauchte Jesus sie an und sprach zu ihnen: Empfanget Heiligen Geist!" (Joh 20,22).

5. Sendung Christi in der Sendung der Kirche

Die Sendung Christi bleibt die endgültige und einzige, indem sie weitergeht in die Welt, weitergeht durch andere, denen Christus sie anvertraut. Der einzelne, der glaubt und sich senden läßt, ist daher kein „Einzelkämpfer", er gehört mit allen, die glauben und sich senden lassen, zusammen: ein Leib und ein Geist, wie wir auch berufen sind zur einen Hoffnung (vgl. Eph 4,4). Sendung Christi lebt in der Geschichte als Sendung der Kirche. Freilich ist nicht nur der einzelne, sondern auch die Kirche selbst von sich her: nichts, gewiesen in die Erfahrung des eigenen Nichts, gewiesen in den Skandal Christi, der in seiner Niedrigkeit Gott verschenkt, gewiesen in die Erfahrung der eigenen Ohnmacht, der Disproportion zwischen Vermögen und Auftrag. Was Paulus für sich selbst sagt, gilt für die Kirche im ganzen: „Wir tragen aber diesen Schatz in irdenen Gefäßen, damit die überragende Größe der Kraft Gott angehöre und nicht von uns stamme" (2 Kor 4,7). Dies darf nicht dazu dienen, das Versagen der Kirche und derer, die sie bilden, zu entschuldigen, sondern dazu, daß die Kirche der Notwendigkeit inne wird, sich immer neu in den Glauben an den zu bekehren, der in ihrer Ohnmacht stark ist, in den Glauben aber auch daran, daß er trotz all ihrem Versagen ihr treu bleibt.

Die Sendung der Kirche leitet ihre Gültigkeit also nicht aus menschlicher Treue, sondern aus der Treue Gottes her, sie bleibt unabhängig davon, wie treu ihr die Menschen entsprechen, denen sie anvertraut ist. Und doch lebt sie nicht in einem Niemandsland zwischen oder über den konkreten Menschen, sie ist den Menschen zugemutet und anheimgegeben, die die Kirche sind, denen, die sich senden lassen. Wer immer glaubt und sich taufen läßt (vgl. Mk 16,16), tritt ein in diese Sendung. Sie ist zugleich die Sendung der Kirche wie die seine. Zwischen Einheit und Jeweiligkeit der Sendung spielt die Spannung, die das Leben der Kirche prägt. Christi Sendung, einmalig, in sich abgeschlossen, geht gleichwohl weiter, teilt sich anderen mit: dieses Paradox spiegelt sich in der Sendung der Apostel. Auch sie ist einmalig, unwiederholbar, sie bleibt grundlegend für die ganze Geschichte der Kirche. Aber auch zu dieser apostolischen Sendung, mit der das offenbarende Heilswirken Gottes in Christus „abgeschlossen" ist, gehört es, daß sie weitergeht: weitergeht zum einen *in* der Kirche, die als ganze die ecclesia apostolica ist, weitergeht aber auch *für* die Kirche durch das kirchliche Amt. Verankert in der Nachfolge der Apostel, sakramental gebunden an Jesus Christus, soll es die Sorge dafür tragen, daß die Kirche sich nicht in sich selber schließt, sondern in der lebendigen Verbindung mit ihrem Haupt und Ursprung Christus bleibt. Dem widerspräche es freilich, wenn sich das Amt in sich selber schlösse; seine Weise, sich und darin die Gabe Christi zu verschenken, besteht gerade darin, daß es, aus Jesus Christus her, den Raum schafft, in dem sich die Sendung aller Glieder der Kirche entfalten kann, um sich aneinander und an die Welt zu verschenken. Es gibt keine Gestalt von Sendung, die auf andere Weise wirksam werden könnte als dadurch, daß sie einstimmt ins Spiel des Schenkens und Beschenktwerdens. Aus der missio, der Sendung, wächst communio, Gemeinschaft.

II. Glaube und Gemeinschaft

1. Fundamentale Kirchlichkeit des Glaubens

Wer sich einläßt auf Jesus Christus, der erfährt den Gegensatz zwischen dem eigenen Nichts und dem sich schenkenden Gott; er erfährt aber auch, daß dieser Gegensatz in seinem Leben durch Jesus Christus aufgehoben wird: Das eigene Nichts wird mit der Fülle Gottes beschenkt. Dieses Beschenktwerden heißt aber, sich beschenken *lassen*. Glaubend schenkt der Mensch sich selbst, sein Nichts. So aber wird Glaube gegenseitige Beziehung, weil gegenseitiges Sich-Schenken, Glaube wird Gemeinschaft: Gemeinschaft zwischen Gott und dem Menschen, gestiftet und vollzogen in der Gemeinschaft zwischen Jesus Christus und dem Menschen. Eintretend in die Gemeinschaft mit Gott, tritt der Mensch ein in die Sendung Christi; er wird zum Raum, in dem die Gebärde des Sich-Verschenkens, die Gebärde der Liebe, die Gott ist und die in Jesus

Christus offenbar ist, zur Gebärde seines eigenen Lebens wird. Darin aber *öffnet* sich die Gemeinschaft zwischen Gott und dem Menschen; die Richtung des Sich-Schenkens wird universal: Der Mensch verschenkt nicht nur seine eigene Armseligkeit an Gott, er verschenkt in ihr sich und Gott. So aber wächst aus seinem Glauben auch Gemeinschaft mit Menschen, Gemeinschaft von Glaube zu Glaube. Der Glaube und die Sendung, die in ihm lebt, vermitteln im Zeugnis, im Dienst, in der Liebe anderen den Eintritt in die Gemeinschaft mit Gott. Diese anderen aber werden dadurch hineingenommen in dieselbe Unmittelbarkeit zu Gott, in die eine und selbe Bewegung des Lebens Gottes, in seinen einen Geist, in dem sich der Vater und der Sohn einander schenken und in dem der Sohn sich und den Vater den Menschen schenkt und in dem Menschen glaubend sich Gott und Gott den anderen schenken. Aus dem Nacheinander der Zeugen, aus der Kette der einander folgenden Träger der Sendung wird Miteinander, wird gegenseitige Gemeinschaft im einen Geist mit dem einen Gott und Vater aller. Wer sein ganzes Ja dazu sagt, sich von Gott beschenken zu lassen, sagt damit auch das Ja zu solcher Gemeinschaft. Christlicher Glaube kann nicht absehen von seiner fundamentalen „Kirchlichkeit".

2. „Rezeptive" und „aktive" Kirchlichkeit

Sich schenken heißt sich ausliefern. Der sich in Jesus Christus schenkende Gott ist der dem Menschen ausgelieferte Gott. Härteste Konsequenz dieser Auslieferung ist Gottes Bindung an die geschichtliche Vermittlung seines Sich-Schenkens durch die Menschen, denen er seine Sendung anvertraut. Nicht nur das „reine" Nichts der gehorsamen Selbstauslieferung Jesu an den Willen des Vaters oder das im ganzen Glauben an die ganze Gnade verschenkte Nichts der Mutter Jesu, sondern auch das unreine, das von der eigenen Schuld, vom eigenen Sein- und Habenwollen getrübte Nichts der Glaubenden, derer, die die Kirche bilden, wird zum Weg des göttlichen Schenkens an die Welt. Nur wer diese Vermittlung annimmt, kommt im Ernst seines Lebens in den Kontakt mit dem Ernst Gottes, der sich so radikal ausgeliefert hat. Wer an Jesus Christus glaubt, der glaubt an die Selbstunterbietung Gottes durch so etwas wie Kirche, wie menschliche endliche Vermittlung. Dieser rezeptiven Kirchlichkeit muß freilich die aktive entsprechen: sich in dieser Kirche senden zu lassen, den konkreten, geschichtlich durch die Jahrhunderte gesponnenen Faden der Sendung Christi an einer unbeliebigen Stelle aufzunehmen. Er muß sich nicht nur mit seinem eigenen Nichts, sondern auch mit der Armseligkeit anderer identifizieren, nicht nur sich, sondern auch diese Kirche anderen zumuten, um gerade so den weiterzugeben, der alles Nichts in sich aufhebt und erfüllt. Gerade diese Bereitschaft kann und muß freilich dazu dienen, das Nichts des Ich und das Nichts der Kirche je neu zu läutern, nicht Selbstbehauptung und Selbstrechtfertigung, nicht selbst vermochten Effekt und selbstgefällige Erfolge zu zelebrieren, sondern jene fundamentale Armut der Kirche zu leben, in der glaubwürdig wird, was Paulus exemplarisch für die Kirche von seinem eigenen Dienst sagt: „Nicht uns selbst verkünden wir, sondern Christus Jesus als den Herrn, uns aber als eure Knechte um Christi willen" (2 Kor 4,5).

3. Inklusive und exklusive Gemeinschaft

Gerade wenn das grenzenlose Sich-Verschenken Gottes Grund und Ziel der Kirche darstellt, wird offenbar, wie relativ Kirche ist. Gottes Geschenk gilt allen. Christi Sendung hat keine Grenzen. Schon der „historische Jesus" hat sich nicht nur an wenige, sondern ans Volk Israel insgesamt gewendet. Die Dynamik seiner Botschaft macht schon in der frühesten Christenheit offenbar, daß die Dimensionen dieser Botschaft die Dimensionen der ganzen Menschheit sind. Die junge Gemeinde wurde zur Gemeinde aus scheinbar unüberbrückbaren Gegensätzen, zur Gemeinde aus Juden und Griechen. Aber – und auch das geht auf die ursprüngliche Dynamik derselben universalen Botschaft zurück – es entstand Gemeinde. Das Volk Israel oder die Menschheit konnte nur Horizont der Sendung Christi werden, indem Menschen aus ihrer freien Entscheidung dem Geschenk Gottes antworten, sich auf es einließen. Der universalen Botschaft antworteten: einzelne. Diese einzelnen aber, geeint durch den Herrn und seinen Geist, hineingebunden in die eine Sendung Christi, schlossen sich nicht in sich selbst; die Stoßrichtung ihrer Sendung blieb aufs Ganze, auf alle hin offen. Die wenigen, die exklusive Gemeinschaft der Glaubenden, die begrenzte Kirche sollte

Zeichen, sollte Sakrament der neuen, der ganzen, der alle einbeziehenden, menschheitlichen Gemeinschaft mit Gott und in Gott sein. Wer die Kirchlichkeit des Glaubens annimmt, der nimmt das Ärgernis einer konkreten, endlichen Kirche in Kauf, er nimmt aber zugleich in Kauf, daß diese Kirche nie fertig, nie am Ende ist, sondern immer auf das Ganze, immer auf die Zukunft hin offen bleibt.

WANDELBARES UND UNWANDELBARES AN DER KIRCHE

Keine bleibende Stätte

Die Kirche ist unterwegs. Das wird sie bleiben, solange sie in dieser Welt ist, und das heißt: solange diese Welt selbst besteht. Es trifft das Wesen der Kirche selbst, was der Hebräerbrief im Blick auf das Schicksal der jungen Kirche sagt: „Wir haben hier keine bleibende Stätte, sondern streben der künftigen zu" (Hebr 13,14). Kirche ist nie „fertig". Der sie vollendet, ist der kommende Herr. Was an ihr bleibt, ist also gerade dies, daß sie wandelbar bleibt. Wandelbar bleibt alles Lebendige, das nur so lange mit sich identisch bleibt, solange es sich entwickelt, wächst, nicht erstarrt. Doch nur deswegen entwickelt sich und wächst das Lebendige, weil eben dasselbe Leben, dasselbe Prinzip des Lebens in ihm bleibt. Dieses Prinzip kann man nicht neben den Wandel und neben das Wachstum des Lebendigen hinstellen, um es „in sich" zu betrachten; es ist vielmehr *in* dem wachsenden und sich wandelnden Leben selbst allein zu fassen. Doch auch der Wandel der Gestalten, die Entwicklung als solche zerfiele ins bloße Nebeneinander und Nacheinander beziehungsloser Momente, wenn diese Gestalten und Stadien der Entwicklung nicht auf das eine, sich entfaltende, alles bewirkende Prinzip hin verstanden, im Zusammenhang mit ihm gesehen würden.

Entsprechendes gilt von der Kirche. Freilich ist das Bild organischen Lebens nicht ausreichend, um das Geheimnis der Kirche, ihres Bleibens und ihres Sich-Wandelns zu ergründen. Denn wir können ihren bleibenden Grund, ihr sie bestimmendes Ziel zwar nicht von ihr getrennt, ohne sie anschauen, aber dieser Grund und dieses Ziel sind gleichwohl nicht bloß ein im Leben der Kirche verborgen waltendes Prinzip. Grund und Ziel der Kirche ist vielmehr der erhöhte Herr selbst, er, der bereits zur Rechten des Vaters thront und der wiederkommen wird in Macht und Herrlichkeit. Doch es gibt keinen Zugang zu ihm außer durch seinen Geist; und diesem Geist muß man sich öffnen, ihn muß man in sich wirken lassen, ihn muß man zum inneren Prinzip seines eigenen Lebens werden lassen, damit man den erhöhten Herrn „sieht". Der Christus des Johannesevangeliums sagt es uns folgendermaßen: „Noch eine kleine Weile, und die Welt sieht mich nicht mehr, ihr aber seht mich; denn ich lebe, und auch ihr werdet leben" (Joh 14,19).

Der erste Unterschied zwischen Bleiben und Wandel in einem Organismus einerseits und in der Kirche andererseits liegt also darin, daß das Prinzip der Kirche nicht dergestalt in ihr aufgeht und sich erschöpft wie das Prinzip des Organismus in diesem. Das Prinzip der Kirche ist vielmehr Jesu lebendiges, durch seinen Geist offenbares und wirksames „Du". Daraus folgt aber ein weiterer Unterschied: So sehr alles Leben in der Kirche allein vom Geist Jesu gewirkt werden kann, so sehr ist es doch zugleich auch immer menschliche Antwort, Tat unserer Freiheit, abhängig von unserem lebendigen, verantwortlichen und so gerade geistgewirkten Du-Sagen zum Herrn und im Namen des Herrn zueinander. Der Weg der Kirche ist nicht bloß Entwicklung, er ist Geschichte; Geschichte aber des „neuen und ewigen Bundes", Geschichte, die nie mehr rückgängig zu machen ist, auch nicht durch unser Verfehlen und Versagen. Der Bund, den Gottes Erbarmen mit der Menschheit geschlossen hat, bleibt, und also bleibt die Kirche trotz aller Abhängigkeit ihrer konkreten Gestalt von uns, vom Menschen. Das Ewig-Endgültige und das Geschichtliche, das sich nicht vorausberechnen und absehen läßt, sind in der Kirche wie nirgendwo in der Welt miteinander verwachsen.

Bleibender Grund

Derselbe Textabschnitt des Hebräerbriefes, der davon spricht, daß Kirche wesenhaft unterwegs bleibt, beginnt mit dem nur scheinbar ganz anders gerichteten Wort: „Jesus Christus gestern und heute, derselbe auch in Ewigkeit" (Hebr 13,8). Kirche ist unterwegs, ihr Gestern, Heute und Morgen können nicht gleichförmig sein, aber einer und derselbe bleibt bei ihr als ihr Grund und ihre Zukunft: Jesus Christus. Die Kirche ist daher notwendig „traditionell" und „progressiv" in einem. Es kann nie ein anderer Grund gelegt werden, als der in Jesus Christus bereits gelegt ist (vgl. 1 Kor 3,11). Und die ein für allemal ergangene Botschaft von dem ein für allemal gestorbenen und auferweckten Herrn muß daher unverkürzt und unverfälscht durchgetragen werden durch alle Veränderungen der Zeit und Geschichte. Jesus Christus, seine Wahrheit und sein Leben sind aber nie vollendet eingeholt in einer immer doch endlichen Gestalt kirchlichen Lebens und Verkündigens. Der Herr, der bereits gekommen ist, ist ebenso und immerfort der Kommende, Rufende, An-sich-Ziehende. Er ist also immer auch der erst Zukünftige, der dieselbe „Tradition", die er grundlegt, auch über sich hinausruft in die je neuen Dimensionen einer jeden neuen Zeit auf dem Wege bis zu seiner Ankunft in Herrlichkeit.

Es ist also nicht ein selbstherrliches und behäbiges Verharren, wenn in der Kirche um „Bleibendes" gerungen wird, das nicht der Mode und Laune des Geschmacks im Augenblick angepaßt werden darf. Es ist aber ebensowenig billige Anbiederung an den Zeitgeist, wenn die Kirche nicht zufrieden sein kann mit der Gestalt ihrer selbst und ihrer Botschaft, wie sie nun einmal geworden ist. Wandelbares und Unwandelbares an der Kirche liegen genau am selben, am Herrn, welcher ebenso der gekommene wie der kommende Herr ist. Die Gegenwart der Kirche erwächst gerade daraus, daß sie, auf den gekommenen wie auf den kommenden Herrn blickend, ihn als denselben und einen erblickt, *jetzt* ihm begegnet, *jetzt* ihn in ihrer Mitte hält.

Derselbe Auftrag: Bleibet! – Wandelt euch!

Es liegt also nicht zuerst an der Zeit, sondern am Herrn, daß die Kirche unterwegs ist. Aber gerade weil es am Herrn liegt, liegt es auch an der Zeit: denn der Herr selbst hat sich hineingegeben in die Zeit, das Wort ist Fleisch geworden (vgl. Joh 1,14), der Sohn hat Knechtsgestalt angenommen (vgl. Phil 2,7), in allem uns gleich außer der Sünde (vgl. Hebr 4,15). Die Bewegung seiner Hingabe, seines Sich-Einsmachens mit dem Menschen in seiner Geschichtlichkeit reicht notwendigerweise über den Zeitraum des irdischen Lebens Jesu hinaus, wird im Auftrag, daß wir lieben, wie er liebte, auch zum Auftrag an die Kirche. Sie hat ihre Botschaft und in ihr sich selbst je neu zu „übersetzen". Dabei darf sie das „Original" der Übersetzung, die eine und bleibende Botschaft des Herrn, niemals verraten und vergessen, sie darf aber ebensowenig jene vergessen und verraten, *denen* sie das Wort übersetzt. In sie, in ihr Leben, in ihre Verstehensmöglichkeiten muß sie hineinhören, mitten in ihrer Welt muß sie ihren Stand haben, um die Übersetzung leisten zu können, die ihr aufgetragen ist.

Dann aber wird deutlich, daß Wandelbares und Unwandelbares in der Kirche sich nicht wie Schale und Kern zueinander verhalten, daß es nicht ein paar oder auch sehr viele unwandelbare Elemente in ihr gibt und daneben ein zeitbedingtes „Zusatzprogramm". Vielmehr ist die Kirche in ihrem Wesen bleibend und geschichtlich zugleich, dasselbe, mehr noch: derselbe trägt ihr beides auf, nämlich die Treue zum Ursprung und Ziel und die Treue zum je neuen, je sich wandelnden Jetzt.

Nur auf dem Hintergrund dieser Überlegung kann das Gestern, das Heute und das Morgen der Kirche gemäß gesehen, kann Kirche auf dem Wege, kann der Weg der Kirche verstanden, gegangen und mitdenkend und mittuend verantwortet werden.

Das Wirken des Geistes Jesu in uns, der uns an sein Wort erinnert (vgl. Joh 14,26) und es so bewahrt und der aus diesem Wort die immer neue Gestalt der Kirche erwachsen läßt, drückt sich unmittelbar aus in Glaube, Hoffnung und Liebe. Der Glaube verankert uns in den Grund, der ein für allemal gelegt ist; die Hoffnung spannt uns aus auf das unverrückbare Ziel; die Liebe selbst ist jenes, was „bleibt", wenn alles andere vergeht (vgl. 1 Kor 13). Glaube, Hoffnung und Liebe sind aber ebenso jene Kräfte, die uns auf dem Wege halten, die uns nach vorn weiterführen, die jeden Stillstand und jeden behäbigen Besitz ausschließen. Die Kirche auf dem Wege, auf dem immer selben und so immer neuen Wege, ist also Kirche des Glaubens, der Hoffnung und der Liebe.

Zweites Kapitel

Geeintes Gottesvolk

IST DAS KONZIL SCHON ANGEKOMMEN?

Zum Schlußdokument der Außerordentlichen Bischofssynode 1985[1]

I. Der hermeneutische Schlüssel: Kirche als Mysterium*

Der Titel dieses Beitrags will nicht künstlich Aufsehen erregen, sondern auf den Punkt bringen, was die Bischofssynode bewegte. In einer selbstkritischen Passage – solche fehlen Gott sei Dank im Schlußdokument der Außerordentlichen Bischofssynode 1985[2] keineswegs – lesen wir: „Einerseits sind Irrtümer daraus entstanden, weil wir zu schüchtern waren, die wahre Konzilslehre umzusetzen. Andererseits entstand aus einem verkürzten Lesen des Konzils eine einseitige Darstellung der Kirche als eine nur institutionelle Größe und (sie) ist daher ihres Geheimnisses beraubt. Wahrscheinlich sind wir nicht ganz unschuldig daran, daß besonders die Jugendlichen die Kirche als reine Institution kritisch einschätzen. Haben wir ihnen nicht sogar die Gelegenheit dazu gegeben, wenn wir zu wenig über Gott und Christus gesprochen haben?" (I.4).

Die „Tür zur Dimension des ‚Göttlichen' oder (bzw. des) Geheimnisses öffnen" (II.A.1) ist eine der eindringlichsten Mahnungen der Synode. Sie wird wenig später weitergeführt: „Die Kirche wird glaubwürdiger, wenn sie weniger von sich selbst spricht, immer mehr Christus als den Gekreuzigten predigt (vgl. 1 Kor 2,2) und ihn als ihr Leben bezeugt" (II.A.2). Weiter heißt es: „Wir können die falsche, einseitig nur hierarchische Sicht der Kirche nicht durch eine neue, ebenfalls einseitige soziologische Konzeption ersetzen"

---

[1] (Anm. d. Bearb.) Redaktionelle Überarbeitung der Tonbandabschrift eines Grundsatzreferats vor der Vollversammlung des Zentralkomitees der deutschen Katholiken.

[2] Schlußdokument der Außerordentlichen Bischofssynode 1985 (Verlautbarungen des Apostolischen Stuhls 68) (Bonn 1985).

(II. A.3). Es wird also mit großem Nachdruck auf dem Charakter des Mysteriums, der Kirche als Geheimnis, insistiert. Aber was heißt das? Was sollen wir unter diesem Titel verstehen? Wie greift das Mysterium in unser Leben ein?

Beim Nachdenken über diese Fragen ging mir auf, daß hier ein Angelpunkt liegt, um die zentrale Konzilsbotschaft und auch das Schlußdokument der Synode 1985 in den Blick zu bekommen. Gelingt das nicht, hängen einerseits die einzelnen Konzilsreformen in der Luft, wirken andererseits warnende Aussagen gegenüber fragwürdigen Reformen bloß als Zeichen von Beharren und Ängstlichkeit. Sowohl das Veränderliche und Verändernde als auch das Bleibende und Bewahrende des Konzils erhalten ihre Plausibilität nur, wenn das „Mysterium Kirche" nicht Abstraktion bleibt. Wenn es aber in Sicht tritt, entdecken wir den Zusammenhang, der die Einzelaussagen in den Texten des Konzils und der Bischofssynode zur Gesamtgestalt fügt.

Vordergründig betrachtet, beschränke ich mich darauf, die Schau der Kirche als Geheimnis zu verdeutlichen. Doch ich bin überzeugt, daß gerade so die Gesamtkonzeption der Kirche gemäß dem Konzil und der Außerordentlichen Bischofssynode Kontur gewinnen kann.

II. Die Botschaft der Neuzeit: der „Tod Gottes"*

Ist das Konzil schon angekommen? Diese Formulierung hat eine literarische Parallele, die mir aufschlußreich erscheint. Ich denke an jenen „tollen Menschen", den Friedrich Nietzsche in der „Fröhlichen Wissenschaft" sagen läßt: „Ich komme zu früh ..., ich bin noch nicht an der Zeit. Dies ungeheure Ereignis ist noch unterwegs und wandert – es ist noch nicht bis zu den Ohren der Menschen gedrungen ... Taten brauchen Zeit, auch nachdem sie getan sind, um gesehn und gehört zu werden."[3]

Was besagt diese Redewendung? Ich halte jene Deutung für be-

[3] (Anm. d. Bearb.) *F. Nietzsche*, Werke II, hg. v. *K. Schlechta* (München 1966), 127. – Das Ereignis auf das sich diese Worte beziehen, wird kurz zuvor in Nietzsches Text selbst erklärt: der „Tod Gottes".

denkenswert, die, Hölderlins Rede vom „Fehl Gottes“ und Heideggers Nietzsche-Interpretation einbeziehend, hier einen Grundbefund neuzeitlicher Geistesgeschichte sieht: Ersatz des lebendigen Gottes durch ein unbedingtes Subjekt, das zur Welterklärung und Weltsteuerung notwendig ist, dann aber leicht durch den Menschen selbst, durch eine Weltvernunft oder einfach durch das absolute System ersetzt werden kann. Ein solches Überflüssigwerden, Fremdwerden Gottes kann durchaus auch dort geschehen, wo dieses Faktum „noch nicht angekommen“, ins Bewußtsein des einzelnen oder der Gesellschaft eingedrungen ist.

Mit unserem Rekurs auf Nietzsche haben wir den Kontext erreicht, in den hinein das Zweite Vatikanum spricht. Das Synodendokument verharrt weder in einem wehleidigen Klagen über unsere schlimmen Zeiten und unsere gottlose Welt noch in bitteren Anklagen gegen sie. Die Bischofssynode achtet nicht nur auf die unübersehbaren Zeichen für eine Rückbesinnung auf das Heilige, sondern auch auf jene Phänomene, die für ein immer breiteres Ankommen des so verstandenen „Todes Gottes“ in unserer Gesellschaft sprechen: „Der kurze Zeitraum von 20 Jahren, der uns vom Abschluß des Konzils trennt, hat in der Geschichte beschleunigte Veränderungen mit sich gebracht. Deshalb fallen die Zeichen unserer Zeit in manchen Punkten ganz und gar nicht mit denen zusammen, die die Umstände des Konzils ausmachten. Dabei muß man besonders das Phänomen des Säkularismus beachten. Zweifellos hat das Konzil die berechtigte Autonomie der zeitlichen Dinge (vgl. GS 36 u. a.) bekräftigt. Deshalb muß man eine im guten Sinne verstandene Säkularisierung annehmen. Aber etwas ganz anderes ist der Säkularismus, der in einer autonomistischen Sicht von Mensch und Welt besteht, die von der Dimension des Geheimnisses absieht, sie vernachlässigt oder gar leugnet.“ (II.A.1).

Immer stärker bedrängt uns die Problematik, wie der Glaube an eine kommende Generation vermittelt werden könne, bei der sich zwar die unruhige Frage nach dem Sinn des Lebens nachdrücklich meldet, bei der sich aber zugleich Fremdheit und Ratlosigkeit gegenüber den überkommenen Zeichen, Formen und Institutionen christlichen Glaubens breitmachen. Hier hat sich nach dem Urteil des Synodendokumentes die Situation seit zwanzig Jahren erheblich verschärft, zumal in der Ersten Welt, ohne daß aber ähnliche Entwicklungen an der Zweiten und Dritten Welt vorbeigegangen wären (vgl. I.3). Es ist zu unterstreichen, was unser Text ausführt: Säkularismus und Auszug aus der Kirche dem Konzil zuzuschreiben verkennt die Lage. Was *nach* dem Konzil geschah, ist nicht ohne weiteres *wegen* des Konzils geschehen (vgl. ebd.).

Das Konzil war nicht eine Anpassung an die Situation, sondern das Ankommen der Botschaft des Glaubens in einer Frische und Ursprünglichkeit, die imstande ist, jene Situation des „Todes Gottes" von innen her aufzubrechen, sie als im Tod und in der Auferstehung Jesu Christi überholt und überwunden anzusagen. Diese Überlegung verschärft nochmals unsere Frage: Ist das Konzil schon angekommen? Wissen wir nicht nur theoretisch, sondern mit unserer Existenz und im Blick auf Gestalt und Gestaltung unserer Kirche, was ihr Geheimnis ist? Oder sprechen wir nicht zuviel von uns selber, so daß die Rede von Gott und von Jesus nicht ankommt?

III. Die Konzilsbotschaft: das dreifache Mysterium*

Was ist in der Kirche vom „Mysterium Gottes" angekommen? Ist Kirche selber Botschaft dieses Mysteriums? Auf welchen Wegen kann diese Botschaft des Zweiten Vatikanischen Konzils in unserer Gesellschaft ankommen? Vielleicht ist es eine heilsame Not, auf diese fundamentalen Fragen eine knappe und verständliche Antwort geben zu müssen. Kurz und prägnant gibt sie das Schlußdokument der Synode in zwei Abschnitten mit den Überschriften „Das Geheimnis Gottes durch Jesus Christus im Heiligen Geist" (II.A.2) und „Das Geheimnis der Kirche" (II.A.3). Diese Passagen dürfen wir als Kurzkommentar zu den ersten beiden Kapiteln von Lumen gentium betrachten, die die Kirche zunächst als göttliches Mysterium und dann als Volk Gottes darstellen. Diesen Zusammenhang betrachte ich als die Schwingachse aller Konzilsdokumente.

Ich nehme mir die Freiheit, den springenden Punkt hervorzuheben, indem ich den zentralen Satz aus dem Synodendokument zitiere: „Die Botschaft von der Kirche, wie sie vom Zweiten Vatikanischen Konzil beschrieben wird, ist trinitarisch und christozentrisch" (II.A.2). Ein anderer Satz ergänzt später diese Aussage: „Deshalb ist die Beziehung zwischen Menschheits- und Heilsgeschichte im Licht des Ostergeheimnisses zu erklären" (II.D.2). Der Zusammenhang wird durch die Überschrift „Theologie des Kreuzes" deutlich markiert. Die Betonung des Ostergeheimnisses, das heißt die zentrale Stellung des Kreuzes und der Auferstehung, als Interpretationsschlüssel für unsere geschichtliche Situation, aber auch für das Mysterium Kirche ist der einzige Akzent, den das Schlußdokument der Synode dem Konzil hinzufügt. Auf diese Weise werden Gottes dreifaltiges Leben und das Christusgeheimnis – genauer: Menschwerdung und Paschageschehen – als Mitte des Evangeliums und als Mitte der Kirche herausgestellt. So selbstverständlich diese Feststellung klingt, so folgenschwer ist sie doch.

IV. Auseinanderdriften von Evangelium, Kirche und Welt*

Während der letzten Jahrhunderte hat sich zunehmend die Verbindung zwischen der christlichen Heilsbotschaft, der Kirche als der vermittelnden Instanz und der Welt (im Sinne von Gesellschaft und Kultur) gelockert. Ein bloßes Nebeneinander ist die Folge: Hier steht die Heilsbotschaft. Zwar wurde sie früher schon von den verschiedenen christlichen Kirchen unterschiedlich ausgelegt und in der Gesellschaft nur noch selektiv wahrgenommen, aber dennoch blieb sie im allgemeinen Bewußtsein lebendig. In der heutigen Gesellschaft hingegen hat die Heilsbotschaft ihre Vitalität und ihre ausschließliche Gültigkeit weithin eingebüßt. Dort steht die Welt. Zweifellos ist sie als Lebensraum nach wie vor von christlichen Überlieferungen geprägt, aber in der Moderne gerät sie immer mehr unter den experimentierenden und berechnenden, forschenden und gestaltenden Zugriff des Menschen. Ein weiteres Phänomen ist festzustellen: Mit dem Blick über die Grenzen des eigenen Kulturraums und mit der Auflösung seiner ideellen Einförmigkeit bleibt der christliche Glaube nur noch als ein Traditionsstrom neben anderen wirksam.

Zwischen der verblassenden, sich zerteilenden, aber auch verschließenden christlichen Glaubensüberzeugung und der immer eigenständiger und vielgestaltiger werdenden Welt steht die Kirche wie zwischen zwei Blöcken. Von sich her versteht sie sich als Repräsentanz und Vermittlung der Heilsbotschaft Jesu Christi, die sich nach Inhalt und Struktur von anderen religiösen Formen und Gemeinschaften abhebt; so aber gerät sie zusehends unter einen starken Druck der Selbstdefinition. Zugleich wird sie von der Gesellschaft her als eine von vielen in ihr wirkenden Institutionen angesehen. Daher gewinnt auch in ihrem Außenbezug, und zwar gleichermaßen in Anpassung wie in Widerstand, der institutionelle Charakter von Kirche die Vorhand. Evangelium, Welt und Kirche stehen also nicht völlig beziehungslos, aber doch weithin fremd nebeneinander.

Für die Kirche legen sich als trügerischer Ausweg aus dieser fatalen Situation zwei Engführungen ihres Selbstverständnisses nahe. Die Gefahr ist nicht eine dogmatisch falsche Aussage, sondern eine unter dem Druck der Verhältnisse falsche pastorale Entscheidung, die zu einer gravierenden Identitätskrise führen kann. Die eine Engführung lautet: Kirche soll nach Wegen suchen, wie sie ihre Identität als Institution gegenüber der Welt bzw. der Gesellschaft besser durchsetzen und durchtragen kann, um angeblich so die Identität ihrer Botschaft zu wahren. Die andere Engführung lautet: Kirche soll darauf sehen, wie sie besser bei der Welt ankommt, um angeblich so ihre Botschaft in die Abläufe der Gesellschaft wirksam einzubringen. Beide Bemühungen sind notwendig. Aber wenn die eine oder die andere oder auch beide zusammen zu wichtig genommen werden, nimmt die Selbstreflexion der Kirche überhand und wird die Kirche sich selbst zum institutionellen Problem. Es entsteht der Eindruck, wenn Kirche als Institution und in ihrer gesellschaftlichen Funktion ihren Ort gefunden habe, sei das Entscheidende getan. Das Synodendokument sagt aber, die Botschaft des Konzils hervorhebend: Das Entscheidende ist dann gerade nicht getan.

Soweit Kirche einseitig als Institution vorgestellt wird – eine Versuchung nicht nur der Vor- sondern auch der Nachkonzilszeit –, ist das Konzil noch nicht bei der Kirche angekommen. Soweit Kirche durch Selbstverteidigung oder durch Selbstaufgabe ihr Weltverhältnis zu „bewerkstelligen“ sucht, handelt sie nicht aus ihrer Mitte, in der das Mysterium aufscheint und wirksam wird, das ihr anvertraut ist und das sie selber ist.

V. Besinnung auf die Mitte: Mysterium und Communio*

Nach der Kirchenkonstitution Lumen gentium ist nicht die Kirche, sondern Jesus Christus das Licht der Völker. Er ist es, in dem Gott bei der Welt ankommen und sie annehmen will. Seine Menschwerdung ist die Annahme allen Menschseins, das Mitleben eines jeden Geschicks, die Stellvertretung für alle Schuld- und Todverfallenheit.[4] In Jesus Christus ist die Brücke zwischen Gott und Welt geschlagen, er ist der Weg Gottes zum Menschen und der Weg des Menschen zu Gott.

Was er in Person ist, das soll in der Geschichte ankommen, zu Biographie der Menschen werden. Deswegen ergreift er Menschen, die sich glaubend, hoffend und liebend diesem Licht öffnen, auf daß in ihnen das Christusgeheimnis lebt, wirkt und Gestalt gewinnt. Kirche ist der Spiegel, durch den das Licht Christi weiterstrahlt in die Welt. Das braucht natürlich ein bezeugendes, weltgestaltendes Tun. Das Tun kommt jedoch nicht nachträglich zu Botschaft und Heilswerk Christi hinzu, sondern Kirche ist in ihrem Sein Präsenz des Herrn. Dadurch ist sie klein und groß zugleich, nah der Welt und eins mit ihr und ebenso eins mit Jesus Christus. Nicht in Abgrenzung oder Anpassung, sondern im Annehmen, Aushalten und Durchleiden der Welt geht der Mensch ein in Jesu österliches Schicksal der Hingabe an den Vater für die Welt und der Verherrlichung durch den Vater. Welt und Leben müssen nicht nur gestaltet, sondern auch verwandelt werden zum Zeichen des kommenden Gottesreiches. In der österlichen Transformation vollzieht sich der Dienst der Kirche und der Christen an der Welt. So entspricht es der Dynamik der Inkarnation, die ihren Ernstfall und ihre Vollendung im Paschageschehen von Kreuz und Auferstehen findet. Nur soweit Kirche gelebtes Christusgeheimnis, gelebtes Paschageheimnis ist, kommen in ihr Welt und Botschaft in ihr wahres, inneres Verhältnis.

Um dem Konzil, zumal der Kirchenkonstitution, gerecht zu werden, müssen wir noch eine Dimension weiter entfalten, die wir bisher nur gestreift haben. „Gott hat es aber gefallen, die Menschen nicht einzeln, unabhängig von aller wechselseitigen Verbindung, zu

---

[4] Vgl. *Zweites Vatikanisches Konzil*, LG 1, GS 22.

heiligen und zu retten, sondern sie zu einem Volke zu machen, das ihn in Wahrheit anerkennen und ihm in Heiligkeit dienen soll."[5] Der Mensch, der nach der Verbindung mit Gott als seinem Heil strebt, sehnt sich zugleich nach der Ganzheit seines Lebens. Heil ist Ganzheit, ist Einheit nicht nur im vertikalen, sondern auch im horizontalen Sinn. Das ist nicht Zusatz zum Geheimnis des Menschen und zum Geheimnis Jesu Christi, sondern die Tiefe beider. Denn in seiner Menschwerdung erfüllt der Sohn den Willen des Vaters und, sich mit dem Menschen verbindend, führt er ihn in die Arme des Vaters. Die Einheit von Vater und Sohn im Geist ist der Grund der Menschwerdung. In Kreuz und Auferstehung wird der Mensch in die Liebesgemeinschaft des dreifaltigen Lebens hineingenommen. Deshalb ist der Mensch erst dann ganz in Jesus Christus, wenn er auch im Zwischenmenschlichen dieselbe Einheit lebt, die zwischen Vater und Sohn im Geiste waltet (vgl. Joh 17,21-23). „Kirche als Communio" (II.C) ist das „aus der Einheit des Vaters und des Sohnes und des Heiligen Geistes geeinte Volk"[6]. Nur auf die Weise der Communio, in Annahme und Hingabe als Mitvollzug von Menschwerdung und österlicher Liebe, wird Kirche glaubwürdig und wirksam, leuchtet im Spiegel, der die Kirche ist, Jesus Christus als das Licht der Völker auf. Die beiden Stichworte des Synodendokumentes, Mysterium und Communio, gehören daher untrennbar zusammen.

VI. Entfaltung der Mitte: Selbsttranszendenz auf Gott und Welt hin*

Wir haben uns bisher auf die Kirchenkonstitution des Konzils konzentriert. Aber – so kann kritisch eingewandt werden – ist die Deutung von Kirche als Mysterium auch zentral und aufschlußreich für die Botschaft des Konzils insgesamt. Die Außerordentliche Bischofssynode 1985 hat das bestätigt. Es war eine weise Entscheidung, ihr Augenmerk auf die vier zentralen Konzilstexte zu richten: die Dogmatische Konstitution über die Kirche, die Pastoralkonsti-

---

5 LG 9.

6 LG 4.

tution über die Kirche in der Welt von heute, die Dogmatische Konstitution über die göttliche Offenbarung und die Liturgiekonstitution. In diesen vier Konstitutionen entfaltet sich der Grundansatz des Konzils beim Mysterium dergestalt, daß sich daraus eine plausible Antwort auf unsere Frage ergibt: Wie bestimmt sich die Beziehung Heilsbotschaft – Kirche – Welt?

Bekanntlich verdankt sich die eine Botschaft des Zweiten Vatikanischen Konzils in seinen vielen Beschlüssen nicht der planerischen Aktion der Konzilsväter und Konzilstheologen, sondern offenkundig jener inneren Dynamik des konziliaren Geschehens, das Züge des Pfingstgeistes trägt. Um so eindrucksvoller ist die plausible Leistung des Synodendokuments – hier muß man vor allem den belgischen Kardinal Godfried Danneels und den deutschen Theologen Walter Kasper nennen -, daß schon durch die Gliederung des Dokuments ein frappierend einfaches Grundmuster entsteht, in dem das Konzil zu lesen, seine Botschaft und sein Auftrag zu fassen sind. Dies geschieht im II. Hauptteil des Schlußdokuments. Am Anfang steht der Abschnitt „A. Das Geheimnis der Kirche“, um die dargelegte ekklesiologische Grundentscheidung des Konzils in die Mitte zu rücken. Wenn das trinitarische und christologische Heilsereignis das Lebensprinzip von Kirche ist, dann hängt Entscheidendes davon ab, daß sie aus den Quellen, dem Geheimnis ihres Ursprungs, auch wirklich lebt.

Davon handelt der zweite Abschnitt „B. Quellen, aus denen Kirche lebt“: das Wort Gottes und die Liturgie. Die Synode verstärkt den Impuls der Offenbarungskonstitution zur Neuevangelisierung und vorab zur Selbstevangelisierung der Kirche (II.B.a.2) und unterstreicht als Ziel der Liturgiereform die „aktive Teilnahme“, die „vor allem in innerer und geistlicher Teilnahme in einer lebendigen und fruchtbringenden Teilhabe am österlichen Geheimnis Jesu Christi (vgl. SC 11)“ besteht (II.B.b.1). Die Grundfrage lautet also: Können Verkündigung und Liturgie der Kirche so erfahren werden, daß in ihnen das Ostergeheimnis und das Geheimnis dreifaltiger Liebe in Herz und Lebensraum der Menschen eindringt? Diese Frage bricht alte formalistische Verkrustungen auf und widerspricht einem neuen Rationalismus und Aktivismus.

Die Wirkungen von Gottes Wort und Liturgie beschreibt der Abschnitt „C. Die Kirche als ‚Communio‘“, der mit dem Grund-

Satz beginnt: „Die ‚Communio-Ekklesiologie‘ ist die zentrale und grundlegende Idee der Konzilsdokumente.“ Den Sinn von Communio finde ich am tiefsten und deutlichsten ausgedrückt in der Formulierung des heiligen Cyprian von Karthago, den ich als den Schlüsselsatz der Kirchenkonstitution über das Geheimnis der Kirche ansehe: Kirche ist „das aus der Einheit des Vaters und des Sohnes und des Heiligen Geistes geeinte Volk“[7]. Wie die Liturgiereform vom Ankommen des Mysteriums im Leben zu lesen ist, so müssen die strukturellen Probleme der Kirche wie Kollegialität der Bischöfe, Teilnahme der Laien an der Sendung der Kirche und ökumenische Gemeinschaft der Kirchen vom Grundsinn der Communio her gelesen werden. In dieser Entscheidung liegt eine klare Absage an ein bloßes Wahren der hierarchischen Struktur wie auch an eine bloße soziologische Anpassung der Kirchenstruktur an säkulare Grundmuster.

Die Leidenschaft Gottes für die Welt, für die Menschheit, die schon aus dem Titel der Kirchenkonstitution „Licht der Völker“ spricht, wird voll entfaltet im letzten Abschnitt „D. Sendung der Kirche in der Welt“. Die Spannung zwischen dem Geheimnis der Liebe Gottes, die sich und alles gibt, und einer Welt, die sich und alles aus sich selbst zu vollbringen sucht, ist die Dramatik im Weltverhältnis der Kirche. Stärker als „Gaudium et spes“ verweist die Bischofssynode auf eine Theologie des Kreuzes (II.D.2). Dieser neue Akzent wurde notwendig angesichts der Abgründe und Schatten, die sich deutlicher als vor zwanzig Jahren mit einem ungebrochenen Fortschrittsdenken unserer neuzeitlichen Industriekultur verbinden. In allen Einzelfragen wie Aggiornamento, Inkulturation und Option für die Armen hält sich das Leitmotiv durch: Kirche als getreue Übersetzung der dreifachen Botschaft von der Menschwerdung Gottes, von Kreuz und Auferstehung Jesu Christi, von der dreifaltigen Liebe.

Nennen wir abschließend nochmals die Stationen des Weges, den das Synodendokument zurücklegt. Am Anfang steht das Geheimnis des dreifaltigen Gottes, das sich in Menschwerdung, Kreuz und Auferstehung Jesu Christi der Menschheit schenkt und erschließt. Dieses Geheimnis, das in der Kirche ankommt, eröffnet sich im

---

7 Ebd.

Wort Gottes und in der Feier der Liturgie. Hieraus erwächst Communio als Vollzug und Struktur, Auftrag und Lebensrhythmus der Kirche. Communio aber vollzieht sich als Missio: Sie ist bestimmt zur Durchdringung der Welt mit dem göttlichen Geheimnis, auf daß die Welt in und mit dem Gott zu leben vermag, der sie liebt.

VII. Wie kann das Konzil ankommen?*

Man könnte dem Dokument vorwerfen, es widerspreche sich selber mit der Forderung, die Kirche solle nicht soviel von sich selber sprechen; denn es spreche selber dauernd von der Kirche. Doch dieser Vorwurf sticht nicht, weil Kirche so von sich spricht, daß sie auch von Gott und der Welt spricht. Dies setzt den Maßstab und ist eine Wegweisung, wie das Konzil ankommen will. Das Geheimnis Jesu Christi, in dem sich ungetrennt und unvermischt Gottsein und Menschsein verbinden, verlangt von uns, alles unter den Anspruch des Evangeliums zu stellen und doch der Autonomie welthafter Sachbereiche ihr Recht zu lassen. Entsprechend deutet die Synode als Signal für unseren Weltdienst die Evangelisation und die Inkulturation als „eine innerliche Umformung der authentischen Kulturwerte durch Einbindung in das Christentum und zugleich die Einwurzelung des Christentums in die verschiedenen menschlichen Kulturen" (II.D.4). Dies ist eine klare Absage an alle integralistischen Strategien. Wer das Geheimnis von Kreuz und Auferstehung ernst nimmt, wird skeptisch gegen glatte Lösungen. Er weiß, daß er Probleme weder ideologisch noch pragmatisch „durchhauen" kann. Aktives und geduldiges Durchtragen tut not. Aushalten der Sachfragen und der Partner, auch in der Kirche. Weder Restauration noch Fundamentalismus können dem Ankommen des Reiches Gottes dienlich sein. Das trinitarische Geheimnis des Nehmens und Gebens, des Hörens und Sprechens markiert eine Alternative gegenüber einer block- und zwanghaften wie auch einer unverbindlichen und individualistischen Lösung des drängenden Grundproblems Einheit.

In dieser Deutung der Kirche als Mysterium sehe ich nicht eine spiritualistische Überhöhung der aktuellen Kirchenprobleme, sondern eine Befähigung zu Sachlichkeit und Menschlichkeit. Die Botschaft der Außerordentlichen Bischofssynode entspricht gerade der Sehnsucht junger Menschen nach dem „Geheimnis“, nach dem Mehr und Anders, das Kirche als Mysterium der Liebe Gottes in der Welt bezeugen soll. Gott läßt Altes durchtragen und Neues wagen. Wo er aufscheint in der Kirche, ist das Konzil und ist mehr als nur das Konzil angekommen.

TRINITÄT UND KIRCHE

Zur Trinitätstheologie von „Christifideles laici“

Die nachsynodale Adhortatio Apostolica von Papst Johannes Paul II. „Christifideles laici“ (CL) berücksichtigt in einem bis dahin ungekannten Ausmaß den „Originalton“ der Bischofssynode von 1987, auf die sie sich bezieht.[1] Das Dokument ist dadurch genötigt, eine Fülle unterschiedlicher Themen und Gedanken zur Synthese zu bringen. Dies gelingt zum einen durch eine straffe und transparente Gliederung, die jedem Teil seinen Ort im Ganzen anweist; zum andern ist aber diese Gliederung selbst nicht ein äußerliches Ordnungsprinzip, sondern Ausdruck einer komplexen theologischen Einheit des gesamten Dokumentes. Und diese Einheit – so unsere These – ist jene einer trinitarischen Ekklesiologie, die von Lumen gentium über das Schlußdokument der Außerordentlichen Bischofssynode 1985 eben zu diesem theologischen Ausdruck der Bischofssynode von 1987 führt. Wir dürfen sagen: Communio-Ekklesiologie als trinitarisch orientierte Ekklesiologie findet hier ihre Bestätigung und Fortentwicklung über die bisherigen Dokumente hinaus.

Ist eine solche theologische Synthese, in welche die Materialien der Synode eingefügt werden, dann aber nicht doch etwas dem Gang und der Aussage der Synode Fremdes und Äußerliches? Keineswegs. Wer den Gang der Interventionen, die Arbeit der Sprachzirkel, deren Relationen im Plenum und die in „Tuchfühlung“ mit der Synode erfolgten Äußerungen des Papstes im synodalen Kontext verfolgte und dabei nach einem inneren Zusammenhang fragte, konnte unschwer den inneren Einheitspunkt in einer Communio-Theologie, die trinitarisch geprägt ist, finden. Die in der ersten Proposition von den Synodenvätern dem Papst vorgetragene Bitte, für

---

[1] (Anm. d. Bearb.) Vgl. Nachsynodales Apostolisches Schreiben „Christifideles laici“ (Verlautbarungen des Apostolischen Stuhls 87) (Bonn 1989); vgl. *K. Hemmerle*, Berufung und Sendung der Laien in Kirche und Welt zwanzig Jahre nach dem II. Vatikanischen Konzil. Zur Fragestellung der Bischofssynode 1987 und zu deren Lineamenta. In: Berichte und Dokumente 58 (Bonn 1985) 16-25.

sein postsynodales Schlußdokument nicht nur die Propositionen selbst, sondern auch diese anderen eben genannten Quellen heranzuziehen, wurde denn auch in der Erstellung des Dokumentes breit berücksichtigt. Die trinitarische Ekklesiologie des Apostolischen Mahnschreibens greift konkret auf Anregungen aus Sprachzirkeln und Relationen zurück.

Im folgenden soll nun, in einem zweifachen Vorgang, die trinitarische Ekklesiologie herausgeschält werden, die das Dokument prägt. Dabei wird die Frage nach dem Laien und seiner Identität hinter den Blick auf die Kirche als ganze zurücktreten. Doch ist gerade dies typisch für die Sicht des Laien in unserem Dokument, daß er nicht so sehr durch eine äußere Definition in Abgrenzung von anderen Berufungen in der Kirche zur Sprache kommt, als vielmehr dadurch, daß Kirche selbst zur Sprache kommt.

In einem ersten Zugang versuchen wir den Leitfaden aufzuspüren, der von innen her die Einheit des ganzen Dokumentes gewährleistet und seine ekklesiologischen Aussagen zurückbindet an das Mysterium des dreifaltigen Gottes. In unserem zweiten Zugang greifen wir zurück auf die Gliederung des Dokumentes und erschließen aus ihr die trinitarische Gesamtsicht, die es ausfaltet.

I. Der Weg von innen: die Theologie von „Christifideles laici"

1. Die doppelte Leitidee

Beim ersten Zusehen mag die These, von der wir ausgingen, daß es sich nämlich bei CL um ein Dokument trinitarischer Ekklesiologie handele, erstaunen. Ist nicht mindestens genauso stark wie der Rückbezug auf die trinitarische Formel des Cyprian (Kirche als aus der Einheit des Vaters und des Sohnes und des Heiligen Geistes geeintes Volk) in Lumen gentium 4, ja eher noch stärker der Rückgriff auf die Kirche als den mystischen Leib Christi, wie ihn Paulus uns in 1 Kor 12, Röm 12 und Eph 4 darstellt? Haben wir nicht hier ein legitimes Nebeneinander zweier Grundsichten und Grundmotive, die einander nicht ausschließen, aber auch nicht einfachhin aufeinander zurückzuführen sind?

Die Richtung, in welcher das Dokument selbst eine „Vermittlung“ beider Bilder und entsprechend beider Ansätze, des trinitarischen und des christologischen, vornimmt, deutet sich an in dem Bildmotiv, das zusammen mit dem Gleichnis von den Arbeitern im Weinberg (vgl. Mt 20,1-16) leitmotivlich den Text durchläuft: die Verbundenheit der Reben mit dem Weinstock und in ihm miteinander (vgl. Joh 15,1-8).

Lenkt indessen nicht gerade dieses Bild unseren Blick viel eher auf den christologischen Ansatz (Kirche als Leib Christi) als auf den trinitarischen (aus der Einheit des Dreifaltigen geeintes Volk)? Unser Dokument sieht jedoch das Bild vom Weinstock in der Reihe der perichoretischen Aussagen in den Abschiedsreden des Johannes (Kap. 13-17). Diese aber beschränken sich gerade nicht auf das gegenseitige Innesein Jesu und der Seinen, sondern öffnen diesen Kreis in zweifacher Richtung: Zum einen verankern sie dieses gegenseitige Innesein der Glaubenden und des Herrn im gegenseitigen Innesein des Herrn als des Sohnes im Vater und des Vaters im Sohn, zum andern ziehen sie die Linien aus zum gegenseitigen Innesein der Glaubenden, die, durch Jesus Christus und in ihm geeint, so aber wiederum zum Bild und zur Gegenwart der dreifaltigen Liebe werden. Das gegenseitige Innesein des Herrn und der Jünger wird so begründet im trinitarischen Innesein des Vaters im Sohn und des Sohnes im Vater durch den Geist, und es vollendet sich zugleich in jenem Einssein der Jünger miteinander, das als Maß und Grund wiederum die Trinität hat. Mit unserem Dokument muß die Bildrede von Weinstock und Reben hingelesen werden auf Joh 14,20: „An jenem Tag werdet ihr erkennen: Ich bin in meinem Vater, und ihr seid in mir, und ich bin in euch.“ (Vgl. CL 8). Zugleich wird das Bildwort aus Joh 15 immer wieder in unserem Dokument geöffnet auf die Aussagen über das Einssein in Joh 17 (vgl. Joh 17,11 und 17,21-23; vgl. CL 12, 18, 31, 54, 64). Ein Schlüsseltext des gesamten Dokumentes ist die Nr. 18. Zitieren wir aus ihr den für unseren Kontext entscheidenden Abschnitt:

„Vorbild, Quelle und Ziel der Gemeinschaft der Christen mit Jesus ist die Gemeinschaft des Sohnes mit dem Vater in der Hingabe des Heiligen Geistes. Durch das Liebesband des Geistes Christi vereint, sind die Christen mit dem Vater geeint.

Jesus fährt fort: ‚Ich bin der Weinstock, ihr seid die Reben‘ (Joh

15,5). Aus der Gemeinschaft der Christen mit Christus ergibt sich ihre Gemeinschaft untereinander: Alle sind Reben des einen Weinstocks, der Christus ist. Der Herr Jesus deutet uns diese brüderliche Gemeinschaft als leuchtenden Widerschein des Lebens und der Liebe des Vaters, des Sohnes und des Heiligen Geistes, an dem alle Getauften auf geheimnisvolle Weise teilnehmen. Um diese Gemeinschaft betet Jesus: ‚Alle sollen eins sein, wie du, Vater, in mir bist und ich in dir bin, sollen auch sie in uns sein, damit die Welt glaubt, daß du mich gesandt hast' (Joh 17,21).

Diese Communio ist das eigentliche Geheimnis der Kirche, wie das II. Vatikanische Konzil es uns mit dem berühmten Wort des heiligen Cyprian in Erinnerung ruft: ‚So erscheint die ganze Kirche als das von der Einheit des Vaters und des Sohnes und des Heiligen Geistes her geeinte Volk'."

Es geht in CL also um die innere, theologische Synthese einer christozentrischen und einer trinitarisch orientierten Ekklesiologie.

2. *„Trinitarische" Christologie*

Eine der Intentionen und Leistungen von CL ist diese Verbindung der beiden Verstehensansätze von Kirche durch das, was wir eine trinitarische Christologie nennen können. Die Beziehungen der Gläubigen zu Jesus Christus und in ihm miteinander sind nicht ablösbar von dem, was die Person Jesu Christi als göttliche Person, die sein Menschsein trägt, ja ist: subsistierende Beziehung zum Vater und zum Geist.

Falten wir die dreifache Beziehung aus, die in der Zusammenschau von Kirche als Leib Christi und als aus der Trinität her geeintes Volk enthalten ist. Der Sohn ist im Vater, der Vater im Sohn. Dies ist Grund der Möglichkeit der Menschwerdung des Sohnes, Grund seiner Sendung durch den Vater in die Welt, Grund dessen, daß er die Welt mit dem Vater versöhnen kann. Der Erlöste und entsprechend die Erlösten, ihre Gemeinschaft, die Kirche, sind hineingenommen in dieses Verhältnis des Sohnes zum Vater und des Vaters zum Sohn.

In der freien Liebestat der Sendung des Sohnes und seiner Inkarnation nimmt der Sohn uns zu eigen an, nimmt er uns in sich hinein, hat er realen Anteil an uns, so daß wir in ihm sind und er in uns ist.

Dieses grundsätzlich von ihm her in Inkarnation und Erlösungstat am Kreuz vollzogene Innesein wird wirksam, wird unser Leben, indem wir uns durch den Glauben und die Initiationssakramente hineinnehmen lassen in den Lebensvollzug Jesu – und dies eben heißt wiederum in sein Verhältnis zum Vater (vgl. CL 10-13).

Persönlich hineingenommen in den Sohn, persönlich umfangen von ihm, sind wir aber hineingenommen auch in sein Verhältnis zu den anderen, die mit der einen und selben Liebe von ihm angenommen und erlöst sind. So ist von innen her das Leben des einzelnen mit Christus ein Leben mit den anderen, die in Christus sind. Darin konstituiert sich die Kirche zugleich als der Leib des einen Herrn, in welchem einer dem anderen Glied ist, indem er Glied ist an Christus, und es konstituiert sich jenes Volk, das seine eigene Einheit aus und in jener des Vaters und des Sohnes im Geiste hat. Die Untrennbarkeit dieser drei Perichoresen, ihr gegenseitiger Einschluß, ist das theologische Geflecht, das die theologischen Grundaussagen des gesamten Dokumentes trägt (vgl. CL 8, 18, 31 Ende, 32).

Es verdient eigens angemerkt zu werden, daß eine solche trinitarische Christologie auch die Grundlage für ein gemäßes Verständnis der drei Ämter (munera) Christi als des einzigen Priesters, Propheten und Königs ist, der aber gerade an dieser Einzigkeit, ohne sie zu verringern, der Kirche und den Gläubigen Anteil gibt. In diesem Licht will CL 14 gelesen und verstanden werden.

3. Die Funktion des Heiligen Geistes

In der Synthese christozentrisch und trinitarisch orientierter Ekklesiologie kommt dem Heiligen Geist eine besondere Bedeutung zu. In der Tat ist auffallend, in wie reichem Ausmaß vom Heiligen Geist in den theologischen und auch praktischen Ausführungen von CL die Rede ist (vgl. CL 10-14, 16, 18-21, 24, 32, 56 f., 64).

Auch hier gelingt, ohne daß dies eigens thematisiert würde, unserem Dokument eine erhellende Zusammenschau zweier Ansätze: der Geist als das Liebesband zwischen Vater und Sohn – der Geist als das Prinzip der Fruchtbarkeit, des Wirkens nach außen.

Zunächst scheint die Sicht des Heiligen Geistes als des Liebesbandes zwischen Vater und Sohn, als des einen Geschenkes, das sie sich gegenseitig machen und in dem sie sich selber einander schenken, im Vordergrund zu stehen. Doch wird alsbald deutlich, daß dieser Geist als das innigste Band zwischen Vater und Sohn zugleich das Prinzip für die Öffnung und Weitung dieser Beziehung auf uns hin ist: Menschwerdung, Verbindung der menschlichen Natur mit dem göttlichen Logos geschieht im Heiligen Geist. Derselbe ist Prinzip der Einheit in der Liebe zwischen Vater und Sohn, der Einheit auch zwischen Gottheit und Menschheit in Jesus, somit aber auch unserer Einheit mit ihm und miteinander. Eine knappe Zusammenfassung dieses im Dokument vielfältig präsenten Gedankens liefert der Schluß von Nr. 19:

„Die Bande, die die Glieder des Volkes Gottes untereinander – und vor allem mit Christus – verbinden, sind nicht die des ‚Fleisches' und des ‚Blutes', sondern die des Geistes, genauer noch, die des Heiligen Geistes, den alle Getauften empfangen (vgl. Joël 3,1).

Derselbe Geist, der von Ewigkeit die einzige und ungeteilte Dreifaltigkeit vereinigt, der Geist, der, ‚als die Zeit erfüllt war' (Gal 4,4), das menschliche Fleisch unzertrennlich mit dem Sohn Gottes vereinigt, derselbe und dergleiche Geist ist im Lauf der christlichen Generationen die unversiegbare und unerschöpfliche Quelle der communio der Kirche und in der Kirche."

4. „Strukturelle" Konsequenzen

CL nimmt, seinem Thema gemäß, vielfältige Verhältnisbestimmungen zwischen Sendungen, Charismen, Berufungen, Ebenen kirchlichen Lebens und pastoralen Handelns vor. Alle diese Verhältnisbestimmungen werden im Dokument gekennzeichnet als gleichzeitige „Verschiedenheit und Komplementarität". CL 20 führt dieses Prinzip ein und liest es am „organischen" Charakter kirchlicher Communio ab, der sich im paulinischen Bild vom Leibe Christi mit den vielen Gliedern ausdrückt. Wir lesen an der genannten Stelle: „Das dynamische Prinzip der Verschiedenheit und der Einheit der Kirche und in der Kirche ist immer derselbe Geist." Die Geisttheologie des Dokumentes vermittelt denn auch das Strukturprinzip „gleichzeitige Verschiedenheit und Komplementarität" mit der trinitarischen Grundsicht. Durch den Geist wird die Fülle des göttlichen Lebens der Trinität „übersetzt" in die Menschwerdung und aus ihr in die Communio zwischen Christus und denen, die sich in ihn eingliedern. Und die Fülle, die in Christus als dem Haupt wohnt, wird durch denselben Geist wiederum weitergegeben, übersetzt in die Gemeinschaft der in Christus Verbundenen miteinander. Die Mitteilung der göttlichen Fülle im Geist gibt diese immer in eine Beziehung und somit in einen Austausch hinein, in welchem zugleich gegenläufige Richtungen und somit Unterschiede wie auch Einheit, Ergänzung, Ganzheit konstituiert werden.

In der Trinität selbst hängen die absolute Einheit, die absolute Gleichheit und die relationale Verschiedenheit der Personen unlöslich miteinander zusammen, sie haben denselben und einen Grund: Gott selber, der die Liebe ist. In der Gabe und Weitergabe des einen und selben Geistes werden Einheit, Gleichheit und Unterschiedenheit der Personen zugleich offenbar.

Der Unterschied zwischen dem trinitarischen Leben und dem Leben der Kirche liegt auf der Hand: Sie ist geformt aus Menschen, die durch den fundamentalen Unterschied zwischen Schöpfer und Geschöpf von Gott unterschieden und verschieden sind, mit all den Konsequenzen, die dies auch für die gegenseitige Unterschiedenheit und Verschiedenheit hat. Doch der Geist, durch den Gott Anteil gibt an seinem göttlichen Leben, wirkt die Analogie, konstituiert das Strukturprinzip: Was die fundamentale und aller Unterschiedenheit vorangehende Gleichheit aller Glieder der Kirche begründet (vgl. CL 17), das konstituiert auch ihre Unterschiedenheit und somit Verschiedenheit, die eine solche des Bezuges zum Ganzen und zueinander ist und in diesem Bezug zueinander und zum Ganzen den je anderen er-gänzt, Einheit und Ganzheit *aus* Verschiedenheit und Gleichheit aufbauend.

Felder, auf denen das Dokument seine Aussagen in diesem Strukturprinzip begründet, sind: das Verhältnis zwischen den Diensten aller Gläubigen, die auf der sakramentalen Grundlage von Taufe und Firmung beruhen, und jenen, die durch das Sakrament des Ordo begründet sind (vgl. CL 22), Verhältnis der unterschiedlichen Charismen zueinander (vgl. CL 24), Verhältnis zwischen Gesamtkirche und Teilkirchen (vgl. CL 25), zwischen hierarchischem Apostolat und Laienapostolat (vgl. CL 27), Verhältnis zwischen dem Apostolat des je einzelnen und gemeinschaftlichen Formen der Teilhabe am Apostolat der Kirche (vgl. CL 28 f.). Eine analoge Anwendung dieses Strukturprinzips entdecken wir auch im vierten Kapitel des Dokumentes, wo Mann und Frau, Generationen, unterschiedliche Lebenssituationen aufeinander und auf das Ganze bezogen werden.

5. Die trinitarische Konstitution des Gläubigen und der Kirche

Das Leben der Kirche insgesamt ist so Leben aus der Einheit des Vaters und des Sohnes und des Heiligen Geistes. Der einzelne Christ hat in der Kirche und durch sie teil an diesem dreifaltigen Leben, umgekehrt baut die Kirche sich aber auch auf aus den lebendigen Bausteinen, die die einzelnen Christen sind, aus ihrer Durchdringung vom und Verwurzelung im dreifaltigen Leben Gottes.

Im Versuch von CL, auf neue Weise die „Identität" des Laien zu fassen, nimmt das Dokument seinen Ausgang gerade von dieser wechselseitigen Bezogenheit der Kirche und ihrer einzelnen Glieder, die durch die Initiationssakramente, zumal durch die Taufe, in die Kirche eingefügt sind und zugleich sie erbauen. „So kann sich die ‚Identität' der Laien, die ihnen eigene Würde nur vom Geheimnis der Kirche her, das Geheimnis der Communio ist, enthüllen." (CL 8). Und zugleich: „Darum kann die ‚Gestalt' des Laien nur auf dem Hintergrund des geheimnisvollen Reichtums, den Gott den Christen in der Taufe schenkt, beschrieben werden." (CL 9). „Die Eingliederung in Christus durch den Glauben und die christlichen Initiationssakramente ist der tiefste Grund für den neuen Ort der Christen im Geheimnis der Kirche, der seine eigentlichste ‚Physiognomie' bestimmt, und ist Voraussetzung jeder Berufung und Dynamik im christlichen Leben der Laien ..." (Ebd.). Taufe wird hier aber nicht nur als ein punktuelles Eingangstor in ein Leben betrachtet, das auch ohne dieses Eingangstor in sich zu verstehen wäre, vielmehr hält CL daran fest, „daß der Sinn des gesamten Lebens der Laien darin besteht, zur Erkenntnis der in der Taufe als Sakrament des Glaubens liegenden radikalen Neuheit des Christlichen zu gelangen ..." (CL 10).

Was aber ist die Neuheit, die neue Identität, die dem Christen durch die Taufe verliehen wird? Die Antwort von CL: Wir werden durch die Taufe Kinder Gottes im Sohn (vgl. CL 11), wir werden ein Leib in Christus (vgl. CL 12), wir werden lebendige und heilige Tempel des Geistes (vgl. CL 13). Daß wir im Sohn Kinder seines

Vaters werden, daß wir in ihn selbst eingegliedert werden, daß der Geist, der in ihm lebt, auch in uns lebt, fügt uns selber ein in jene „trinitarische Christologie", die wir als das Kennzeichnende und Unterscheidende des ekklesiologischen Ansatzes von CL herauszustellen suchten.

Diese trinitarische Christologie vollendet sich geradezu darin, daß die Kirche als solche und in und mit ihr jeder einzelne Getaufte in die trinitarischen Dimensionen des Lebens Jesu eintreten, an ihnen teilhaben. Der Papst zitiert in diesem Zusammenhang das Augustinuswort: „Freuen wir uns und danken wir: Wir sind nicht nur Christen, sondern Christus geworden ... Staunt und frohlockt: Wir sind Christus geworden." (CL 17). Dieses Christus-Werden aber ist Eintreten in der Beziehung zu ihm in *seine* Beziehung zum Vater und zum Geist.

Der trinitarische Charakter, der das Christsein als Christussein prägt, ist so stark, daß auch über die einzelne Bestimmung – Kind des Vaters, ein Leib mit dem Sohn, Tempel des Geistes – nicht gesprochen werden kann, ohne jeweils das Zusammenwirken der drei göttlichen Personen ans Licht zu heben. Der dichte und schöne Text CL 11-13 entfaltet dies ausdrücklich in seiner Sprachgestalt.

Hier wäre fällig, die Verschränkung zwischen der trinitarischen Bezogenheit des einzelnen Christen aufgrund der Taufe und der trinitarischen Bezogenheit der Kirche, wie sie Lumen gentium 2-4 entfaltet, darzustellen. Auf andere Weise kann dies indessen geschehen, indem wir nachfolgend uns der Gliederung unseres postsynodalen Schreibens zuwenden, die sich aus den drei Grundworten Mysterium, Communio, Missio her erschließt.

II. Der Weg von außen: die Gliederung des Dokumentes

So wenig wir die Botschaft der Dogmatischen Konstitution über die Kirche „Lumen gentium" des Zweiten Vatikanischen Konzils verstehen können, wenn wir nicht auf die in der Abfolge der Kapitel gemachte Aussage achten – Vorrang des Geheimnisses der Kirche vor ihrer Gestalt, Vorrang ihres Charakters als pilgerndes Gottesvolk vor ihrer hierarchischen Struktur –, so können wir die Aussage von CL voll gewichten, ohne uns an der Gliederung des Dokumentes zu orientieren.

In dieser Gliederung kommt Trinität nicht ausdrücklich vor; dennoch ist das Geheimnis des dreifaltigen Gottes der Schlüssel, der uns den Zusammenhang des Ganzen eröffnet.

1. Einleitung: Hinführung zur trinitarischen Christologie

Gehen wir der äußeren Abfolge entlang: Die Einleitung (CL 1-7) stellt die Welt von heute als den Weinberg Gottes dar, welcher der Arbeiter Gottes – und das sind alle, auch und zumal die Laien – bedarf. Was ist in diesem Weinberg zu tun? Die Situation der Welt heute angesichts des Evangeliums wird dargestellt, die Bedürfnisse, die negativen und positiven Zeitzeichen werden in Erinnerung gerufen, Christus wird als die Hoffnung der Welt uns vor Augen gestellt, eine Hoffnung, die auch dort lebendig ist, wo sie nicht um sich selber weiß.

Wir können sagen: Sowohl die positiven wie die negativen Zeitzeichen (Säkularismus wie neue religiöse Offenheit, Angriffe auf die Menschenwürde wie deren Schutz, Auseinandersetzung wie Suche nach Frieden, und in allem das Streben nach größerer Partizipation aller) sind hingeordnet auf Christus. Durch seine Beziehung zum Vater im Geist und seine Liebe im selben Geist zu uns gründet und trägt er jene Gemeinschaft als Lebensform der Menschen, in welcher die Gleichheit in der unverletzbaren Würde, die Verschiedenheit und Unterschiedlichkeit der Kulturen, Aufgaben, Lebenssituationen sich gegenseitig bedingen und einschließen. Zumindest im Ansatz tendiert die Zeitanalyse, die in der Einleitung skizziert wird, auf jene trinitarische Christologie, die dem Anfang von Lumen gentium entspricht und die ihre Konsequenz in der trinitarischen Ekklesiologie von CL hat.

2. Die Mitte: Mysterium – Communio – Missio als trinitarische Dynamik kirchlichen Lebens

Auf die Einleitung folgen die drei zentralen ersten Kapitel, die den doktrinellen Hauptteil des Schreibens enthalten. Sie orientieren sich an den drei Worten Mysterium, Communio und Missio. Im ersten

Kapitel steht das Mysterium des dreifaltigen Gottes, das sich in der Inkarnation vermittelt und in den Initiationssakramenten Lebenstiefe und Lebensinhalt der Christen wird, im Vordergrund. Der Heilige Geist, der nach innen hin, Einheit vollendend, sie zugleich nach außen öffnet, ist der Schlüsselpunkt. Auf die trinitarische Verankerung des einzelnen und der Kirche in den Dimensionen der Taufe (Kinder im Sohn, Leib Christi, Tempel des Heiligen Geistes) folgt, wie eben Handeln aus Sein folgt, die Darstellung des Anteils aller Gläubigen und somit auch und zumal der Laien an den drei Ämtern Christi. Diese haben ihrerseits nichts anderes zum Inhalt als die lebendige Verbindung und Durchdringung zwischen trinitarischem Leben und Weltwirklichkeit.

Auf diesem Hintergrund kann dann, im selben Kapitel, der Blick auf die säkulare Prägung (indoles saecularis) der Laien erfolgen, in welcher das „Allgemeine" der Kirche das „Besondere" der Laien ausmacht. Zum Schluß des Kapitels wird solches Wirken wiederum eingeholt ins Sein, solches Besondere wiederum ins Gemeinsame: Die Berufung aller zur Heiligkeit wird als das Maß und die Seele der Berufung des Laien offenbar; ihr Leben mündet ins dreifaltige Mysterium als Lebensziel ein.

Das zweite Kapitel über die Communio, sozusagen die Herzmitte des Ganzen, geht von der Erkenntnis aus, daß das Mysterium, auf dem die Kirche gründet, zuletzt eben jenes der Communio ist, der Communio, die das dreifaltige Leben als solches darstellt. Das Mysterium der Kirche ist die Communio des dreifaltigen Gottes, die sich aus ihrer inneren Dynamik der Liebe heraus in die gelebte Communio der Gläubigen übersetzt.

Diese Communio wird sodann nach dem bereits genannten Prinzip der Verschiedenheit und Komplementarität, die innerhalb der Einheit und Gleichheit aller in der Kirche ihren Ort hat, entfaltet. Der Rhythmus dreifaltiger Communio wird zum Lebensrhythmus der Kirche auf den bereits erwähnten verschiedenen Feldern, im Blick auf Ämter, Dienste und Charismen, im Blick auf Universal- und Teilkirche, im Blick auf das Leben der Pfarrei und der Pfarreien, im Blick auf die Teilhabe der einzelnen wie der Vergemeinschaftungen am Leben und Auftrag der Kirche.

Die Entfaltung der Communio der Kirche in ihre konkreten Gestalten hinein kommt nicht daran vorbei, bereits das Sich-Öffnen und Sich-Mitteilen von Communio über sich hinaus, Communio als Kreis, der sich spiralförmig überschreitet, in den Blick zu nehmen. So ist das dritte Kapitel vorbereitet, das Missio *als* die innere Dynamik der Communio, Communio *als* die Gestalt und das Ziel von Missio erschließt.

Die Sicht von Missio, die aus Communio erwächst und als Communio geschieht, hat auch zur Konsequenz, daß die beiden Grundrichtungen von Selbstmitteilung als Sich-Einsmachen zum Gliederungsprinzip des Kapitels werden: Mitteilung des Eigenen (Evangelisierung) – Eingehen auf den je anderen und seine Situation (Dienst an der Gestaltung der Welt). Beides sind Aspekte desselben, beides erstreckt sich unzerreißbar auf die eine Missio von Kirche.

Die drei Kapitel folgen so *einem* Grundgedanken: Das Mysterium der Trinität *ist* das Mysterium der Kirche, und daher kann sie nur sie selber sein als Communio. Communio aber teilt ihr Mysterium mit und öffnet sich als Communio über sich hinaus: Missio.

3. Kirche als Gestaltwerdung trinitarischen Lebens

Die abschließenden Kapitel vier und fünf sind nicht ein beliebiger Annex an die „Hauptsache“, sondern ihre organische Entfaltung.

Der Blick auf jene, die Communio leben und Missio wahrnehmen, die Frage nach der inneren Vielgestaltigkeit des Subjekts Kirche ist im vierten Kapitel fällig. Auch hier, wie bereits angedeutet, kommen die komplementären Berufungen und Lebenssituationen zum Zuge, die innere Vielgestalt des Menschseins wird hineingenommen in Sein und Dienst der Kirche, sie wird Träger und Adressat kirchlichen Zeugnisses. Einheit, Gleichheit, Verschiedenheit und Komplementarität bleiben der Grundrhythmus im Blick auf die verschiedenen Lebensalter, auf Frau und Mann, auf Leidende und Gesunde, auf unterschiedliche Lebensstände und Lebensberufungen. So spiegelt sich im Verhältnis der vielen Gaben, Aufgaben, Berufungen das trinitarische Urbild der Kirche; die trinitarische Einheit wird nicht nur Verhaltensmaß, sondern strukturierendes Prinzip kirchlichen Lebens.

Das fünfte Kapitel schließlich steht unter dem Stichwort der Formatio, das heißt der Betätigung und Schulung aller, besonders der Laien, zu ihrem Zeugnis und Dienst. Solche Formatio wird aber wiederum nicht als ein äußeres Erlernen von Fähigkeiten und Aneignen von Haltungen gesehen, sondern als die Formatio des Christus selbst, der zu werden der Christ berufen ist. Die ganze Existenz und alle Fähigkeiten des Christen sind dazu bestimmt, im Zusammenhang von Mysterium, Communio und Missio die seinshafte Teilhabe am Leben und der Einheit des Vaters, des Sohnes und des Heiligen Geistes zu entfalten und sie zum Prinzip werden zu lassen, das Kirche und Welt durchdringt und hineinnimmt in die Dynamik des Testamentes Jesu, „daß alle eins seien, auf daß die Welt glaube" (Joh 17,21). Die zunächst bedrängende Vielfalt von CL wird so, in der Zusammenschau, „einfach": Das Mysterium des dreifaltigen Gottes, des Einen in drei Personen, die in absoluter Einheit und Gleichheit relational unterschieden sind, ist das Mysterium der Liebe, die nichts anderes braucht als sich selbst, aber so gerade sich in Freiheit öffnet und mitteilt. So wird dieses Mysterium des Dreifaltigen in der Inkarnation hineingetragen in die Welt und in der Kirche gegenwärtig, als Botschaft und Lebensform zugleich: Communio. Der Vollzug dieser Communio und ihre Lebensgestalt aber ist die innergeschichtliche Mitteilung, das Einbeziehen aller Menschen, aller Lebensräume und Lebensbereiche in die dreifaltige Communio. Dieses ist Sinn und Weg der Missio.

Die Oikonomia des Heils wird Präsenz der immanenten Trinität in der ökonomischen und erweitert die ökonomische zu einer ekklesialen: Kirche als aus der Einheit des Vaters und des Sohnes und des Heiligen Geistes geeintes Volk, das, in Jesus Christus eingegliedert, das Leben des dreifaltigen Gottes hineinträgt in die Welt und die Welt hineinträgt ins Leben des dreifaltigen Gottes.

PILGERNDES GOTTESVOLK – GEEINTES GOTTESVOLK

Eine Weg-Skizze

[...][1]

I. Einheit und Unterwegssein in „Lumen gentium" 1-4

Am Anfang unserer Erwägungen ist es dienlich, in den vier ersten programmatischen Nummern der Dogmatischen Konstitution über die Kirche „Lumen gentium" die faktische Verbundenheit zwischen den beiden Motiven des pilgernden und des geeinten Gottesvolkes aufzuzeigen.

*1. Gottes Heilsplan für Kirche und Menschheit**

Im Artikel 1 lesen wir: „Die Kirche ist ja in Christus gleichsam das Sakrament, das heißt Zeichen und Werkzeug für die innigste Vereinigung mit Gott wie für die Einheit der ganzen Menschheit."[2] Diese unlöslich doppelte Wegrichtung der Einheit, Einheit mit Gott und Einheit miteinander, hat in der Kirche nicht ihren Schlußpunkt, vielmehr ist Kirche gerade dynamisch, weghaft über sich selbst hinaus bezogen auf die Einheit des Menschengeschlechts. Sie soll jene Einheit, die ihr geschenkt ist, hinaustragen ins Ganze der Menschheit. Dieser immer der Kirche aufgetragene Weg, diese ihre Sendung wird in der derzeitigen Situation als besonders aktuell herausgestellt: „Die gegenwärtigen Zeitverhältnisse geben dieser Aufgabe der Kirche eine besondere Dringlichkeit, daß nämlich alle Menschen,

---

1 (Anm. d. Bearb.) Diesen Beitrag hat Hemmerle dem Augsburger Bischof Josef Stimpfle gewidmet. Wie die Überschrift andeutet, setzt Hemmerle sein bischöfliches Leitwort „Omnes unum, ut mundus credat – Laß alle eins sein, damit die Welt glaube" (Joh 17,21) in Beziehung mit Bischof Stimpfles Leitwort „Plebi Dei peregrinanti – Dem pilgernden Gottesvolk" (*Zweites Vatikanisches Konzil*, LG 68).

2 LG 1.

die heute durch vielfältige soziale, technische und kulturelle Bande enger miteinander verbunden sind, auch die volle Einheit in Christus erlangen."[3]

Die drei folgenden Artikel 2–4 unseres Dokumentes falten die Grundaussage über die Kirche in Richtung auf die drei göttlichen Personen aus. In Artikel 2 wird der in besonderer Weise dem Vater zugeeignete allgemeine Heilsratschluß Gottes auf die Kirche hin präzisiert: „Die aber an Christus glauben, beschloß er in der heiligen Kirche zusammenzurufen."[4] Die ganze Weltgeschichte wird dargestellt als Weg, an dessen Ende die Vollendung der Kirche in Herrlichkeit steht. „Dann werden ... alle Gerechten von Adam an, ‚von dem Gerechten Abel bis zum letzten Erwählten', in der allumfassenden Kirche beim Vater versammelt werden."[5] Der Ratschluß des Vaters zum Heil der Menschheit ist der Anfang des Geschichts- und zumal des Kirchenweges, die Einung und Sammlung der erlösten Menschheit beim Vater ist deren Ziel.

In Artikel 3 wird die Verbindung von Einheit und Weg christologisch begründet: „Zugleich wird durch das Sakrament des eucharistischen Brotes die Einheit der Gläubigen, die einen Leib in Christus bilden, dargestellt und verwirklicht (1 Kor 10,17). Alle Menschen werden zu dieser Einheit mit Christus gerufen, der das Licht der Welt ist: Von ihm kommen wir, durch ihn leben wir, zu ihm streben wir hin."[6]

Unter den Wirkungen des Geistes, die in Artikel 4 als konstitutiv für die Kirche vorgestellt werden, fällt unser Blick auf zwei Aussagen über Geist und Kirche: Der Geist „eint sie in Gemeinschaft und Dienstleistung ... und geleitet sie zur vollkommenen Vereinigung mit ihrem Bräutigam. Denn der Geist und die Braut sagen zum Herrn Jesus: ‚Komm' (vgl. Apk 22,17)."[7]

Vom Vater, vom Sohn und vom Heiligen Geist wird also in je unterschiedener und je verbundener Weise ausgesagt, daß sie die Kirche auf den Weg bringen, dessen Ziel und Gestalt die Einheit ist.

---

[3] Ebd.
[4] LG 2.
[5] Ebd.
[6] LG 3.
[7] LG 4.

2. *Dreifaltige Einheit – Weggesetz der Kirche**

Es ist ein altes theologisches Axiom, daß im Handeln nach außen die drei Personen der Trinität je gemeinsam wirken, wobei sich freilich die einzelnen Personen je als sich selbst, in ihrem Proprium, einbringen, was Grund für die Sinnhaftigkeit von Appropriationen, von Zueignungen einzelner göttlicher Wirkungen an je *eine* Person, ist. Dies wird nun ausgedrückt, indem am Ende von „Lumen gentium" 4 der den heiligen Cyprian zitierende Satz steht: „So erscheint die ganze Kirche als ‚das von der Einheit des Vaters und des Sohnes und des Heiligen Geistes her geeinte Volk'."[8] Dieser Satz hat freilich einen Überschuß der Aussage über das bisher Gesehene hinaus. Das Verbundensein jeder Person in der Trinität mit den anderen ist nämlich hier nicht nur als eine allgemeine und äußere Prämisse für das von Gott gewirkte Einssein – und wie sich zeigen wird, auch für das Unterwegssein – der Kirche im Blick; vielmehr wird gerade dieses Miteinander der Wirksamkeit der göttlichen Personen und ihr Grund, ihr absolutes Einssein, als prägender, spezifischer Grund für die Kirche und ihre Einheit statuiert. Einheit der Kirche hat also, für sie konstitutiv, mit dem Einssein Gottes in drei Personen zu tun. Diese aus dem Text selbst resultierende Aussage erhält ihre besondere Brisanz, wenn sie zurückgelassen wird auf den Kontext unseres Wortes. Der Fundort der so bedeutenden Kirchendefinition ist also nicht eine dogmatische oder spekulative Abhandlung, sondern eine Auslegung des Vaterunsers, genauer der Vaterunser-Bitte, die uns die Vergebung der Schuld erfleht und zugleich das einzig „aktive" Element des Beters im ganzen Vaterunser enthält: „Wie auch wir vergeben unsern Schuldigern". Cyprian verknüpft diesen Halbsatz des Vaterunsers mit dem anderen Wort der Bergpredigt, das uns ermahnt, die Opfergabe am Altar zu lassen, um uns zuerst mit dem Bruder zu versöhnen (vgl. Mt 5,24). Die Begründung, weshalb der Weg zum Opfer, der Weg vor Gottes Angesicht also, nur „geht", wenn er den Weg der Versöhnung einschließt und voraussetzt, sieht Cyprian nun in der Eigenschaft der Kirche, die sie auf das Innerste und Eigenste Gottes selbst zurückbezieht: Sie ist das aus der Einheit

---

[8] *Cyprian von Karthago*, De Dominica oratione XXIII. Hg. v. *C. Mareschini*, Sancti Cypriani Episcopi Opera II (CCL IIIa) (Turnhout 1976) 105.

des Vaters und des Sohnes und des Geistes geeinte Volk. Damit aber wird die Verankerung der Kirche in der dreifaltigen Einheit Gottes zum inneren Weggesetz der Kirche selbst. Sie ist Weg ihrer Glieder und Weg der Menschheit zu Gott in ihrem vollen Wesensmaß nur, wenn sie auch Weg ihrer Glieder zueinander und miteinander ist. Die Einheit der Kirche vollzieht sich im Weg zu Gott und zueinander, im Weg mit Gott und miteinander, und diese „beiden" Wege sind ebenso nur ein einziger Weg, wie auch die göttliche Tugend der Liebe nur sie selber ist, indem sie eins und unteilbar Gottes- und Nächstenliebe ist. Der Einheits- und der Wegcharakter von Kirche hängen innerlich miteinander zusammen. Wenn dem entgegengehalten wird, im Ausdruck „pilgerndes Gottesvolk" stehe doch mehr die eschatologische Dimension im Vordergrund, so nimmt dies vom Festgestellten nichts hinweg; das eschatologische Wegziel ist nämlich die Einheit von Einheit mit Gott und Einheit miteinander. Die Aussagen der ersten vier Artikel von „Lumen gentium" unterstreichen dies.

II. Einheit als Wegspur unserer Zeit

„Lumen gentium" 1 lenkt unseren Blick nicht nur auf die theologischen Gründe, die es ernötigen, von der Kirche als Sakrament der Einheit für die Menschheit zu sprechen, sondern auch auf zeitgeschichtliche Kontexte. Was damals über „vielfältige soziale, technische und kulturelle Bande"[9] der Menschen auf Weltebene miteinander gesagt wurde, ist heute nur um so dringlicher. Das Einswerden der Menschheit in einen weltweiten Kommunikations- und Zivilisationsraum, in der sozialen, wirtschaftlichen und kosmischen Interdependenz wirft, wie noch nie in der Geschichte, die Frage nach Einheit und Vielfalt der Kulturen, der Lebens- und Gesellschaftsformen auf. Wird die technische Zivilisation, welche alle Menschen in Ruf- und Reichweite zueinander rückt, es dabei belassen, die Menschheit immer neu in Privilegierte und Nichtprivilegierte zu teilen? Oder wird sie – eine ebenso gefährliche und der ersten im Grunde nicht einmal entrinnende Alternative – in einer formalen

---

[9] LG 1.

Gleichheit von Rechten und Chancen das je Eigene jener Kulturen und Menschentümer einebnen, die sich nicht in den formalen Vorgaben technischer Zivilisation adäquat zur Darstellung zu bringen vermögen? Wird insgeheim so ein Wertediktat erfolgen, derart etwa, daß nur *das* Lebensrecht hat, was eine technisch-funktional vermittelbare Plausibilität hat? Werden ihrer Tendenz nach weltbeherrschende Ideologien, die zusammenbrechen, nur durch andere ersetzt, auch wenn diese sich *als* Ideologien unter dem Schein der Sachzwänge verbergen? Wird die Vielzahl der Subjekte, die Milliardenzahl der menschlichen Personen in ein wie auch immer geartetes System nivelliert, das im Grunde dann einziges Subjekt der Geschichte ist – oder läuft alles auf eine bloße Isolierung der je einzelnen hinaus, die aneinander vorbeikommen, in die Kommunikationslosigkeit bloß funktionaler Verschränkung abgedrängt zu werden drohen? Und lösen sich nicht die beiden Teile dieser Alternative in letzter Konsequenz ineinander auf?

Nur Einheit läßt die Menschheit leben und überleben – aber welche Einheit? Könnte es nicht für die uns aufgegebene Weggemeinschaft „Menschheit" wie der Wegweiser in eine bislang unentdeckte Richtung aufleuchten, was in diesem Wort Cyprians gesagt ist, aus der Einheit des Vaters und des Sohnes und des Geistes geeintes Volk? Kirche als pilgerndes und geeintes Gottesvolk erhält in der Tat eine Anfrage und einen Auftrag von der Menschheitsgeschichte: Könnte sie nicht Wegspur werden für eine in ihre Zukunft pilgernde geeinte Menschheit? Gewiß ist hierbei notwendig, den eschatologischen Charakter des pilgernden Gottesvolkes nicht zu übersehen. Die pilgernde Menschheit kann nicht in ihrem eigenen geschichtlichen Horizont bereits jenes erreichen, was sie inspiriert und was ihr Ziel ist. Heil ist nie innergeschichtliches Produkt menschlichen Handelns. Nichtsdestoweniger braucht das über die Geschichte hinausweisende und erst im Eschaton erfüllte Heil seine Wegzeichen, seine inkarnierten Verheißungen und geschichtlich wirksamen Maßstäbe.

III. „Einheit“ und „Weg“ in der Perspektive des trinitarischen Gottes

Sowohl die Bestimmung der Kirche als auch das aus der Einheit der drei göttlichen Personen geeinte Volk wie die Herausforderung unserer Zeit zur Suche nach lebendigmachender und nicht zerstörerischer Einheit führen zur Frage: Was ist das für eine Einheit, die da Vater, Sohn und Heiligen Geist verbindet, und wie kann diese Einheit zum Maß und Modell geschöpflicher Einheit werden? Scheinbar ist in dieser Frage die andere Komponente unseres Themas, jene der Pilgerschaft, jene des Weges unterlassen. Sie wird sich jedoch gerade beim Blick auf den dreifaltigen Gott als fundamental erweisen.

Es gibt in der großen theologischen Tradition einen spekulativen Gedanken, der die Frage nach der vollkommenen Einheit entfaltet und zum erstaunlichen Ergebnis kommt, daß die bloße Einheit nicht die ganze Einheit zu sein vermag, sondern nur jene Einheit, die aufgrund der drei Hervorgänge, der drei processiones dreifaltige Einheit ist. Diese Überlegung findet sich in Bonaventuras Spätwerk, den „Collationes in Hexaëmeron“[10]. Es ist hier nicht der Ort, diesen spekulativen Gedanken zu entfalten, der keine rationale „Ableitung“ oder univoke „Erklärung“ der Einheit als Dreifaltigkeit darstellt, sondern in einer ebenso sublimen wie plausiblen Phänomenologie der Liebe gründet.[11] Wohl aber soll der „springende Punkt“ dieses Gedankens ans Licht treten und die Verbindung ausgezogen werden zu der in anderem Kontext angesiedelten Frage nach jener Einheit, welche die Kirche prägt und nach welcher die Geschichte der Menschheit heute sucht.

Verkürzend läßt sich sagen: Was menschliches Sprechen von Einheit und Suchen nach Einheit meint, das erschöpft sich in der Perspektive Bonaventuras nicht in einer Einheit der Idee, nicht in einer Einheit des Individuums oder der Übereinkunft von Individuen, nicht in einem alles vereinigenden System, nicht in einem kosmisch

---

[10] *Bonaventura*, Collationes in Hexaëmeron, XI, 8. Sancti Bonaventurae Opera omnia V (*Quaracchi* 1891) 381. Vgl. *K. Hemmerle*, Theologie als Nachfolge (Freiburg i. Br. 1975) 152-159.

[11] Vgl. Hexaëmeron, XI, 12. Ebd., 382. Vgl. Theologie als Nachfolge, 159-162.

oder auch geistig gedachten „Ein und Alles“; vielmehr ist nur jene ganze und absolute Liebe ganz und absolut eins, die, indem sie nichts anderes ist als sie selbst, gerade in sich selber Beziehung und Gemeinschaft ist.

Abgehoben von der Collatio XI des „Hexaëmeron“, keineswegs aber von Bonaventuras Gedanken im Gesamten, können wir hier von einer perichoretischen Einheit sprechen, einer des gegenseitigen Inneseins eines jeden in jedem und damit im Einen. Nur indem Vater, Sohn und Geist ineinander sind, „nichts anderes“ sind als gegenseitige Beziehung und Ineinandersein, ist das eine und selbe und unteilbare göttliche Wesen in ihnen und sind sie in ihm. Nur diese Einheit ist offen zum freien Gehen über sich hinaus und doch nicht eines anderen bedürftig. Die Phänomenologie der Liebe – es sei wiederholt – legt eine positive Spur in die Richtung dieses das trinitarische Geheimnis auslegenden Gedankens; bloß analysierende Rationalität erreicht als das Äußerste, was von ihr allein her zugänglich ist, nur die Aporien einer anders angelegten Einheit, auch eines bloß von der einzelnen Personalität her verstandenen Absoluten.

Es trifft durchaus zu, daß auch in den gängigen Gedanken christlicher Frömmigkeit und Theologie, freilich ohne jede Leugnung der trinitarischen Wirklichkeit Gottes, doch das Verhältnis zu Gott wesentlich mehr von einem Gegenüber des einzelnen zum großen Einen geprägt war als davon, daß der einzelne hineingetauft, hineingetaucht ist in das Verhältnis des Sohnes zum Vater im einen Geist. Und wo solches individuelle Gegenübersein die Mitte der Frömmigkeit wird, da erscheint auch die Beziehung zum Nächsten als nachträglich und zusätzlich zur eigenen Gottesbeziehung. Und so bleiben wir im inneren Ansatz zurück hinter jenem in „Lumen gentium“ 4 aufgegriffenen Maß, das Cyprian aufstellt: Gottbeziehung und Beziehung zum Nächsten, damit aber individuelle Frömmigkeit und Kirchenbezug, sind untrennbar, gehören zusammen, sind ein und derselbe Weg.

Achten wir auf das Geflecht von Wegen, die sich in der christlich verstandenen Gottbeziehung, in der Beziehung zum dreifaltigen Gott miteinander verknoten: Ich gehe meinen Weg zu Gott nur, indem ich den Weg des Sohnes zum Vater im Geist gehe. Dieser mein Weg aber gründet im Weg des Sohnes vom Vater her zu mir, und dieser Weg ist zugleich der Weg Gottes in Jesus zum andern. So kann ich in den Weg Jesu nur „einsteigen", wenn ich nicht nur seine Liebe zu mir, sondern auch seine Liebe, seinen Weg zum andern ergreife und zum andern, ja mit dem andern gehe. Der Weg, den Jesus zu mir und dann mit mir und schließlich in der Mitte zwischen mir und dem anderen mit uns geht, ist aber nicht abgelöst von dem, was er an sich selbst und in seinem Verhältnis zum Vater ist. Vielmehr nimmt uns Jesus hinein in jenes dreifaltige Leben Gottes, das Grund und Möglichkeit seines Kommens zu uns ist. Er ist von Ewigkeit her der aus dem Vater Gezeugte und zum Vater Hingewandte im Geist – Gottes Leben selber ist, recht verstanden, weghaftes Leben, Leben der processiones, des Auseinander und Zueinander der göttlichen Personen. Ich selber bin, in der Ordnung der Gnade, als von Gott Begnadeter betrachtet, aus der Einheit des Vaters und des Sohnes und des Heiligen Geistes mit Gott, mit mir und mit meinem Nächsten geeintes Ich. Und von hier ist es kein zusätzlicher Schritt, sondern es ist derselbe Schritt, in seiner Ganzheit und seinem Kontext gesehen, den Cyprian und von ihm her „Lumen gentium" 4 formulieren: Kirche als das aus der Einheit des Vaters und des Sohnes und des Geistes geeinte Volk.

Es ist indessen mehr als eine Anmerkung, wenn das Folgende hinzugefügt wird: Sowohl die Einheit des einzelnen Menschen mit Gott wie jene mit sich und mit den andern und ebenso die Einheit der Kirche und schließlich erst recht jene Einheit, nach welcher die Menschheit sucht und welche sie geschichtlich erreichen kann, sind nie univok, sondern in gestufter Analogie mit der trinitarischen Einheit Gottes in sich selbst verbunden. Die wesenhafte Unterschiedenheit des Geschöpfs vom Schöpfer, des Endlichen vom Absoluten, aber auch des einen vom andern innerhalb der geschöpflichen Ordnung ist zu wahren auch und gerade dort, wo gnadenhafte Teilgabe am göttlichen Wesen und Leben waltet. Nichtsdestoweniger ist es zuhöchst bedeutsam, auf die trinitarische Analogie zu achten, ist doch das göttliche Leben das urbildliche und ursprüngliche, von dem und auf das hin allein das Geschöpfliche seine eigenen Maße findet. Die trinitarische Bezogenheit und Verflochtenheit des Seins, des Denkens und der Geschichte rückt alles in ein neues und anderes Licht.

Es genügt jedoch nicht, nur auf die wesenhafte Unterschiedenheit und Bezogenheit der Ordnungen zu blicken. In Anschlag zu bringen ist auch die „geschichtliche Differenz". Die Teilhabe am göttlichen Leben und somit am dreifaltigen Maß und Ziel ist in die Pilgerschaft gestellt, in den status viatoris.[12]

IV. Trinität als Ikone des pilgernden Gottesvolkes – pilgerndes Gottesvolk als Ikone der Trinität

Gottes dreifaltiges Leben ist Grund der Kirche, Grund als Woher und Wohin, Grund aber auch als Bild und Halt, als Maß und Kraft ihres gegenwärtigen Weges. Dies umschließt eine doppelte Beziehung, die mit den beiden gegenläufigen Sätzen beschrieben werden kann: Die Trinität ist Ikone des pilgernden Gottesvolkes – das pilgernde Gottesvolk ist Ikone der Trinität.

Wir haben das Wort „Ikone" eingeführt, weil es dem Wort „Bild" gegenüber noch deutlicher auf drei entscheidende Momente hinweist: darauf, daß die Ikone nicht nur etwas zeigt, sondern es gegenwärtig setzt; darauf, daß die Ikone nicht nur Abbild ist, sondern Wirkbild; darauf, daß die Ikone nicht nur und nicht zuerst Imperativ ist, sondern Geschenk dessen, was sie darstellt, freilich kein beliebig sich anbietendes, sondern ein in Pflicht und Verbindlichkeit nehmendes Bild.

*1. Dreieinigkeit – Ikone der Kirche**

Trinität als Ikone des pilgernden Gottesvolkes: Wenn die Kirche auf ihrem Pilgerweg zum dreifaltigen Gott hinblickt, dann blickt sie auf sich selbst, gewinnt sie in diesem Blick ihr eigenes Mysterium, holt es herein in ihren Pilgerweg. Doch was sieht sie auf dieser Ikone? Zum einen die machtvolle Liebe des Vaters, die gehorsame Freiheit des Sohnes, den Leben, Einheit und Bewegung spendenden Atem des Geistes und deren unlöslichen Zusammenhang; zum andern sieht sie die Einheit und Einzigkeit jener Liebe, die Gott ist, und *aus* dieser Einheit heraus gerade die Gleichheit *und* die Unterschiedenheit von Vater, Sohn und Geist.

---

[12] Vgl. LG 7.

Im „Abba, Vater!“ berührt die Kirche den Grund eines nie verlierbaren und enttäuschbaren Vertrauens, aber auch jene tragende Ursprungsmacht, der allein sie sich selbst, ihre Identität, ihren Sinn verdankt. Und sie hat auch selbst Anteil an dieser Vaterschaft im Schenkendürfen des göttlichen Lebens, an dieser haltenden und tragenden Unbeirrbarkeit inmitten aller Unabsehbarkeiten und Wendungen des Weges.

Auf den Vater blickend aber findet die Kirche sich im Sohn, ist sie in die Freiheit des Sohnes, in jene kühne und ausgesetzte, zugleich aber gelassene und geborgene Sohnschaft und Kindschaft gestellt, in welcher sie von innen her sich vom Vater die Stunden und die Stufen des Weges und das Wohin geben läßt, auch wenn sie selbst nicht zu sehen vermag, daß und wie es weitergeht. Und in der Öffnung für den Geist entdeckt sie die Vielfalt der Gaben und Kräfte, die dieser Geist schenkt, in ihnen aber diese je eine Witterung, dieses je eine Leben, diese je eine Atmosphäre, welche zur Unterscheidung befähigt zwischen dem, was Gottes ist und was nicht.

Wie aber geht solches Leben, solcher Weg im Namen und in der Einheit des Vaters und des Sohnes und des Geistes? Im Achten auf die Einheit, die Gleichheit und den Unterschied.

Der Grund, der in Gott die absolute Einheit des Wesens, die Gleichheit der Personen und zugleich ihre Unterschiedenheit trägt, ist einer und derselbe, ist kein anderer als Gott selbst, als die Liebe, die Gott ist. Diese Liebe, vollkommene Einheit also, ist aber nur dadurch Liebe und vollkommen und eins, daß sie Ursprünglichkeit ist, die jedoch nicht von sich wegführt, sondern als Ursprünglichkeit, als Selbstmitteilung ihr Entsprungenes und Mitgeteiltes in sich selber hat. Dann aber gibt es zwischen Entspringen-Lassendem und Entsprungenem, zwischen Mitteilendem und Mitgeteiltem keine Verschiedenheit, sondern die volle und ganze Entsprechung, Gleichheit in allem. Es kann kein seinshaftes Früher und Später, Größer und Kleiner, so und anders geben. Doch diese Gleichheit ist Gleichheit im Ursprungsgeschehen, das als solches absolute Produktivität ist, somit die Unterscheidung zwischen dem zeugenden Vater, dem gezeugten Sohn und dem von beiden einander geschenkten einen Geist erschließt. Diese Hervorgänge aber sind nichts anderes als das Geschehen der Einheit und Gleichheit, so daß die Unterschiedenheit, die durch die Hervorgänge konstituiert ist, nicht im Gegensatz zur Einheit und Gleichheit steht, sondern diese vollbringt und trägt.

Was kann an diesen Verhältnissen die kirchliche communio ablesen? Inwiefern findet sie in der communio, die Gott selber ist, ihr eigenes Bild? Was Kirche konstituiert, ist das Leben Gottes selbst, das sich offenbart und mitteilt, Wahrheit und Leben der Kirche wird. Gerade sofern dieses Leben als wahrhaft das eine göttliche Leben in allen, welche die Kirche bilden, sichtbar wird, kann die Kirche es beglaubigen und weitergeben. Nur an der gegenseitigen Liebe und der Einheit, wie Vater und Sohn eins sind im Geist, kann Kirche erkannt werden und kann die Welt zum Glauben gelangen (vgl. Joh 13,34f.; 17,20-23).

Der Anteil am einen göttlichen Leben, an der einen göttlichen Wahrheit und Gnade konstituiert in Analogie zum trinitarischen Leben die fundamentale Gleichheit derer, die ins Leben des Vaters und Sohnes und Geistes hineingetauft und so Glieder der Kirche geworden sind. Der Anteil aller am Priestertum der Kirche, die gleiche Würde und der gleiche Rang aller, unbeschadet ihrer Herkunft, ihres Standes, ihrer Funktion, gehört in den trinitarischen Grundbestand des pilgernden Gottesvolkes. Doch wie in der Dreifaltigkeit die Einheit der Liebe, die Einheit des Lebens nicht nur die Gleichheit, sondern die Unterschiedenheit konstituiert, so auch in der Kirche. Die unterschiedlichen Gaben und Dienste, die Vielfalt der Berufungen, die unterschiedlichen Weisen der Teilhabe an der Sendung der Kirche, das durch die Weihe vermittelte Amt schaffen nicht Rangunterschiede, stehen nicht in Opposition zur fundamentalen Gleichheit aller, sondern sind dazu da, das eine Leben Gottes, das er uns schenkt, zum Geschenk werden zu lassen, das wir einander und das wir den anderen vermitteln.

Wie aber im Wirken nach außen die drei Personen je gemeinsam wirken und in die unterschiedene Einheit des Werkes je sich selber in ihrer trinitarischen „Position“ einbringen, so steht es analog mit Auftrag und Wirken der Kirche als solcher: An ihnen haben die vielen Glieder nach ihrer jeweiligen Gabe und Aufgabe ihren je eigenen Anteil. Sinn der legitimen, ja nötigen Vielfalt und Verschiedenheit in der Kirche ist nicht ein Gegeneinander von die Einheit mindernden Varianten, sondern die Fülle der einen Wahrheit und der einen

Liebe im je eigenen Anteil am einen und gemeinsamen Zeugnis und Werk.

Wird hier eingewandt, daß dies eine idealtypische Sicht sei, so ist dem zuzustimmen: Es geht hier gerade um jene Ikone, die das dreifaltige Leben selbst für die Kirche bedeutet. Das dreifaltige Leben prägt die Kirche – und übertrifft sie, ist in ihr präsent – und bleibt *darin* ihre je größere Herkunft und Zukunft. Maßnehmen an diesem Wesensbild und Wesensmaß tut not und ist der einzige Weg, um Kirche wahrhaft immer wieder zu erneuern aus ihrem Ursprung her.

*2. Kirche – Ikone der Dreieinigkeit**

Wir haben aufmerksam gemacht auf die Wechselwirkung: Nicht nur ist die Trinität Ikone des pilgernden Gottesvolkes, sondern umgekehrt gilt auch: Das pilgernde Gottesvolk, die Kirche, ist Ikone der Trinität. Indirekt kamen wir darauf schon zu sprechen mit dem Hinweis, daß das Zeugnis der Kirche nur glaubhaft wird durch die gegenseitige Liebe und Einheit. Auch dies ist kein primär „moralischer", sondern ein „ikonischer" Satz. Das Eigene und Andere des Gottes, der uns in Jesus Christus offenbart wurde, kann nur beglaubigt, ja in seiner eigenen Ordnung „vorgezeigt" werden, wo die Liebe, die Gott ist und die ihn absolute Einheit sein läßt in der Gleichheit und Unterschiedenheit der Personen, geschichtlich berührbar wird in der Einheit der Glaubenden in Bekenntnis, Leben und Dienst. Diese Einheit aber wird ihrerseits vollbracht und getragen von der Gegenseitigkeit der Liebe, in welcher die Liebe Christi wirksam und jene dreifaltige Liebe sichtbar wird, die sich in der Liebeshingabe Christi uns erschließt und schenkt. In „Lumen gentium" 9, dem fundamentalen Artikel zu Beginn des zweiten Kapitels der Kirchenkonstitution, das die Kirche uns als geeintes und pilgerndes Gottesvolk vorstellt, ist von diesem Volk lapidar gesagt: „Sein Gesetz ist das neue Gebot (vgl. Joh 13,34), zu lieben, wie Christus uns geliebt hat."

Indem wir, mit der Grundlosigkeit und Radikalität der Liebe Jesu, die bis zum Letzten geht, das Ja Gottes zu unserem Nächsten sprechen, haben wir teil an der Vaterschaft Gottes; indem wir, diese Liebe empfangend, sie erwidern, Geliebtsein zu Liebe werden lassen, leben wir das Geheimnis des Sohnes; indem wir in Lieben und Geliebtwerden den Raum und die Atmosphäre bereiten, in welcher der Herr selber in unserer Mitte sein kann, wirkt in uns und scheint in uns auf sein Heiliger Geist. Unser Leben wird im Neuen Gebot zum „dreifaltigen Rollenspiel“, das jene Wirklichkeit Gottes sichtbar macht, welche das Wort verkündet und das Sakrament mitteilt.

Solches Leben des Neuen Gebotes ist nicht ein ethischer Zusatz zur an sich gültigen und wirksamen Sakramentalität der Kirche, sondern ihr wesenhafter Ausfluß. Sicher steht der Herr zu seiner Kirche und zu seinem neuen Bund, den er ihr über alles Versagen in der Geschichte hinweg für immer anvertraut hat; und dies wirkt sich in der vom Verkünder und Spender nicht abhängigen Gültigkeit und Wirksamkeit des Wortes und der Sakramente aus. Daß das, was in Wort und Sakramenten der Kirche anvertraut ist, die Chance des dreifaltigen Lebens für die Menschen und für die Menschheit ist, wird freilich nur in dem Maß bezeugt und auf das „Glauben der Welt“ hin fruchtbar (vgl. Joh 17,21), in welchem unser Leben des Neuen Gebotes es von der Kirche glaubhaft und somit „aussagbar“ macht, daß sie das aus der Einheit des Vaters und des Sohnes und des Geistes geeinte Volk ist. Das Mysterium des dreifaltigen Gottes kommt in der Kirche zum Leuchten, sofern sie die *communio* in gegenseitiger Liebe wirksam werden läßt, und indem sie dies tut, erfüllt sie und beglaubigt sie ihre *missio* für die Welt.

Einheit, Gleichheit und Unterschiedenheit in der Kirche und somit ihre komplexe *communio*-Struktur gewinnen Zeugniskraft und Plausibilität nur durch das trinitarische Leben, sofern es an der Kirche als agape, als gelebte gegenseitige Liebe, sichtbar wird.

*3. Das Gesetz des pilgernden Gottesvolkes: das Neue Gebot**

Wir können unsere Reflexion über Trinität als Ikone der Kirche und Kirche als Ikone der Trinität in folgende knappe Punkte zusammenfassen:

a) Als das Einssein in Gleichheit und Unterschied zugleich, in welchem die absolute Liebe aufscheint, ist die Trinität die „Ikone des pilgernden Gottesvolkes“. Indem sie in Jesus Christus ist und indem sie geeint ist, ist sie inne in der Einheit des Sohnes mit dem

Vater im Geist und wird befähigt, auch in sich das lebendig zu spiegeln, was als das je größere Maß, der je größere Ursprung und das je größere Ziel ihr in der Trinität voranleuchtet.[13]

b) Im Leben des Neuen Gebotes als „Gesetz“ des pilgernden Gottesvolkes bewährt sich die Kirche als die Ikone, als die wirkmächtige Anschaulichkeit des dreifaltigen Gottes in der Welt und für die Welt. Vom Subjekt Kirche wird prädizierbar, daß sie das aus der Einheit des Vaters und des Sohnes und des Geistes geeinte Volk ist.

c) Im Einssein aufgrund und nach Maß des Neuen Gebotes wird jene Struktur von Kirche als *communio* sichtbar, die ihr vorgegeben und objektiv unverlierbar eingestiftet ist. Sie umfaßt zum einen die *Einheit* im Bewahren und Bezeugen der Wahrheit des Evangeliums und im Sakramentsein für die in Jesus der Welt sich schenkende Liebe des dreifaltigen Gottes, zum andern die *Gleichheit* aller in der Würde als Gotteskinder, als von Jesus Christus Geprägte und so zum Teilnehmen an seinen drei Ämtern als Priester, Prophet und König Gerufene, und schließlich die *Verschiedenheit* der Dienste und Charismen, welche die hierarchische Amtsstruktur und die gegenseitige Verwiesenheit der Dienste und Charismen aufeinander einschließt. Dieses Ineinander von Einheit, Gleichheit und Unterschiedenheit gelingt als Zeugnis von *communio*, wo im Leben der Kirche Einheit, Gleichheit *und* Unterschiedenheit zugleich als Ausdruck von Liebe glaubhaft werden. Dies ist Ziel und Maß einer *communio*-Pastoral.

d) Dann aber ist das Ziel kirchlicher Struktur und der Bemühung um sie nicht ein „Kompromiß“ zwischen den drei genannten Momenten der Einheit, der Gleichheit und der Unterschiedenheit, erst recht nicht ein Kampf dieser verschiedenen Dimensionen oder aufgrund dieser verschiedenen Dimensionen, sondern jenes Einssein in der Liebe und in der Wahrheit, das Voraussetzung dafür ist, daß der Herr der Kirche, Jesus Christus selbst, in ihrer Mitte ist, als die lebendige und wegweisende Mitte den Pilgerweg der Kirche begleitet und in ihr das im Sohn eröffnete Einssein mit dem Vater im Geist als Botschaft und Lebensinhalt der Kirche erhellt.

---

[13] Vgl. zur Struktur dieses vielfältig einenden Inneseins die „Wie“-Aussagen in Joh 17,20-26.

V. Ein ökumenischer Seitenblick

Die im Wesen der Kirche verankerte Unterschiedenheit und die aus ihr resultierende Verschiedenheit sind nicht ein Weniger an Einheit und Gleichheit, sondern die Bedingung dafür, daß Einheit und Gleichheit Ausdruck lebendiger Beziehung und somit lebendiger Liebe sind. Daß in der Endlichkeit des Ausdrucks eine Pluriformität in theologischer und Lebensgestalt einbeschlossen ist, gehört zu den Urerfahrungen, für welche das Neue Testament mit seinen unterschiedlichen „Theologien" und Ausprägungen des Gemeindelebens bereits Zeuge ist. Die daraus resultierende Pluriformität war aber nie als das beliebiger Auswahl unterbreitete Angebot zu verstehen, so oder so Christ und Glied der Kirche zu sein; vielmehr gehört zum Innern des Wesens von Kirche und zu ihrer Geschichte von Anfang an das Ringen um das eine Bekenntnis und die Voraussetzung dieses einen Bekenntnisses für die Besiegelung der vollen *communio* in der einen Eucharistie. Im Medium der Endlichkeit, der Geschichtlichkeit ist die eine Fülle nur in einer Vielfalt von Formen darzustellen, die indessen nur dann die Fülle darstellt, wenn sie die Einheit, und nur dann die Einheit, wenn sie die Fülle zugleich sichtbar macht. Der Widerspruch im Bekannten und Angenommenen aber macht nicht die Einheit und nicht die Fülle sichtbar, sondern er ist Zeichen von noch nicht voll erreichter Einheit. Zu unterscheiden vom Widerspruch ist die Verschiedenheit von Akzentsetzungen und von Denk- oder Verstehenswegen in der Aufschließung der Botschaft.

Dies hat seine Konsequenzen im Verhältnis der Ortskirchen zueinander und zur Gesamtkirche und im Verhältnis unterschiedlicher theologischer und spiritueller Strömungen innerhalb der Kirche, es hat erst recht seine Konsequenzen im ökumenischen Verhältnis. Differenzen zu überspringen, sie nicht auszutragen, wäre nicht ein Mehr an Liebe, sondern ein Weniger, wie freilich umgekehrt die Reduktion der Liebe auf eine mit dem Inhalt und der Wahrheit unverbundene Stilfrage ein Verkennen jener Wahrheit wäre, zu welcher die Liebe nicht Zusatz, sondern in welcher die Liebe der erste Inhalt und Ursprung ist.

Was bedeutet dann ökumenisch die gewonnene Aussage über den „ikonischen Charakter" von Trinität und pilgerndem Gottesvolk je füreinander? Dies läßt sich anhand von drei im Ausgeführten implizierten Hinweisen weiter bedenken.

a) Wenn der Kirche nicht weniger als die Trinität selbst das vorgegebene Maß dessen ist, was in ihr sichtbar werden soll, dann erfordert dies die Geduld, die nicht darauf verzichten kann, Widersprüche auszuleiden und auszuheilen, ehe Einheit als solche statuiert und eucharistisch besiegelt wird. Wenn freilich es die Kirche ist, die das Zeugnis des dreifaltigen Gottes und nicht weniger als dies der Welt schuldet, dann erfordert dies zugleich die Ungeduld, die dazu antreibt, Widersprüche nicht auf sich selbst beruhen zu lassen und sich nicht mit dem Tatbestand eines gespaltenen Zeugnisses abzufinden. Es ist dieselbe verantwortliche Liebe, welche die Geduld der angenommenen Mühe des Weges wie die Ungeduld des Strebens zum Ziel dem pilgernden Gottesvolk eingibt.

b) Inhalte dürfen nicht durch Methoden ersetzt werden, Liebe als Stil kann nie das Ringen um die Erkenntnis oder gar diese selbst ersetzen. Und doch ist das Neue Gebot, das Mühen um das Leben aus der einen Liebe und das Durchtragen dieser einen Liebe auch in der Auseinandersetzung Sehbedingung für die Wahrheit. Deshalb ist ein geistlicher Ökumenismus, der eine Spiritualität der Einheit auch dann sucht, wenn diese noch nicht im Bekenntnis erreicht ist, eine der wichtigsten Voraussetzungen für den Fortschritt auf die Einheit in der Wahrheit hin. Die Sehbedingung Liebe ersetzt nicht den Hinblick auf die Wahrheit, sondern befähigt zu ihm und treibt zu ihm an. Und umgekehrt hat dieser Hinblick auf die Wahrheit diese erst in Sicht, wenn er sie als Liebe und in Liebe in Sicht hat.

c) Neues Gebot, Leben nach dem Maß der Dreifaltigkeit sind nicht nur Sehbedingung für die Wahrheit, sondern sie eröffnen auch einen Weg des Sehens, der Einssein und Einswerden innerlich „strukturiert“. Immer wieder ist uns das Wort „Perichorese“ begegnet. Es kennzeichnet einerseits den Gegensatz zu einem bloß additiven Einssein, das in sich unabhängige Stücke zusammenfügt, Grenzlinien zwischen diesen Stücken verschiebt und sie schließlich zukittet. Das Wort „Perichorese“ markiert den Gegensatz andererseits zu einem blockhaften, systemhaften Einssein, in welchem keine Beziehentlichkeit, keine Vielgestalt mehr Raum hat. Perichorese heißt: Partner umfangen das Eine und Ganze und sind von ihm umfangen, indem sie sich gegenseitig umfangen, indem der eine im andern und der andere im einen ist. Solcher Art ist die Liebe, solcher Art ist das Ineinander und Auseinander der Personen in der Trinität. Die Anwendung auf den Weg zur Einheit im Glauben heißt nun nicht: Jeder Partner muß seine und des andern Position vertreten, dies wäre ja Verlagerung des Widerspruchs in die Partner selbst. Wohl aber heißt es: Es genügt nicht, Positionen nebeneinander zu setzen und Gründe für sie auszutauschen, sondern dem je andern offenzulegen, wie ich ihn und seine Position sehe, so daß er sich selber in der Sicht, die ich von ihm habe, erkennen kann. Dies erst ermöglicht in der Auseinandersetzung ein Sprechen über dasselbe. Ein weiterer Schritt, der zu einem perichoretischen Dialog gehört: je in mir selber sehen, warum, aus welcher Perspektive, aus welcher Geschichte, aus welchen Motiven her der andere denkt, wie er denkt. Dialog führt so an die Gründe, aus denen Gegensätze aufbrechen und bei denen ihre Heilung und Überwindung auch ansetzen muß.

d) Ein letzter Hinweis wäre freilich abschließend hinzuzufügen: Trinitarisches Einssein, gegenseitige Liebe sind uns aufgetragen, nehmen uns in äußerste Verantwortung, aber sie lassen sich nicht von uns machen, sondern sind Gabe, die uns aus dem Einssein des Sohnes mit dem Vater im Geist zukommt. Letztlich nur in der Bitte und in der Bereitschaft, sich beschenken zu lassen, sind wir disponibel für die Gabe der göttlichen Einheit. In solcher Disponibilität und in solchem Bitten freilich hebt bereits die Einheit an und hebt sie an, ihren Weg, den Weg des Neuen Gebotes, in die Geschichte hinein zu gehen.

VI. Vorblick: Einheit der Menschheit

Wo Christen das Wesen der Kirche als aus der Einheit des Vaters und des Sohnes und des Geistes geeintes Volk in ihren Pilgerweg durch die Geschichte einbringen, da geschehen zwei gleichermaßen für die Kirche wie für die Welt bedeutsame Vorgänge: Zum einen wird die Kirche mit den Erfahrungen der Menschheit beschenkt. Denn Einssein im Namen des Vaters und des Sohnes und des Geistes befähigt dazu, sich einszumachen mit den Erfahrungen anderer. Der Weg, welcher die Schätze und die Nöte der Welt und ihrer Geschichte hineinträgt in den Horizont des kommenden Reiches, fängt an auf dem Pilgerweg der Kirche. Zeugnis der Einheit und Dialog und Solidarität sind die Bahnen, auf denen sie ihre Sendung für die Welt und in der Welt zu vollziehen hat. Zum andern aber teilt auf diesem Weg des Zeugnisses, des Dialoges und der Solidarität die Kirche der Welt jenes Geheimnis mit, das ihr als Mysterium und Maß ihres Lebens vom dreifaltigen Gott her zukommt. Die Einheit des dreifaltigen Gottes und im dreifaltigen Gott, die Einheit, deren Weg die gegenseitige Liebe ist, wird zum Angebot nicht nur auf den Glauben an Christus und die Einheit in ihm hin, sondern auch auf die geschichtliche Aufgabe einer einswerdenden Welt und Menschheit hin. Der Anfang, aber auch der theologische Hintergrund und methodische Ansatz der Pastoralkonstitution des Zweiten Vatikanischen Konzils über die Kirche in der Welt von heute, „Gaudium et spes“, sind in diesem Sinne zu lesen. Den nur analogen Charakter einer Anwendung des trinitarischen Modells auf die Gestaltung menschlicher Wirklichkeit und den eschatologischen Vorbehalt, der hier in Anschlag zu bringen ist, haben wir bereits vermerkt.

Wir wollen uns in diesem Kontext darauf beschränken, einige Richtungen und einige Felder zu benennen, in welchen trinitarischer Lebens- und Gesellschaftsstil säkulare Folgen zeitigen kann und muß, soll nicht das Untergehen in einem ideologischen oder technologischen Großsystem oder das Zerbrechen in ungezählte, zusammenhanglose Sonderwelten zum Weltschicksal werden.

Ernst zu machen mit der *Einheit* der Menschheit und ihrer Zukunft, mit der *Gleichheit* aller Partner des Welt-Geschehens an Rang und Recht und mit der *Unterschiedenheit und Vielfalt* von Kulturen in der einen Welt, ist vordringliche Aufgabe. Liebe als Einsatz dafür und gegenseitige Hilfe dazu, daß alle leben können, daß alle miteinander leben können, daß alle als je sie selbst leben können, ist der Weg ohne Alternative. Perichorese als Teilhabe am je anderen und am Ganzen, als Stil partnerschaftlicher Kommunikation, in der die Welt sich in Welten auslegt und die Welten sich in die Welt eintragen, markiert das Verhältnis von Einheit und Vielfalt. Nur wenn wir den „väterlich“ ersten Schritt tun, nur wenn wir „sohnhaft“ zu Verantwortung und Antwort bereit sind, nur wenn wir uns in den verbindend verbindlichen Raum, in die „geisthafte“ Atmosphäre universalen Hörens und Dialoges begeben, sind die Voraussetzungen für eine zukunftsfähige Einheit unserer Menschheit gegeben.

Diese sehr generellen Hinweise haben strukturelle und inhaltliche Entwicklungen auf allen Feldern im Auge: Wirtschaft und Arbeit, Weitergabe der Werte und des Lebens, Kult und Kultur, soziale Verflochtenheit, Ökologie, Bildung, Kommunikationswesen.[14]

VII. Zum Schluß: der Schlüssel

Wäre das, was bisher gesagt wurde, alles, so wäre ein Vorbehalt unvermeidbar: zu glatt, zu wenig „geerdet", zu weit weg von den so bedrängend erfahrenen Spannungen im Leben der Kirche, im Leben der einzelnen, im Leben der Menschheit. Es gibt nur *eine* Berechtigung für eine solchermaßen „idealtypische" Skizze, die das Bild der aus der Einheit der Dreieinigkeit geeinten Kirche einschreibt in das nüchterner und demütiger wirkende Bild der Kirche als pilgerndes Gottesvolk. Diese Berechtigung ist der gekreuzigte Christus, jener, der die Ferne Gottes, das Schweigen Gottes, die Verlassenheit von Gott ausgehalten und ausgelitten hat. Nur weil in ihm sich Gott ganz einsmachte mit der wirklichen Welt, gibt es jenen Weg, auf welchem unser Leben, wie es ist, Platz findet im Herzen Gottes für ewig und Gottes Leben Platz findet im Leben der Menschen und der Menschheit für immer. Nur im Nullpunkt Jesu radikaler Selbsthingabe bis hin zur Gottverlassenheit sind auch alle menschlichen Erfahrungen geeint, kompatibel, in Ruf- und Reichweite zueinander.

Der Entschluß, dem pilgernden Gottesvolk, dem aus der Dreifaltigkeit geeinten Gottesvolk das Leben und den Dienst zu schenken, kann nur gültig und wirksam werden im täglich neuen Ja zu diesem Kreuz- und Schlüsselpunkt der Gottes- und Menschengeschichte.

---

14 Vgl. *K. Hemmerle*, Dreifaltigkeit. Lebensentwurf für den Menschen aus dem Leben Gottes. In: Ders. (Hg.), Dreifaltigkeit – Schlüssel zum Menschsein, Schlüssel zur Zeit. Beiträge zu Zeitfragen des Glaubens (München 1989) 119-133.

EINE MARTINS- UND EINE MARIENKIRCHE

Wie stelle ich mir das Glauben, die Kirche morgen vor? Ich bin versucht, darauf mit zwei unscheinbaren Begebenheiten zu antworten, die mir zu denken und zu hoffen gaben. Die eine hat mit dem heiligen Martin, die andere mit Maria, der Mutter Jesu, zu tun. Ich könnte also sagen: Ich hoffe, daß unsere Kirche immer mehr eine Martins-Kirche, daß sie immer mehr eine Marien-Kirche werde.

Die Geschichte mit dem heiligen Martin spielte sich kurz vor Pfingsten 1987 in einer Dorfkirche des Bistums Aachen ab. Die Kleinst- und Kleinkinder der Gemeinde hatten sich beim Bischofsbesuch in der Kirche versammelt, und ich erzählte ihnen vom heiligen Martin, der vor vielen hundert Jahren als Soldat in Frankreich in eine fremde Stadt ritt und dort – es war Winter – vor den Stadttoren einen frierenden Bettler fand und ihm die Hälfte seines roten wärmenden Mantels schenkte.

Das Erzählte war von den alljährlichen Martinszügen her, die den Kindern immer großen Eindruck machten, den kleinen Zuhörern nicht unbekannt. Einer von ihnen rief mitten in meine Worte hinein: „Der Bettler, das war der Gott!" Es wird nämlich berichtet, daß in der Nacht darauf dem noch nicht getauften Martin der Bettler mit dem roten Mantel im Traum erschien – und es war Jesus Christus selbst.

In der Dorfkirche bei Aachen blieb es aber nicht bei dem einen Zwischenruf. Sofort folgte ein weiterer: „Das ist aber gut, daß der Martin dem Gott den Mantel gab!" – „Wieso?" fragte ich zurück und erhielt die Antwort: „Sonst wäre ja Gott erfroren!"

Wie gesagt, es war kurz vor Pfingsten, und mir ging auf: Das ist das Feuer des Heiligen Geistes, der an Pfingsten kam, jene Liebe, die Gott nicht erfrieren läßt, weil wir *einander* lieben, weil wir *miteinander* teilen. Das alte Pfingstgebet sagt mir seither noch viel mehr: „Komm, Heiliger Geist, und entzünde in den Herzen der

Gläubigen das Feuer deiner Liebe!“ Und wenn mich einer fragt, was denn die Aufgabe eines Bischofs sei, dann antworte ich – überzeugt, aber nicht selten beschämt –, er habe dafür zu sorgen, daß Gott in unserer Welt nicht erfriert.

Natürlich hat diese Aufgabe nicht nur der Bischof, sondern wir alle haben sie. Und ich stelle mir die Kirche der Zukunft ganz einfach als eine Kirche vor, die Gott vor dem Erfrieren in dieser Welt bewahrt. Es ist eine Kirche, in der die Kleinsten und die Ärmsten hier und überall, in der eigenen Gemeinde und in der großen Welt, die Wichtigsten sind. Es ist eine Kirche, in der man miteinander teilen lernt – und zwar leibhaftig, so daß man sich nicht davor geniert, nur mit dem „halben Mantel“ einherzugehen.

Im Ernstfall kann Teilen also wirklich heißen: halbieren. Aber Teilen, jenes Teilen, das Gott in dieser Welt nicht erfrieren läßt, ist zugleich mehr als nur halbieren. Der Christus, der Sohn Gottes, der in der Gestalt des Bettlers dem Martin erschien, er ist wirklich und wahrhaftig Mensch geworden durch den Heiligen Geist aus Maria der Jungfrau. Er wollte unser Schicksal teilen – und für ihn hieß das: Er wollte sich ganz uns schenken und wollte uns ganz sich zu eigen machen, ganz uns annehmen. Verschenkter Gott, angenommener Mensch: Das ist der Christus, an den ich glaube, an den die Kirche glaubt. Das kann bis zu jenem Ernstfall gehen, den wir in der Erlösung durch Christus sehen, bis zur Lebenshingabe am Kreuz. Aber es muß klein und alltäglich anfangen.

Seine Habe gilt es zu teilen, sich selbst gilt es mitzuteilen. Eine Kirche, in welcher wir uns nicht selber dem anderen aussetzen, in welcher wir uns nur voreinander schützen, uns nur hinter einer Rolle oder Formel zurückziehen, bannt die Kälte nicht, die Gott, den lebendigen, den vollmächtigen, den liebenden Gott unter uns erfrieren läßt. Nichts gegen die gültigen Formeln und die ordnenden Rollen, gewiß. Aber sie sagen nicht und geben nicht, was sie enthalten, wenn in ihnen nicht wir selbst uns geben, über alle Unterscheidungen hinweg und durch sie hindurch.

Das Kostbare an der Martinsgeschichte ist, daß Christus im Grunde zweimal darin vorkommt. Einmal ist Christus in jenem Ärmsten, dem Martin seine Liebe schenkt. Zum anderen ist Christus in Martin, der liebt, wie Christus selber liebt. Kirche, daß heißt, daß in jeder Bewegung Christus zweimal da ist: einmal in jenem, dem unsere Liebe gilt; zum anderen in uns, die Christi Liebe schenken. Und wenn er überall zweimal da ist, dann ist er dreimal da: Christus im anderen – Christus in uns – Christus in unserer Mitte. Wir selber werden der Schoß, in dem Christus Gestalt annimmt, in dem er geboren wird. Wir bilden miteinander den Raum, in welchem der Geist Gottes uns verbindet, jenen wärmenden Raum, in welchem Gott nicht erfriert, sondern erstrahlt, in Christus, der in unserer Mitte wohnt.

Immer mehr die Beziehungen in unseren Familien, in unseren Gemeinden, aber auch in der Gesellschaft und zwischen den Menschen in unterschiedlichen Regionen und Systemen dieser Welt zu verwandeln in jenen Innenraum der Liebe, das ist die Chance Gottes, des Glaubens, der Kirche. Kirche, in der Gott nicht erfriert: Martins-Kirche.

Das Zweite ist nicht weniger wichtig: Marien-Kirche. Es war im November 1984 in Istanbul. Mit befreundeten Bischöfen aus verschiedenen Kirchen und Ländern betrat ich die Hagia Sophia. Das Staunen vor der einzigartigen Architektur gerann uns dort zum Augenblick der Begegnung mit Geschichte und Gegenwart. Hier war einst strahlende Mitte christlichen Glaubens und Lebens. Hier haben sich – schier tausend Jahre dauert schon die Spaltung – die Christen des Ostens und Westens voneinander getrennt. Hier haben hernach die Gläubigen einer anderen Religion, des Islam, in greller Deutlichkeit ihre Zeichen gesetzt. Und nun ist dies alles besichtigbare Antiquität in einem säkularen Museum, das von Abertausenden durchstreift wird beim gebildeten bis gelangweilten Ausflug in die Vergangenheit. Gegenwart des Heiligen, die in sich selbst umschlägt in die Gottesfremde und Gottesferne. Wo ist da Zukunft des Glaubens?

Plötzlich traf unser Blick hoch in der Kuppel oben das ebenso verhaltene wie eindringliche Bild Mariens, der Mutter, die ihren Sohn der Welt hinhält. Sie drängt sich nicht auf, sie ist einfach da, und Er ist da, angeboten, dargereicht von ihr. Auf einmal ist alles anders.

Ist nicht dies das Bild der Zukunft des Glaubens, der Zukunft von Kirche?

„Theotokos", „Gottesgebärerin" – dieser uns zunächst fremd

klingende Ausdruck wurde beim Konzil von Ephesos, also nicht weit von der Hagia Sophia entfernt, im Jahr 431 zum Schlüsselwort für das Verständnis der Menschwerdung Gottes. In Jesus will Gott „von oben“ in die Welt kommen – aber zugleich „von unten“, er will von einem Menschen geboren werden, will aus der Geschichte der Menschheit in die Geschichte der Menschheit eintreten. Er will sich abhängig machen vom Ja eines Menschen, um sein unabhängiges und unbedingtes Ja zu uns zu sprechen. Gott ist da in dieser Welt – vom Menschen aus.

In dieser Erfahrung der Abwesenheit Gottes, des Vergessens und Verdrängens Gottes, des Absinkens Gottes in das bloß Museale und Historische sah ich Kirche ganz neu. Gott gebären, wo er nicht ist, mit ihm leben, wo er sich entzieht – und so ihn bringen, in jener Einfachheit und Armut der Jungfrau Maria, in der Einfachheit und Armut glaubenden Daseins, das von zögerlichen Kompromissen ebensoweit entfernt ist wie von triumphalistischer Selbstgerechtigkeit: Das ist Bild der Kirche. So kann sie leben, so kann sie Zeuge sein, so Einladung für die Menschen. Der einzelne und mehr noch die Gemeinschaft können in dem Bild Mariens, die einfach da ist und aus sich Christus hervorbringt, die Gott hält und anbietet und verschenkt im Kind, ihren Auftrag und ihre Gestalt finden. Ohne Aufdringlichkeit und ohne Rückzug wird im Kind, das die Mutter gebiert und darreicht, das fleischgewordene Wort sich selber einmischen können in den Dialog, ja ihn eröffnen können, der so dringend fällig ist: Dialog zwischen den getrennten Jüngern Jesu, Dialog der Religionen, Dialog mit der gottfremden und heimlich doch Gott suchenden Welt. Maria wird der Thron der Weisheit sein. Denn sie wird die Spuren des Wortes, das sie gebar, auch in den fremden Stimmen zu finden und in eins zu fügen wissen. Und von ihr, die einfach da ist und die ist, daß Er da ist, werden auch die Hirten und die Gelehrten es lernen können, nicht Repräsentanten einer wichtigen Großinstitution, sondern Sitz der Weisheit, „Anbieter“ und „Aussteller“ des verborgenen Gottes zu sein, die ihn unter die Menschen bringen, wie Maria ihr Kind unter uns Menschen gebracht hat.

ZWEITER TEIL

Die Erscheinung von Kirche

Erstes Kapitel

Kirche als Institution

GEMEINSCHAFT DES ZEUGNISSES

Wandlungen im kirchlichen Institutionswesen

Nicht nur, was die Kirche sagt, nicht nur, was die Kirche tut, sondern auch, was die Kirche ist, steht heute in der Frage der Kirche an sich selbst. In dieser Frage, welche die Kirche nicht nur denkt, sondern „tut“, bemüht sie sich, ihr Wesen dadurch gerade zu bewahren, daß sie es neu empfängt in der Orientierung an ihrem Ursprung, dem Herrn und seinem Geist, und zugleich an ihrer Zeit, der Zeit unserer gegenwärtigen Welt, für die und in der sie da ist. Die Frage, was die Kirche ist, muß eine eminent theologische heißen; sie ist aber keine bloß theoretische. Denn was die Kirche ist, zeigt sich nicht nur in den Formeln ihres Selbstverständnisses, sondern auch in ihrer Gestalt inmitten der Welt, konkreter: inmitten der Gesellschaft. [...]

I. Kurzer Blick auf den Befund

Ehe wir in den Gang theologischer Erwägung eintreten, soll in Stichworten zumindest angegeben werden, auf welche Phänomene kirchlichen Lebens der Titel dieses Aufsatzes sich bezieht, was also den folgenden Reflexionen ihren faktischen Hintergrund bietet.

Auf drei Feldern zumal zeichnen sich Entwicklungen gesellschaftlicher Formen der Kirche und in der Kirche ab, die es rechtfertigen, von einem Wandel im kirchlichen Institutionswesen zu sprechen.

*1. Neue Formen von Gemeinschaft**

Zuerst soll auf etwas hingewiesen werden, was scheinbar am wenigsten hiermit zu tun hat: auf neue Formen von Gemeinschaften und Bewegungen innerhalb der Kirche, welche die Gestalt der Kirche als solche nicht unmittelbar betreffen. Doch gerade das, was in der Kirche und um der Kirche willen Menschen zu neuen Aktivitäten und Zusammenschlüssen bewegt, hat mit dem Selbstverständnis der Kirche und mit ihrer geschichtlichen und gesellschaftlich wirksamen und wirklichen Gestalt zu tun.

Es ist hier zu erinnern einmal an das Entstehen von apostolischen und geistlichen Gruppen und Bewegungen, die in neuer Weise die Nähe der Kirche zur Welt darstellen: Die bisherigen Formen von Verbänden und Gruppen schlossen sich weithin einer naturständischen oder beruflichen Formation des Kirchenvolkes oder einem spezifischen Ideal, besonders prägenden Gestalten einer bestimmten Spiritualität, an. Mehr und mehr entstehen heutzutage jedoch andersartige Zusammenschlüsse, die nach „außen" blicken, auf die Situation, die in der konkreten Umwelt dieser sich zusammenschließenden Christen gegeben ist und auf die sich das apostolische Wirken der Kirche erstrecken muß, wenn anders es bei der wirklichen Welt, beim Menschen in dieser wirklichen Welt ankommen soll, wenn also die Kirche für die Welt und für den Menschen in ihr da sein will. Durch diese Aussage werden weder Wert und Recht der bisherigen Organisationsformen bestritten – eine wahrhaft geschichtliche Entwicklung kann nicht nur konservieren, kann aber auch nicht nur eines durchs andere ablösen – noch wird übersehen, daß eine solche Orientierung an der Welt und ihrem Milieu auch schon bislang immer wieder große und gesellschaftlich wirksame Zeugnisse hervorbrachte. Die neue Grundorientierung auf den Dienst an der sich wandelnden Welt tritt indessen deutlich hervor.

Wir sprachen vom „apostolischen" Dasein für die Welt; doch viele der neuen Zusammenschlüsse und Bewegungen würden das Wort „apostolisch" wohl nur mit zögerndem Bedacht für sich in Anspruch nehmen. Apostolat nimmt sich selbst im allgemeinen Bewußtsein wacher Christen mehr und mehr aus einer organisierenden Ausdrücklichkeit in die, allerdings nicht weniger engagierte Form eines solidarischen Daseins inmitten der Welt und für die Welt zurück. Darin wird indessen auch eine neue spirituelle Grundrichtung sichtbar, die in neuen Bewegungen und Gruppen unserer Tage sich immer deutlicher durchsetzt: Es gibt heute weniger die Spiritualität bestimmter, besonderer Leitbilder, Ideen und Werte, gleichwohl aber eine neue Spiritualität. Sie kann als Spiritualität der *Kirche* bezeichnet werden, und als solche hat sie, in verschiedenartiger Ausprägung, doch fast durchgängig zwei leitende Komponenten: Erstens die „Armut" der Kirche, will sagen: ihr Dasein nicht für sich, sondern für die vielen, ihre Verbundenheit mit allem Menschlichen und gerade mit den extremen Situationen menschlicher Gefährdung und Not; und das erfordert weithin den Verzicht auf selbstsicheres Verfügen eigener Mittel; zweitens die „Gemeinschaft" als Grundweise christlichen Daseins, das Miteinandersein als die Stätte, an der, durchaus nicht ohne die Meditation und ihre Einsamkeit, sich die Nähe Gottes ereignet und schenkt. Wie es einmal formuliert wurde: Wir haben nicht die Zeit der großen Heiligen, sondern die Zeit des „allein Heiligen", der aber dort für die Welt und in der Kirche gegenwärtig ist, wo die Menschen in seiner Liebe sich versammeln und ihr eigenes Ich und ihre eigene Heiligkeit in das gemeinschaftliche Dasein füreinander und auf ihn hin verbergen.[1]

2. *Kirchliche Gremien**

Beim Thema „Wandlungen im kirchlichen Institutionswesen" ist jedoch unmittelbar ein anderes Feld der Entwicklung in der Kirche im Blick: Ohne daß die hierarchische Struktur der Kirche dadurch angetastet würde, entstehen aus dem Impuls des Konzils und besonders seiner Ausagen in Nr. 26 des Dekrets über das Laienapostolat und Nr. 27 des Dekrets über die Hirtenaufgabe der Bischöfe heute allenthalben in der Kirche Gremien der Mitwirkung zwischen Amtsträgern und Laien. Diese zeigen verschiedene Konzeptionen und Strukturen und sind auch bereits Gegenstand theologischer Diskussionen um ihren ekklesiologischen Ort. Eines aber ist deutlich: Die Bedeutsamkeit der verschiedenen Anteile der verschiedenen Aufgaben, Ämter und Charismen am einen Leben der Kirche erhalten hier einen neuen Ausdruck in der Ebene gesellschaftlich-kirchlicher Strukturen. Gewiß gab es bereits vor dem Konzil Vorläufer und Ansätze solcher Gremien; doch was hier allgemein und ausgeprägt in das gesellschaftliche Erscheinungsbild der Kirche eintritt, lag so bislang nicht vor und ist mehr als eine pragmatische Zutat des Augenblicks zum in der Kirche schon zuvor Bestehenden, es ist eine gesellschaftlich Gestalt gewordene Konsequenz aus einem universaleren Verstehen

---

[1] Vgl. *C. Lubich*, Bis wir alle eins sein werden (München 1967) 88 f.

der Kirche, welches das bisher Gesehene und Bekannte nicht aufhebt, aber in einen weiteren Zusammenhang rückt.

Der Bestand solcher Gremien allein enthält schon eine wichtige Aussage über die Kirche und darüber, wie alle Glieder der Kirche je gemeinsam und je auf ihre besondere Weise Kirche sind: Amtsträger und Laien haben miteinander Anteil an der einen Sendung und dem einen Apostolat der Kirche, diese Verbundenheit und Gleichheit in der Bedeutung für die Kirche schließt indessen die Verschiedenheit der Funktion für dieselbe Sendung nicht aus, sondern ein.[2]

*3. Spiritualität des Amtes**

Ein letzter, nicht weniger wichtiger Gesichtspunkt, der unter dem Thema „Wandlungen im kirchlichen Institutionswesen" enthalten ist, schlägt in seinem spirituellen Inhalt den Bogen zurück zu dem, was uns an erster Stelle aufgefallen war, zeigt es aber an auf der „unveränderlichsten", der strukturell unauflösbaren Ebene: des kirchlichen Amtes selbst. Gewiß kann, was die hierarchische Struktur der Kirche angeht, nicht in dem Sinn von einem Wandel der Institution gesprochen werden, daß Tatsache, Stellenwert und Funktion des geistlichen Amtes im Ganzen der Kirche antastbar wären. Das schließt aber nicht aus, daß die „Spiritualität" des kirchlichen Amtes und von ihr her auch sein Erscheinungsbild neue – oder sind es gerade uralte? – Akzente erhalten hat und zu erhalten weiter im Begriff ist. Zwei Stichworte dürfen hier genügen. Erstens: Die neuen Dokumente des kirchlichen Amtes selbst und ebenso das, was die Theologie über das Amt zu sagen hat, machen viel nachdrücklicher und reflexer auf den *Dienstcharakter* des kirchlichen Amtes aufmerksam. Die Unveräußerlichkeit der Sendung, die Hoheit des aller Manipulation entzogenen Auftrages am Volk Gottes werden nicht verringert, sondern verschärft, indem die „Stoßrichtung" solcher Sendung und Hoheit deutlicher aufgeht, die Gemeinschaft mit Sendung und Hoheit des Herrn, der den Jüngern die Füße wusch, der vom Vater gesendet wurde, nicht um sich bedienen zu lassen, sondern um zu dienen, der hineingestellt wurde in die demütige Solidarität mit allen und gerade mit den Letzten und Ärmsten. Zweitens:

---

[2] Vgl. *Zweites Vatikanisches Konzil*, LG 31.

Nicht nur die „Armut“ der Verwiesenheit an jene, für welche die Kirche und in der Kirche der Herr da sein will, sondern auch die „Gemeinschaft“ als die Weise, wie der Geist des Herrn seine Wirksamkeit und Erfahrbarkeit für die Welt vollbringt, spiegeln sich im Selbstverständnis geistlichen Amtes heute: Der Spiritualität des Miteinanderseins in neuen Gruppen und Bewegungen entspricht nicht nur das Miteinandersein von Amtsträgern und Laien in neuen Gremien gemeinsamen Dienstes, sondern auch das Miteinandersein der „Kollegialität“, in welcher das Zweite Vatikanum das Amt der Bischöfe und analog dazu auch die Funktion des Presbyteriums sieht. Die Aussagen der Kirchenkonstitution über die unveräußerliche Zuständigkeit des Ortsbischofs für seinen eigenen Sprengel und zugleich über seine Mitverantwortung mit allen anderen Bischöfen zusammen für die Gesamtkirche, aber auch der von der Aussage des Konzils teils angestoßene, teils begünstigte Aufbruch priesterlicher Lebens- und Dienstformen zur Gemeinsamkeit bezeugen dies eindringlich.[3]

Sollen die Hinweise auf den Wandel im kirchlichen Institutionswesen, die unser kurzer Umblick ergab, auf einen gemeinsamen Nenner gebracht werden, auf einen Grundzug, der das neue Verständnis der Kirche bezeichnet, das hier durchbricht, so bietet sich wohl am ehesten die Formel an: Gemeinschaft des Zeugnisses. Es geht um einen Dienst für die Welt, der sich zuerst als Zeugnis versteht, und es geht um eine Gestalt des Zeugnisses, die sich zur Gemeinschaft, zum Miteinandersein in der Haltung und in der Liebe Jesu selbst verdichtet.

II. Der theologische Sinn des Institutionellen in der Kirche

Es wäre durchaus sinnvoll und möglich, den kurz umrissenen Befund theologisch zurückzuführen und den Rang, den unmittelbar von der Offenbarung her die neuen und stärker maßgeblich werdenden Elemente, Dienst an der Welt und Armut für sich selbst einerseits, Gemeinschaft andererseits einnehmen. Wir wollen den umge-

---

[3] Vgl. LG 19-23, 27, 28; PO 8,17; CD 30.

kehrten Weg einschlagen und vom theologischen Sinn des Institutionellen her auf das zudenken, was heute die konkrete Gestalt des Institutionellen verändernd prägt. Eine solche Reflexion auf den theologischen Sinn des Institutionellen an der Kirche, genauer: der Kirche als Institution und der Institution in der Kirche unterscheidet sich jedoch von einer rechtfertigenden Begründung des Institutionellen an und in der Kirche aus den Quellen der Offenbarung. Es geht also nicht darum, zu „beweisen", daß es kirchliches Amt und daß es bestimmte Stufen des kirchlichen Amtes und daß es überdies noch weitere institutionelle Momente in der Kirche gibt, die durch die amtliche Verfassung allein, wie sie heute vorliegt, noch nicht erschöpft sind. Vielmehr soll vom Gesamten des Kerygma und so zugleich von der Mitte der Botschaft Jesu her der theologische „Stellenwert" ermittelt werden, der dem Institutionellen der Kirche und in der Kirche in der „oikonomia" des göttlichen Heilsratschlusses eignet.

1. Sinn der Institution vom Ursprung der Kirche her

Es gehört zu jeder Gemeinschaft, daß sie Strukturen ausbildet; erstreckt sie sich auf Dauer, so erhält sie, selbst wenn dies nicht auf rechtliche oder auch nur auf reflexe Weise geschähe, Elemente des „Institutionellen". Und doch ist von ihrem Ursprung her, ist von Jesus und seiner Botschaft her es keineswegs selbstverständlich, daß Kirche als Institution entstanden ist. Das widerspricht nicht der Aussage, daß er selbst diese Institution stiftete. Doch das Umgrenzende, Absondernde, das in der Institution Kirche beschlossen liegt, steht in Spannung zu dem ursprünglichen Charakter der Botschaft Jesu. Jesus unterschied sich gerade dadurch von anderen Gruppen im Judentum seiner Zeit, etwa von den Essenern, daß er nicht eine eklektische Heilsgemeinde gründen wollte; er predigte vielmehr das Kommen der Gottesherrschaft dem *ganzen* Volk, seine Sendung verstand er als auf ganz Israel bezogen. Daß die Differenz zwischen der Kirche Jesu und dem Gottesvolk des Alten Bundes überhaupt eintrat, hat seinen Ursprung nicht in der anfänglichen Stoßrichtung der Predigt Jesu, sondern in der Ablehnung, die diese ans ganze Volk gerichtete Predigt bei großen Teilen und gerade in den offiziellen Schichten dieses Volkes erfuhr.

Die Kirche ist also, gemessen an der Universalität der Predigt Jesu, eine „Notlösung“, nicht der selbstverständliche Austrag des in der Botschaft Jesu Angelegten. Sie ist aber nicht *nur* dies, sondern hat über solche geschichtlich endliche Begrenzung hinaus und in ihr zugleich doch den Charakter einer größeren Universalität, als sie mit der Annahme der Botschaft Jesu durch Israel allein gewährleistet worden wäre.

Gerade das partielle Nein Israels ist der heilsgeschichtliche Raum für das in der Kirche aufleuchtende Ja Gottes zu allen Völkern, wie die Kapitel 9-11 des Römerbriefes insbesondere dartun. Und auch die „Begrenzung“, die Verengung der sichtbaren Kirche auf diese bestimmten Glieder, während andere draußen stehen, hat indirekt wiederum einen gesteigerten universalen Sinn: In der Kirche sein, das heißt, das Dasein des „Gottesknechtes“ (vgl. Jes 53) für die vielen mit übernehmen, Verantwortung für die anderen tragen, heißt Hinblick und Einsatz aufs Ganze der Menschheit zu. Gerade dieser Zug des Gottesvolkes des Neuen Bundes, als welches sich die Kirche weiß, kommt in den Texten des Zweiten Vatikanums, zumal in der dogmatischen Konstitution über die Kirche, zum Ausdruck. Die Kirche wird „Sakrament“ des Heils der Welt genannt.[4] Wieso sagt dies eine gesteigerte Universalität aus? Deshalb, weil die Glieder der Kirche auf solche Weise nicht nur passive Empfänger des Heils sind, sondern weil sie selbst in die Universalität des Heilswillens Gottes mit ihrem Dasein und Christsein hineingezogen werden. Hier übersteigt die Kirche als Institution den Charakter des nur „Not-wendigen“, hier wird in der Kirche als begrenzter und bestimmter, in der Kirche als „Institution“ die ursprünglichste Absicht Gottes für das Heil der Welt sichtbar und greifbar. Das Zweite Vatikanum drückt dies folgendermaßen aus: Es hat Gott gefallen, die Menschen nicht ohne Rücksicht auf jegliche gegenseitige Verbindung zu heiligen und zu retten.[5]

Einen weiteren Zug, der die Kirche als solche, als Gemeinschaft im Geiste des erhöhten und zum Vater heimgegangenen Herrn unmittelbar positiv auszeichnet, finden wir in der johanneischen Theologie: Der johanneische Christus sagt, daß es gut sei, wenn er von

---

[4] Vgl. LG 1, 9; AG 5.

[5] Vgl. LG 9.

uns gehe, weil sonst der Geist nicht kommen könne (vgl. Joh 16,7); und er verheißt des weiteren, daß jene, die an ihn glauben, dieselben Werke tun werden wie er, ja noch größere Werke als diese (vgl. Joh 14,12). Was soll das heißen? Der Herr möchte, wie schon gesagt, nicht bloße passive Heilsempfänger, er will, daß Menschen ganz in sein Geheimnis eintreten, und das heißt, daß sie in seine Freiheit eintreten, in eine Orientierung an ihm, die nicht mehr bloß von äußerer Präsenz geregelt, sondern spontan aus dem Geist, der in ihnen lebt, gewährt wird. Die Kirche wird so zur Vollendung der Freiheit der Erlösung, zur Gemeinde der im Geiste Jesu Mündigen, nicht weniger innig von ihm allein abhängig, doch *so* von ihm abhängig, daß die Verbindung mit ihm Freiheit, Spontanität wird. Und erst in dieser Freiheit der Kirche, die aus dem Geist die der Welt verborgene Gegenwart des erhöhten Herrn gewahrt und bewahrt, wird das „größere", das eigentliche Werk Jesu vollendet: seine Botschaft und ihr Heil bis an die Enden der Erde und der Geschichte fortzutragen. In dieser Freiheit vollendet sich in der Horizontale jenes, was in der Vertikale Ursprung des Heils ist: die Einheit Jesu mit dem Vater. Sie soll nun, zwischen Menschen gelegt, das große Zeugnis für die Welt werden (vgl. Joh 17,23); menschliches Mitsein ist berufen, der Welt das Geheimnis Gottes zu schenken.

Das reicht zwar hinaus über die institutionellen Momente der Kirche, schließt sie aber keineswegs aus; jener, dem der österliche Herr die Lauterkeit seiner Liebe bohrend abfragt, wird aus dieser Liebe die Lämmer des Herrn weiden. Die personale Beziehung zum Herrn öffnet sich in dem institutionellen Dienst an seiner Gemeinde, an der Gemeinschaft ihrer Glieder mit dem Herrn und miteinander (vgl. Joh 21,15-17).

Tragen wir die bislang gesehenen Elemente zusammen, so ergibt sich folgender Befund: Gottes Herrschaft, die Jesus verkündet und die in Jesus einbricht in diese Weltzeit, ist von ihrer ursprünglichen Intention her universal: Gott will das Heil der Welt, das Heil aller Menschen (vgl. 1 Tim 2,4). Er will es aber nicht nur als Heil für die Menschen, sondern, sosehr es immer nur Heil von ihm her ist, doch auch als Heil durch den Menschen, Heil, das im Medium menschlichen Mitseins weitergeschenkt wird. So soll das Geheimnis Jesu, seiner Sendung und seiner Freiheit, auch zum Geheimnis jener werden, die ihm angehören. Hierin liegt ein erster Grund für die

Kirche als Institution, will sagen dafür, daß Menschen auf bestimmte Weise dem Herrn zugehören und dadurch befähigt werden, sein Heil weiter zu vermitteln.

In diese grundsätzlich auf Kirche als (im weitesten Sinn verstanden) „Institution" orientierte Tendenz des Heilswillens Gottes greifen jedoch vermittelnd weitere Elemente ein: zunächst das Nein, auf das Jesu Predigt stößt, so daß sie die Menschen scheidet, Institution im Sinne der Ausgrenzung und Verengung also statthat; sodann aber der selbst wiederum universale Sinn dieser Begrenzung und Verengung, sofern das institutionell Begrenzte, die bestimmte, sichtbare Kirche, „Zeichencharakter" trägt, so also nicht beruhigt in sich steht, sondern wesentlich unterwegs ist zum Ganzen der Menschheit und ins Ganze der Geschichte hinein; schließlich, als drittes Element, die „Trennung" des sichtbaren Abschieds der Kirche vom Herrn, der zum Vater heimgeht, welche Trennung aber den positiven Sinn der näheren und freien Verbindung mit ihm durch seinen Geist hat. Das eigentlich Zeichenhafte an der Gemeinschaft der Kirche, so ging uns schließlich auf, ist diese Gemeinschaft selbst, ihr Einssein, das, sich zwischen Menschen begebend, hinweist auf die Einheit des Vaters mit dem Sohn und sie als den Inbegriff des Heils der Welt bezeugt und schenkt. Solche Einheit, solche Unmittelbarkeit zueinander als Stätte der Unmittelbarkeit Gottes, übersteigt freilich den Charakter des Institutionellen, gewährt ihn aber auch zugleich.

2. Sinn der Institution auf das Ziel der Kirche zu

In dem Ausgeführten ist wesentlich bereits mitgesagt, daß die Kirche als Institution keinen Selbstzweck darstellen kann, sondern daß sie da ist für das allumfassende Heil, für die Vollendung der Welt im endgültigen Kommen des Gottesreiches in Herrlichkeit. Das Verengende der Institution ist von sich selbst her dazu da, sich zu überholen und aufzuheben in der allumgreifenden Weite.

Weil die Kirche Zeichen ist, das schon jetzt auf dieses Ende weist, weist sie auch jetzt schon über ihre institutionelle Begrenzung wesenhaft hinaus. Doch gerade das, was sie zum hinweisenden Zeichen aufs Endgültige macht, ist auch Anlaß, aus dem sie hier und jetzt notwendig Züge des Institutionellen tragen muß: Die Einheit Jesu mit dem Vater, dargestellt und lebendig in mitmenschlicher Einheit, ist das Bild und Zeichen und sogar der Anbruch des endgültigen Reiches; diese Einheit der Kirche ernötigt aber auch, daß sie inmitten der Geschichte gliedernde, festigende, bewahrende Strukturen und also die Elemente des Institutionellen an sich zeigt. Der Hinblick aufs „Endgültige" prägt zugleich die „Vorläufigkeit" der Kirche; am Vorläufigen der Kirche muß das Endgültige als dessen Sinn abgelesen werden, am Endgültigen als ihrem Sinn muß aber auch die Vorläufigkeit des Vorläufigen an ihr offenbar werden.

Das Ziel, auf welches die Kirche hin unterwegs ist, das vollendete Reich Gottes, ist die doppelte Unmittelbarkeit: Unmittelbarkeit Gottes und zu Gott und Unmittelbarkeit zueinander; und die Unmittelbarkeit Gottes ist es, welche die vollendete Unmittelbarkeit aller zueinander gewährt und erschließt, wie umgekehrt die reine Unmittelbarkeit der Liebe zwischen allen die Stätte des Aufgangs und der Nähe Gottes selbst ist. So darf doch wohl das Bild vom himmlischen Jerusalem, von der neuen Stadt interpretiert werden, das uns in der Geheimen Offenbarung gegeben ist (vgl. Offb 21). Daß Gott selbst der Tempel und das Licht dieser Stadt sein wird, da sie keines anderen Tempels und keines anderen Lichtes mehr bedürfen wird als Gottes selbst und des Lammes (vgl. Offb 21,22f.), und daß die Mauern dieser Stadt aus durchscheinendem Gold sein, ihre Tore bei Tag und Nacht offenstehen werden und man die Herrlichkeit der Völker durch sie hineintragen wird (vgl. Offb 21,18.24-26), dies sind die großen, bildhaften Zeichen solch doppelter Unmittelbarkeit. Und auf solches Ziel hin muß der Sinn des „neuen" Gebotes (vgl. Joh 13,34) und des Gebetes Jesu um die Einheit der Seinen gelesen werden: Schon jetzt hebt im Zeichen und Zeugnis das Endgültige an und bekundet sich der Welt, indem die Liebe Jesu selbst, die Liebe Gottes in ihm Maß und Inhalt der Beziehungen wird, die wir in seinem Namen zueinander haben. Kirche wird zur vorweggenommenen, in die Weltheit hinein vollbrachten „Herrlichkeit" des Reiches. Diese Herrlichkeit hat aber jetzt und hier die Gestalt der Niedrigkeit und des Dienstes, das einzig Herrliche an ihr ist eben das, was allein auch bleibt, die Liebe.

Sinn der Kirche ist von daher, die *Unmittelbarkeit* Gottes und zu Gott und Unmittelbarkeit untereinander um Gottes willen und in Gott: zu *„vermitteln"*. In solcher Vermittlung liegt zugleich die Differenz zu dem und die Einheit mit dem, was vermittelt werden soll: die Unmittelbarkeit. Es soll also auf endliche und noch äußerliche Weise das dargestellt und vollbracht werden, was einmal allumgreifend und von sich selbst her die einzige Wahrheit und das einzige Leben sein wird, die Einheit mit Gott und in Gott. Und gerade deshalb sind die gliedernden, begrenzenden, endlichen Momente der Vermittlung, gerade deshalb ist also das „Institutionelle" an der Einheit erforderlich, welche die Kirche ist. Dieses Institutionelle lebt so von dem, was es übersteigt, sein Selbstvollzug ist seine Selbstaufhebung. Diese Selbstaufhebung aber geschieht nicht in einem ungeduldigen Sich-Abschaffen und Sich-Wegwerfen, sondern in der Weise, wie in liebender Demut die Endlichkeit der institutionellen Momente angenommen und übernommen wird und wie sie wahrhaft zum „Medium" der Unmittelbarkeit gestaltet werden. Es muß also in der Kirche solche geben, die es sich gefallen lassen, anderen vorzustehen, und es muß solche geben, die es sich gefallen lassen, daß andere ihnen vorstehen; es muß die Endlichkeit der verschiedenen Dienste und Funktionen geben, die voneinander abgegrenzt sind; es muß aber in alledem die Liebe geben, die den Sinn der endlichen Begrenzungen hell macht, deren Vielfalt ohne sie nicht Zeugnis der Fülle, sondern Verdunkelung und Verschattung des zugleich einen und erfüllten Lebens wäre (vgl. 1 Kor 12f.).

Ein, wenigstens scheinbar, nicht unmittelbar mit unserem Thema zusammenhängendes und für es doch erleuchtendes Beispiel gibt wohl die Ehetheologie des Epheserbriefes (vgl. Eph 5,22-33). Hier wird, so sieht es sich von außen an, die soziologische Ordnung der damaligen Zeit, der Mann als der Herr, die Frau als ihm untertan, einfachhin übernommen. Indem aber vom Mann die „agape", die sich entäußernde, von sich absehende Liebe gefordert wird, erhält das gesamte Verhältnis von innen her eine völlig andere Sinnrichtung; was übernommen wird, wird gerade durch seine Übernahme „revolutioniert": Unterordnung bleibt als lautere Bereitschaft, die von sich her nichts fordert, sondern auf den Herrn blickt, der selbst unüberholbar und unbezweifelbar reine Liebe ist; indem diese Liebe des Herrn aber zum Maß und zur Kraft gesetzt wird, an welcher sich der Ehemann orientiert und in welcher er den Herrn repräsentiert, ist die, freilich institutionell nie zu sichernde, so aber um so mehr verpflichtende Erhebung des Verhältnisses zwischen Mann und Frau zur lauteren Partnerschaft gewährt. Gewiß ist mit dieser Ehetheologie des Epheserbriefes nicht bereits die gesellschaftliche Entwicklung der Ehe zu dieser Partnerschaft abgeschlossen und vollendet, gewiß ist das Beispiel auch nur indirekt und teilweise auf die institutionellen Elemente der Kirche übertragbar; doch es zeigt in etwa die „Spiritualität“ des Institutionellen der Kirche im Blick auf ihr sie als Institution überholendes Ziel. Kirchliche Strukturen, Vielheit kirchlicher Funktionen, Fixierung kirchlicher Institution sind notwendig um dessentwillen, was alles dies zugleich in Frage stellt. Die Strukturen der Kirche, die institutionellen Momente in ihr tragen so wesenhaft einen „medialen“ und „ironischen“ Charakter. Die Folgen, die dies für die Vielheit der Strukturen und institutionellen Elemente, für deren geschichtliche Festigkeit und Wandelbarkeit und zugleich für ihre geistliche Einheit hat, bleiben im folgenden zu bedenken.

3. Institution in der Zeit der Kirche

Die Aufgabe der Kirche ist es, die endgültige Unmittelbarkeit Gottes zu den Menschen und der Menschen zueinander in Gott vorzubereiten, zu bezeichnen und zu vermitteln. In dieser ihrer Aufgabe ist die Spannung zu ihrer Erfüllung mit ausgesagt, diese Spannung auf die Erfüllung bedeutet aber zugleich „Spanne“, Spannung *bis* zur Erfüllung, bedeutet Zeit. Die Kirche hat es wesenhaft mit der Zeit zu tun. Die Zeit der Kirche nun hat ihre eigene Qualität, ihr eigenes Gepräge: sie ist Zeit, in welcher sich das Entscheidende, Endgültige *zeitigt*; es zeitigt sich in dieser Zeit aber so, daß es sich ihr auch noch *vorenthält*. Zeitigung des Heiles und Vorenthalt des Heiles in einem bezeichnen die Spannung der Zeit der Kirche. Zeit der Kirche ist so immer Zeit innergeschichtlicher Vorgänge, zugleich aber Zeit, in welcher Sinn und Ende des Geschichtlichen und somit jenes, was, ihm entzogen, es erst gewährt, zugleich aufbrechen.

Das hat für jene Elemente, aus welchen das Leben der Kirche sich bildet, seine Folgen: In der Kirche begegnen wir auf der einen Seite der Zusage Gottes, die er unwiderruflich bereits gegeben hat, dem Wirken Gottes, das hoheitlich und endgültig gewährt ist und nicht mehr durch das Nein und die Labilität der Menschen und ihrer Antwort zurückgerufen werden kann. Wir begegnen auf der anderen Seite aber ebenso diesem Wort Gottes und Wirken Gottes doch je nur in seiner Übersetzung ins menschliche Wort und Tun hinein, in denen ihre geschichtliche Gestalt vom menschlichen Vollzug abhängig, „wehrlos" ihm ausgesetzt, von ihm mitgeprägt ist. Unverfügbares, Gabe von Gott her, und Unabsehbares, Antwort vom Menschen her, sind im Geflecht der Kirche, dessen, was sie verkündet, tut, ist, nicht voneinander zu trennen. So ist die Zeit der Kirche „feste" Zeit, Zeit, die gefestet ist in der bleibenden Treue Gottes, Zeit, die durch kein menschliches Ereignis außer Kraft zu setzen ist, und sie ist ebenso unabdingbar je auch Zeit des Menschen, seiner Antwort an Gott, Zeit eben des Bundes, der neu und ewig und zugleich je menschlich und in seinen Geschicken wandelbar besteht und geht.

Dieser Bund bewirkt, daß nicht nur der menschliche Anteil der Kirche die Züge der Geschichtlichkeit trägt, so daß dem Menschlich-Geschichtlichen das ewig Göttliche gegenüberstände; Gott selbst ist jener, der, sich offenbarend, sich mitteilend, den Bund schließend, von sich her je sich „zeitigt", sich also hineinbegibt in das Geschick des verschiedenen Ankommens und Angenommenwerdens, er mutet seinem eigenen Anteil am Bund die Geschichtlichkeit im menschlichen Vernehmen und in der menschlichen Antwort zu.

Die zeitlichen Dimensionen der Kirche sind nicht Vergangenheit, Gegenwart und Zukunft im Sinne einer bloßen Verlaufszeit; sie sind vielmehr das Weiterwähren des unveräußerlichen Anfangs im Vergehen der Zeit, der Einbruch des entzogen erst Kommenden in das verbergende und doch gewährende Jetzt, schließlich der Ineinsfall des bewahrenden Gedächtnisses und der ausgreifenden Hoffnung im Ereignis der je neuen Gegenwart. Gedächtnis, Hoffnung und Ereignis spielen ineinander, und dieses Ineinanderspiel eben ist die „Zeit der Kirche"[6].

Von hierher fällt Licht auf den Sinn, auf die Begrenztheit und auf die Pluralität kirchlicher Strukturen, institutioneller Elemente an der Kirche. Es sei zunächst am beispielhaften Feld menschlicher Beziehungen erläutert: Das Ereignis, das unabsehbare, unherleitbare Geschehen des großen „Augenblicks" der Beziehung läßt sich nicht

---

[6] Dieser Ausdruck spielt auf den Titel des Buches von *Heinrich Schlier* an: Die Zeit der Kirche (Freiburg i. Br. 1956).

institutionell fassen und in fixe Bahnen leiten. Gleichwohl ist es immer wieder der Ursprung von etwas wie „Institution“. Der „Augenblick des Ereignisses“ widerstreitet von seinem Wesen her dem „Augenblick der Flüchtigkeit“, dem Augenblick der bloßen Verlaufszeit. Dennoch ist er nur *in* solchem Augenblick gegeben. Der „Überhang“ des qualitativen Augenblicks über den punktuellen führt nun dazu, daß der große Augenblick sich als denkwürdig verwahrt, um im Verlauf der Verlaufszeit weiterzuwähren. So aber schlägt er um in die Treue des Gedenkens, mehr noch: des gemeinsamen Weges, der seine Gangart und seine Festigkeit aus dem erhält, was war, aber so war, daß es nicht nur war, sondern ist. Es ist aber nur, wenn es nicht nur gewesen ist, sondern wenn sein „Gewesen“ je neue Möglichkeiten im unabsehbaren Weitergehen eröffnet und entbirgt, wenn also der gründende Anfang zugleich als vom bloßen Weitergehen unerschöpfte Hoffnung wiederkehrt, wenn zwischen gedenkendem Verwahrtsein und hoffendem Ausblick sich je neues und so gerade je selbiges Jetzt schenkt als die gültige Wiederkehr des großen Augenblicks, Wiederkehr, die ihn indessen nur dadurch wiederholt, daß er je *neuer* Augenblick wird. Was bei seinem Einbruch das „Neue“ war, kann es nur bleiben, wenn es selbst stets neu wird, sich schenkt. Beziehung, die nur ihren Anfang konservierte und äußerlich repetierte, wäre, von Anfang an, bereits tot. Beziehung, die ihren Anfang nur vergäße, die nur von ihm wegginge, hätte sich von Anfang an aufgegeben. Beziehung geht von ihrem Anfang weg auf ihren Anfang zu im stets neuen Anfang, mag dieser auch einmal in den Durststrecken der scheinbar bloßen Treue und bloßen Hoffnung verschattet sein; gerade diese Verschattung vermag aber neue Tiefen und Gründe in ihr zu entbergen, so daß solche bloße Treue und Hoffnung zum neuen Ereignis desselben zu werden vermögen.

Der Übertrag des so in seiner schematischen Figur am Geschick menschlicher Beziehung Abgelesenen auf das zeithafte Geschick der Kirche, das zwischen ihrem Herrn und ihr und zugleich zwischen den Gliedern ihrer Gemeinschaft im Herrn sich zuträgt, fällt nicht schwer. Der Sinn des Lebens der Kirche ist, die Zeit „nach“ ihrem Ursprung im stiftenden Willen des Herrn in diesen Ursprung zurück- und hineinzutragen, ist also die Bergung aller Zeit in die Zeit Gottes, die in Jesus angebrochen ist. Der Sinn des Lebens der Kirche ist zugleich die Orientierung aller Menschenzeit durch die Zeit der Kirche auf das Kommen des Herrn zu, in welchem alle Zeit als angenommen, geliebt und verwandelt in Jesu Tod und Auferwekkung offenbar wird. Der Sinn des Lebens der Kirche ist so zugleich Gedächtnis und Hoffnung, Gedächtnis und Hoffnung als Verweis zwar auf äußerlich Entzogenes, Verweis aber, der dieses Entzogene dennoch zum je jetzigen Ereignis *für* die Zeit der Welt und *in* ihr bringt. Dieser dreifach-eine Sinn des Lebens der Kirche *erfordert* Institution, geht aber nicht in ihr auf, wie menschliche Gemeinschaft, um zeithaft zu „dauern", sich institutionalisiert und doch nie durch solche Institutionalisierung allein lebendig bleibt. *Ein* Unterschied ist allerdings wesentlich: Das Menschen aneinanderbindende Ereignis hat immer die labile menschliche Freiheit, die Endlichkeit der Partner zur Voraussetzung, das absolute Moment des Bindenden dieses Ereignisses ist eingebettet in die Begrenztheit derer, zwischen denen es sich begibt. Das Ereignis hingegen, welches durch die Kirche weiterwährt und sich weitergewährt in die Zeit, ist Gottes Tat und reißt von daher auch seinen Anspruch und seine Verheißung des Währens über die Fraglichkeit menschlicher Antwort und ihrer endlichen Bedingungen hinaus. So eignet auch der Institution, in welcher das Ja Gottes zur Welt fortdauert in die Welt hinein, das Element des Unantastbaren und Unabdingbaren. Durchaus zwar den Zufälligkeiten menschlichen Versagens und menschlicher Endlichkeit ausgesetzt, ist die Institution der Kirche und das, was in ihr ihren Bestand gewährleistet, doch in der Treue Gottes selbst aufbewahrt und gefestet.

Doch nun zu den Elementen des Institutionellen, die aus der eigentümlichen Zeitlichkeit der Kirche sich ergeben: Die Mitte des Lebens der Kirche ist dieses Leben selbst, in welchem die Unmittelbarkeit Gottes sich in der Unmittelbarkeit der Glieder zueinander bekundet, ereignet und für die Welt erschließt; es ist das Ereignis der Liebe und der Einheit, die Jesu Gebot und Fürbitte beim Abschied der Kirche als Maß gesetzt hat. Diese Einheit und Liebe sind beständige Anforderung der Freiheit derer, welche die Kirche sind; sie werden nur in dem Ausmaß Leuchtkraft und Wirksamkeit erhalten, als diese ihr Dasein dahinein verzehren, daß die Liebe Jesu sich inmitten der Zeit ereignet. Sie ereignet sich aber nie nur aus dem Bemühen und Wollen der Liebenden allein, sondern ist immer zuerst und zuhöchst, nicht neben ihrer Freiheit, sondern gerade in ihr, Gabe, Geschenk des Geistes Jesu. Alle Gaben des Geistes, so tut das Neue Testament deutlich dar (vgl. 1 Kor 12-13), meinen zuletzt diese Liebe und vollenden sich allein in ihr. Das Ereignis der Liebe als die Mitte des Lebens der Kirche geschieht indessen nicht als weltabseitiges Idyll, nicht jenseits der Geschichte, sondern mitten in ihr. So aber ist es auf den selbst geschichtlichen und konkreten Kontakt mit dem Ereignis der Liebe Gottes in Jesus, das einmal, an einer bestimmten Stelle der Geschichte, sich begab, angewiesen und ist des weiteren darauf angewiesen, Gestalt zu werden, die als Zeichen der Hoffnung aufgerichtet und erhalten bleibt über die Zeiten hinweg. Das aber heißt: dieses Ereignis der je gegenwärtigen, unabsehbaren Nähe Jesu in der Gemeinschaft der sich Liebenden ist angewiesen auf die Strukturen, welche lebendig und verbindlich Gedächtnis und Hoffnung, so aber Ordnung in die Gemeinschaft einbringen und ihr die Identität mit Ursprung und Ziel ihres geschichtlichen Weges gewährleisten.

Der Sinn des kirchlichen *Amtes* geht also auf. Seine Aufgabe ist es, über den Abschied des Herrn hinweg und alsdann über den Tod der Apostel hinweg auf das Kommen Christi am Ende zu durch die Zeit hin das Erbe des Herrn weiterzugeben und zu bewahren, damit es zu jeder Zeit dasselbe bleibe, zugleich aber bei jeder Zeit neu ankomme, alle Zeiten und alle Menschen in den Zeiten erreiche. Das Amt ist so die lebendige traditio Christi, die bewahrende Weitergabe und zugleich Hingabe Jesu in die Zeit und an die Zeit. Dieser ebenso „konservative“ wie „progressive“ Wesenszug des Amtes, der die unveränderte Fülle und Reinheit des von Jesus Anvertrauten ebenso bewahrt wie die Dynamik dieses Anvertrauten, immer neu sich zu übersetzen, stellt die eine Komponente im Sinn des Amtes dar. Die andere, mit ihr unlöslich verbundene, läßt sich umschreiben: Das Amt ist Hüter der Hoffnung. Was meint das? „Bis er kommt“ (1 Kor 11,26), die Hinaussicht aufs Ende setzt dem Amt nicht nur seine Grenze, sondern auch sein Maß. Es soll die Wege der Kirche hinaus- und weiterführen auf dieses Ende zu, soll den Wegen der Kirche die Hoffnung gewährleisten, indem es darauf besteht, das aufzeigt, dem alles zuordnet, worauf es ankommt. Das „Ereignis“ je jetzigen Lebens muß seine Orientierung bewahren, diese Orientierung aber gewährt der Fülle des Lebens die Ordnung, läßt das Leben zur Gestalt gerinnen, welche der Welt zum Zeichen und Wegweiser der Hoffnung wird. Indem aber das Amt alles in der Kirche dem Einen, der kommt, zuordnet, ordnet es alles und alle in der Kirche gerade einander zu, ordnet es alle hinein in jenen Frieden, durch welchen die Kirche der Welt das Zeichen der Einheit und so der Hoffnung auf das kommende Reich gibt.

Aus dieser Funktion des Amtes, Anfang und Ende bewahrend, übersetzend, ordnend einzubringen ins Ereignis des gegenwärtigen Lebens der Kirche, ergibt sich aber auch dies: Das Amt ist zwar unveräußerliches, vom Ursprung gegebenes, aber nicht einziges Lebensprinzip der Beziehungen, in welchen das Leben der Kirche besteht. Der Herr vermittelt sich, sein einmal gegebenes Wort und seine einmal gegebene Zusage, zwar durch das Amt in die Zeit der Kirche hinein, er vermittelt sich aber zugleich durch die unabsehbare Unmittelbarkeit seines Geistes, der auch in der Kirche weht, wo er will. Es gibt so eine dreifache Wachsamkeit auf den Herrn: die Wachsamkeit auf sein durch nichts zu verstellendes und zu überdeckendes Gekommensein, das neu ankommen will in jede Zeit; die Wachsamkeit auf die Stunde seines vollendeten Kommens am Ende; aber auch die Wachsamkeit auf sein Kommen im Geist, das zu jeder Stunde und an jeder Stelle sich schenken kann. Gewiß ist es Aufgabe des Amtes, die Geister zu prüfen.[7] Der Geist, der jetzt und irgendwo kommt, kann keinen andern Herrn und keinen andern Geist bezeugen als den, der schon gekommen ist. Doch gerade dieses prüfende Gewähren der Einheit des Geistes unterscheidet sich von einem „Verfügen" des Geistes: Als den Geist prüfend erweist das Amt sich als hörend auf den Geist, nur ein hörendes Amt kann auch ein wahrhaft prüfendes sein.

Dieses unversehene, je neue Kommen des Geistes im Leben der Kirche, in dem, was in ihrer Gemeinschaft der Liebe jetzt und allenthalben geschieht, scheint dem Institutionellen an der Kirche das innere Ende zu setzen. Auf diesen Anschein muß mit einem Ja und mit einem Nein geantwortet werden. Mit einem Ja durchaus dann, wenn man Institution als positive oder negative „Sicherung" der Gaben des Geistes versteht. Das Amt und die vielen Gaben, die andere als amtliche Funktion haben, sind gemeinsam Gaben desselben Gei-

[7] Vgl. LG 12.

stes. Die Eigenart und Eigenständigkeit der – negativ gesagt – nichtamtlichen Gaben des Geistes würde ebenso ausgelöscht, wollte man sie der Initiative des kirchlichen Amtes als dessen Ausfluß einfachhin einordnen, oder wollte man diese Gaben selbst in ein Neben- oder Gegenamt verfassen. Klerikalismus von rechts und von links widersprechen ebenso der Fülle des Geistes in der Kirche. Und doch ist die Unverfügbarkeit und Wehrlosigkeit des charismatischen Aufbruchs nicht das Letzte und Einzige, was hier zu sagen ist. Wie das Amt aus Sendung und Stiftung bleibende Struktur und in deren zeitlicher Anwendung doch ein geschichtliches Erscheinungsbild zeigt, so eignet den Gaben des Geistes, die sich in der Unmittelbarkeit des Lebens der Glieder der Kirche mit Gott und miteinander ändern, nicht nur das Gesetz des Neuen und Anderen, sondern auch eine bleibende innere Struktur: Immer gilt, daß der Herr eine besondere Weise seiner Nähe an das Versammeltsein der Jünger in seinem Namen geknüpft hat (vgl. Mt 18,20); immer gilt, daß er uns gerade im Letzten und Ärmsten der Brüder begegnen will und etwas zu sagen hat (vgl. Mt 25,40); immer gilt, daß jede Gabe zur Auferbauung des Leibes gegeben ist (vgl. Eph 4,12).

Aus solchen, nur auswahlweise herausgegriffenen, bleibenden strukturellen Elementen des Lebens Jesu in der Kirche, das nicht im Amt erschöpft und vom Amt allein zu regeln ist, kann freilich nicht eine institutionelle Gliederung dieses nichtamtlichen Lebens abgeleitet werden. Gleichwohl bezeichnen solche bleibenden Grundverhältnisse oder -strukturen einen Anhalt für Institutionelles.

Wo nämlich die Gesellschaft und entsprechend auch das Geflecht der Beziehungen in der Kirche so komplex und zugleich großräumig werden, daß eine innere Überschaubarkeit dessen, was in der Kirche geschieht, nicht mehr unmittelbar gewährleistet ist, wird es notwendig, helfende und vermittelnde Strukturen zu planen. Gemeinschaften und Gruppen, die durch ihr geistliches Miteinandersein einen besonderen Ruf und eine besondere Wirksamkeit des Geistes Jesu erfahren – wir denken zum Beispiel an die Orden –, haben schon immer ihrem Zusammenschluß eine innere Ordnung gegeben. Auch der Dienst an der Not und somit an Jesus in den Letzten seiner Brüder hat bereits von Anfang an zu Formen der organisierten Hilfe gedrängt. Die Vielfalt der Gaben und Aufgaben im gesellschaftlichen Leben der Kirche führt des weiteren zu Möglichkeiten des Institutionellen, in welchen eine kooperative und beratende Partnerschaft für das Amt und mit dem Amt und somit ein Hineinreichen ins Gesamt der Kirche ausdrücklich werden.

Gerade das Erfordernis, den Dienst *am* Ganzen der Kirche im Kontakt *mit* diesem Ganzen wirksam für Kirche und Welt zu gestalten, hat das kirchliche Amt heute dazu geführt, Gremien und Gemeinsamkeit mit allen Gruppen und Ständen der Kirche zu schaffen, in welchen das vorbereitet und angewendet werden kann, was der eine Inhalt und Sinn *aller* Gaben des Geistes in der Kirche ist: die Einheit der Liebe, welche die Kirche zum Zeichen und zur lebendigen Gegenwart des Herrn für die Welt macht.

Wir haben so den zu Eingang knapp gezeichneten Befund des Wandels im kirchlichen Institutionswesen wiederum eingeholt. Das Entscheidende, was sich gewandelt hat und wandeln muß, ist nicht mit organisatorischen Maßnahmen abzutun, so wenig diese damit überflüssig, ersetzbar, nur zweitrangig wären. Das Entscheidende ist der Aufbruch aller Strukturen und alles Institutionellen in der Kirche für den je neuen und je selben Dienst an der Einheit aller miteinander, aller mit dem Herrn und so gerade mit der Welt, für welche sich der Herr hingegeben hat. Dieser Dienst läßt alles an amtlichen wie nichtamtlichen Strukturen und Institutionen nur als „medial" und „ironisch" erscheinen, was es unveräußerlich oder geschichtlich wandelbar in der Kirche gibt. Gerade dieser „mediale" und „ironische" Charakter hilft aber auch, wird er nur deutlich gesehen, die Scheu zu überwinden, die viele heute vor dem Institutionellen in der Kirche tragen. Diese Scheu ist gut beraten, wenn sie Scheu ist vor einem Haben, Besitzen, gesicherten Sich-Durchsetzen; schlecht beraten aber ist sie dann, wenn sie Scheu wäre vor der Niedrigkeit, Endlichkeit und Vorläufigkeit des Geschichtlichen. Aller Mut zur Geschichtlichkeit muß unter Christen aber sein Mut zur Welt und Mut zueinander, dann ist er Mut zum Geist des Herrn.

ZWISCHEN BISTUM UND GESAMTKIRCHE

Ekklesiologische Vorbemerkungen zu Fragen kirchlicher Strukturen

Viel Unzufriedenheit in der Kirche entzündet sich daran, daß Rom wieder einmal gehandelt habe, ohne auf die konkreten Probleme von Lateinamerika, Holland oder Deutschland einzugehen, oder gerade umgekehrt daran, daß man in Lateinamerika, Holland oder Deutschland Lösungen forciere, die gesamtkirchlich nicht tragbar erscheinen. Die Problematik Ortskirche/Teilkirche/Weltkirche, nochmals verflochten mit der anderen Problematik Amt/Mitwirkung aller, erregt die nachkonziliare Diskussion allenthalben. Natürlich wächst auch die Zahl derer, die es endlich leid sind, mit kirchlicher Selbstbespiegelung und hinter Strukturfragen verbrämten Interessen oder Wehleidigkeiten belästigt zu werden, ohne daß man zum höchst aktuellen Kern der Sache, zur Frage nach Gott und Jesus kommt. Fragen der Ekklesiologie und der kirchlichen Strukturen müssen in der Tat aus den Sackgassen herausgeholt werden, in die man sich, so oder so herum, verrannt hat. Überläßt man diese Fragen indessen sich selbst, läßt man sie bloß liegen, so bringen sie De-facto-Lösungen hervor, die ganz gewiß nicht mit der Handbewegung „bloß strukturell" abzutun wären.

Ehe man jedoch in die unerläßliche Einzelarbeit an diesen Strukturfragen eintritt, ehe man damit argumentiert, daß diese oder jene Lösung doch an sich denkbar sei und nicht im Widerspruch gegen das Dogma selbst stehe, und dann dagegenargumentiert, in der paulinischen Gemeinde von Korinth oder nach dieser oder jener römischen Verlautbarung aus dem Jahre 1871 oder 1971 gehe es doch so nicht, sollte man einmal etwas breiter den theologischen Kontext der anstehenden Strukturprobleme bedenken.

I. Zum methodischen Ansatz

1. Engführungen

Nehmen wir uns noch etwas genauer die eben angedeuteten „Engführungen" ekklesiologischer Argumentation vor. Sie reichen, genauer besehen, sogar über das Ekklesiologische hinaus. Man könnte scherzhaft von einer Cur-non-Theologie [Warum-nicht-Theologie] und einer Sicut-erat-Theologie [Wie-es-immer-war-Theologie] sprechen. Beide haben mehr miteinander zu tun, als es auf den ersten Blick scheint. Die erste versucht, sich vom Ballast einer nicht nur gottmenschlichen, sondern oft auch allzu menschlichen Geschichte dadurch zu befreien, daß sie die Kirche auf einigen unerläßlichen Grunddaten fundiert und von ihnen aus konkrete Lösungen unter Zuhilfenahme logischer und pragmatisch-funktionaler Gesichtspunkte konstruiert; der vielberufene „Mensch von heute" oder die genauso oft bemühte „Welt von morgen" geben dafür gewöhnlich das Richtmaß her. Die zweite, die Sicut-erat-Theologie, kennt mehrere Spielarten, je nach dem, *wo* das goldene Zeitalter der Kirche angesiedelt wird, ob in einer (in welcher?) unverbrauchten Frühe des Ursprungs, ob in einem (welchem?) ausgereiften Stadium ekklesiologischer Entwicklung oder ob schließlich in einer imaginären „All-Zeit" von Kirche, die durch die Summe aller bisherigen Fixierungen bestimmt ist, so daß im Grunde nichts mehr passieren kann als das, was scharfes Nachdenken aus schon getroffenen Regelungen herauszupressen vermag.

Das, was die gezeichneten Ansätze verbindet, ist eine eigentümliche *Ungeschichtlichkeit*. Denn geschichtliche Möglichkeit ist immer mehr und immer weniger zugleich als eine abstrakte Möglichkeit plus unabdingbare Wesensnotwendigkeit, geschichtliche Möglichkeit ist aber auch mehr und weniger zugleich als die geradlinige Übertragung vorformulierter Lösungen auf einen anderen geschichtlichen Kontext. Knapp gesagt: Die Frage, was unbedingt bleiben muß, und die Frage, was sich ändern kann, greifen für sich allein zu kurz für eine wichtige theologische Argumentation.

2. Kernfrage „Geschichtlichkeit"

Doch von welcher Basis aus lassen sich methodische Engführungen als solche qualifizieren? Konkreter: Was wäre der charakterisierten Ungeschichtlichkeit gegenüber eine unverkürzte Geschichtlichkeit, und wie gehören Theologie und solche Geschichtlichkeit zusammen?

Um an Bekanntes, aber in unserem Zusammenhang oft nicht Bedachtes zu erinnern: Zur Geschichtlichkeit gehört, daß man durchschrittene Wege nicht ungegangen machen kann, daß jedes Jetzt das, was war, aufnimmt, dem, was war, antwortet, es interpretiert. Es gehört aber ebenso zur Geschichtlichkeit, daß das, was kommt, mehr ist als die Einlösung einer Hochrechnung, die sich im Grunde bereits jetzt anstellen ließe. Was kommt, setzt zwar das, was war, fort, übernimmt es, rückt es aber in einen je *neuen* Kontext, wiederholt es auf eine nicht im vorhinein festzulegende Weise. Ein Beispiel, welches das Gesagte theologisch zuspitzt: Dogmengeschichte kann nicht an einem Dogma, das in der Geschichte formuliert wurde, einfachhin vorbeigehen, es ungeschehen machen, es falsifizieren; dennoch könnte kein Computer die Summe der Möglichkeiten ausspeien, was das Glaubensverständnis künftiger Jahrhunderte unbeschadet seiner Wesensidentität mit irgendeinem Dogma „anfangen" wird.

Diese theologische Zuspitzung stößt uns bereits auf Grund und Art des Zusammenhangs zwischen Geschichtlichkeit und Theologie: In Jesus Christus reicht Gott endgültig und ein für allemal in den Raum der Geschichte hinein; die Geschichte Christi im Glauben und Leben der Kirche ist Geschichte Gottes nicht nur mit dieser Welt. Dadurch aber stehen Gottes Unveränderlichkeit und die Veränderlichkeit der Geschichte nicht nebeneinander, sondern, freilich „ungetrennt *und* unvermischt", ineinander. Es gibt geschichtliche und damit endliche Ereignisse, Entwicklungen und Festlegungen, die zum Sakrament der Endgültigkeit göttlichen Handelns, der göttlichen Selbstmitteilung an die Welt, werden; doch umgekehrt ist die Endgültigkeit dieses Handelns und dieser Selbstmitteilung Gottes zugleich eingelassen in die Verschiebungen und Wandlungen menschlichen Verstehens und Zusammenlebens. Die Affizierung Gottes von menschlicher Endlichkeit, die Affizierung des Geschichtlichen von Gottes unbedingtem, ihn selbst enthaltendem und gebendem Ja bleiben das Ärgernis des Christlichen, das Ärgernis der Liebe des sich gebenden Gottes. Nur wer das bedenkt, hat die Basis, um über Unwandelbares und Wandelbares in der Kirche und all ihren Lebensäußerungen zu sprechen.

3. Methodische Konsequenzen

Natürlich ist das Gesagte nur der vergröbernde Abriß eines viel komplexeren Problemzusammenhangs; dennoch reicht es aus, um methodische Schritte des Zugangs zu unserem Thema zu sichern:

a) Es gibt vorgegebene Notwendigkeiten und offene Möglichkeiten, es gibt Unaufgebbares und je neu zu Gestaltendes, das bei jeder theologischen und zumal bei jeder ekklesiologischen Frage zur Synthese zu bringen ist. Diese Synthese ist keine Addition, aber auch keine Vermengung. Sie ist im Grunde formuliert durch das, was Jesus Christus selber ist: der radikal von Gott angenommene und Gott übereignete Mensch, der radikal hingegebene und im Menschen angekommene Gott. Diese Synthese selbst ist das wahrhaft bleibende und doch je neu zu gewinnende Maß. Was diese Synthese nicht nur als „fundamentale Wahrheit an sich", sondern was sie für die jeweilige Frage, im jeweiligen Zusammenhang konkret bedeutet, darauf zu achten, hat den Vorrang vor aller Einzelorientierung an Dokumenten, Daten und Möglichkeiten. Sie alle erhalten so erst ihren Stellenwert und ihr Relief.

b) Doch gerade wer diese Synthese ernst nimmt, ist dadurch auch genötigt, das „Material" ernst zu nehmen. Die Synthese, die Jesus Christus ist, und die Synthese, die Kirche ist und zu sein hat, ist ja nirgendwo anders als im Material der Geschichte zu greifen. Es gibt keinen Zugang zu dieser Synthese, der an der harten, endlichen Gestalt des geschichtlich Geschehenen und Geschehenden vorbeiführt. Was steht in den Quellen der Offenbarung, was in den Aussagen und Festlegungen kirchlichen Amtes, was in den Bezeugungen des Glaubens und Lebens der Kirche, was in den gedanklichen Entwicklungen der Theologie zu einem Thema? Um die Mühsal dieser Fragen, um die Begrenzung des Spekulations- und Handlungsraumes, der durch solche Fragen umrissen wird, ist nicht herumzukommen. Andernfalls wäre alles theologische Reflektieren und ekklesiologische Konstruieren nur Auslegung des menschlichen Selbst und nicht Auslegung der Offenbarungstat Gottes. Setzt man die Fragen nach den Positiva der Offenbarung und der Kirche aber in den Rahmen der geforderten Synthese, so verliert das einzelne Faktum seine blinde Zufälligkeit. Man kann nicht mehr im ungeprüften Irgendwo eigenen Beliebens den Schnitt ansetzen, bis wohin der genuine Anspruch der Offenbarung reicht, von wo an die Kirche von ihrem Ursprung abgefallen ist.

Daß eine Aussage oder Gestalt älter oder jünger, primitiver oder ausgefalteter als die andere ist, sagt nicht mehr das Ausschlaggebende für oder gegen ihren Rang; der Blick auf die Synthese erlaubt es, Entwicklungen nach rückwärts, aber auch nach vorwärts zu lesen, Peripheres und Zentrales zu gewichten, dabei aber auch das Zentrale im Peripheren sich spiegeln zu sehen.

c) Die Orientierung an der „Synthese" achtet indessen nicht nur auf das, was sich wandeln, was neu gewonnen werden muß. Es geht darum, daß in allen Umbrüchen und Entwicklungen der Urtext seine Konturen behält, daß er nicht untergeht in hermeneutischer Betulichkeit; es geht aber gerade – um des Urtextes willen, der Emmanuel, Gott-mit-uns heißt – genauso darum, das geschichtlich, auf dem Weg der Menschheit je neu Gewordene in die Synthese Jesus Christus einzubringen und diese Synthese in die je neuen Verstehenshorizonte, Lebensbedingungen, Kommunikationszusammenhänge hinein zu übersetzen. Die Frage: Was ist möglich? bleibt kein unverbindliches Spiel, sondern wird zum Vollzug des „pro hominibus", somit aber zum Nachsprechen des Urtextes selbst.

II. Ziel

1. Grundziel: Synthese Gemeinde – Gesamtkirche

Das Ziel aller kirchlichen Strukturen kann nach dem Ausgeführten nur sein, daß die Synthese Jesus Christus Gestalt gewinnt, daß sie für die Menschen bezeugt und unter Menschen gelebt und kommuniziert wird. Bleibt zu fragen nach der Übersetzung dieser Synthese auf das Problemfeld kirchlicher Strukturen.

Kirche, das heißt doch: menschliche Gemeinschaft, Formen menschlicher Sozialisation sind beansprucht von Gott, der durch seinen Geist in seinem Sohn gegenwärtig bleiben will und gegenwärtig bleiben wird unter Menschen. Dann aber gibt es einen doppelten Kristallisationspunkt für Kirche: einmal das jeweilige Hier und Jetzt, die jeweilige Gemeinde, in deren Mitte Jesus Christus gegenwärtig sein will, zum anderen das Ganze, die weltweite Gemeinschaft derer, die auf ihn hin und von ihm her leben.

Die Jeweiligkeit und die umgreifende Einheit von Kirche sind aber aufeinander bezogen, sie müssen sich gegenseitig integrieren. Allein wenn eine Gemeinde nicht nur „ihren" Jesus haben will, sondern weiß, daß es um die *communio* mit dem Jesus für alle und unter allen geht, ist sie wahrhaft Gemeinde. Und allein wenn die Gesamtkirche weiß, daß sie Jesus Christus nicht nur für ihre zentral anordnenden und versorgenden Maßnahmen „gepachtet" hat, sondern daß Jesus Christus selbst „unmittelbar" zu jeder Gemeinde ist, bleibt sie lebendige Kirche. Gemeinde muß also offen sein, sich je neu aufbrechen lassen ins Eine und Ganze der Kirche, in die Konsonanz mit der Weltkirche, die Weltkirche aber muß hinorientiert sein auf die Gemeinden, die nicht nur ihre Ortsgruppen sind, sondern sie als Gesamtkirche aufbauen.

Gesamtkirche und Gemeinde können also einander nicht ablösen und, wenn es derselbe Jesus Christus ist, der auf beiden Ebenen wirkt und gegenwärtig ist, dann genügt auch nicht eine beide voneinander abschirmende oder miteinander synchronisierende Kompetenzverteilung. Es kommt an auf eine Präsenz ineinander, es kommt an auf das Geschehen von Kommunikation. Wie Gemeinde davon lebt, daß ihre Glieder mit Christus kommunizieren, indem sie miteinander kommunizieren, so die Gesamtkirche davon, daß alle Gemeinden mit Christus und miteinander, darum aber auch mit der Gestalt gewordenen Einheit des Ganzen kommunizieren.

Das alles scheint zwar recht einleuchtend. Man könnte indessen versucht sein zu fragen: Was soll's? Aber ist es in der Tat so selbstverständlich, daß das gegenseitige Insein von Gesamtkirche und Gemeinde lebensnotwendig ist für die Kirche? Machen wir nicht immer wieder die Erfahrung, daß Kirche als Institution und Organisation an dem vorbeirauscht, was den kleinen Mann und auch den kleinen Pfarrer in der Gemeinde bedrängt, und daß umgekehrt Gemeinden sich so in sich selber schließen, daß eine Protestaktion gegen soziale Mißstände in Südamerika und eine Kollekte für den

Hunger in der Welt das einzige bleiben, was von der Weltkirche in sie hineinreicht? Und wenn wir statt Gemeinde einmal in einem Vorgriff auf später zu Bedenkendes die Kirche eines Landes oder Kulturraumes setzen, dann wird die Spannung überdeutlich.

2. Momente: Intensität, Universalität, Kommunikation

Ziehen wir das Fazit. Kirche lebt hier und jetzt, Kirche lebt im Ganzen der Welt als Gemeinschaft aller Glaubenden. Beides muß an jedem Punkte, in jeder Dimension von Kirche zugleich präsent sein. Dann aber ergeben sich drei Momente, die als Zielwerte für kirchliche Strukturfragen zu gelten haben: Intensität, Universalität, Kommunikation. Entscheidend ist die Integrität und gegenseitige Integrierung dieser drei Momente.

Es wäre ein naheliegendes Mißverständnis, die beiden ersten dieser Momente nur als die abstrakte Fassung von Gemeinde und Gesamtkirche zu deuten. Zwar haben in der Tat diese Momente dort ihren jeweiligen Schwerpunkt, aber es kommt darauf an, daß an beiden Polen, in der Gemeinde und in der Gesamtkirche, alle Momente präsent sind; somit spielt aber auch die Kommunikation nicht nur *zwischen* Gemeinde und Gesamtkirche, sondern auch *in* ihnen.

Wie läßt sich das Profil dieser drei Momente im einzelnen zeichnen?

a) Intensität: Nur in der Konzentration des ganzen Daseins und Mitseins auf Jesus vermag er sich als Zentrum, als Mitte zu bewähren. Daß er sich *mir* ganz gegeben hat, kommt nur ganz an, wenn er nicht bei meinem isolierten Dasein ankommt, sondern in den Bezügen, in denen ich mich selbst übersteige und darin gerade selbst bin. Alles, was er ist und was er hat, will durch seinen Geist, durch sein Wort, durch seine Sendung, durch seine Sakramente hineinreichen in menschliches Dasein und Mitsein. Es muß als solches von Jesus Christus her gestaltet und umgestaltet werden können.

b) Universalität: Wenn aber Jesus als er selbst, mit allen Dimensionen, die zu seinem Dasein und Mitsein gehören, in der Geschichte ankommen will, dann muß auch in der Weise, wie er in mein Leben und in den Kreis meines intensiven Mitseins mit anderen hineinreicht, offenbar, ja „realisiert" werden, daß er der Jesus „für alle" ist. Es gehört zur Intensität, daß sie sich von innen aufsprengt zur

Universalität. Die Universalität, die den einzelnen Glaubenden je über seinen eigenen Kreis hinaus ins Ganze öffnet, lebt aber umgekehrt vom Interesse, das nicht nur alle objektiv etwas von Jesus „mitbekommen“, sondern daß sie die Intensität des Seins in ihm, des Mitseins mit ihm erfahren. Die Relativierung der eigenen Intensität durch die Dimension der Universalität bedeutet gerade Steigerung der Intensität.

c) Kommunikation: Die gegenseitige Integrierung des polar Entgegengesetzten, der Intensität und der Universalität, ist gerade die Kommunikation. Sie meint, paradox formuliert, daß Intensität wächst, indem sie sich verschenkt, daß Universalität lebt, indem sie *nicht* „Endstation“ ist, sondern zu je neuer Intensität des Lebens führt. Dies gilt, wie bereits angedeutet, nicht nur zwischen dem kleinen Kreis bzw. der Gemeinde und dem Gesamten, es gilt auf jeder Ebene des Mitseins: auch der einzelne gewinnt *sein* Verhältnis zu Jesus nur, indem er es verliert, es dem anderen verschenkend und es zum anderen hin öffnend. Kommunikation ist das je Mehr der Gegenwart Jesu *zwischen* Menschen gegenüber seiner Gegenwart bloß in mir oder dir.

Kommunikation hat aber auch eine „Außendimension“. Sinn von Kirche ist es doch, in der *communio* die *missio* Christi an die Welt zu vollbringen und umgekehrt die Eingliederung der ganzen Menschheit in Christus geschichtlich darzustellen und wirksam werden zu lassen. Darum gehört auf jeder Ebene von Kirche auch die Kommunikation zwischen Kirche und Welt zu ihrem Selbstvollzug. Nur so, in dieser Weggabe „nach außen“ und Annahme des Außen, gewinnt die Intensität von Kirche vollends die ihr zugehörige Universalität – auch das Moment Universalität erhält dadurch eine neue Dimension.

III. Struktur als Kommunikation

1. Kommunikation als Sinn kirchlicher Struktur

Eine zugleich intensive und universale Kommunikation bedarf fester Bahnen, um nicht im Undeutlichen oder Zufälligen zu zerfließen. Ja, es kann gesagt werden: Sinn aller kirchlichen Strukturen ist die Kommunikation, jene Kommunikation freilich, die Intensität und Universalität wahrt und die Begegnung und Durchdringung von Welt und Kirche ermöglicht.

Das könnte aufs erste als eine bloße „Funktionalisierung“ von Kirche erscheinen: Ist Kirche nur Mittel zum Zweck? Kann sie für ihren Zweck je neu modelliert werden? Gibt es nicht auch in ihrer Struktur Unverfügbares, göttlich ihr Eingestiftetes? Diese gewichtigen Gegenfragen heben unsere These indessen nicht auf, sondern vertiefen sie. Kommunikation ist mehr als Mittel, sie ist, christlich gesehen, das erste und das letzte; denn das dreifaltige Leben Gottes ist Kommunikation und die eschatologische Vollendung ist *communio sanctorum* und somit Einbegriff der erlösten Menschheit ins dreifaltige Leben Gottes. Wenn wir schließlich fragen, was an der kirchlichen Struktur unverfügbar, was als göttliche Gabe und göttlicher Auftrag menschlichem Verändern entzogen sei, so stoßen wir wiederum durchgehend auf kommunikative Momente: Was sind Wort und Sakrament anderes als die Kommunikation göttlichen Lebens mit dem Menschen, was ist gottverliehene Vollmacht anderes als Vermittlung des sich verschenkenden Gottes, was sind die nicht-nivellierbaren Stufen und Unterschiede innerhalb des Amtes der Kirche anderes als Weisen, wie der Ursprung Jesus Christus sich seinem einen Leib mitteilt und ihn aufbaut?

2. *Momente: Repräsentation, Kollegialität, Partizipation, Koalition*

Kommunikation erbildet sich im Leben der Kirche vielfache Bahnen. Sie sind indessen aus wenigen fundamentalen Momenten gefügt. Es geht im folgenden nun nicht darum zu untersuchen, wieviel im einzelnen für die Struktur der Kirche *iure divino* festgelegt, wieviel veränderbar ist. Statt dessen sollen das Profil und die Funktion der fundamentalen Strukturmomente knapp gezeichnet werden; erst dann lassen sich Maßstäbe für ihre gegenseitige Zuordnung innerhalb konkreter kirchlicher Strukturen gewinnen.

a) *Repräsentation*: Jeder in der Kirche kommt von Jesus Christus her, da in ihn hineingetauft und mit seinem Geist beschenkt. Jeder bringt – wenigstens dann, wenn er das auszeugt, was in ihm grundgelegt ist – Jesus Christus mit, Jesus Christus ein in die kirchliche Gemeinschaft. Jeder ist deshalb auf seine Weise, die sich freilich von der Weise anderer unterscheidet, „Repräsentant" Christi. Jeder ist in bestimmter Hinsicht „Ansatzpunkt" von Kirche, jeder ist aber auch verwiesen auf die anderen Ansatzpunkte. Und alle gemeinsam sind verwiesen auf den einen und selben Jesus Christus, der in allen und über allen steht. Daß er *über* allen steht, daß er nicht nur der in mir und dir Gegenwärtige, sondern der von sich her Kommende und seinen Leib in die Einheit Fügende ist, muß für die Kirche, muß überall dort, wo Kirche als solche sich integriert, Gestalt gewinnen; Christus als *caput ecclesiae* [Haupt der Kirche] muß repräsentiert werden. *Repraesentatio* bedeutet dabei, hier wie durchgängig, nicht „Realpräsenz", sondern Vergegenwärtigung in bleibender Differenz und Distanz. Jener, der das *caput Christi* repräsentiert, ist zwar einer von allen und einer wie alle. Diese Weise der *repraesentatio* selbst aber kann nicht in der „Bevollmächtigung" gründen, die alle aus Taufe und Firmung zur Darstellung Christi mitbringen; sie ist eine qualitativ eigene Weise der Teilhabe an der einen, umfassenden Sendung Christi.

Freilich steht zum Beispiel auch eine Katharina von Siena, wenn sie dem Papst gegenübertritt, nicht nur in eigener Vollmacht vor ihm, sondern im Gehorsam und in der Darstellung des Christus über ihr. Recht verstanden, steht in jedem, auf den ich um Christi willen höre, in dem ich in Jesus Christus hineinhöre, Christus über mir. Dies macht indessen die *repraesentatio Christi capitis* [Vergegenwärtigung Christi als Haupt] für die Einheit der Kirche keineswegs überflüssig, sondern profiliert sie, was gerade an charismatischen Gestalten – wie einer Katharina von Siena – sichtbar wird, die den spezifischen Auftrag des Amtes nicht ersetzen, sondern als den „anderen" klarstellen. *Christus caput* gewinnt in der Einheit der Kirche also nicht schon dadurch Gestalt, daß alternierend bald der eine, bald der andere den anderen etwas aus dem Geist Jesu zu sagen hat, sondern darin, daß es eine der Kirche eingestiftete Bevollmächtigung dazu gibt, sie in der Verbindung mit dem Ursprung und in der Einheit als Sakrament dieses Ursprungs zu erhalten. Die spezifische *repraesentatio capitis* durch das geistliche Amt ist für die Integration von Kirche daher wesentlich.

b) *Kollegialität*: Die *repraesentatio Christi capitis* durch das Amt in der Kirche steht im Dienst der Kommunikation Christi mit seiner Kirche und der Offenheit der Kirche auf Christus hin. Dann aber spielen in Kontur und Aufgabe des Amtes immer sowohl die Intensität wie die Universalität von Kirche hinein: Der Amtsträger ist zwar generell für *diese* Gemeinde, für dieses Bistum, für diese umgrenzbare Einheit kirchlichen Lebens da – er ist zugleich aber fürs *Ganze* von Kirche, für ihre umfassendere Einheit da. Ein Pfarrer, der schlechterdings nur seine Gemeinde sähe, sein priesterliches Wirken nur auf sie hin orientierte, unterböte das Maß seines Dienstes, den er im Presbyterium seines Bistums zu tun hat; ein Bischof, der nur für sein Bistum da wäre und sich nicht zugleich als Bischof der Weltkirche verstünde, unterböte ebenso seinen Dienst. Der Bezug zum je größeren Ganzen erfordert zweifelsohne den Gehorsam, will sagen die Hinordnung auf die *repraesentatio Christi capitis* für die „höhere“ Ebene. Damit allein ist es aber noch nicht getan. Die „je eigene“ Zuständigkeit des Amtsträgers muß eingebracht werden ins Mitsein mit den anderen, die den gleichen Dienst tun. Gerade so, ja man kann sagen: nur so, wird deutlich, daß der einzelne Amtsträger sich nicht selbst mit dem *caput Christi* verwechselt, sondern um die Relativität seiner eigenen Repräsentationsaufgabe weiß. Daß Christus als *caput im* Amtsträger handelt, hebt ja nicht auf, daß Christus als *caput* je *über* jedem Amtsträger steht; dieses Darübersein aber muß selbst nochmals Gestalt gewinnen in der Kirche, und es gewinnt Gestalt, wenn die Amtsträger *zwischen* sich jenen Raum lassen, in welchem Christus als ihre gemeinsame Mitte aufgeht.

Solches Mitsein würde freilich mißdeutet, sähe man durch die Kollegialität der Bischöfe den Papst, durch das Presbyterium den Bischof als überflüssig an oder betrachtete man den Papst nur als den Sprecher der Bischöfe, den Bischof nur als den Sprecher seiner Priester.

Der qualitative Unterschied zwischen Kollegialität im strengen Sinn des Wortes als Gemeinsamkeit der Bischöfe mit und unter dem Papst in der unmittelbaren Verantwortung für die Gesamtkirche und der Gemeinsamkeit der Priester mit und unter dem Bischof innerhalb des Presbyteriums im Dienst der Diözese braucht hier nicht eigens erörtert zu werden. Für unseren Kontext wichtig ist jedoch zu bemerken: Das Kollegium der Bischöfe ist ein Welt-Kollegium, ein Welt-Presbyterium im eigentlichen Sinn gibt es hingegen nicht, das Presbyterium ist je hingeordnet auf den Bischof. Das Warum wird uns später beschäftigen.

c) *Partizipation*: Die Momente Repräsentation und Kollegialität verweisen, fundamental betrachtet, auf ein weiteres: Jeder repräsentiert auf seine Weise Christus – Christus ist der eine und selbe in allen, über allen, zwischen allen. Somit ist gleichursprünglich wie der „intensive" Zug christlicher Existenz und Berufung, der jeden einzelnen in die Unmittelbarkeit zum Herrn stellt, der „universale" Zug, der alle teilhaben läßt an der einen Sendung Christi, die lebendig ist in der einen Sendung der Kirche.

Im gegenseitigen, im kommunikativen Verhältnis aller zu allen hat dies die Konsequenz, daß auch jede spezifische Berufung und Sendung innerhalb der Kirche nicht nur von sich aus *für* das Ganze gegeben ist, sondern auch *vom* Ganzen, von allen angenommen, mitgetragen werden soll. Es gibt eine umfassende „geistliche Gütergemeinschaft", die indessen die besondere Gabe und den besonderen Dienst des einzelnen gerade nicht nivelliert, sondern auf die Weise der annehmenden Antwort, der inneren „Mithaftung" an ihr partizipiert. Im letzten kann also keiner von irgendeinem anderen in der Kirche sagen: Was geht mich der, was geht mich dessen Dienst und Berufung an? Es kann aber auch keiner den anderen ersetzen wollen. Die aktive Seite solcher Partizipation, die unterschiedliche Kompetenzen nicht einebnet, stellt sich dar in der Grundfigur des „Rates", der die Sache des anderen zur eigenen macht und zugleich die eigene Einsicht, das eigene Mitsehen dem anderen zur Verfügung stellt, dem anderen frei-gibt.

Das hier generell Ausgeführte findet seine spezielle Anwendung bei den Aufgaben des Amtes in der Kirche. Auch diese Aufgaben können, dem Wesen von Kirche gemäß, nicht in einer Isolation der Amtsträger erfüllt werden. Kollegiales Mitsein mit denen, die dasselbe Amt wahrnehmen, genügt hier nicht. Es muß ergänzt werden durch glaubhafte und wirksame Weisen der Partizipation aller Gläubigen. Welche Verkürzung es freilich wäre, diese Partizipation nur am Grad rechtlich-verbindlicher Mitbestimmung zu messen, liegt nach dem Ausgeführten auf der Hand. Daß in der Kirche Rat für den, der beraten wird, keineswegs unverbindliche Meinung zur allenfalls wohlwollenden Kenntnisnahme bedeuten darf, daß Rat überdies auch unterschiedliche Stufen seiner rechtlichen Relevanz kennt, daß es schließlich geordnete und kontrollierbare Bahnen geben muß, wie solcher Rat zustande kommt und wirksam wird, braucht hier nicht im einzelnen ausgeführt zu werden. Vielleicht ist indessen der Hinweis nicht überflüssig, daß Rat nicht nur von „unten" nach „oben" verläuft; Rat muß oft auch die Weise sein, wie das Amt an den genuinen Aufgaben und Kompetenzen anderer in der Kirche partizipiert.

d) *Koalition*: Was *mir* gegeben ist – meine Gabe des Geistes, meine Aufgabe, die sich in der konkreten Situation mir stellt –, ist zwar immer fürs Ganze und innerhalb des Ganzen gegeben, und doch lassen sich Gaben und Aufgaben des einzelnen nicht einfachhin aus dem Ganzen ableiten. Nichtsdestoweniger entspricht vielen dieser Gaben und Aufgaben eine spezifische Weise von Kommunikation: die freie, nicht „von oben" initiierte Koalition. Sowohl Orden, geistliche Gemeinschaften, spirituelle Gruppierungen als auch Verbände und mannigfache formelle und informelle Zusammenschlüsse aufgrund gemeinsamer Interessen und Aufgaben, vor allem im christlichen Dienst an Welt und Gesellschaft, sind hier zu nennen.

Nur durch das Geflecht solcher Koalitionen „von unten" erhält die Kommunikation in der Kirche ihre Balance; denn nur so kommen die umgreifende Einheit und die spontane Mannigfaltigkeit des einen Dienstes der Kirche zur Geltung. Die Verantwortung fürs Ganze, die durch die *repraesentatio Christi capitis* im Amt wahrgenommen wird, *ist* nicht schon das Ganze, und der Beitrag zum Ganzen, den spontane Initiativen und ihre Koalitionen leisten, erschöpft sich nicht in der Partizipation an den Aufgaben des Amtes (das schließt freilich keineswegs aus, daß freie Initiativen und ihre Koalitionen seitens des Amtes beauftragt werden können; daß sie an der Partizipation aller an den Aufgaben des Amtes ihr besonderes Gewicht haben, versteht sich nach dem Ausgeführten ebenfalls von selbst).

Zwar fallen freie Koalitionen in der Kirche in die Sorge des Amtes um die Einheit, und sie sind ihrerseits in Pflicht genommen für die Einheit des Ganzen; dennoch läßt sich ihr Eigengewicht nicht aufheben in eine integralistische Monostruktur von Kirche. Wenn im Blick auf Partizipation zu betonen war, daß diese nicht das Amt aufhebt und überflüssig macht, so ist das Entsprechende hier für die Selbständigkeit der Koalitionen in der Kirche zu sagen. Es muß sogar im Interesse des Amtes liegen, freie Koalitionen und die Möglichkeit ihrer Entfaltung in der Kirche zu fördern, da von ihnen Entscheidendes für die Lebendigkeit der Kirche abhängt.

Liest man alle Strukturmomente ineinander, so fällt gerade diese Verhältnisbestimmung durchgehend auf: Die Sache des Ganzen ist die Sache aller, die Sache des einen ist die Sache aller, doch wird diese Sache des einen dadurch keineswegs nivelliert, in ihrem Eigenprofil und ihrer Eigenkompetenz aufgehoben.

IV. Ausblick auf konkrete Strukturprobleme

Was erbringen nun die einigermaßen „chemisch rein" dargestellten Strukturmomente für die aktuellen Fragen, die in der nachkonziliaren Theorie und Praxis zur Diskussion stehen? Daß theologisch auf das Studium der einschlägigen Dokumente und der faktischen Verhältnisse und Erfordernisse nicht verzichtet werden kann, wurde schon betont. Textexegese und Situationsanalyse können indessen in unserem Rahmen nicht geleistet werden. Es geht hier nur darum, einige Linien von theoretisch Grundgelegtem zu den praktischen Gestaltungsfragen zu ziehen. Für die konkrete Lösung der angesprochenen Gestaltungsfragen bedürfte es weit differenzierterer Untersuchungen, als die folgende Skizze enthält. Das hier Ausgeführte kann nur als allgemeine „Zielangabe", eher im Stil eines Arbeitspapiers als im Stil einer wissenschaftlichen Erörterung oder eines ausgearbeiteten Planungskonzepts gelten. Gleichwohl scheint es notwendig, den Zusammenhang zwischen der voraufgehenden theologischen Reflexion und den zur Diskussion stehenden praktischen Problemen sichtbar zu machen.

Dabei spielt die Zweidimensionalität von Kommunikation, die uns bereits auffiel, eine Rolle: Kommunikation ist gegenseitige Verbindung derer, die Kirche sind, und ist zugleich ihr Austausch mit Welt und Gesellschaft. Zwar gibt es keine bloße „Innerkirchlichkeit" und keinen bloßen kirchlichen „Außendienst"; dennoch gibt es strukturelle Differenzierungen zwischen der Kirche als Glaubens- und Lebensgemeinschaft in Christus und der Kirche als „Sauerteig" für Welt und Gesellschaft.

1. Kirche als Glaubens- und Lebensgemeinschaft

a) *Gemeinde*: Bereits die ersten Christengemeinden erfuhren Jesus Christus als integrierende Kraft ihrer Gemeinschaft; Unterschiede, die sich aus menschlichen Motiven und Zwecken nicht hätten überbrücken lassen, Unterschiede, die zudem gerade im Bereich des Religiösen ihre Schärfe hatten, wurden überwunden und versöhnt durch ihn: die eine Kirche ist Kirche aus Juden und Heiden. Das ist nicht nur geschichtliche Episode, sondern Maßstab. Christliche Gemeinschaft integriert sich nicht schon dort, wo persönliche Zusammengehörigkeit oder Sympathie durch die Orientierung an Jesus überhöht werden. So legitim diese persönlichen Beziehungen auch im Christlichen bleiben und so christlich notwendig es ist, persönliche Beziehungen in die Beziehung zu Christus hineinzunehmen, sowenig wäre derlei die hinreichende Basis, um Gemeinde zu konstituieren. Gemeinde setzt gerade bei „objektiven Daten" wie gemeinsamem Ort oder gemeinsamer Situation an. Glaubende, die nichts anderes gemein zu haben brauchen als diesen Ort oder diese Situation, nehmen sich gegenseitig an, wissen sich als zugehörig nur um des einen willen: daß sie zu Jesus Christus gehören. Um an Ausgeführtes zu erinnern: Intensität ohne Universalität ist christlich nicht denkbar, und diese Universalität setzt schon innerhalb der Gemeinde selbst an. Gemeinde, das meint hier also nicht jede Zelle, nicht jede Intimgruppe, nicht jede „Koalition" von Christen, sondern die Einheit von solchen Zellen, Gruppen, Koalitionen im selben Wort, im selben Sakrament, im selben Dienst der Liebe. Gemeinde ist die kleinste Totalität, die durch die *repraesentatio Christi capitis* im Amt integriert wird. Das Streben danach, möglichst viele Zellen durch einen eigenen Amtsträger zu integrieren, kann leicht auf Kosten der inneren Offenheit und äußeren Einfügung ins größere Ganze gehen.

Solche Durchdringung von Intensität und Universalität in der Gemeinde schließt in unseren gesellschaftlichen Umständen freilich gerade ein, daß Gemeinde sich aus möglichst vielen intensiven Zellen aufbaut und daß ihr Leben sich für größere Organisationsformen (wie Pfarrverbände oder Verbandspfarreien) öffnet.

b) *Bistum*: Gemeinde, nicht bloß Zelle: dies ist um der wahrhaften Universalität des Christlichen willen notwendig. Das äußerste, unerläßliche, ja entscheidende Maß dieser Universalität heißt freilich Weltkirche. Gerade deswegen aber ist Gemeinde nicht schon in sich die *volle* Integrationsform kirchlichen Lebens. In der alten Kirche, die in einer überschaubaren Ökumene angesiedelt war, entsprach es sozusagen der geographischen Logik, daß die Gemeinde Bistum war: Sie konnte duch ihren Bischof und seine Kommunikation mit den Mitbischöfen sich ins Ganze von Kirche einbringen und das Ganze von Kirche in sich einbringen. Daß dies bei den Maßen der heutigen Welt und Weltkirche für die einzelne Gemeinde nicht mehr zutrifft, braucht nicht erklärt zu werden. Gemeinde und Bistum treten auseinander; das Bistum hat die Funktion der Ortskirche, aus der, zusammen mit den anderen Ortskirchen, sich die Gesamtkirche aufbaut. *Die* Integrationsebene kirchlichen Lebens, das Bistum, wird sinnvollerweise so angesiedelt, daß die „Rufweite" zur einzelnen Gemeinde und die Rufweite zur Mitte der Gesamtkirche erhalten bleiben. Wo entweder die Visitationsreise eines Bischofs zu seinen Gemeinden oder seine Ad-limina-Reise nach Rom zur bloßen Farce würde, wäre die Funktion des Bistums nicht mehr gewährleistet.

c) *Bischofskonferenz*: Tut indessen nicht gerade diese „ideal-typische" Überlegung dar, daß das Bistum allein der Vermittlungsfunktion zur Weltkirche hin nicht mehr genügen kann? Die Notwendigkeit größerer kirchlicher Einheiten, überdiözesaner Strukturen liegt auf der Hand, und das Zweite Vatikanische Konzil hat das Seine dazu beigetragen, daß sowohl der Wert spezifischer Traditionen, die in einzelnen Regionen der Weltkirche beheimatet sind, wie auch die Bedeutung von Bischofskonferenzen ins allgemeine Bewußtsein traten. Ist der Leitwert kirchlicher Strukturen aber die Kommunikation, welche Kirche und Gemeinde, Universalität und Intensität des Glaubens sich gegenseitig durchdringen läßt, dann wird ein Doppeltes sichtbar: Einerseits braucht es in der Tat die Kooperation zwischen den Bistümern einer Region, eines Staates, eines Kulturraumes, braucht es gemeinsame Hirtensorge für ein solches Gebiet, doch andererseits wäre es fatal, wenn im Zeitalter der einswerdenden Welt ausgerechnet die Kirche Partikularismen und Nationalismen nachholte. Die Bedürfnisse, Möglichkeiten und Mentalitäten verschiedener Nationen und Weltteile müssen beachtet werden; man darf jedoch nicht darüber hinwegsehen, daß nicht selten das Recht auf den eigenen Weg gefordert und das Modell für die Weltkirche gemeint wird. Wenn die Weltkirche Erfordernisse einer Region übergeht, kann sie den Kontakt mit der betreffenden Teilkirche erschweren; wenn eine Teilkirche sich in sich selber schließt, kann sie die katholischen Dimensionen der Universalität und der Einheit verlieren.

Der Grund für das Ungenügen einer bloßen Addition von Diözesankirchen zur Weltkirche: die Weltgesellschaft organisiert sich in übergreifenden Einheiten und Kommunikationsprozessen, und darauf muß auch Leben und Gestalt der Kirche Rücksicht nehmen, will sie nicht am Menschen vorbeizielen. Der Grund für das Ungenügen einer Weltkirche, die bloß der lose Bund in sich stehender National- und Regionalkirchen wäre: das eine, umgreifende Gesamt von Kirche würde in den einzelnen Gemeinden zuwenig präsent, es würde zuwenig greifbar, daß die Gemeinde, unbeschadet ihrer Eigenprägung und der Eigenprägung des jeweiligen Kulturraumes und der jeweiligen kirchlichen Tradition, Gemeinde der einen Kirche in einer immer mehr einswerdenden Welt ist. Die Kirchengeschichte zeigt einerseits, wie fatal die Nivellierung eigener Potenzen und Gaben eines Kulturraumes ist (man denke an den sogenannten Ritenstreit), sie zeigt aber auch, wie leicht der Versuch, eine Nationalkirche in sich selbst zu integrieren, die Gefahr zum Schisma in sich birgt.

Dem entspricht es, daß Bischofskonferenzen mehr sind als eine unverbindliche Informations- und Arbeitsgemeinschaft; es muß möglich sein, für einen gemeinsamen Lebensraum gemeinsame Grundlinien des Lebens und Dienstes der Kirche verbindlich zu vereinbaren. Eine Verlagerung der integrativen Funktion des Bistums auf die Bischofskonferenz im ganzen hingegen hätte eine zu große Entfernung zwischen der Gemeinde und der sie ins Gesamte vermittelnden Integrationsebene zur Folge. Vollzogene Kollegialität der Bischöfe ist nicht nur keine Alternative, sondern eine Ergänzung zum Primat des Papstes, sie ist *auch* keine Alternative, sondern eine Ergänzung zur Funktion des Bischofs für sein eigenes Bistum.

Dann ist es notwendig, daß zwar wirkende Wahrnehmung inter- und überdiözesaner Aufgaben durch die Bischofskonferenz strukturell ermöglicht wird, daß aber die Bischofskonferenz dennoch die Integrationsebene Bistum nicht ersetzt und nicht ein Superbistum konstituiert, das sich zwischen Gemeinde und Bistum einerseits und die Gesamtkirche andererseits schiebt.

2. *Kirche als „Sauerteig"*

Kirchliche Strukturen sind Kommunikationsformen. So unzerreißbar kirchliches Selbstsein und Dienst der Kirche an der Welt sind, so wenig genügt die amtliche Integration kirchlichen Lebens schon allein, um auch die Sauerteigfunktion von Kirche wirksam werden zu lassen. Der leitende Gesichtspunkt für die Strukturierung der Kirche *in sich* ist die gegenseitige Durchdringung von Gemeinde und Weltkirche. Der leitende Gesichtspunkt für die Strukturierung der Formen kirchlicher Präsenz *in Welt und Gesellschaft* ist die gegenseitige Durchdringung von Kirche und Gesellschaft.

Dann aber braucht es Strukturen für das gesellschaftsbezogene Wirken der Kirche und der Katholiken, die dort ansetzen, wo die Gesellschaft sich verfaßt. Gewiß können auch die „kirchenamtlichen" Strukturen nicht vorbei an gesellschaftlichen Realitäten konzipiert werden; gesellschaftliche Vorgegebenheiten sind indessen nur *ein* Moment für die Bildung von Gemeinde oder Bistum; ein anderes ist die *innere* Lebensmöglichkeit der Gemeinschaft des Glaubens innerhalb eines gesellschaftlich vorumgrenzten Raumes; ein drittes ist die Einfügung in die größere Einheit kirchlichen Lebens. Der Dienst der Kirche und der Christen an der Gesellschaft hingegen muß an den Bedingungen und Erfordernissen der Gesellschaft unmittelbar orientiert sein. Daher spielen die Ebenen, auf denen Gesellschaft sich verfaßt, für diesen Dienst eine entscheidende Rolle. Er bildet seine Strukturen heraus auf der Ebene einer Stadt, eines Kreises, eines Landes, eines Staates. Da Gesellschaft ihre innere Einheit, die durchgängige Gestaltbarkeit und Vergleichbarkeit ihrer Lebensbedingungen auf der Ebene des Staates gewinnt, liegt hier gerade der primäre Ansatz für die Strukturen, in denen Kirche und Christen gesellschaftsrelevante Aufgaben wahrnehmen.

Da aber die Sauerteigfunktion, die gegenseitige Durchdringung von Kirche und Gesellschaft auch für das Leben der Kirche in sich konstitutiv sind, muß es freilich dort ebenfalls, wo sich Kirche als solche verfaßt – in Gemeinde und Bistum –, strukturelle Möglichkeiten geben, um die Präsenz in der Gesellschaft und das Ernstnehmen der gesellschaftsbezogenen Aufgaben zu gewährleisten.

Die Wahrnehmung der Sauerteigfunktion von Kirche erfordert so eine dreifache Richtung von Kommunikation: Kommunikation zwischen Kirche und Welt – daraus resultiert die Notwendigkeit von Strukturen, die in Korrespondenz zu den Strukturen von Gesellschaft stehen; Kommunikation der Kräfte, die sich in besonderer Weise dem Dienst der Kirche in der Gesellschaft widmen, mit *den* Strukturen, in denen Kirche sich selbst verfaßt (Gemeinde und Bistum); Kommunikation dieser gesellschaftsbezogenen Kräfte in der Kirche *miteinander*, um ihren Dienst möglichst wirksam tun zu können.

Im überdiözesanen Raum, vor allem auf der Ebene des Staates, hat dies strukturell die folgenden Konsequenzen:

a) Daß über- bzw. interdiözesane Kommunikation zu Bildung und Ausbau von *Bischofskonferenzen* führte, hat – wie schon erwähnt – seinen Grund vor allem in der Rückwirkung gesellschaftlicher Zusammenhänge auf die kirchliche Situation. Gleichartige gesellschaftliche Verhältnisse bedürfen der Gemeinsamkeit im pastoralen und gesellschaftsbezogenen Handeln der Kirche. Auch die pastoralen Aufgaben, die interdiözesan zu regeln sind, resultieren großenteils aus der Einheit der gesellschaftlichen Situation eines Landes. Und da die Durchdringung der Gesellschaft und die Begegnung mit der Gesellschaft zum Grundauftrag der Kirche gehören, muß es Sorge der Bischöfe sein, daß die Kirche eines Landes diese Dimension ihrer Sendung wirksam, das heißt heute aber mehr denn je: gemeinsam wahrnehmen kann. So wenig die Sauerteigfunktion also mit den Aufgaben des Amtes gleichgesetzt werden darf, so wenig ist sie doch aus ihnen auszuklammern, und *die* Ebene, auf welcher sie vor allem Sache auch des Amtes ist, ist die nationale.

b) Wenn sich kirchlicher Dienst in Welt und Gesellschaft auf das beschränkte, was das Amt in seiner Funktion für die *ganze* Kirche zu sagen und zu tun vermag, so könnte der Sauerteig Kirche nur partiell wirksam werden. Gerade auch die Situationen und Sachbereiche, für die keine allgemein verbindlichen christlichen Lösungen zu treffen sind, verlangen den christlichen Einsatz: im Dialog, in der Kooperation, in der Entwicklung christlich inspirierter Alternativen und Modelle. Dafür aber sind die *freien Initiativen und ihre Koalitionen* in der Kirche von höchster Bedeutung. Es bedarf hier sicher vieler spontaner und informeller Initiativen; es bedarf aber auch der Kontinuität und Weite einer übergreifenden Gemeinschaft. Im Blick darauf sind katholische Organisationen und Verbände mehr als eine

Episode in der Geschichte der Kirche. Die Ebene, auf der sich solche Verbände und Organisationen zumeist konstituieren, auf der sie jedenfalls aber ihre Zusammenarbeit miteinander konstituieren müssen, ist die nationale. Freilich werden auch darunterliegende regionale Zusammenschlüsse und Arbeitsgemeinschaften notwendig sein.

c) So viele kritische Einwände gegen den Begriff des „Laienapostolats“ auch erhoben werden, so problematisch wäre es doch, das zu übersehen, worauf die Rede vom Laienapostolat (die übrigens vom Konzil durch ein eigenes Dekret bestätigt ist) zielt. Die Durchformung aller Lebensbereiche und Lebenssituationen mit dem Geist Christi durch Zeugnis und Aktivität der Gläubigen, die in Einheit mit dem Amt, aber nicht ohne weiteres im Auftrag des Amtes geschieht, ist für eine umgreifende und doch nicht integralistische „Heiligung der Welt“ unerläßlich. Dieses Zeugnis und diese Aktivität der Gläubigen in die Welt hinein erschöpfen sich nicht in der „privaten“ Sphäre ihres persönlichen Lebens, aber auch nicht im Wirken von Verbänden und Organisationen, sondern artikulieren sich darüber hinaus unmittelbar im Leben der Gemeinden selbst und müssen von dort aus tragend werden für die größeren Einheiten kirchlichen Dienstes. Beide Stränge, der verbandliche und der gemeindlich-diözesane, müssen in eine umgreifende Kooperation einbezogen werden. Dem entsprechen die Gremien auf den verschiedenen Ebenen von der Gemeinde bis zum nationalen, ja übernationalen Bereich, von denen das Konzilsdekret über das Laienapostolat (Nr. 26) handelt. Ohne daß damit die Frage bereits hinreichend beantwortet wäre, ob diese Gremien mit den in Nr. 27 des Dekrets über den Dienst der Bischöfe gewünschten Pastoralräten zusammenfallen sollen oder können, muß doch betont werden: Die Funktion der Beratung des Amtes kann die Funktion der Kooperation und Integration aller Kräfte der Kirche im Dienst an Welt und Gesellschaft nicht ersetzen, auf die Wahrnehmung der beiden unterschiedlichen Funktionen kann nicht verzichtet werden, und sie müssen so wahrgenommen werden, daß einerseits die Verzahnung, andererseits aber auch die Eigenständigkeit dieser Funktion sichergestellt ist.

Die durch die Bischofskonferenz und durch die Konstitution kirchlicher Organisationen und Verbände strukturell betonte nationale Ebene ist naturgemäß auch die Ebene einer umfassenden Kooperation aller Kräfte des „Laienapostolats", die in Verbänden und Diözesen verfaßt sind. Nur ein solches Gremium, das auf nationaler Ebene zugleich die verbandlichen und nichtverbandlichen Kräfte wie auch die diözesanen Gremien der Kooperation im Laienapostolat einbezieht, kann den oben bezeichneten Richtungen der Kommunikation umfassend gerecht werden.

3. Strukturen der Partizipation

Die Partizipation der Gläubigen an den Aufgaben des Amtes erfordert unter verschiedenen gesellschaftlichen und geschichtlichen Bedingungen verschiedene Weisen ihrer Realisierung. Heute kann sie nicht ohne feste strukturelle Bahnen wirksam werden. Die Strukturen von Partizipation müssen an drei Gesichtspunkten zugleich orientiert werden: zum einen an der *spezifischen* Verantwortung des Amtes, die nicht nivelliert werden darf; zum anderen an dem Erfordernis, die Mitwirkung *aller* zum Zuge zu bringen; schließlich aber auch am Eigenprofil der jeweiligen *Aufgaben*, die mitgetragen werden sollen.

Was ergibt sich daraus für die Partizipation an den Aufgaben des Amtes im überdiözesanen Bereich?

Zunächst einmal muß festgehalten werden: Das Bistum kann nicht die „Endstation" der Partizipation an den Aufgaben des Amtes sein, weil ja die Verantwortung des Amtes selbst weiterreicht. Sofern jeder Bischof nicht nur Bischof seines Bistums, sondern Bischof der Weltkirche ist, bedeutet bereits die Mitwirkung mit dem Bischof im Bistum Partizipation an seiner Aufgabe für die Weltkirche; denn auch der Rat, der ihm für diözesane Aufgaben erteilt wird, muß von innen her den Gesichtspunkt der Universalität, muß den Kontext Weltkirche mit im Auge haben. Wenn aber die Bischöfe um ihrer gemeinsamen Verantwortung willen eine Bischofskonferenz bilden, dann bedarf auch diese Weise, ihre Hirtensorge wahrzunehmen, einer geregelten Mitwirkung aller. Solche Mitwirkung hat freilich ihre eigenen Kriterien.

a) Vergegenwärtigen wir uns noch einmal die *Voraussetzungen*, die eine Regelung der Partizipation im überdiözesanen Bereich berücksichtigen muß.

Die Einwurzelung der Kirche in der Gesellschaft ist, wie schon betont, wesentlicher Ansatzpunkt für die Einrichtung und Arbeit der Bischofskonferenzen. Näher besehen, spielt in alle Aufgaben der Bischofskonferenzen die Verflechtung kirchlichen Lebens mit seinen gesellschaftlichen Bedingungen konstitutiv hinein. Um es an einem scheinbar gegenläufigen Modell zu erläutern: Gäbe es nicht die innere Einheit von Sprach- und Kulturräumen, so wäre eine überdiözesane Regelung der Liturgie wenig sinnvoll. Die sich herausbildende Praxis gesamtkirchlicher Rahmenregelungen, die durch die Bischofskonferenzen zu konkretisieren sind, setzt doch hier an: Aufgrund gleicher gesellschaftlicher Verhältnisse, aufgrund der pastoralen Bedürfnisse und kirchlichen Traditionen, die in einem bestimmten Raum von Gesellschaft gewachsen sind, werden kirchliche Regelungen erforderlich, die für den entsprechenden Raum einheitlich sind, die zugleich aber der Eigenprägung dieses Raumes gegenüber anderen Räumen Rechnung tragen.

Das Angeführte betrifft mehr nur „indirekt“ gesellschaftsbedingte und gesellschaftsrelevante Aufgabenfelder der Bischofskonferenz. Daneben aber gibt es ein breites Feld „direkt“ gesellschaftsbezogener und gesellschaftsrelevanter Aufgabenstellungen. Wo die Kirche eines Landes als solche zu einem geschlossenen Zeugnis des Sprechens und Handelns in der Gesellschaft herausgerufen ist, wo eine gemeinsame Anstrengung aller angesichts gesellschaftlicher Entwicklungen geboten erscheint, wo es – wie in Fragen des sozialen Dienstes, der Bildung, der Entwicklungshilfe – gemeinsamen Einsatzes und gemeinsamer Grundlinien kirchlichen Vorgehens bedarf, da sind die Bischöfe eines Landes gemeinsam auf den Plan gerufen.

Die das kirchliche Leben als solche integrierende Struktur zwischen Gemeinde und Weltkirche bleibt das Bistum; die Bischofskonferenz hat sozusagen „subsidiäre“ Funktion für das Ineinander von Weltkirche und Gemeinde, ist aber keine volle Integrationsebene, die sich nochmals zwischen Bistum und Weltkirche schöbe. Daher kommen der Bischofskonferenz sinngemäß nur partielle Vollmachten und Zuständigkeiten für die Bistümer zu. Die Funktion der Bischofskonferenz für das unmittelbar gesellschaftsrelevante Wirken der Kirche eines Landes ist demgegenüber nicht von nur subsidiärer Natur; die Gesellschaft selbst findet ihre integrierende Einheit im Staat, und so liegt auf der nationalen Ebene der direkte

Ansatzpunkt für das Sprechen und Handeln der Kirche in die Gesellschaft hinein. Die gesellschaftliche Integrationsebene Staat schließt freilich andere, partielle Integrationsebenen keineswegs aus; es kann je nach Verfassung eines Staates zum Beispiel durchaus geboten sein, daß die Bischöfe eines Bundeslandes innerhalb des Staates in bestimmten Fragen gemeinsam handeln.

b) Wo liegen nun die *Konsequenzen* für die überdiözesanen Strukturen der Partizipation an den Aufgaben des Amtes?

Die Art der Partizipation und ihre Strukturen müssen den Aufgaben entsprechen, an denen partizipiert werden soll. Die Aufgaben der Bischofskonferenz sind, indirekt oder direkt, gesellschaftsbezogen. Darum sind sinnvollerweise an der Beratung der Bischofskonferenz jene Kräfte zu beteiligen, die auf nationaler Ebene in besonderer Weise für Dienst und Präsenz der Kirche in der Gesellschaft relevant sind. Sie werden – im Sinne des Konzilsdekrets über das Laienapostolat – in dem schon bezeichneten nationalen Kooperationsgremium zusammengefaßt; dieses muß sowohl die diözesanen wie die verbandlichen Initiativen mit einbeziehen.

Die Mitwirkung dieses Gremiums ist vor allem dort unerläßlich, wo es um ein direktes Sprechen und Handeln der Bischofskonferenz in die Gesellschaft hinein zu tun ist. Wie schon dargelegt, steht aber auch die „innerkirchliche" Funktion der Bischofskonferenz in Zusammenhang mit den Verhältnissen und Erfordernissen der Gesellschaft. Auch hier wird es um das Einbringen von Gesichtspunkten in die Beratung der Bischofskonferenz gehen, die sich nicht auf die Situation der einzelnen Bistümer beschränken, sondern aus dem Kontext der Kirche mit der Gesellschaft im ganzen zu erheben sind.

Das nationale Kooperationsgremium genügt freilich für die Beratung der Bischofskonferenz in der gesamten Breite ihrer Arbeit nicht. Es gibt Sachbereiche – erinnert sei an Glaubensverkündigung, Liturgie, kirchenrechtliche Probleme, Fragen pastoralen Dienstes –, die auf eine andere Weise der Beteiligung und des Rates angelegt sind, etwa durch Vertreter des Presbyteriums, verschiedener anderer Dienste, theologische Sachverständige.

Die Partizipation aller an den Aufgaben des Amtes ist naturgemäß im Bistum anders strukturiert als auf der Ebene der Bischofskonferenz. Da die Bischofskonferenz auf die Integration kirchlichen Lebens im einzelnen Bistum orientiert bleibt und da bei der Bischofskonferenz gesellschaftsrelevante Fragen einen Überhang bilden, ist der angemessene Weg nicht die „Fortsetzung“ diözesaner Pastoralräte auf der überdiözesanen Ebene, sondern der Rat, der für gesellschaftsbezogene Fragen direkt oder indirekt durch das nationale Kooperationsgremium diözesaner und verbandlicher Kräfte vermittelt wird, und der gezielte Rat für bestimmte Sachbereiche. Gleichwohl kann solche Beratung der Bischofskonferenz nicht an den Diözesen vorbei erfolgen. Doch gerade, wenn es darum geht, daß die Bischöfe die kirchliche Integrationsebene Bistum im Blick behalten, ist die Beratung, die sie aus dem Pastoralrat ihres Bistums in die Bischofskonferenz einbringen, von besonderem Belang. Darüber hinaus stützt das nationale Kooperationsgremium sich auch seinerseits auf die diözesanen Gremien, die, gemeinsam mit den verbandlichen, in ihm zusammengefaßt sind. Diese diözesanen Kooperationsgremien wiederum sind (das konkrete Wie, für das es verschiedene Vorschläge und Lösungen gibt, kann hier außer acht bleiben) mit den diözesanen Pastoralräten verklammert. Für die längerfristige kirchliche Gesamtplanung im Bereich einer Bischofskonferenz bieten gemeinsame Synoden von Bistümern eine Chance, die gerade nicht gewahrt würde, wenn solche Synoden sich als Dauerinstitutionen für die laufende Arbeit der Bischofskonferenz verstünden.

Ein wichtiger Aspekt sowohl für die Strukturen kirchlichen Lebens in sich wie auch für die Strukturen der Kooperation im Dienst an der Welt wurde hier nicht eigens berührt: die zunehmende Bedeutung des übernationalen Bereichs. Daß er nicht Integrationsebene kirchlichen Lebens sein kann, wohl aber eine immer wichtigere Kommunikationsebene darstellt, wird im Laufe der nächsten Jahrzehnte sicherlich noch strukturell aufgearbeitet werden müssen.

Die im Ansatz umrissenen strukturellen Konsequenzen aus ekklesiologischen Prämissen stellen keineswegs ein fertiges Strukturmodell vor; sie versuchen jedoch, theologische Linien in die konkreten Verhältnisse hinein durchzuziehen und dadurch eine Alternative zu Einseitigkeiten anzudeuten, die sich nur allzu leicht nahelegen: Einsamkeit eines alles integrierenden Amtes, Integralismus einer alle Aufgaben nivellierenden Mitbestimmung, unbezogenes Nebeneinander von innerkirchlichem und christlichem Weltdienst, ungeschiedenes Ineinander des Aufbaus von Kirche und ihres Dialogs mit Welt und Gesellschaft. Die beiden leitenden Gesichtspunkte, auf welche die vorgeschlagenen strukturellen Konsequenzen hin zu lesen sind, bleiben: gegenseitige Durchdringung von Gemeinde und Weltkirche, gegenseitige Durchdringung von Kirche und Welt. Dies wäre der Weg, um die Ursynthese Jesus Christus auch in der scheinbaren Äußerlichkeit der Strukturfragen gegenwärtig zu halten.

INSTITUTION: GEFLOHEN UND GESUCHT

Zusammen mit Hans Urs von Balthasar

In zehn Jahren hat sich das Verhältnis der jüngeren Christen zur Kirche stark gewandelt. Zu Beginn war das Interesse an einem transzendenten Gott gering; die Hoffnungen konzentrierten sich auf eine Kirche, die im Zug der Veränderung der Gesellschaft als der Sauerteig einer dauernden kritischen Instanz dienen könnte. Am Ende enthüllt sich eine neue Suche nach dem Ursprung, nach Gott, und auch nach einer Gemeinschaft unmittelbar im Ursprung und aus ihm, von der her die einzig wirksame Veränderung der Gesellschaft erhofft wird; dabei ist das Institutionelle an der Kirche, soweit es quasi-impersonale Züge trägt, entweder das achtlos Liegengelassene und sorgfältig Umgangene oder das geradezu als gefährlichste Verfremdung des Ursprungs Angeprangerte. Es ist die erstarrte Form des Lebendigen, Starrkrampf oder schon Abgestorbensein; im ersten Fall würde allenfalls eine Verflüssigung ins Personale helfen, im zweiten nur ein stilles Begräbnis. Blickt man von heute auf die Situation der sechziger Jahre zurück, so steigt einem der Verdacht auf, daß die damals auf die Kirche als gesellschaftskritische Instanz gesetzten Hoffnungen bereits mit einem Institutionsbegriff gearbeitet haben, der sich rein soziologisch verstand, deshalb vom theologischen Verständnis und dem handelnden Vollzug der Kirche auch nicht gedeckt werden konnte und notwendig der Kritik der heutigen Generation zum Opfer fiel.

„Institution“, angewendet auf das lebendige Erbe Jesu von Nazareth – dessen große Sehnsucht war, das Feuer, das er auf die Erde zu werfen gekommen war, möge fortlodern –, erscheint als ein einziges großes Mißverständnis, und zwar je weiter die Kirchengeschichte dauert, desto mehr. Was im Mittelalter als irgendwie lebendige (wenn auch problematische) Gestalt gelten konnte, verhärtet sich in der Gegenreform, wird in der Gegenwart, die hinter die Machbarkeit von Institution geblickt hat, vollends fragwürdig. Für einen ganzen Sektor der Reformation ist die in der Catholica gewachsene

Institution Sklerotisierung des lebendigen Evangeliums, seine Verfremdungsgeschichte. Ein glattes katholisches Nein gegen diesen Verdacht könnte den letzteren nur vertiefen. Und zwar aus der Perspektive aller derer, die außerhalb stehen und an der Catholica zunächst kaum etwas anderes erblicken können als das unbewegliche Gefüge derer, die am Rand stehen und unter der kalten Starre leidend nach Strukturen tasten, die warm und biegsam geblieben sind, derer, die drinnen sind und ihr ganzes Streben darauf richten, überflüssige „Superstrukturen" (römischen „Zentralismus", „Codex iuris" usf.) zugunsten eines geisterfüllten Pluralismus der Teil- und Ortskirchen abzubauen, auch die Gemeinden zu dezentralisieren und das Amt des Gemeindeleiters grundsätzlich als eines unter vielen anzusehen.

Es kann in dieser kurzen Skizze nicht darum gehen, die vom Begriff Institution aufgeworfene Fülle an Fragen zu beantworten, die aus den verschiedenen Perspektiven an die Kirche betrachtet, sich wieder ganz anders ausnehmen. Wir müssen uns damit begnügen, mit einer Art Blitzlicht das geheimnisvolle Zentrum der Catholica anzuleuchten und aus dem rasch Gesichteten einige Folgerungen zu ziehen, die für alle – die draußen, die am Rand und die drinnen – einigermaßen erhellend sein können.

Wir gehen aus 1. von der hinter dem Begriff Institution sich verbergenden notwendigen Doppeldeutigkeit der christlichen Wirklichkeit, ihrer Gestalt. Wir fragen 2., weshalb der Zugang zu dieser Gestalt uns heute so erschwert ist. Wir suchen schließlich 3., welche Wege einer neuen Integration des Auseinanderfallenden uns Heutigen offenstehen.

I. Die Ambivalenz der christlichen Gestalt

Das eindrücklichste positive Phänomen in der Kirche heute ist die sanfte, unbeirrbare Gewalt, mit der eine junge Generation sich unmittelbaren Zugang zu den Ursprüngen verschafft. Lassen wir jetzt von vornherein alles beiseite, was außerchristlich, aller irdischen Formen und Fortschrittshoffnungen müde, sich ins Formlose – mit welchen Methoden immer – zu versenken sucht. Beschränken wir uns auf den unzweifelhaft christlichen Elan, mit dem Gruppen jüngerer Christen sich, unbekümmert um alle Stacheldrähte der Wissenschaft, einen direkten Weg zur Ursprungsform des Christlichen bahnen: durch einen unbeirrbaren Instinkt für das, was Jesus von Nazareth unter seinen Zeitgenossen gewesen sein muß, oder auch für das, was er als sein lebendiges Pneuma der Nachwelt hinterlassen hat. Als sähe Jesus die sich aufrichtenden Barrieren der Institution voraus, sagt er seinen Jüngern: „Lasset die Kleinen zu mir kommen, und wehrt es ihnen nicht" (Mk 10,14). Und da die Jünger sich aufregen, daß einer im Namen Jesu Dämonen austreibt, ohne sich der Jüngergruppe anzuschließen: „Wehrt es ihm nicht, ... wer nicht wider uns ist, ist für uns" (Mk 9,39f.). Das ist heute das Beeindrukkende, daß Menschen an den Verbotstafeln der Exegeten wie denen der Ordnungsdiener der Kircheninstitution vorbei zu Jesus drängen, und wer will sagen, sie könnten von ihm nicht berührt und nicht von seinem Geist erfüllt werden?

Aber nun ist es sinnvoll, doch einmal zu lesen, was auf den Tafeln der Exegeten steht, die keineswegs *a priori* des Institutionalismus verdächtigt werden können. Etwas ganz Einfaches: daß wir keinerlei Kenntnis von Jesus von Nazareth haben können, außer vermittelt durch die Glaubenszeugnisse der nachösterlichen Gemeinde, die uns vor allem in den schriftlichen Aufzeichnungen des Neuen Testaments überliefert sind. Und dies wesentlich so, daß für diese Glaubenszeugen der Glaube an Jesus als den Christus, den Heilbringer, schlechthin eins ist mit der aktiven Teilnahme an der Jüngerschar, die den Geist, der in Christus lebendig war, nach seiner Verheißung erhalten hat und unter seinem Treiben und Wehen zu leben versucht. Beides zusammen ist erst der wahre christliche Glaube, der sich einerseits auf das Urbild Jesu von Nazareth bezieht und das von ihm her Empfangene – seinen lebendigen Geist – in sich herrschen läßt. Beides ist aber nach dem gesamten neutestamentlichen Zeugnis eins, weil Jesu Geist ihn trieb, sich für alle bis in den Tod dahinzugeben, und diese Hingabe von Gott dem Vater durch die Auferweckung Jesu von den Toten als die wahrhaft endgültige, unüberbietbare, absolute und deshalb göttliche Liebe selbst beglaubigt wurde: „So sehr hat *Gott* die Welt geliebt, daß er seinen einzigen Sohn für die Welt dahingab" (Joh 3,16).

Damit wird die ursprüngliche Einheit von „glauben an ..." und „leben gemäß ..." (im Geist) nochmals enger ineinandergeflochten:

beides ist eins in der ganz ausdrücklichen abschließenden Gebärde Jesu, der sich selbst, seine ganze Substanz – sein („für euch und die Vielen") geschlachtetes Fleisch und vergossenes Blut – *für* die Seinen, aber auch *den* Seinen dahingibt, Gott danksagend und ihn segnend (*eucharistisch*), daß er in seiner Liebe zur Welt dieses Äußerste erlaubt. Und wie sich Jesus in dieser abschließenden Gebärde in die Hände der Jünger überliefert („Tut dies zu meinem Andenken"), so legt er – in zahlreichen, immer wieder variierten Ausdrücken – seine Botschaft, seinen Verkündigungsauftrag in die gleichen Hände: „Wer euch hört, hört mich" (Lk 10,16); wer mich hört, hört den, der mich gesandt hat (vgl. Joh 12,44). Alles schürzt sich zu einem einzigen Knoten zusammen, dort, wo das Leben und Sterben Jesu übergeht in die Existenz der Kirche im Heiligen Geist des Auferstandenen. Es geht keineswegs bloß um eine zeitliche Ablösung, sondern um eine (in aller Sterbensohnmacht) hoheitliche Selbstüberlieferung Jesu in die kirchliche Zukunft hinein, in der *Communio* und *Traditio* gleichzeitig empfangen und gelebt werden.

Wir blicken zur Verdeutlichung zuerst auf den Ursprung, Jesus, und dann auf das aus seiner Selbsthingabe Gewordene, die Kirche.

*1. Hingabe Jesu Christi**

Der reine Ursprung, Gott, der himmlische Vater, ist von „niemandem gesehen" worden (Joh 1,18), „wohnt in unzugänglichem Licht" (1 Tim 6,16). Um sich uns so hinzugeben, daß wir etwas vom Unfaßlichen fassen und im hingebenden Glauben „verstehen" können (ein für Paulus wichtiger Begriff), muß sein Sohn menschliche „Gestalt" annehmen, und zwar die „Gestalt eines dienenden Sklaven" (*morphē doulou*), aber in der „gewöhnlichen Menschengestalt" (*schēma ... hōs anthropos:* Phil 2,7). Und durch eben diese unscheinbare Gestalt („Woher hat er das? ... ist das nicht der Zimmermann?" (Mk 6,2f.) vollzieht der Vater das Unerhörte: das sich Herabneigen zur Welt, zum letzten Sünder, das Hingeben des Teuersten, unsere „Aufnahme als Gotteskinder", unsere Mit-„Geburt aus Gott". Also ist die Gestalt Jesu von Nazareth eine Verhüllung des Einmaligen ins Gewöhnliche, eine Verarmung (*kenōsis*) und eben darin die Ermöglichung und Enthüllung dessen, der über jede Gestalt hinaus ist: des Vaters in seiner ewigen Liebe. Gestalt Jesu ist

Unterbietung und Überbietung zugleich. Unterbietung: in Freiheit wird er „gehorsam bis zum Tod" (Phil 2,8), aber aufgrund des Gehorsams „dem Gesetz unterworfen" (Gal 4,4), und da die Liebe des Vaters sich für ihn am Ölberg zum steinernen Gesetz verhärtet, weil der Sohn die Sünde für uns trägt, muß er „unter lautem Schreien und Tränen" „den Gehorsam lernen" (Hebr 5,7 f.). Wie geht es zusammen, daß er in diesem Jammer die göttliche Hoheit behält und wiederum göttliche Autorität des Richtens und Sündenvergebens vereint mit der Demut, die nicht sich, sondern nur die Lehre, die Treue und Liebe des Vaters zur Erscheinung bringen will? Wer dieses Paradox Jesu, das zum Ärgernis ringsum wird, in den Evangelien nicht erkennt, wer ihm nicht naht, wie man dem Feuer naht, der hat sich ein Jesusbild zurechtgemacht, das in keiner Weise dem seiner ursprünglichen Gestalt entspricht. Jesus ist der freieste Mensch, indem er der gehorsamste ist; sich selbst hingeben und sich hingeben lassen ist in ihm dasselbe, und hier hat die kirchliche Lehre ihren Quellpunkt, daß der Heilige Geist zugleich vom Vater und vom Sohn ausgeht.

Wir ahnen vorweg, in welchem Sinn die Gestalt Jesu Urbild dessen sein wird, was in seiner Kirche, auch und gerade sofern sie vom Heiligen Geist erfüllt ist, Institution heißen muß. Seine letzte Selbsthingabe im letzten Geschehenlassen seines Hingegebenwerdens durch den Vater ist, weil unüberholbar, end-gültig; aber wer sieht nicht, daß solches Hingegebensein kein Erstarren zu einem reglosen „lebenden Bild" wird, sondern als end-zeitliche, überschwengliche End-Gestalt das unablässige Fließen ewigen Lebens in alle Zeit hinein ist?

*2. Hingabe der Kirche**

Weil aber diese Hingabe-Gestalt Jesu Christi bruchlos in die Hingabe-Gestalt der Kirche übergeht, muß sich auch in ihr die Gleichzeitigkeit von Unterbietung und Überbietung durchsetzen: im Nichts des empfangenen Brotes und Weines birgt sich das Alles der göttlichen Liebe, im Nichts des Wortes, das „in Schwachheit und Unsicherheit" verkündet wird, wird der „Erweis von Geist und Kraft erbracht" (1 Kor 2,3 f.). Den Amtsauftrag des Gemeindeleiters formuliert Paulus haarscharf: „Wenn ich schwach bin, dann bin ich stark"

(2 Kor 12,10), entsprechend dem, daß Christus „in Schwachheit gekreuzigt wurde, aber lebt aus Gotteskraft: so sind auch wir in ihm schwach, aber werden uns doch mit ihm aus Gotteskraft euch gegenüber lebendig erweisen“ (2 Kor 13,4).

Für die ganze „Institution“ der Kirche gilt daher: je näher sie ihrem Ursprung ist, je mehr sie reine Hinnahme der göttlichen Hingabe ist, um so mehr muß sie den Schwankungen und weltlichen Anpassungen der einzelnen Subjekte und des Zeitenwandels entrückt sein. Wäre die Kirche in all ihren Gliedern marianisch, d.h. vollkommen hingegeben und aufnehmend, so würde sich die Institution erübrigen; aber dann würde sich ja auch die Selbsthingabe Gottes in Christo für die sündige Welt erübrigen; Maria bleibt in ihrer Funktion als (durchbohrte!) Mutter des Gottessohnes einmalig; damit Kirche im ganzen grundsätzlich – und jenseits des Versagens der einzelnen Glieder, ob sie selber amtlich fungieren oder durch das Amt vermittelt der Liebe Christi anhangen – „als reine Jungfrau Christo verlobt“ (2 Kor 11,2), ja „heilige und makellose“ Gattin (Eph 5,27) sein kann, ist gerade diese Widerspiegelung der Gestalt Christi in ihr notwendig. Sie muß am Ärgernis Christi teilhaben, den „überschwenglichen Schatz“ in verächtlichen Gefäßen bergen, damit jener Überschwang „nicht uns, sondern Gott zugemessen werde“ (2 Kor 4,7). Dieses Nicht-auf-den-Menschen-Beziehen muß nicht als gelegentliche Erinnerung, daß schließlich alles von Gott stammt, wach werden – etwa bei angestaunten Charismatikern und religiösen Genies –, sondern immerfort grundsätzlich auf dem Plan sein. Ohne dieses Korrektiv wäre jede Gemeinschaft, die sich von Christus herleitet, rettungslos den Verführungen ihres eigenen Geistes ausgeliefert.

So beim Wort: Schon bei Paulus ist es grundsätzlich egal, welcher Beauftragte das Wort verkündet, wie simpel oder hochgebildet der Prediger ist; er dankt Gott, daß die Gemeinde „Gottes Wort, das ihr von uns vernahmt, nicht als Menschenwort aufgenommen habt, sondern als das, was es in Wahrheit ist, als Wort Gottes“ (1 Thess 2,13). Gewiß ist für die späteren Generationen die Schrift als Norm da, an der die Variationen der „Anpassungen“ und „Verlebendigungen“ für jede Zeit ihre Grenze haben; aber die Schrift ist schließlich nicht der Vorgang zwischen Christus und der Kirche selbst, sondern bloß dessen orientierender Spiegel; das Wort wird von Christus nicht dem Buch anvertraut, sondern der je lebendigen Instanz der von ihm gesendeten Jünger.

So beim Sakrament: Die Vermittlung des Amtes ist die Vermeidung der heillosen Möglichkeit, daß der Empfänger des Fleisches und Blutes Jesu oder seiner Reinigung im Wasserbad oder seiner Absolution (das alles kann man sich nicht selber nehmen, sondern nur empfangen) auf keinen Umweg über die Heiligkeit, Gläubigkeit, Vollkommenheit eines Menschen angewiesen ist, sondern durch ihn – wie immer er subjektiv beschaffen sein mag – unmittelbar die sich anbietende Gnade des Herrn empfangen kann.

So bei der Gemeinde: Fast muß man befürchten, daß je lebendiger eine Gruppe im Begegnen und Erfahren Jesu und seines Heiligen Geistes ist, sie desto leichter, ja unfehlbar der Versuchung erliegt, sich in sich selber zu schließen, bestenfalls „Proselyten" zu ihrer eigenen Mitte hin anzuwerben. „Bei uns können Sie lebendig erfahren, wie Kirche Christi im Heiligen Geist ist, machen Sie bei uns mit!" Und schon ist es um die Universalität und Katholizität der Kirche Christi geschehen, und eine unendliche Vielfalt von Sekten wimmelt nebeneinander, die *als solche* unfähig ist, die Einheit der Liebe Gottes in Christo, die auf die Erlösung der einen Welt zielt, glaubhaft zu bezeugen. Die Objektivität des Amtes, der „Institution" muß hier unerbittlich und oft sehr schmerzhaft alle Subjektivismen und „Kirchenerfahrungen" charismatischer Gruppen aufsprengen zum reinen, universalen, nicht mehr gruppenhaft gefärbten und getrübten Empfang, zur marianischen Unbegrenztheit des Jawortes der Braut-Kirche. Diese Entsagung allein läßt die Kirche den Abstieg Christi, die „Unterbietung" seiner Gestalt realistisch mitvollziehen. Daß das Amt an den „letzten Platz" gestellt ist (1 Kor 4,9), wird so zur unabdingbaren Vermittlung dafür, daß die Gemeinde und jeder einzelne in ihr den von Jesus selbst angewiesenen „letzten Platz" – den Platz Jesu – einnimmt (vgl. Lk 14,8f.).

Man wird einwenden, mit alldem sei das eigentliche Problem noch nicht getroffen. Denn Jesus sei eben eine lebendige Gestalt, die glaubhaft ist durch ihre unerhörte dauernde Beweglichkeit zwischen Hoheit und Niedrigkeit, ihre faszinierende Spannung. Die kirchliche Institution dagegen sei eine tote, erstarrte Gestalt, da sie im Gegensatz zu Jesus nicht personal gedeckt und ausgefüllt wird, sondern gerade das Klaffen zwischen Vermittlungs-Anspruch und persönlicher Glaubwürdigkeit zum Prinzip hat. Neben und hinter dem belebenden Ärgernis Christi tauche hier ein zweites Ärgernis auf, das, heute zumal, die Psychologen und Soziologen und Historiker der Religion auf den Plan rufe. Und erst hier geschehe jene Flucht vor der Institution, von der wir in diesem Aufsatz handeln.

Der Einwand hat sein volles Gewicht. Dennoch wird, wer uns bisher aufmerksam gefolgt ist, einsehen, daß er im vorigen schon seine volle Beantwortung miterhalten hat. Denn einerseits ist kirchliche Institution notwendig, damit jeder – ohne Übergriff – wirklich unmittelbar vom Ursprung empfangen, an der Ur-Gestalt teilnehmen kann. Anderseits wäre dieser Ursprung nicht mehr einzig, wenn eine andere Gestalt den gleichen Anspruch erheben könnte, in sich den ganzen Gott auszudrücken. Darum mußten die Apostel vor der Passion fliehen, mußte Petrus verleugnen und bitterlich weinen, und so gedemütigt und „traurig" (Joh 21,17) in sein paradoxes Amt eingesetzt werden. Dieses Prägmal gilt für alle Zeiten: Es ist eine Tat Jesu selbst, unlösbar von seiner eigenen Gestalt. Wenn Petrus mitgekreuzigt werden darf, so nur spiegelverkehrt. Jesus kann nicht, wie Chamissos Held, seinen Schatten verkaufen. Wir kehren zur ersten Aussage dieses Abschnittes zurück: Nur durch die Kirche, ihren Glauben, aber auch ihre Struktur hindurch, kann man Zugang zu Jesus gewinnen.

II. Die Erschwerung des Zugangs

Es muß aber doch seine besonderen Gründe haben, weshalb in der Neuzeit, spätestens von der Reformation an, die ertragende Hinnahme einer kirchlichen Institution so schwer und diese für eine Großzahl geradezu unverständlich wird. In Antike und Mittelalter gab es zwar viele Reibungen innerhalb der Christenheit, viel Kritik an Papsttum und Klerisei, aber diese Kritik blieb personal, während das Moment der Institution als die selbstverständliche „Gestalt" des „pilgernden Gottesstaates" verstanden und bejaht wurde.

Der antiinstitutionelle Trend der Neuzeit hängt mit der sogenannten „Freiheitsgeschichte" der letzten Jahrhunderte zusammen, deren vordergründig soziologische Entwicklung von einer hintergründig philosophischen Entscheidung gelenkt wird. Von Descartes zu Kant und zu Hegel (aber die andere Quelle: Luthers „Freiheit des Christenmenschen" gehört dazu) geht es steigend um die Reduktion des Menschen auf das sich selbst erkennende, von sich selbst Besitz ergreifende, sich selbst in Freiheit konstituierende Subjekt, das zu seiner Selbstergreifung – seiner Freiheitsgeschichte – sich das Objekt entgegensetzen, sich selbst ins Objekt entfremden muß, um von dorther erst seiner selbst reflektierend ansichtig zu werden. Damit ist zweierlei untrennbar gesagt: einmal, daß alles, was nicht Subjekt ist, nur Objekt, gegenständlich sein kann, und sodann, daß diese Objektivität ein Übergang, eine geschichtliche Phase in der Selbstentwicklung der Subjektivität ist. Man sieht sogleich den radikalen Gegensatz dieses Prinzipansatzes zum Begriff von „Gestalt", der schon rein philosophisch oder künstlerisch genommen die Selbstkundgabe einer Freiheit und Innerlichkeit in einer organischen und werkzeuglichen Leiblichkeit besagt, und damit hintergründig auch zum Begriff von „Gestalt", wie wir ihn auf die Offenbarung Gottes in Christus in der Kirche angewendet haben. Einerseits erstarrt die lebendige Leiblichkeit zur Opposition des „Objekts", anderseits ist dieses Objekt, als Institution, dazu bestimmt, sich selbst in ein Moment der Subjektivität und seiner Freiheit aufzulösen.

Wir können nacheinander drei Tendenzen feststellen, die sich aus diesem gemeinsamen Grundansatz entfalten und trotz ihrer dialektischen Entgegensetzung nur ineinander umschlagende Momente eines gleichen Denkschemas sind.

*1. Ausbruch aus der Institution**

Institution (gleichgültig, ob in Gesellschaft oder Kirche) erscheint in ihrer starren Objektivität als Zementierung des Bestehenden, Gefängnis des unfreien Bewußtseins, Machtmittel, den Fortschritt des Geistes zu seiner Freiheit hin zu verhindern. Deshalb ist die Grundhaltung des Subjekts ihr gegenüber nicht mehr das Engagement in einem gemeinsam verantworteten staatlichen Organismus, wie es etwa das des freien griechischen Bürgers in der Polis war, sondern der Protest gegen Zwang und Verknechtung, die Planung revolutionärer Veränderung der „Verhältnisse". Der dahinterstehende moderne Begriff der freien Subjektivität sickert unbewußt auch in das Kirchenverständnis der Christen ein; in den von der Reform ausgegangenen Kirchen ist das oben entwickelte Verständnis des Amtes getrübt, dessen Vollmacht mehr oder weniger abgeschwächt, in der Absicht, Christus die Ehre zu geben. Was die Evangelischen zu tun begannen, ahmen heute die Katholiken nach: Man möchte sich direkte Zugänge zum großen subjektiven Ursprung verschaffen, gleichsam an ihm nippen, ohne die bereitgestellten Gefäße zu gebrauchen; Institution ist in Wirklichkeit Charisma, und vom Geist, der die Charismen verteilt, wie er will, weiß man nicht, woher er weht und wohin er treibt (vgl. Joh 3,8). Institution muß so lange unterlaufen und wenn nötig zerschlagen werden, bis die lebendigen Wasser des Geistes erfahrungshaft strömen. Aber wo das Kriterium der eigenen Erfahrung über das des (auch nicht erfahrenden) Glaubens übermächtig wird, drohen der göttliche erfahrene und der menschliche erfahrene Geist ineinander zu schmelzen. Die edelste Frucht an diesem Baum dürfte Bergsons Spätwerk sein: „Die beiden Quellen der Ethik und der Religion" (1932), wo Institution und Geistbewegtheit gemeinsam dort entspringen, wo der tierische Instinkt der schöpferischen Entwicklung des Lebens übergeht in die menschliche Freiheitsgeschichte: Institution ist für Bergson der kollektiven Ethik und Religion notwendig. Spiritualität aber ist das personale Endziel, das sich die institutionellen Kräfte nach Möglichkeit dienstbar machen soll. Für die vergleichende Religionsgeschichte und Religionssoziologie aber bleibt Institution doch stets das Sekundärprodukt einer primär charismatischen Bewegung, verkörpert in einer Führergestalt. Sie ist die bleibend maßgebende Gestalt, die *faute de mieux* durch eine unpersönliche Institution perpetuiert wird; Reformbewegungen reißen erstarrte Institutionen nieder und schaffen sich neu unmittelbaren Zugang zum Ursprung. Ein wie völliges Mißverständnis es wäre, das Verhältnis Christus-Kirche in dieses allgemeine Schema zu bannen, dürfte aus dem im ersten Abschnitt Gezeigten klar sein. Höchstens kann man sagen, daß das religionsgeschichtliche Schema ein durchaus sekundäres Moment an der kirchlichen Institution als das einzig Maßgebliche sieht und diese Institution nach ihm beurteilt. Aber wie die unter- und überbietende Gestalt Jesu als Offenbarung des Vaters in der Religionsgeschichte analogielos dasteht, so auch die schon in ihm angelegte, aus ihm entlassene Gestalt seiner Kirche.

2. *Funktionalisierung der Objektwelt**

In der modernen Freiheitsgeschichte des Subjekts erhält die Reduktion der Welt auf bloße Gegenständlichkeit eine unheimliche Ermutigung durch die Technik, deren Entwicklung nur in dieser Weltsicht möglich ist und die als Wirkung wiederum Ursache weiterer Verobjektivierung wird. Der Mensch erfährt nun die entgegenstehende Welt als das Machbare und im Maß der Machbarkeit Erkannte und Durchschaute. Durchschauende Unterwerfung des Objekts durch Technik aber ist Befreiung des Subjekts, das sich vermittels der funktionierenden Umwelt über diese erhebt. Hier wird Institutionalisierung der Welt zu ihrer Funktionalisierung durch und für das Subjekt; Institution wird in steigendem Maße angestrebt, aber einzig im Hinblick auf die Rentabilität des Funktionierenden. Das System der Welt wird perfektioniert, angeblich um den Menschen von den Zwängen der Materie zu befreien. Die daraus entstehende dämonische Dialektik, in die wir unsere gegenwärtige Welt verstrickt sehen, können wir hier auf sich beruhen lassen: daß der an der Perfektionierung der Maschine arbeitende Mensch durch diese tiefer in den Dienst genommen wird und damit der Schrei nach der Befreiung von aller Institution – dem ersten Aspekt der Subjekt-Objekt-Dialektik – desto lauter ertönt; denn beides ist gleich fern von dem, was in der Kirche Christi Institution heißen kann. Und sehr übel beraten sind alle jene, die die kirchliche Institution nach dem Schema des Subjekt-Objekt-Schemas denkend, sie mit der ihm zugehörigen Technik zu manipulieren und allenfalls zu sanieren suchen. Man kann sagen, daß diese Irrwege von der jungen Generation durchaus gespürt werden und daß diese nach Auswegen aus der Zwickmühle sucht; wir werden im dritten Abschnitt kurz auf solche Auswege zu sprechen kommen.

3. *Institutionalisierung der Freiheit**

Man muß eine dritte Abart der Zentrierung auf die Subjektivität erwähnen. Wenn in der ersten die Freiheit Ausbruch aus der Institution ist, in der zweiten Funktionalisierung der Objektwelt zugunsten der Freiwerdung des Subjekts, so muß es dem Subjekt zuletzt einfallen, den Ausbruch in die Freiheit selbst – die „Flucht nach vorn“, wie man vorgestern gesagt hat – in den Griff zu bekommen und zu institutionalisieren. Im biblischen Raum Alten und Neuen Testaments ist die vollendete Freiheit die unverfügbare Verheißung; christlich haben wir insoweit heute schon Anteil daran, als wir das „Unterpfand des Geistes“ (2 Kor 1,22) besitzen, das aber keiner sich selbst geben kann: Die Herabkunft des erfüllenden Geistes ist in allen Schritten auf das Endgültige zu unverfügbar. Aber das moderne Subjekt plant seine eigene Geistwerdung, organisiert sie Schritt für Schritt: zeitlos bei Hegel, zukunftsgerichtet bei Marx. Die Distanz zwischen der Ursprungsgestalt (Christus) und der Kirchengestalt ist im alles in sich absorbierenden Geist aufgehoben. Wenn die zweite Spielform einer nestorianischen Christologie entsprach (über einer perfekt funktionierenden Menschheit existiert ein damit unvermischter göttlicher Geist), so bildet diese dritte Spielform die Zerrform einer monophysischen Christologie: Alles Weltliche, Gestalthafte, Institutionelle wird in den einen sich selbst durchsetzenden freien Geist hinein verflüssigt, damit aber auch die Freiheit unweigerlich logisiert.

Die Macht dieser vielköpfigen Hydra des absoluten Subjekts ist ungeheuer. Wer als Theologe oder denkender Christ sich positiv mit ihm einläßt, um aus seinen Sichten für den Glauben zu profitieren, ist verloren, falls er nicht sogleich an der Basis zu unterscheiden weiß. Der praktische Erfolg dieser Weltschau, die Unumkehrbarkeit der Entwicklung, in die sie die gesamte Menschheit hineingerissen hat, läßt sehr viele Christen ratlos der Zukunft entgegensehen. Aber es gibt einen genau angebbaren Punkt, an dem sich die beiden Wege gabeln. Beide sind ihrer Grundabsicht nach universal, „katholisch“. Aber in der Katholizität des absoluten Subjekts erschafft dieses selbst seine Freiheit, und sofern diese noch aussteht, ist die Freiheitsgeschichte der Menschheit die eines *Kollektivs*, das sich allmählich seiner Fesseln entledigt, um einmal, endzeitlich, Geist geworden zu sein. In der Katholizität Christi und seiner Kirche ist jeder einzelne *personal* katholisch, sofern er, durch die Gestalt der Kirche hindurch, sich dem Wirken des Geistes preisgibt und damit effektiv, wirksam Anteil erhält an der Gesamterlösung der Welt. Christlich gesehen wird die Welt nicht durch einen abstrakten Christus allein, sondern durch Christus in seiner Preisgabe an seine Kirche, und durch sie und mit ihr an die Welt im ganzen, erlöst. Im Geheimnis der Gemeinschaft der Heiligen liegt das tiefere, wahrere Äquivalent des sozialistischen Kollektivs.

III. Suche nach der Integration

Die junge Generation hat darin recht, daß Kirche auf ihren Ursprung hin offen und von ihm her lebendig sein soll. Genau das zu erwirken, wäre im Grunde Institution da, aber nicht immer realisiert sie glaubwürdig genug dieses ihr eigentliches Amt. Deshalb die Suche nach Leitbildern der Verwirklichung. Das schönste Leitbild für eine junge Gruppe wäre ein Priester, der ganz seinem Amtsdienst hingegeben und gerade so geistlicher, spiritueller Lenker zu Christus hin ist, der das Wesen der Kirche tief genug verstanden hat, um sich vor antiinstitutionellen Protesten zu hüten, weil sie immer an der Tiefenwirklichkeit vorbeischießen und dabei schließlich doch den verwundbaren Geist Christi und der Kirche „verletzen" und „betrüben".

Aber wenn es vielleicht schwer ist, einen solchen Patēr pneumatikos zu finden, so gibt es, wie zu jeder Kirchenzeit, so auch heute, echte und große Charismen, dazu geschenkt, damit der Träger eines solchen eine geistliche Familie aus der ihm geschenkten Fruchtbarkeit erzeuge oder gebäre. Es können kanonisierte Heilige oder sonst offiziell anerkannte Persönlichkeiten sein, es können auch Menschen sein, die in ihrem Dasein die Prüfung bestanden und sich ihr Herz zur Weite der Catholica haben aufsprengen lassen. Sie haben es über sich gebracht, sich bis zum Nullpunkt abbauen, entrechten zu lassen, um Raum zu haben für die ihnen anvertraute, überschwengliche Fülle.

Diese „Heiligen" – wir nennen sie alle einmal kurz so – stellen sich mit schockierender Naivität in und unter die Institution, wohl wissend, daß sie zum sich-selber-verschenkenden Ursprung gehört. Jeder von ihnen weiß, daß er mit allen Organen zuerst empfangen muß und daß im Geschenk eine Forderung liegt, die brennender, strenger und auch begeisternder ist als jedes Gesetz, hinter dem Sanktionen stehen. Im Empfangen wird er der Demutsgestalt Christi ansichtig und lernt dieses „Weniger" der Gestalt als das Zeichen des „Mehr" der sich entäußernden Liebe verstehen, schätzen und lieben. Indem er die institutionelle Gestalt wahrt, wahrt er ihren eigentlichen Sinn: die Reinheit des sich hingebenden Ursprungs zu hüten. Indem er innerhalb der institutionellen Gestalt verharrt, vollzieht sich auch an ihm partiell das Wunder, daß in ihm alles Institutionelle lebendig, alles Lebendige institutionell wird. Denn er verwirklicht das johanneische „Bleiben“ (vgl. Joh 15,9) in der Liebe, das ihn zu seiner „Säule im Tempel“ macht, ohne ihn zu versteinern. Er ist lebendige Gestalt, und er ist es, wie er weiß und bekennt, nur dank der Catholica, die notwendig zugleich Leben und Institution ist.

Das sind die Leitbilder für die kommende Generation. Diese hat vollkommen recht, wenn sie Verlebendigungen der Kirche in irgendwie erfahrbaren Dimensionen, also in Gruppen, Gemeinden, Gemeinschaften (die auch größere, ja weltweite Ausmaße annehmen können) fordert. Aber wenn sie katholische Heilige als Leitbilder wählt, wird sie als Gruppe oder „integrierte Gemeinde“ oder Gemeinschaft sich nie in sich schließen, sondern sich durch Offenheit zur Catholica als dem Ursprung treu bewähren.

Auf solche Leitbilder schauend, wird sie verstehen, daß Kirche nicht machbar, nur empfangbar ist. Also schlichtes Gebet, das sich nicht selbst (individuell oder kollektiv) genießt, sondern nüchtern von sich weg betet. Gebet auch in Form von Vertiefung in den Ursprung: Betrachtung der Schrift, womöglich unter der Leitung eines geistlich Erfahrenen, damit der Blick sich nicht auf das Eigene zurückwende, sondern geradeaus zur Gestalt des dreieinigen Gottes in Christus hinschaut. Dienst ohne Prätention in Kirche und Welt, nicht proselytisch, sondern durch Selbstlosigkeit ansteckend.

Besonders wichtig, eigentlich unentbehrlich, sind solche Gemeinschaften heute für Priester, die der gegenseitigen Stützung bedürfen, um in die ausgewachsene, unverkrümmte Berufung zur geistlichen Vaterschaft hineinzuwachsen. Wer sucht, wird hinreichend Angebote von lebendigen Priestergemeinschaften finden. Solche Zugehörigkeit, solches Geformtwordensein ist beinah unerläßliche Vorbedingung, um in der eigenen Pfarrei die verfügbaren Kräfte wiederum mit gesamtkatholischer Perspektive zu Kernen lebendiger Kirche zu konzentrieren.

In großen Orden, die auf weite Strecken hin entkräftet und degeneriert sind, organisieren sich heute wieder Zellen von ein paar Jungen, die an allen Ideologien der Mehrzahl vorbei, sich am ursprünglichen Charisma des Gründers orientieren.

Aus spontan sich bildenden Gruppen suchender junger Leute guten Willens Kirche im Ursprung zu bilden, ist oft nicht schwer. Wo einmal die Unter- und Überbietung der Gestalt in Jesus ansichtig wurde, wo irgendein Lenker das Spiegelbild dieser Unter- und Überbietung im schlichten nüchternen Dienst, der den Geist ausstrahlt, vorlebt, ist der Zugang zum Mysterium unverstellt und der Horror vor dem kirchlichen Establishment überwunden.

Zweites Kapitel

Strukturen der Mitverantwortung

ZUR ENTWICKLUNG DER NACHKONZILIAREN RÄTE IN DER BUNDESREPUBLIK

Theologische Reflexionen und praktische Erfahrungen

Die nachkonziliaren Räte verschiedener Art und verschiedener Ebenen sind nunmehr in den Diözesen der Bundesrepublik insgesamt errichtet. Für manche dieser Räte stehen bereits bald wieder Neuwahlen an. Dabei wird öfters der Wunsch laut, die zunächst ad experimentum erlassenen Satzungen zu verändern. Hier – wie auch bei den Satzungen einiger der *zuletzt* gewählten diözesanen Räte – ist im allgemeinen ein immer stärkeres Abweichen von den seinerzeit erlassenen Mustersatzungen und eine Annäherung an ein „synodales Modell" zu erkennen. Die einzelnen Bistümer gehen dabei jedoch jeweils ihren eigenen Weg. Das Streben nach interdiözesaner Gemeinsamkeit wird strukturell kaum sichtbar. Die Neigung, mit einer Neuregelung im eigenen Bistum bis zur Gemeinsamen Synode zu warten, ist wenigstens mancherorts gering.

Diese Lage drängt, zumal angesichts der bevorstehenden Synode [Gemeinsame Synode der Bistümer in der Bundesrepublik Deutschland bzw. Würzburger Synode], zur nachfolgenden Reflexion. Diese versteht sich keineswegs als Bilanz der bisherigen Arbeit unserer Räte. Die Wirklichkeit ist vielschichtiger und vor allem weit positiver. Eine „Überzeichnung" der Situation kann indessen helfen, sie deutlicher zu erkennen und bewußter zu gestalten.

I. Tendenzen der Entwicklung

Im folgenden sollen in stichwortartiger Verkürzung einige Richtungen aufgezeigt werden, in welche Selbstverständnis, Arbeit, Planungen und Wünsche der Räte in den Diözesen weisen.

1. Trend zur Vereinigung verschiedener Räte

Man empfindet das Nebeneinander von Seelsorgerat, Diözesanrat und Priesterrat weithin als Last, zumal oft dieselben Fragen behandelt werden und dann personelle Verklammerungen den Eindruck unsinniger Doppelarbeit erwecken. Der Tendenz der Räte, um des stärkeren Gewichtes willen nur *einen* zusammenfassenden Rat auf der Ebene der Diözese zu schaffen, entspricht eine gleichlaufende, aber anders motivierte Tendenz auch von seiten mancher Amtsträger, denen das Umgehen mit nur einem Rat praktischer erscheint als das mit deren dreien.

2. Verlangen nach deutlicheren und umfassenderen Kompetenzen

Die einzelnen Räte empfinden es weithin als nicht genügend geklärt, welches ihre genaue Aufgabe ist und wie weit ihre Kompetenzen reichen, d. h., welches Maß an Mitwirkung an den Entscheidungen kirchlichen Amtes ihnen zukommt bzw. welche Rechte und Möglichkeiten eines nicht unmittelbar vom Amt abhängigen Handelns ihnen zustehen. Mit dem Unbehagen über solche mangelnde Klärung verbindet sich oftmals das Drängen nach einer Erweiterung der Kompetenz: Es sollen möglichst alle Gegenstände kirchlichen Lebens und Handelns in der Kompetenz der Räte liegen, diese Kompetenz selbst solle sich nicht in der Beratung erschöpfen, sondern eine weitgehende Mitbestimmung an der amtlichen Entscheidung selbst einschließen.

3. Kritische Distanz zum sog. „Verbandskatholizismus“

Nicht selten erscheint es den Räten als eine Verringerung ihrer „demokratischen Legitimation“, wenn sie nicht voll von den Gemeinden bzw. von den Räten der unter ihnen liegenden Ebene gewählt sind; die Entsendung eigener Verbandsvertreter in die Räte wird also nicht gewünscht. Auch in der Planung und Arbeit kommt es nicht selten zu einem kritischen Verhältnis von Räten und Verbänden gegeneinander. Hinter solchen mehr äußeren Rivalitäten verbirgt sich ein Mißtrauen gegen die Organisationsformen kirchlichen Lebens, die nicht aus dem Leben der Gemeinden als solcher entstanden bzw. durch den in Wahlen erklärten Willen aller getragen sind.

4. Vorrang innerkirchlicher Fragen

Die Arbeit der Räte wendet sich mit Vorrang innerkirchlichen Themen zu. Fragen der kirchlichen Struktur stoßen auf besonderes Interesse. Zu gesellschaftspolitischen Aufgaben findet man weniger Zugang; die Pluralität der Standpunkte und die Kompliziertheit der Probleme läßt es schwerer zu eindeutigen, dezidierten Lösungen kommen als bei innerkirchlichen Fragen, bei denen man durch dieselbe „Interessenlage" sich leichter solidarisiert. Dieser Distanz zum Gesellschaftlichen wirkt freilich ein anderer Trend entgegen: Im Sinne einer latent wirksamen verallgemeinerten „politischen Theologie" wünscht man, daß die Kirche als solche auch in politischen und sozialen Fragen mehr konkrete Positionen bezieht, die freilich nicht durch das Amt allein, sondern durch die synodale Mitwirkung aller mit dem Amt gewonnen werden. Zwei Tendenzen wirken so teils gegeneinander, teils durchdringen sie sich: die Tendenz, das Gesellschaftliche auszuklammern, und die Tendenz, es für sich zu beschlagnahmen.

5. Gefahr eines Eigengewichts der Räte gegenüber den Gemeinden

Der Schwung des Anfangs hat manchen Räten eine so starke Initiative zu eigenem Handeln verliehen, daß daraus eine „Eigenwelt" des Rates gegenüber denen, die er vertritt, entstehen kann. Der Kontakt zwischen den Räten und der gesamten Gemeinde ist nicht überall lebendig, die Arbeit der Räte läuft mitunter Gefahr, die Tuchfühlung mit den wirklichen Bedürfnissen „unten" zu verlieren. Tendenzen, die man früher entweder dem autarken Kleriker oder dem in sich geschlossenen Verband zusprach, müssen durchaus auch für die Räte gebannt werden, sollen diese nicht neben das wirkliche Leben der Gemeinde geraten.

6. Das starke Gewicht akademischer Berufe in den Räten

Bei Wahlen zu Räten werden vielerorts akademische Berufe, die zugleich eine starke soziale Verklammerung mit den Bedürfnissen aller aufweisen, von den Wählern bevorzugt. Vertreter der Arbeiter und insgesamt der nichtakademischen Berufe, auch Frauen und Jugendliche, finden noch schwer das allgemeine Vertrauen in ihre Zuständigkeit für Fragen gemeindlichen und übergemeindlichen kirchlichen Lebens. So führen die Räte zwar erfreulicherweise zu einem Vorstoß in Schichten und Personenkreise, die bislang noch nicht so stark auf institutionelle Weise am Leben der Gemeinden und Diözesen aktiven Anteil nahmen. Zugleich besteht aber die Gefahr, daß die Repräsentation *aller* Schichten und Gruppen und die Verklammerung der Arbeit mit den Bedürfnissen *aller* in etwa leidet. Hierbei können ebenso leicht die Probleme der „Außenstehenden", der kirchlichen Randsiedler, wie der Beitrag jener übersehen werden, die im unauffälligen Alltag das gemeindliche und kirchliche Leben durch ihre schlichten Dienste mittragen.

7. Das Verlangen nach ökumenischen Christenräten

Im Zug ökumenischer Annäherung kommt es erfreulicherweise auch zu immer mehr Kontakten auf gemeindlicher Ebene. Durch die neuen Räte unserer Gemeinden gibt es mehr vergleichbare Strukturelemente in den Gemeinden der verschiedenen Konfessionen. Daraus und aus dem gesamten Trend der ökumenischen Entwicklung wird immer wieder der Ruf nach gemeinsamen Vertretungen beider Gemeinden in einem einzigen Rat hörbar. Entsprechendes gilt auch für die anderen kirchlichen Ebenen. Wille zur möglichen und sinnvollen Kooperation und ideologische Hoffnung, eine Einheit „von unten" zu erzwingen, mögen sich im einzelnen dabei durchdringen.

II. Faktische und theologische Anlässe

1. Die Frage der Praktikabilität

Der Trend zum synodalen Zusammenschluß der Räte hat einen praktischen Anlaß, der jedoch mit theologischen Implikationen befrachtet ist. Es ist, um es überzeichnend zu sagen, die innere Tendenz eines jeden Rates auf diözesaner Ebene, von seinem Ansatz her „dasselbe" wie die anderen Räte zu tun. Erstrebt wird die möglichst effiziente Beratung des kirchlichen Amtes, und zwar jeweils im

Blick auf die Gesamtsituation der Diözese, wobei diese Gesamtsituation unter dem Vorzeichen des „Innerkirchlichen“ gesehen wird. Überspitzt ausgedrückt: *Alle* Räte wollen „der Seelsorgerat“ des Bischofs sein. Die Konsequenz daraus heißt: nur noch ein Rat, damit alles konzentriert geschehen kann. Es muß hierbei freilich gefragt werden, ob die Totalisierung der eigenen Aufgabe und des eigenen Anspruchs nicht de facto einen Funktionsverlust bedeutet, der dann in einer Zusammenlegung der Räte eher besiegelt als überwunden wird.

2. *Die Doppelfunktion des Pfarrgemeinderates*

Der Pfarrgemeinderat hat, so wie er, den Möglichkeiten und Umständen einer einzelnen Pfarrgemeinde entsprechend, fast durchgängig konzipiert ist, die Funktion zweier Räte zugleich inne. Er ist der „Seelsorgerat des Pfarrers“; er ist aber zugleich auch das für die Gemeinde, was auf diözesaner Ebene der Diözesanrat ist: eigenständige Zusammenfassung der vielen Kräfte und Initiativen der Gemeinde für ihr gesellschaftliches Wirken und ihre gesellschaftliche Repräsentation. Eine Zuordnung zum Pfarrer als zum für die Seelsorge Letztverantwortlichen und ein, freilich dialogisch auf ihn bezogenes, Gegenüber zu ihm in jenen Dingen, die von ihrer Natur her nicht „des Amtes“ sind, stehen im Pfarrgemeinderat in einer Symbiose. Es ist aber keineswegs selbstverständlich, daß die auf der Gemeindeebene faktisch kaum umgehbare Funktionsverdoppelung auch für die Ebene des Bistums ein frageloses Ideal darstellt. Vor- und Nachteil sind funktional und theologisch zu prüfen.

3. *Die strukturellen Spannungen, in welche die Räte gestellt sind*

Der Trend zu Einheit und Zusammenfassung verschiedenartiger Räte hat eine weitere, sehr ernst zu nehmende Wurzel in den mannigfachen strukturellen Spannungen, die in die Arbeit eines jeden Rates hineinreichen. Einige dieser Spannungen seien im folgenden genannt: Spannung der Räte unter sich auf diözesaner Ebene; Spannung zwischen Räten und kirchlicher Verwaltung auf diözesaner Ebene; Spannung zwischen Räten und kirchlichen Amtsträgern auf allen Ebenen; Spannung zwischen Räten und Verbänden auf allen

Ebenen; Spannung zwischen Räten und kirchlichen Finanzgremien auf allen Ebenen; Spannung zwischen den Räten und dem Zentralkomitee der deutschen Katholiken, das manchmal als „Zentrale" betrachtet wird, die in die Eigenständigkeit der diözesanen Gremien hineinregiert oder aber als Hort der Verbände, die neben den diözesanen Räten in ihm vertreten sind.

4. Ratlosigkeit vor gesellschaftspolitischen Fragen

Der Aufbau der Gesellschaft und die in ihr anstehenden Probleme werden immer differenzierter. Mit wenigen griffigen Maximen einer christlichen Soziallehre läßt sich, für den Nichtfachmann zumal, im einzelnen keine deutliche Lösung ermitteln. Zugleich hängt aber kaum geringere, sondern eher schwerere Verantwortung an den Entscheidungen, die hier zu treffen sind. Wenn Räte sich hier äußern und engagieren wollen, befürchten sie auf der einen Seite eine ideologische und naive Verkürzung ihrer Stellungnahme, auf der anderen Seite droht es beim Gespräch aller vertretenen und zu vertretenden Positionen nur zu einer sehr vagen, kompromißhaft allgemeinen Aussage zu kommen. Die Schwierigkeit der hier gestellten Aufgaben lenkt leicht von ihrer Wichtigkeit ab.

5. Ablösung des alten Katholizismus

Das Wort „Katholizismus" und jene gesellschaftlichen Phänomene, die es vor allem anspricht, erregen heute weithin, nicht zuletzt bei vielen Mandatsträgern der Räte, Unbehagen. Was versteht solches Unbehagen indessen unter Katholizismus? Eine Mentalität, die für alle Fragen der Kultur, der Gesellschaft und der Welt eine typisch katholische Lösung und Haltung bereit hatte und Organe dafür ausbildete, diese Lösung und Haltung zu vertreten und zu verbreiten; dieses strukturelle Netz war das einzige, in welchem auch Laien sich aktiv beteiligen durften, während die gemeindliche Gliederung klerikal autark daneben zu stehen schien.

Freilich wird ein solches Bild von Katholizismus der geschichtlichen Wirklichkeit von gestern nicht ganz gerecht. In der Tat hat sich allerdings nicht nur durch die plurale, desintegrierte Entwicklung aller Wirklichkeitsbereiche Wichtiges geändert, sondern auch infolge der Beteiligung aller Glieder des Volkes Gottes am gesamten kirchlichen Leben, gerade auch an dem der Gemeinde und der Diözese. In der Folge dessen anerkennen viele engagierte Katholiken heute kaum mehr andere Gliederungsprinzipien als die der Gemeinde oder der Solidarisierung innerkirchlicher Funktionen und Interessen im Blick auf die Mitbestimmung am Gesamt kirchlichen Lebens und Handelns. An die Stelle alter, in gesellschaftlichen Funktionen, Ständen und Berufen gegebener Solidarisierungsprinzipien treten neue. So aber bildet sich in der Gegenwendung gegen den bisherigen Katholizismus ein neuer heraus, der weithin – wenn auch von anderem Ansatz her – parallele Züge mit dem kritisierten trägt. Auf nationaler und übernationaler Ebene kommt es zu immer weiterreichender Solidarisierung von verschiedenen Räten, die unmittelbar jeweils der Lebenseinheit eines Bistums oder eines Landes zugeordnet sind. Es wäre töricht, Recht und Notwendigkeit neuer Solidarisierungsprinzipien in einer neuen Stunde der Gesellschaft zu bestreiten. Wenn diese jedoch zu auf sich selbst konzentrierten Strukturen führen, bei denen es primär um Interessen und Einfluß geht, könnten sie in ein neues Getto – die Kehrseite eines neuen Integralismus – hineinführen.

6. Krise des Autoritätsverständnisses

Der Trend zu mehr Kompetenz, zu mehr Anteil der Räte an der verbindlichen Regelung des gesamten kirchlichen Lebens hat verschiedene Wurzeln. Er ist teilweise eine Auswirkung der positiven Impulse konziliarer Theologie: Alle Glieder des Volkes Gottes stehen in derselben Würde der Berufung, haben einen gleich wichtigen Anteil an der Sendung der Kirche im ganzen. Daraus müssen gewiß Konsequenzen gezogen werden. Mitunter werden jedoch diese Konsequenzen vorschnell gezogen: Aus einem *gleich wichtigen* Anteil aller wird im Bewußtsein unter der Hand ein *gleichartiger* Anteil aller. Die Funktion des kirchlichen Amtes wird faktisch mitunter allein in einer Art „Verkehrsregelung“ gesehen, deren man um der Ordnung willen bedarf, die aber perfekter im Grunde von einer „Signalanlage“, von einem sensiblen Computer geleistet werden könnte.

Diese Entwicklung entspricht einer Verschiebung, ja man darf sagen: einer allgemeinen Krise des Verständnisses von Autorität in unserer Gesellschaft: Autorität, als regelnder Einfluß auf die Gestaltung der gesellschaftlichen (bzw. kirchlichen) Verhältnisse betrachtet, darf durch nichts anderes als durch allen transparente Argumente kontrollierbaren Sachwissens und ebenfalls allgemein evidente funktionale Notwendigkeiten begründet werden. Das Element der „Macht“ im regelnden Einfluß muß vom „funktionalen“ Träger der Autorität, von ihrem „Funktionär“ hinweg auf die Gesellschaft (bzw. die Glieder der Kirche) im ganzen verlagert werden; das Recht zu programmieren hat allein die Mehrheit. Als Kontrollinstanz der „Mehrheit“ wird allenfalls die „Wissenschaft“ anerkannt.

In der gezeichneten Entwicklung sind wichtige und nicht wieder rückgängig zu machende, vielmehr nach vorne weisende Erkenntnisse mit gefährlichen Verkürzungen und Verkennungen verquickt. An die Stelle eines einsinnigen und im Grunde quantitativen Verständnisses von Autorität müßte ein qualitatives treten, das zwar Autorität durchweg als Dienst am Ganzen sieht, jedoch als Dienst, der in sich verschiedene Arten und Stufen von Zuständigkeit umfaßt, die freilich ohne Ausnahme in dialogischen Vorgängen ans Gesamt zurückzubinden sind, dem der Dienst der Autorität gilt. Es darf also nicht an die Stelle einer monolithischen Allzuständigkeit des Amtes eine ebenso monolithische Allzuständigkeit von Mehrheiten innerhalb oder außerhalb der Räte treten. Dialogische Ausübung von Autorität setzt eine Pluralität von Zuständigkeiten und ihre gegenseitige Zuordnung voraus.

7. Eindimensionalität des Verständnisses von Wahrheit

Der Grund für die genannte Gefahr eines nur mehr eindimensionalen Verständnisses von Autorität liegt in einem entsprechend eindimensionalen Verständnis von Wahrheit, das heute um sich greift. Der Grund hierfür: die „Verwissenschaftlichung“ unserer Welt. Es wäre töricht, ja verhängnisvoll, sie widerrufen zu wollen. Es muß aber auf die inneren Grenzen eines bloß wissenschaftlichen Verständnisses von Welt und Gesellschaft geachtet werden. Neuzeitliche Wissenschaft bedeutet, wenigstens in ihrer verkürzenden Rezeption durchs allgemeine Bewußtsein, eine Umsetzung aller Wirklichkeit in ihre Zählbarkeit, Meßbarkeit, Verrechenbarkeit. „Wahrheit“ wird zu der in einen kontrollierbaren Zusammenhang allgemeiner, zwingender Durchschaubarkeit und berechnender Beherrschbarkeit übersetzten Wirklichkeit. Diese Entwicklung dient zwar einerseits der Aufklärung von Vorurteilen, Emotionen, Ideologien; anderseits droht eine neue Ideologisierung der sich quantitativ verstehenden Rationalität. Dies gilt gerade für jene Wahrheit, die von ihrem Wesen her nicht in Experiment, Kontrolle und fixierbarem Quantum aufgeht: für jene Wahrheit, die sich dem Glauben als solchem erschließt. Wenn die „Analogie" des Wahrheitsbegriffes dem Bewußtsein abhanden kommt, wenn es nur noch einerlei Wahrheit gibt, dann verschwindet notwendigerweise die Differenzierung verschiedenartiger Zuständigkeiten für verschiedene Schichten und Bereiche der Wirklichkeit.

Es wäre gewiß ein Kurzschluß, die Bereiche der Wahrheit einfachhin zu „sortieren", indem man z. B. für Glaubensfragen allein das kirchliche Amt, für Fragen der Gesellschaft allein die Laien als zuständig erklärte. Nicht um die Reservierung bestimmter Gegenstandsbereiche für bestimmte Gruppen der Kirche oder der Gesellschaft ist es zu tun. Wohl aber ist es darum zu tun, daß die Vielschichtigkeit dessen, was zum Christsein und zur Kirche gehört, nicht nivelliert wird in eine einförmige Zuständigkeit christlichen „Allgemeinempfindens" (mit wissenschaftlichem „Überbau" oder ohne ihn), durch welches die Probleme nicht weniger rasch und verkürzt vom Tisch kommen als durch eine undifferenzierte Allzuständigkeit kirchlichen Amtes.

III. Theologische Fragen

Die Analyse der eingangs bezeichneten Trends auf jene Anlässe, die in ihnen wirksam werden, ergibt eine Reihe von theologischen Fragen, die im Zuge und im Interesse einer praktischen Ordnung der nachkonziliaren Räte in der Bundesrepublik anstehen. Sie seien im folgenden kurz, ja verkürzt genannt:

1. Spezifische Leitungsaufgaben des kirchlichen Amtes

Kirchliches Amt und Leitung der Kirche stehen wesenhaft zueinander in Bezug. Worin liegt nun das Spezifische des Leitungsauftrags kirchlichen Amtes? Auf welchen Sachgebieten und in welcher Weise ist das kirchliche Amt für die Leitung der Kirche zuständig? Ist überhaupt eine einheitliche Begriffsbestimmung der Leitungsfunktion kirchlichen Amtes möglich, oder artikuliert sie sich jeweils anders auf den verschiedenen – überkommenen oder neu sich herausbildenden – „Ebenen“ kirchlichen Lebens? Etwa: Welches ist die spezifische Leitungsaufgabe des Papstes, des Kollegiums der Bischöfe, im ganzen oder auf nationaler Ebene, des Diözesanbischofs, des Pfarrers?

2. Teilhabe des Volkes Gottes an der Leitung der Kirche

Mit der Umgrenzung der spezifischen Aufgabe des kirchlichen Amtes in der Leitung der Kirche auf ihren verschiedenen Ebenen ist noch nicht der Anteil geklärt, den das Presbyterium, die Priesterschaft also, und den das gesamte Gottesvolk am Dienst der Leitung übernehmen kann und soll. Wo liegen hier grundsätzliche Möglichkeiten und Grenzen? Welche geschichtlichen Variationsbreiten lassen sich denken? In welchem Maß und in welcher Gestalt diente eine „Vergesellschaftung“ kirchlichen Amtes der Erfüllung seines unersetzbaren Auftrages in unserer Gegenwart?

3. Kirche als Gemeinschaft der Charismen

Im Anschluß an Aussagen des Neuen Testamentes, aber auch des II. Vatikanischen Konzils wird Kirche heute deutlicher denn früher als Gemeinschaft vieler, verschiedener Charismen gesehen. Sie sind alle einander zugeordnet, dienen alle dem Ganzen, kommen in dem Maß zur Wirkung, als sie sich nicht isolieren, sondern ins Ganze hineingeben und am Ganzen orientieren. Sie sind aber nicht aufeinander rückführbar, nicht durcheinander ersetzbar. In dieser Gemeinschaft der Charismen und nicht nur neben ihr oder in einem kommunikationslosen Sinn über ihr hat auch das kirchliche Amt seine Aufgabe zu erfüllen. Wenn dem so ist, genügt aber weder das Modell einer Leitung der Kirche durch das Amt, die sich nicht hörend und im Gespräch auf die vielen anderen Charismen hin orientiert, noch ein Sich-Durchsetzen der anderen Charismen gegenüber dem Amt, das nicht auf das eigene und andere Charisma des Amtes hin hörend, gehorsam, geöffnet wäre. Welches sind grundsätzlich und konkret die gemäßen Bahnen der Kommunikation, in welchen die eigene Sendung und Aufgabe des Amtes, aber auch die eigene Sendung und Aufgabe der anderen Charismen fürs Ganze fruchtbar und wirksam werden können? Von dieser Frage wird nicht zuletzt die Überwindung eines einsinnig verkürzten Verständnisses von Autorität und Wahrheit im Lebensvollzug der Kirche von heute abhängen.

4. Verhältnis kirchlicher und gesellschaftlicher Strukturen

Kirche hat, der Sendung und dem Auftrag Jesu gemäß, ihren Ort inmitten der Geschichte, inmitten der Gesellschaft; daher wird sie stets auch selbst in „gesellschaftlicher" Form existieren, die sich – wie die Geschichte zeigt – mit der Entwicklung der Gesellschaft in vielen ihrer Elemente mit verändert. Genauso gilt aber das andere: Kirche ist nicht nur „eingebunden" in die Gesellschaft und in ihre Entwicklung, lebt ihren Bezug zur Gesellschaft also nicht nur in einer Anpassung an sie, sondern steht auch kraft ihres prophetischen Auftrages in einer kritischen Distanz zu ihr. Noch ein Drittes gilt: Kirche ist nicht nur zugleich abhängig von gesellschaftlicher Entwicklung und kritisch ihr gegenüber, sondern sie hat auch in ihrer gesellschaftlichen Verfaßtheit ihr je unaufgebbar eigenes Maß und ihre je unaufgebbare eigene Sendung, die sich strukturell auswirken. Bei all den vielartigen „Modellen" des gemeindlichen Lebens und seiner Verfassung, deren Spuren uns im Neuen Testament hinterlassen sind, fällt doch auf, daß die Gemeinden ihre Ämter und Dienste gerade nicht an politische Vorbilder anlehnten, sondern für die Vollmacht, die in ihnen gilt und wirkt, andere Namen als jene verwenden, die im Kontext politischer Macht stehen.

Aus diesen Elementen heraus muß eine gegenwärtige Antwort auf die Frage gesucht werden, in welchem Sinn und in welchem Maß kirchliche Strukturen denen der Gesellschaft angepaßt werden, in welchem Sinn und welchem Maß sie von ihnen unterschieden bleiben müssen, können und sollen, damit die Kirche ebenso ihre Präsenz in der Gesellschaft wie ihrer nicht in der Gesellschaft aufgehenden Sendung und Botschaft für diese gerecht wird.

5. Verfassung freier Initiativen in der Kirche

Zur Verfaßtheit der Kirche gehört wesenhaft und konstitutiv das kirchliche Amt hinzu, in welchem die apostolische Sendung sich durch die Jahrhunderte fortsetzt. Kirche ist aber nicht nur das, was sich amtlich in ihr verfaßt. Dies wird gerade im Kontext des II. Vatikanischen Konzils deutlich. Kirche lebt nicht zuletzt dort, wo Glieder der Kirche sich im Namen Jesu versammeln und im Sinn und in der Einheit der Kirche auch ohne speziellen amtlichen Auftrag wirksam werden. Für das Leben und für die Erfüllung des Auftrags der Kirche inmitten der Gesellschaft sind derlei freie Initiativen (als besonders wichtiges Beispiel seien die katholischen Verbände genannt) sogar von besonderem Belang. In ihnen geschieht gerade die Präsenz der Kirche in unserer Gesellschaft. Daraus erwächst die Frage, wie solche Initiativen sich in der Kirche verfassen können, ohne „veramtlicht" zu werden, was u. U. gerade die eigene Dynamik ihrer Wirkmöglichkeit hemmen muß. Die Möglichkeit einer verfaßten, aber nicht veramtlichten Kooperation solcher Initiativen ist im Interesse dieser Initiativen, aber auch im Interesse der eigenen Aufgaben des Amtes fürs Ganze der Kirche von Belang. Der Verfassung solcher Kooperation dienen, auf verschiedener Ebene, die nachkonziliaren Räte. Gerade von hier her ist auch die Frage nach Einheit und Vielheit solcher Räte mitzusehen. Um ein nur teilweise zutreffendes Bild zu gebrauchen: Wie im weltlichen Bereich nicht nur eine absolute Trennung, sondern gerade auch eine Konfusion von Staat und Gesellschaft für beide verhängnisvoll wäre, so wäre es auch für die Kirche zum Schaden, wenn sich ihre gesellschaftliche „Dimension" gegenüber der Verfaßtheit im Amt nicht eigens entfalten könnte, damit ebenso ihre Beziehung zum Amt wie ihren Unterschied vom Amt wahrend.

6. Theologie des „Rates"

Wenn es kraft der verschiedenen Charismen, aber auch kraft der verschiedenen Dimensionen der Wirklichkeit, die sich gerade im Glauben erschließen, eine verschiedenartige Zuständigkeit in der Kirche für verschiedene Fragen und Aufgaben gibt und wenn diese verschiedenartigen Zuständigkeiten und Aufgaben dennoch dialogisch aufeinander bezogen sind, so wäre es eine Verkürzung, in der Entscheidungsvollmacht die einzige Form eines wahren Beitrags zum kirchlichen Leben zu sehen. „Beratende" Funktion sollte in der Kirche nicht ein bloßes Weniger gegenüber einer bestimmenden oder doch mitbestimmenden Vollmacht bedeuten – weder für den, der die Vollmacht der Entscheidung hat, noch für den, dem die Aufgabe des Rates zukommt. Was heißt ratende, beratende Funktion in der Kirche? Kann sie gar eine, wenn auch leisere, so doch nicht weniger fundamentale Weise von Mitwirkung am Leben der Kirche bedeuten als entscheidendes Beschließen? Jedenfalls tut eine Theologie des Rates not. Es wäre gewiß nicht angebracht, Rechte zum Mitbestimmen nicht einzuräumen, wo sie einräumbar sind. Für das Leben einer Kirche des Dialogs ist es aber nicht minder wichtig, daß in einem echten Sinn der Rat ernst genommen wird – von dem, der ihn entgegenzunehmen, aber auch von dem, der ihn zu erteilen hat.

IV. Praktische Aufgaben

Aus den theologischen Fragen, deren Lösung ansteht, aber zugleich parallel zu ihnen – Theorie und Praxis haben in verschiedener Hinsicht Quellenwert füreinander – ergeben sich praktische Aufgaben im Blick auf die weitere Entwicklung der nachkonziliaren Räte in unserem Land. Drei von ihnen, die recht grundsätzlicher Art sind, seien genannt.

1. Ungetrenntes und unvermischtes Zusammenwirken verschiedener Zuständigkeiten

Wenn es in der Kirche verschiedene Zuständigkeiten gibt, wenn die Aufgaben des kirchlichen Amtes und die freier Initiativen in der Gesellschaft nicht einfach zusammenfallen und wenn sie andererseits doch aufeinander verwiesen sind und zu einer geordneten Form ihrer Kooperation finden sollen, so muß dies auch einen organisatorischen Ausdruck finden. Bei jeder Zusammenlegung von Räten, ja bei jeder organisatorischen Vereinheitlichung und Vereinfachung im Geflecht kirchlicher Beratung und Leitung muß darauf geachtet werden, daß verschiedene Funktionen und Zuständigkeiten ebenso ungetrennt wie unvermischt zum Zuge kommen können. Die Formel „ungetrennt und unvermischt", die das Konzil von Chalkedon für das Christusgeheimnis prägte, hat auch ihre Bedeutung fürs Leben der Kirche. Man beklagt, teilweise wohl zu Recht, daß es in früheren Epochen der Kirchengeschichte zu einem „Monophysitismus" des Kirchlichen und Weltlichen gekommen sei. Es wäre gefährlich, im Zuge einer wünschenswerten Zusammenfassung aller Kräfte kirchlichen Lebens einen neuen „Monophysitismus" in der Kirche zu etablieren, der genuine Aufgaben des kirchlichen Amtes und der Beteiligung des gesamten Gottesvolkes an ihnen verschmelzen ließe mit anderen Aufgaben, welche die Kirche gerade nicht auf amtliche Weise in unserer Gesellschaft wahrzunehmen hat. Mit diesem Satz soll keineswegs die sicher falsche These vertreten werden, daß das kirchliche Amt nicht auch seinerseits eine gesellschaftliche, weltbezogene Funktion habe; aber die Aufgabe der Kirche in der Gesellschaft beschränkt sich gerade nicht auf jenes, was, mit oder ohne Mitwirkung aller, Sache des Amtes ist.

2. *Einheit in der Vielfalt von Funktionen und Aufgaben*

Nicht nur darauf muß geachtet werden, daß verschiedene Zuständigkeiten in der Organisationsform kirchlichen Lebens ihren Raum und ihren Ausdruck finden, sondern auch darauf, daß die Organisationsformen der Räte selbst der effizienten Wahrnehmung der ihnen gestellten Aufgaben angemessen ist. Die Folgen aus dieser Forderung laufen parallel zu den oben genannten: Wo verschiedenartige Zuständigkeiten in eine organisatorische Einheit eingespannt sind, läuft man Gefahr, daß die verschiedenen Zuständigkeiten und Funktionen einander blockieren, statt sich zu ergänzen. Konkret: Wenn alles, was ein Rat an Initiativen kirchlicher und zumal gesellschaftlicher Art beschließt, durch die Qualität dieses Rates sofort quasiamtlichen Charakter erhält, leidet darunter sowohl die Freiheit des Amtes wie die Freiheit der Initiativen des Rates. Die Einheit zwischen amtlichen Initiativen und gesellschaftlichen Initiativen innerhalb der Kirche darf eben nicht zur Konfusion beider führen. Dies hindert nicht daran, Formen einer dichteren Kommunikation und wirksameren Kooperation zu suchen. Es wäre allerdings eine Utopie, wenn man angesichts einer immer weiteren Differenzierung der

Gesellschaft glauben würde, die Kirche könne auf Differenzierungen in ihrer eigenen gesellschaftlichen Form und Struktur verzichten. Einheit gehört zum innersten Wesen der Kirche und muß auch in ihrer gesellschaftlichen Daseinsform sichtbar werden. Daß die recht verstandene Einheit des Geistes nicht auf Kosten der Vielfalt seiner Gaben geht, sondern sie gerade gewährleistet, ist uns theologisch gerade heute sichtbar geworden; es muß wohl auch strukturell seine Konsequenzen haben.

3. Einheit und Vielfalt in den Bistümern

Es braucht nicht bedauert zu werden, daß angesichts so vieler offener Fragen und Aufgaben sich in unserem Land eine Mehrzahl von Modellen bezüglich der Räte herausgebildet hat. Gleichwohl wäre eine Isolierung der einzelnen Bistümer voneinander und ein Auseinanderstreben der Entwicklung in ihnen anachronistisch und bedauernswert. Die Fragen, auf die es theoretisch und praktisch Antworten zu finden gilt, kristallisieren sich einigermaßen deutlich heraus. Sie sind im Grunde dieselben. Sie müssen in einer *gemeinsamen* Bemühung – nur eine solche kann ihnen gewachsen sein – vorangetrieben werden. Das Nichtbeachten der aufgezeigten Trends, das Nivellieren der Probleme durch rasche Fixierung von Lösungen führt nicht weiter. Gerade wenn nunmehr eine Gemeinsame Synode aller Bistümer an die gemeinsam ihnen gestellten Fragen herangehen will, wäre es bedenklich, wollte man vorab in einer so wichtigen Frage wie der der Räte unterschiedliche fertige Tatsachen schaffen. Die Chance einer – durchaus nicht in allen Einzelheiten uniformen, wohl aber der Einheit des Lebensraumes, der unser Land ist, entsprechenden – gemeinsamen Weiterentwicklung des mit unseren Räten hoffnungsvoll Begonnenen sollte genutzt werden. Ehe einzelne Bistümer fundamentale Neuordnungen in der Satzung ihrer Räte treffen, sollte das gemeinsame Gespräch und die gemeinsame Bemühung aller Bistümer erfolgen und von allen gemeinsam zugleich abgewartet wie auch vorangetrieben werden.

IN WELCHEN FRAGEN SOLLEN KIRCHE UND CHRISTEN ÖFFENTLICH SPRECHEN?[1]

Wie immer ein Sprechen von Kirche und Christen in die Gesellschaft hinein, über den Raum der direkten Verkündigung hinaus, motiviert wird, der Grund kann nur in einer Legitimation durch den Auftrag Gottes einerseits und durch die Sicht Gottes vom Menschen und von der Welt andererseits liegen. Wenn es darum geht, die Sicht Gottes vom Menschen und von der Welt in gesellschaftlichen Gestaltungsfragen zur Geltung zu bringen, Mensch und Gesellschaft offenzuhalten für den Anspruch und das Angebot Gottes, dann kann es notwendig oder angebracht sein, daß Kirche und Christen sich öffentlich zu Wort melden. Im folgenden sollen Kriterien hierfür gesucht werden.

Der theologische Ansatz wird sinnvollerweise dort gewählt, wo einerseits die Stellung des Menschen zu Gott und von Gott her zur Welt sichtbar wird, wo also der Kontext Gott – Welt – Mensch sich aus der Perspektive des sich offenbarenden Gottes darstellt und wo andererseits zugleich die Stellung und der Auftrag der Kirche und ihrer Glieder von Gott her in der Welt in den Blick kommen. Dieser eine Bestimmungspunkt für die beiden Fragerichtungen (Gott – Welt – Mensch und Kirche bzw. Christen – Welt) ist das theologische Grunddatum „Bund“.

---

[1] (Anm. d. Bearb.) Das Manuskript wurde von Hemmerle, damals Geistlicher Direktor des Zentralkomitees der deutschen Katholiken (ZdK), für die interne Arbeit im Generalsekretariat und im Präsidium des ZdK erarbeitet.

I. Theologische Voraussetzung: der Bund Gottes mit dem Menschen

Daß Gott mit dem Menschen einen Bund schließt, ist eine Unselbstverständlichkeit: Er nimmt ein Wesen, das von ihm geschaffen, das ohne ihn nichts ist, und bindet nicht nur dieses Wesen an sich, sondern sich an es, hebt es in die Beziehung der Partnerschaft zu ihm. Wir betrachten im folgenden den Bund nicht allein in seiner Grundgestalt, die bereits im Alten Testament sichtbar wird, sondern in seiner Vollgestalt, die in Jesus Christus Wirklichkeit wird.

1. Der Bund aus der Perspektive Gottes

Im Blick auf den Menschen, sein Verhältnis zu Gott und seine Stellung in Welt und Gesellschaft spielen vor allem vier Momente eine entscheidende Rolle.

Der Bund ist *endgültig.* Daß Gott in Jesus Christus den Menschen angenommen hat und sich dem Menschen geschenkt hat, ist nie mehr rückgängig zu machen und ist innergeschichtlich auch durch nichts Weiteres mehr zu überholen. Die in Jesus Christus gegebene Sicht Gottes und des Menschen ist nicht mehr revozierbar und relativierbar. Das entscheidende Heilsdatum, die endgültige Standortbestimmung Gottes Mensch und Welt gegenüber *ist* in Jesus Christus geschehen.

Gleichwohl gilt: Der Bund ist *unvollendet.* Der Welt steht noch die durch keine Leistung und keine Evolution innerhalb der Geschichte zu erreichende Vollendung durch Gott aus. Hoffnungen auf eine innerweltliche Vollendung des Menschen und der Welt, die Utopie von der Machbarkeit des perfekten Glücks und der perfekten Gesellschaft sind aus der Perspektive der Offenbarung nur ideologische Selbsttäuschung.

Der Bund Gottes mit dem Menschen ist *universal.* Zwar bedarf es der konkreten Entscheidung des Glaubens, der antwortenden Annahme des Bundesangebotes Gottes, um die Partnerschaft der Menschheit mit Gott zu realisieren, um den Bund zu leben; aber jene, die als Glaubende bereits Bundesvolk sind, dürfen nicht bei sich selber stehenbleiben, sondern sind berufen, Anfang einer neuen Menschheit zu sein und darum das Bundesangebot Gottes allen

Menschen nahezubringen. Es gibt keine andere Finalität des Menschen und der Menschheit als die vollendete Partnerschaft mit Gott, der Bundesgemeinschaft mit ihm und in ihm.

Der Bund mit Gott ist nicht ein Zusatz zu dem, was Mensch und Welt „an sich", von ihrem Wesen her sind, sondern Mensch und Welt sind von Gott *auf den Bund hin geschaffen.* Damit erhebt sich aber, zumindest aus der christlichen Sicht her, der Anspruch, daß die von der Offenbarung her möglichen Aussagen über Welt und Mensch, humane und mundane Wirklichkeit als solche treffen und betreffen.

2. Konsequenzen für den Menschen

Lesen wir den Menschen vom Bund Gottes her, so zeigen sich sowohl in der Vertikalen wie in der Horizontalen einige Grundmomente, die für alle gesellschaftlichen und weltlichen Gestaltungsfragen Kriterien setzen. In der *Vertikalen*: das heißt in seiner Verhältnisbestimmung nach oben, zu Gott hin; in der *Horizontalen*: das heißt an dem, was der Mensch im Verhältnis zu sich, zum Mitmenschen und zur Welt ist.

Momente der Vertikalen: *Transzendenz*: Wenn der Mensch zum Bund mit Gott gerufen ist, dann schließt er sich nicht in sich selbst, sondern ist über sich hinaus offen, er reicht zum schlechthin Anderen seiner selbst, zu dem, was ihm entzogen ist, zum Unbedingten.

Immanenz: Aus demselben Grund, aus der Berufung zum Bund, folgt aber auch das scheinbare Gegenteil, die Immanenz. Wenn nämlich der Mensch Partner Gottes ist, so muß er sich selbst in die Beziehung zu Gott einbringen, so ist er in sich von Gott ernst genommen, so ist er nicht in Gott hineinnivelliert, sondern in sich stehendes Gegenüber zu Gott. Das Stehen des Menschen in sich und in seiner Welt wird in seiner Bundesbeziehung zu Gott gewährleistet, vorausgesetzt und erfüllt.

Momente der Horizontalen: Versuchen wir den Menschen in sich selbst, das heißt als den potentiellen oder wirklichen Bundespartner Gottes zu verstehen, so fallen drei Grundbestimmungen an ihm auf, die gegenseitig aufeinander bezogen sind: er ist selbst, er ist nicht von sich selbst, er ist nicht allein. Weil er Partner Gottes ist, ist er verantwortlich, ist er Ursprung, geht er von sich selber aus; daß er verantwortlich, selbst, frei ist, hat er indessen nicht von sich selbst, sondern es ist ihm gegeben. Er ist sich gegeben, und die Bedingungen sind ihm gegeben, unter denen er zu sein und selbst zu sein hat; Selbstsein und Gegebensein beziehen ein Drittes mit ein: daß menschliches Dasein sich auf andere hin öffnet, ihnen mitteilt und diese anderen hineinreichen in den eigenen Horizont, ihn mitbestimmen. Wer den Menschen nur von einem dieser Momente her sähe oder eines dieser Momente ausklammerte oder nicht in Beziehung zu den beiden anderen setzte, dem entstände ein verkürztes Bild des Menschen. Wer jedoch den Zusammenhang dieser drei Momente beachtet, der erhält durch sie eine „Lesehilfe", um auch die vielfältigen, inhaltlichen und konkreten Bestimmungen des Menschseins und seiner Situation in der Welt zu entziffern.

Um der Bedeutung der uns beschäftigenden Frage willen seien diese Momente noch einzeln in ihrer Kontur fixiert:

Freiheit (Selbstsein): Daß der Mensch von sich her ist, daß er sich selbst entwirft und verantwortet, ist das ihn konstituierende Grundvermögen. Es ist als solches zugleich sein Grundrecht, aber auch seine Grundpflicht, der er sich nicht entziehen darf, weil nicht entziehen kann; denn auch wenn der Mensch den Vollzug seiner Freiheit verweigerte, müßte er dies gerade verantworten.

Gegebenheit: Daß der Mensch ist und frei ist, steht ihm nicht zur Disposition, sondern er ist in diese seine Grundsituation eingesetzt und durch sie zugleich eingesetzt in die Ordnung von Welt, von Grundbezügen, ohne die er nicht sein könnte, in denen er aber, wenn er ist, sein muß. Auch diesem Gegebensein des Menschen an sich selbst und Gegebensein der Welt an ihn eignet der doppelte Charakter der Begabung und der Bindung, die wiederum nicht nur Begrenztheit, sondern die Freiheit herausrufender und herausfordernder Anspruch ist.

Gemeinschaft (Mitsein): Daß der Mensch nicht allein, sondern immer im Horizont von Kommunikation ist, könnte einfach als ein Datum innerhalb seiner Gegebenheit erscheinen. Es ist aber mehr als nur dies; denn erst indem die Freiheit des Menschen der Freiheit anderer begegnet, ist sie im vollen Sinn Freiheit – dies nicht allein deshalb, weil sie andere Freiheit zu ihrer Erfüllung braucht, sondern vor allem dadurch, daß sie als Freiheit andere Freiheit mitbestimmt. Was ich bin und was ich tue, ist Gegebenheit und Anspruch für andere, ob ich will oder nicht; was andere sind und tun, ist Gegebenheit und Anspruch für mich, ob sie es wollen oder nicht. Diese „Gegenseitigkeit“ ist das eigentlich Neue von Gemeinschaft, die nicht in bloßer Freiheit und bloßer Gegebenheit aufgeht.

3. Einholung in eine allgemeine Phänomenologie des Menschlichen

So eng die vorhergehende Analyse angelehnt ist an die theologische Grundbestimmung „Bund“, so wenig beschränken sich die gezeichneten Momente und ihr Verhältnis zueinander auf eine binnentheologische Betrachtungsweise. Eine allgemeine Phänomenologie des Menschlichen wird nur dann die Vielfalt der ihr aufgetragenen Phänomene von Menschsein zur Synthese bringen können, wenn sie keines der genannten Momente ausläßt oder absolutsetzt und wenn sie auf den strukturalen Charakter des Verhältnisses dieser Momente achtet. Die vertikale und die horizontale Betrachtungsweise implizieren einander, und innerhalb der vertikalen wie der horizontalen impliziert wiederum jedes Moment die anderen. Dadurch gewinnt das Ausgeführte seine Bedeutung für den „Außenbezug“ der Glaubenden, für ihren Dialog mit der Gesellschaft. Ohne Preisgabe des Eigenen ist es möglich, sich mit den anderen zu verständigen; ohne Rückzug aufs exklusiv Eigene ist es möglich, dieses Eigene mitzuteilen.

Von der in der obigen Struktur und ihren Momenten umrissenen Phänomenologie des Menschlichen her lassen sich unterschiedliche Ansätze der Betrachtung des Menschen und der Gesellschaft positiv würdigen und kritisch durchleuchten.

Mögliche Ansätze: Es gibt umgreifende Entwürfe eines Verständnisses des Menschen und der Gesellschaft, die an unterschiedlichen Punkten ansetzen, ohne damit bei ihren eigenen Ansatzpunkten stehenzubleiben. Bei näherem Zusehen werden es indessen Entwürfe sein, die von einem der gezeichneten Strukturmomente wiederum zum Ganzen der Struktur durchstoßen.

Ein Denken, das von der Bezogenheit des Menschen zum Absoluten, von seiner *transzendierenden* Grundorientierung ausgeht, wird dieser gerade dann gerecht, wenn es sie einbringt in die immanenten Bezüge der Weltgestaltung, in denen es die Freiheit, die Geschöpflichkeit und die Sozialität des Menschen zu wahren gilt.

Auch der Ausgang von der „Autonomie“ des Menschen braucht nicht in einer Sackgasse zu landen, wenn das Verständnis von Autonomie die Begründung in der Transzendenz und die Orientierung auf Transzendenz zumindest offenläßt und wenn des weiteren Autonomie nicht als abstrakte Freiheit verstanden wird, die den Bezug zu den Gegebenheiten und zur Freiheit der anderen außer acht läßt.

Entsprechendes läßt sich auch sagen von einem Ordnungsdenken, das den Menschen von dem her, was ihm gegeben ist, interpretiert: von seinem Wesen, von seinen Gesetzmäßigkeiten, von seiner Geschichte und seiner Tradition.

Dies gilt nicht minder vom Ansatz bei der *Gesellschaftlichkeit* als solcher. Wenn die gesellschaftliche Relevanz und die gesellschaftliche Bedingtheit aller Phänomene des Menschseins als ihre entscheidende Dimension gesehen und von dieser Dimension aus interpretiert werden, dann muß eben Gesellschaftlichkeit selbst in jener Weite und Offenheit angesetzt werden, daß daraus kein abstrakter Totalitarismus des Sozialen entsteht.

Verkürzende Ansätze: Das über die möglichen Ansätze Ausgeführte hatte notwendigerweise schon immer die Verkürzungen im Blick, die durch die Absolutsetzung eines einzelnen Momentes bedingt werden: einen *Supranaturalismus*, der den religiösen und den profanen Bereich zertrennt oder alle Wertentscheidungen allein in den Bereich des Privaten verbannt; einen *Immanentismus*, der transzendente Bezüge als Ideologie ausschließt oder der eine innerweltliche Vollendung des Menschen propagiert; einen verabsolutierten *Liberalismus*, eine Apotheose der Beliebigkeit und des Individuums; einen *Positivismus der Fakten*, der Menschsein auf empirisch feststellbare Daten begrenzt und in ihnen determiniert sieht, aber auch einen *Positivismus der Ordnungen*, der im geschichtlichen Spiel der Freiheit und des Mitseins nichts anderes sieht als die Vollstreckung alles fixierender Wesensgesetze; einen *Sozialismus*, der die Polarität zwischen individueller Freiheit und Gesellschaft und die Offenheit des Menschseins über sich hinaus verkennt.

II. Kirche als Sachwalterin des Bundes

1. Inhaltliche Dimensionen des Grundauftrags der Kirche

Die Menschen, die sich auf das Bundesangebot Gottes einlassen und darum von Jesus Christus her leben, sind nicht isolierte einzelne Gläubige, sondern Gemeinschaft des Glaubens: Kirche. Die Aufgabe der Kirche ist definiert durch den Bund: In der Kirche realisiert sich die Zuwendung der Menschheit zu Gott *hin*, die Antwort der Menschheit an ihn; in der Kirche und im Leben ihrer Glieder soll Gott *als* Gott aufgehen für die Welt. Zugleich lebt aber die Kirche von Gott *her*; sie trägt sein Angebot und seinen Anspruch weiter an die Welt. Gerade darin aber, als Sachwalterin des Bundes mit Gott, ist sie nicht nur Sachwalterin Gottes, sondern auch Sachwalterin des Menschen und der Welt. Weil Mensch und Welt auf Gott zu geschaffen, zum Bund berufen sind, ist die Kirche auf den Plan gerufen, wo Welt und Mensch verkannt und verkürzt werden. Daraus resultieren drei Inhalte des Grundauftrags der Kirche, Sachwalterin des Bundes zu sein.

Verherrlichung Gottes: Wenn der Mensch der von Gott Angesprochene ist, dann erfordert der Bund, daß auch Gott der vom Menschen Angesprochene, daß er jener ist, dessen Name unter den Menschen heilig ist. Weil die Partnerschaft zu Gott ganz und gar Geschenk von Gott ist, weil also bei ihm allein der Anfang des Bundes liegt, hat Gott, hat seine Ehre die absolute Priorität im Dienst der Kirche. Jede primäre Bestimmung der Kirche von ihrer Funktion für die Menschen her verkennt ihr Wesen und verkennt auch diese ihre Funktion: denn das „Befreiende", das gerade sie für den Menschen zu leisten vermag, ist dies, daß sie den Menschen aus der Engführung der Konzentration auf sich allein hinaushebt und ihn dazu freisetzt, daß es ihm mehr als nur um sich gehen, daß es ihm um den unbedingten Gott selber gehen kann.

Dienst am Heil: Gerade aber wenn die Kirche sich auf Gott einläßt, hat sie sich einzulassen auf seinen Willen, auf die Richtung seines Daseins, und diese Richtung ist beim Gott des Bundes eben: der Mensch, die Welt. Dieser Dienst am Menschen und an der Welt umfängt einerseits den *ganzen* Menschen, die *ganze* Welt und klammert keine Dimension ihres von Gott geschenkten Daseins aus; andererseits, und dies ist das proprium des Auftrags der Kirche, weiß sie, daß das Heil der Welt nicht in dem liegt, was die Welt aus sich selbst vermag, und auch nicht in der Erfüllung *der* Bedürfnisse, die die Analyse von Mensch und Welt zutage bringt.

Wahrung der Schöpfungsordnung: Die Ehre Gottes verkürzt nicht den Menschen und die Welt, das Heil Gottes zehrt nicht den Menschen und die Welt nivellierend in Gott auf; zum Bund gehört gerade das Gegenüber, der von Gott gegründete und um Gottes willen zu wahrende Selbststand von Mensch und Welt. Ohne diese Wahrung dessen, was Welt und Mensch „von sich her", will sagen vom Schöpfungswillen Gottes her sind, bräche der Bund in sich zusammen. Daher kann die Kirche nicht darauf verzichten, sich die Schöpfungsordnung, das heißt die Integrität der Momente angelegen sein zu lassen, die das Sein des Menschen als solchen gewährleisten.

2. *Dynamische Dimensionen des Grundauftrags der Kirche*

Wenn Kirche als Sachwalterin des Bundes für Gott und für Welt und Mensch da ist, dann hat der Selbstvollzug von Kirche notwendig zwei Richtungen: Kirche ist das Füreinander- und Miteinanderleben derer, die auf den einen Herrn hin leben – die Zugehörigkeit zu ihm ist Zugehörigkeit zueinander, die Gemeinschaft mit ihm ist die Gemeinschaft miteinander; diese Gemeinschaft richtet sich aber nicht nur in ihrem Leben nach innen, sondern zugleich nach außen; denn sie gibt sich hinein in die Bewegung Gottes zur Welt. Daraus resultieren die zwei dynamischen Grundmomente des Auftrags der Kirche: Gemeinschaft und Sendung.

Gemeinschaft (communio): Gerade darin, daß Kirche Gemeinschaft der Glaubenden miteinander ist, soll der Bund Gottes mit der Welt in der Geschichte sichtbar werden. Es soll eine Gemeinschaft geben, die sich schon ganz auf den Bund mit Gott eingelassen hat, er soll hineinreichen in die Geschichte als der „angenommene Bund". Dann aber verlangt Kirche als Gemeinschaft eine totale Identifikation mit dem Bundeswillen Gottes. Abstriche an seinem Anspruch sind Abstriche an seinem Angebot an die Welt.

Sendung (missio): Das Dasein Gottes in der Kirche ist Dasein für die Welt. Gott nimmt die Kirche also für die Welt in Anspruch. Dieser Anspruch, die Sendung der Kirche, die die Sendung Christi gegenwärtigsetzt in Raum und Zeit, hat zwei Ebenen.

Einmal muß die Kirche den Bund Gottes unverkürzt vor den Menschen vertreten und der Menschheit anbieten. Sie hat einen Missionsauftrag, der das Ganze der christlichen Botschaft betrifft: Alles muß allen verkündet werden.

Solche Mission allein aber wäre zu wenig. Die Kirche steht kraft ihrer Sendung nicht nur auf der Seite Gottes, sondern auch auf der Seite des Menschen; denn Gott steht in Jesus Christus auf der Seite des Menschen, macht sich solidarisch mit der Situation der Menschen. Daher ist die Kirche zum anderen auch in die kritische Solidarität mit allen Menschen als den potentiellen Bundespartnern Gottes gerufen. Sie hat Mitverantwortung für die Welt, will sagen dafür, daß das, was der Mensch mit sich selber und mit der Welt anfängt, in die Situation des Bundes hineinpaßt, den Menschen nicht abschirmt gegen Gottes Angebot und Anspruch. Das ist das Interesse Gottes selbst, es ist aber auch das genuine Interesse des Menschen. Weil Menschsein nur durch die Momente gewahrt bleibt, die sich in der Analyse seiner Bundessituation ergeben, und weil diese Momente am Menschen selber abzulesen sind, ist die Kirche und sind die Christen auch potentielle Bundespartner für alle jene, denen es unverkürzt um den Menschen geht.

3. Kirche und Christen

Das Ausgeführte gilt für die Kirche als solche, es gilt aber auch für die einzelnen Christen, die ja an der Sendung der Kirche partizipieren. Jeder Christ ist für seine Mitmenschen Sachwalter des Bundes Gottes und darum auch Sachwalter des Humanum, wenn freilich auch zwischen verschiedenen Weisen des Sprechens und Handelns zu unterscheiden ist. Zum einen gibt es ein Sprechen und Handeln *im Namen der Kirche*, das heißt ein alle verbindendes und für alle verbindliches Artikulieren des Auftrags der Kirche in einer bestimmten Situation. Zum anderen gibt es ein Sprechen und Handeln *als Kirche*, das heißt Sprechen und Handeln aus der Verbindung mit Christus und untereinander, aber aus der eigenen Verantwortung, ohne damit alle einbinden zu können oder zu wollen.

III. Kriterien für das Sprechen von Kirche und Christen

Es geht im folgenden nicht um christliches Sprechen als Verkündigung, sondern um das Sprechen aus dem gemeinsamen Innestehen der Christen und der Kirche mit allen anderen in Welt und Gesellschaft. Noch eine weitere Einschränkung ist zu treffen: Als Menschen unter Menschen stehen Christen in denselben Anforderungen und Aufgaben wie alle, teilen sie ihren Alltag mit allen. Das „Normale" ist für sie ein implizit christliches Sprechen und Handeln, nicht eines, das als christlich etikettiert ist. Die Frage heißt nun aber: Wann hat das Sprechen der Kirche und der Christen in die Öffentlichkeit herauszutreten, wann ist ein *ausdrücklich* christliches Sprechen also gefordert? Diese Ausdrücklichkeit kann Unterscheidung, sie kann aber auch ausdrückliche Solidarität mit anderen bedeuten.

1. Zielwerte aus der Perspektive der Kirche und des Menschen

Die generelle Antwort auf die Frage, worauf christliches Sprechen in gesellschaftspolitischen Problemen zielen müsse, liegt auf der Hand: Es geht um die Wahrung der Bundessituation und die darin implizierte Wahrung des Humanum. Diese Antwort beantwortet zugleich eine andere Frage: Die Frage nach der Legitimation kirchlichen und christlichen Sprechens in gesellschaftsrelevanten Fragen. Da nämlich die Kirche Sachwalterin des Bundes und darin des Menschen ist, hat sie zu sprechen, wenn die Grundstruktur des Menschen als Bundespartner Gottes zur Frage steht.

Aus der Perspektive der Kirche: Die inhaltlichen Grundbestimmungen des Auftrags der Kirche sind notwendigerweise auch die Zielwerte ihres Sprechens für den Menschen und die Welt.

Ehre Gottes: Die Kirche hat Gott nicht nur die Ehre „nach innen" zu geben, sondern muß, ungeachtet aller unantastbaren Freiheit, die sie um Gottes willen dem Menschen und der Gesellschaft zuzugestehen hat, Sachwalterin der Ehre Gottes auch in der Gesellschaft sein – und dies gerade um des Menschen willen. Es seien einige Beispielfelder angeführt, die die Aktualität dieses Zielwertes dartun: Abdrängung der religiösen Dimension des Menschen in eine bloß private Sphäre; direkte oder indirekte Propagierung atheistischer oder antichristlicher Anschauungen durch den Staat oder staatliche Institutionen; Vergötzung innerweltlicher Werte; Behinderung der Religionsfreiheit zuungunsten der Kirche, aber auch durch einen staatlichen Zwang zu Christentum und Kirche.

Heil des Menschen: Wiederum seien einige Beispiele genannt, die ein Sprechen der Kirche in die Gesellschaft hinein um dieses Zielwertes willen erfordern: Fixieren des Menschen auf ein bloßes „Funktionieren", Verheizung des Menschen in einer Leistungs- und Konsumgesellschaft; Propagierung innerweltlicher Heilsideologien; Zerstörung und Aushöhlung menschlicher Hoffnung auf Sinn und Heil überhaupt.

Schöpfungsordnung: Wo immer die Grundwerte und Grundrechte des Menschen auf dem Spiel stehen, steht auch die Hinordnung des Menschen auf Gott und Gottes Interesse am Menschen auf dem Spiel. Statt hier Beispielfelder auszuführen, sei auf die nachfolgenden Leitwerte aus der Perspektive des Menschen verwiesen, die freilich nicht nur eine Explikation der Schöpfungsordnung, sondern auch eine Orientierung des Menschen auf die Ehre Gottes und das Heil einschließen.

Aus der Perspektive des Menschen: Wie schon angedeutet, sind Momente, welche die Bundessituation des Menschen aus der Perspektive des Menschen selbst artikulieren, inhaltsgleich mit denen, die sich aus der ekklesialen Perspektive zeigen. Jede dieser beiden Reihen genügt in sich als „Suchinstrument" für die Gesichtspunkte, die christliches Sprechen zu gesellschaftlichen Fragen rechtfertigen oder verlangen. Die ekklesiale Perspektive geht aus vom Ansatz: Warum sollen hier gerade Kirche bzw. Christen sprechen? Die anthropologische Perspektive hingegen geht aus vom Ansatz: Inwiefern steht hier der Mensch auf dem Spiel? Wie nun konkretisieren sich die bereits bekannten Momente des Menschseins im Blick auf das Sprechen der Kirche und der Christen in die Gesellschaft?

Die vertikale Reihe (Transzendenz, Immanenz) und die horizontale Reihe (Freiheit, Gegebenheit, Gemeinschaft) genügten wiederum je in sich, um das Ganze aufzuschlüsseln. Gleichwohl werden im folgenden alle fünf Momente nacheinander abgehandelt, da die vertikale Reihe eine wichtige Lesehilfe für die horizontale Reihe darstellt und das Ineinander beider Reihen ein griffigeres Raster für das Auffinden der neuralgischen Punkte bietet, die kirchliches bzw. christliches Sprechen erfordern.

Transzendenz: Die Identität des Menschseins erfordert seine Offenheit über sich hinaus. Gesellschaftlich ist diese gefährdet, wo Menschen exklusiv auf immanente Ziele und Funktionen hin verrechnet, wo eine Gesellschaft unter der Prämisse ihrer absoluten immanenten Vollendbarkeit geplant wird. Sowohl die bewußte wie die bloß faktische Versperrung der Transzendenz in der Gesellschaft erfordert kritische Stellungnahme der Kirche und der Christen.

Immanenz: Zum Menschsein gehört, philosophisch wie theologisch betrachtet, sein Selbststand, das Recht des Menschen, über die Welt zu verfügen, die Pflicht und die Chance, Welt zu gestalten. Sein Verhältnis zur Welt kann nicht abgesprengt werden von seinem Verhältnis zur Transzendenz. Die Welt kann nicht, christlich gesprochen, ausgeklammert werden aus dem Heilsbezug des Menschen. Dem widerspricht ein Konzept von Welt und Gesellschaft, das behauptet, es sei letztlich gleichgültig für die „eigentliche", zumindest aber für die transzendente Dimension des Menschseins, wie die Verhältnisse der Welt und der Gesellschaft beschaffen seien; dem widerspricht auch eine Absolutsetzung bloßer Innerlichkeit, die heute wieder aktuell zu werden scheint.

Freiheit: Es gibt eine Innerlichkeit und Ursprünglichkeit des Menschen, die dem Zugriff von außen entzogen ist. Und doch kommt Freiheit nicht abstrakt vor, sondern ist eingebunden in mannigfache Gegebenheiten und vielfältige Beziehungen von Gemeinschaft. Ihnen gegenüber und zugleich für sie muß aber Freiheit in der Gesellschaft gewährleistet werden. Wie konkretisiert sich der Leitwert Freiheit angesichts solcher Verflechtung?

Ich bin frei *durch* Freiheit und *zur* Freiheit: Die Rechte des Individuums, die Möglichkeiten der Selbstbestimmung müssen gewahrt, sie können mir aber auch nicht abgenommen werden. Nivellierung der Individualität ist Zerstörung der Freiheit. Recht zur Freiheit ist allerdings auch Recht zur Ungleichheit; zwangshafte Egalisierung von Meinungen, Funktionen und Lebensgewohnheiten verstößt gegen die Freiheit.

Ich bin frei *durch* Gegebenheit und *zur* Gegebenheit: Ohne gesellschaftliche Garantie unverfügbarer Grundwerte und Grundrechte bräche Freiheit in sich zusammen. Die Freiheit bedarf ihres Schutzes und ist an sie gebunden, bloße Beliebigkeit untergräbt die Freiheit. Zugleich bedarf aber meine Freiheit des Raumes, mich zu entfalten, sie ist angewiesen auf die Gegebenheit der „Mittel“, durch die sie sich erhalten und entfalten kann (man denke an Bereiche wie Eigentum, Bildung).

Ich bin frei *durch* Gemeinschaft und *zur* Gemeinschaft: Vorgegebene Gemeinschaft (Familie, Volk) determiniert Freiheit und ermöglicht sie zugleich erst. Die Kommunikationsbahnen solcher Gemeinschaft müssen um der Freiheit willen gewährleistet bleiben. Ebenso muß Freiheit aber Gemeinschaft stiften und wählen können; eine verplante Gesellschaft, eine Gesellschaft ohne die Rechte der Kommunikation und Koalition untergrübe die Freiheit.

Gegebenheit: Ohne die fundamentale Gegebenheit des Daseins (gerade auch der Freiheit), der Welt (als des Inbegriffs der Gegebenheiten, auf die Selbstsein sich bezieht) und der Gesellschaft (als des Inbegriffs der mannigfachen Dimensionen von Gemeinschaft) wäre der Mensch nicht. Solche Gegebenheit aber ist Gegebenheit für die Freiheit, Gegebenheit somit in die antwortende Gestalt, und sie ist Gegebenheit, die nicht nur den einzelnen, sondern auch die Gemeinschaft selbst bestimmt. Gegebenheit muß auf Freiheit und Gemeinschaft hin gelesen werden, damit sie nicht als der bloße Zwang des Faktischen mißverstanden wird. Solche Gegebenheit ist Gabe, sie ist aber auch Festlegung; sie ist Spielraum, sie ist aber auch Grenze.

Die Gegebenheit meines *Selbstseins* (meiner Freiheit) ist mir *gegeben* und ist mir *entzogen*: Mein Leben, meine Menschenwürde und meine Menschenrechte stehen weder mir noch anderen zur beliebigen Disposition. Nur wenn die Grundgegebenheit von Leben und Menschenwürde in der Gesellschaft mit nichts anderem verrechnet werden, kann die Gesellschaft menschlich bleiben. Zur Gegebenheit des Selbstseins gehört auch meine Gegebenheit als leibhaftiges und geschlechtliches Wesen. Abstrahiert von diesem unverfügbaren Datum bin ich nicht ich selbst; auch Leiblichkeit und Geschlechtlichkeit bedeuten Gestaltungsmöglichkeit *und* Bindung.

Die Gegebenheit der *Welt* ist mir *gegeben* und ist mir *entzogen*: Daraus resultieren Recht und Pflicht zur Weltgestaltung; das Wahren und das Nutzen der Möglichkeiten dieser Welt haben Maß zu nehmen an der Angewiesenheit des Menschen, aller Menschen auf diese Welt. Zur Gegebenheit der Welt gehört für mich auch, daß ich an einer bestimmten, unvertauschbaren Stelle im raumzeitlichen Kontext von Welt und Geschichte vorkomme und von ihr her diesen Kontext zu übernehmen habe; meine Gestaltung von Welt und Geschichte muß diesem „responsorischen“ Charakter Rechnung tragen. Der Versuch einer vom Nullpunkt aus neu gemachten Welt ist der Versuch einer unmenschlichen Welt. Utopien, die die fundamentalen und die geschichtlichen Gegebenheiten nicht einbegreifen, werden ihrerseits weltlos.

Die Gegebenheit von *Gesellschaft* ist mir *gegeben* und ist mir *entzogen*: Mein Selbstein ist mir nicht nur durch den Kontext von Menschheit, Nation, Familie vermittelt und wird nicht nur durch Dienste anderer, durch Dienste der Gesellschaft aufrechterhalten; darin ist mir auch die Gesellschaft selbst, ist der Kontext Menschheit, Nation, Familie, der Kontext einer geschichtlich konkreten Gesellschaft und ihrer Ordnung, ihrer Kultur und ihrer Sitte mitgegeben. Darum gehört zu den Grundgegebenheiten, von denen meine Welt- und Selbstgestaltung ausgehen, nach denen sie sich ausrichten muß, das Gemeinwohl, die Gesellschaftsordnung, das bestimmte Erbe der Geschichte, in die ich hineingeboren bin. Gerade hier wird deutlich, daß Gegebenheit nicht nur Fixierung ist, sondern Bindung bedeutet, welche Gestaltung allererst ermöglicht, ihr so aber zugleich auch Maß gibt.

Gemeinschaft: Daß der Mensch ein Gemeinschaftswesen ist, daß Mitsein zum Menschsein gehört, bedeutet zum einen eine unaufgebbare Gegebenheit, es sagt zum anderen aber, daß die Bindung des Menschen an die anderen Bindung seiner Freiheit, daß Gemeinschaft also Gemeinschaft von Freien ist. Nur in dieser Polarität zwischen unaufgebbarer Freiheit und unaufhebbarer Gegebenheit tritt das spezifisch menschliche Profil von Gemeinschaft gegenüber sozialistischen oder liberalistischen Verkürzungen hervor.

Gemeinschaft *wächst* aus Freiheit und *stiftet* Freiheit: Gemeinschaft darf nicht zum kollektiven Subjekt werden, das die Subjektivität ihrer Glieder aufhebt. Nur der Rückbezug auf die Ursprünglichkeit der Freiheit des einzelnen erhält Gemeinschaft lebendig; nur das Sichgeben der einzelnen in die Gesellschaft gewährt hinwiederum die Freiheit der einzelnen in ihr. Dieser Polarität muß eine Gesellschaftsordnung Rechnung tragen: Gesellschaft wächst aus der Freiheit der einzelnen und hat sich an ihr zu orientieren, und doch ist Gesellschaft mehr als die Summe oder das geregelte Nebeneinander isolierter oder parzellierter Freiheiten.

Gemeinschaft *wächst* aus Gegebenheit und *stiftet* Gegebenheit: Naturale und geschichtliche Zusammenhänge, Angewiesensein aufeinander, gemeinsame Funktion und gemeinsames Schicksal strukturieren menschliches Miteinander. Sie können von der menschlichen Freiheit nicht einfach übersprungen werden. Kein einzelner kann sich um seiner Freiheit willen ausnehmen vom Verbund der Gesellschaft. Was immer er ist, was immer er tut, er wird, auch in seiner Freiheit, geprägt von der Gesellschaft und prägt selbst Gesellschaft. Daraus ergibt sich eine doppelte Haftung: der Gesellschaft für den einzelnen, des einzelnen für die Gesellschaft.

Gemeinschaft *wächst* aus Gemeinschaft und *stiftet* Gemeinschaft: Sowenig Gesellschaft ein abstraktes und anonymes Es ist, sosehr sie aus der Beziehung der einzelnen zueinander und der einzelnen zum Ganzen lebt, so sehr ist sie doch selbst ein Ganzes, ist sie Träger, „Subjekt" ihrer eigenen Geschichte. Gerade darum ist das Geschick der Gesellschaft die Sache ihrer Glieder, ist gesellschaftliche und politische Verantwortung integraler Bestandteil menschlicher Freiheit, sind gesellschaftliche Strukturen und Entwicklungen Strukturen und Entwicklungen des Menschseins selbst.

Die entfalteten Momente geben nicht schon fertige Lösungen her, sondern sind ein „Suchinstrument", um zu erkennen, wo Fragen und Situationen auftauchen, die kirchliches bzw. christliches Sprechen in der Gesellschaft erfordern. Sie helfen freilich zugleich, die Richtung anzuvisieren, in welcher die Lösung liegt; diese selbst muß durch eine genauere Analyse der Frage bzw. der Situation und durch die Integration der verschiedenen Momente *im einzelnen* erhoben werden.

2. Zum Verhältnis Grundsatzfragen – Sachfragen

Um aufgrund der oben vermittelten Kriterien näherhin festzulegen, in welchen Fällen kirchliches bzw. christliches Sprechen geboten oder sinnvoll ist, legt sich aufs erste die Unterscheidung zwischen Grundsatzfragen und Sachfragen nahe. Oft wird die Meinung geäußert, eine ausdrückliche christliche Aussage könne nur bei Grundsatzfragen, nicht aber bei Sachfragen fällig sein, da, spätestens seit dem II. Vatikanum, die relative Autonomie der Sachbereiche dieser Welt auch theologisch anerkannt ist. Näher besehen läßt sich jedoch eine klare Scheidung zwischen Grundsatzfragen und Sachfragen nicht durchhalten; denn auch Sachfragen haben oft grundsätzliche Implikationen; ihrer Intention nach rein an der „Sache" orientierte, weltanschaulich „neutrale" Modelle und Lösungen haben nicht selten Rückwirkungen für das Humanum. Gerade solche direkte oder indirekte, intendierte oder faktische Rückwirkungen auf das Humanum erfordern die christliche Aufmerksamkeit. Die Problematik des Umweltschutzes, die großenteils durch „wertneutrale" Vorgänge in den Bereichen der Industrie und des Verkehrs entstand, ist ein augenfälliges Beispiel.

3. Pflicht zur allseitigen Beobachtung

Wenn es aber keinen fest umgrenzbaren Bereich von Grundsatzfragen gibt, die als solche unmittelbar in die Augen springen, wenn die vielfältigen Sachfragen heutigen Lebens unter der Hand zu Problemen des Humanum selbst werden können, dann muß sich die Aufmerksamkeit der Christen auf alles richten, was in der Gesellschaft vorgeht.

Wo aber liegen die *Kriterien* für solche universale Beobachtung? Einmal geht es darum, die *Ziele* klarzustellen, die hinter Tendenzen und Projekten, zumindest unausgesprochen, stehen. Zum anderen geht es um das Aufdecken und Beurteilen der *Voraussetzungen und Implikate*, die in Maßnahmen und Entwicklungen, oft nur latent, enthalten sind. Ferner sind die *Mittel* zu prüfen, die für ein vielleicht berechtigtes Ziel eingesetzt werden. Schließlich geht es um die *Neben- und Auswirkungen* und um die Kontexte.

IV. Konsequenzen für das Sprechen der Kirche und der Christen in der Gesellschaft

1. Wann soll gesprochen werden?

Die Kriterien dafür, worum es christlichem Sprechen in Fragen der Gesellschaft zu tun ist, entscheiden auch darüber, wann ausdrücklich ein Sprechen der Christen oder der Kirche in der Öffentlichkeit fällig wird: immer dann, wenn es in der Gesellschaft um die essentiellen Momente oder ihr Gleichgewicht geht. Diese allgemeine Antwort muß noch näher expliziert werden.

Es geht *in der Gesellschaft* um die genannten Momente, wenn ein Problem zur Debatte steht, das nicht nur einzelne, sondern direkt oder der Konsequenzen wegen alle betrifft und das allgemeine Aufmerksamkeit findet oder verdient. Daß auch das Problem einer Gruppe fürs Ganze relevant sein kann (Probleme ausländischer Arbeitnehmer), ist im Gesagten eingeschlossen.

Es geht um die genannten Momente, wenn eines von ihnen oder ihre Balance *gefährdet* ist. Dies kann durch einen direkten Angriff, durch falsche Thesen und Lösungen, die in der Gesellschaft propagiert werden, aber auch durch unreflektierte Trends und latente Entwicklungen geschehen. Sowohl fixierbare Tatbestände wie auch das allgemeine Bewußtsein selber können der Sitz einer solchen Gefährdung sein.

Es geht aber auch dann um die Momente und ihre Balance, wenn aus christlichem Impuls und christlicher Initiative *Alternativen oder Modelle* entwickelt werden können, die eine bessere Realisierung des Humanum unter den gegebenen Verhältnissen ermöglichen.

Christliches Sprechen kann ferner angezeigt sein, weil sonst niemand überhaupt oder in so dezidierter Weise Stellung nimmt (*unterscheidend* christliches Sprechen), aber auch weil andere Kräfte in der Gesellschaft der ausdrücklichen Zustimmung und Unterstützung bedürfen (*solidarisch* christliches Sprechen).

2. Wie soll gesprochen werden?

Nicht nur der Inhalt, sondern auch die Art und Weise des Sprechens steht unter dem Anspruch christlicher bzw. kirchlicher Sendung.

Die Maßstäbe, die sich für die Beobachtung gesellschaftlicher Vorgänge anbieten, müssen auch von der Kirche und den Christen an ihr eigenes Sprechen angelegt werden: Welches *Ziel* verfolgt solches Sprechen, rechtfertigt es sich an der Intention des Evangeliums, nimmt es hinreichend Bezug auf die gesellschaftliche Situation? Welches sind die *Voraussetzungen und Implikationen* solchen Sprechens? Welcher *Mittel* (welcher Sprache und welcher Organe) bedient sich sinnvollerweise dieses Sprechen? Wo liegen die Nebenwirkungen, in welchen *Kontext* tritt solches Sprechen und rückt es jene, die sprechen?

3. *Wer soll sprechen?*

Das *Amt* soll als solches, im Namen der Kirche, sprechen, entweder wenn von der Sache her allgemein verbindlich gesprochen werden muß oder wenn von der Situation her ein eindeutiges und einhelliges Handeln der Kirche gefordert ist. Die Konzentration auf besonders wichtige Fälle und Felder kann um der Wirksamkeit amtlichen Sprechens willen geboten sein.

Freie Initiativen sollen sprechen, wo es sich um Fragen handelt, die alle angehen und vom allgemeinen Bewußtsein rezipierbar sind, gleichviel, ob es sich um Probleme handelt, zu denen das Amt auch seinerseits spricht, oder um solche, die ein Sich-Exponieren des Amtes nicht erlauben oder nicht fordern. Besonders sind sie dann aufgerufen, wenn es darum geht, über allgemeine Grundsätze hinaus konkrete Modelle anzubieten. Schließlich müssen diese Initiativen auch dann „einspringen“, wenn das Amt ein an sich gebotenes Sprechen unterläßt oder wenn das amtliche Sprechen einer breiteren Resonanz oder einer weiterreichenden Konkretisierung und Präzisierung bedarf.

Fachleute sollen sich *als* Christen äußern, wenn in einer Spezialfrage ihres Gebietes christliche oder menschliche Gesichtspunkte, die nicht leicht zur Sache einer „allgemeinen“ Stellungnahme zu machen sind, zur Geltung gebracht werden müssen.

Drittes Kapitel

Die Stellung des kirchlichen Amtes

EINLEITUNG ZUM DOKUMENT DER RÖMISCHEN BISCHOFSSYNODE 1971 „DER PRIESTERLICHE DIENST“

Der Text der römischen Bischofssynode über den priesterlichen Dienst hält mehr, als er auf den ersten Blick verspricht. Im Geflecht vieler Zitate aus der Heiligen Schrift und aus den Dokumenten des II. Vatikanischen Konzils treten bei behutsamer Lektüre die Konturen eines Priesterbildes hervor, das sich keineswegs im Selbstverständlichen und Gängigen erschöpft.

Gewiß, vieles von dem, was viele sich von der römischen Bischofssynode erwartet haben, konnte sie nicht leisten. Eine nüchterne Einschätzung der Situation und ihrer Erfordernisse, aber auch der Möglichkeiten eines Dialogs, dessen Partner aus aller Welt ihn unter den unterschiedlichsten Perspektiven zu führen hatten, läßt indessen die kritische Rückfrage an die Leistung der Synode zugleich auch zur kritischen Rückfrage an jene Erwartungen werden, die sich auf sie richteten. Nachfolgende Einführung zum Text soll zunächst auf die „Grenzen“ der Aussage des synodalen Papiers hinweisen: Was leistet es nicht?

Gerade so kann aber der Blick frei werden für das, was der Text leistet. Als erstes ist hier zu bemerken: Er ist nicht die bloße Vollstreckung vorgefertigter Konzeptionen, garniert mit einigen verändernden Modi der Synodalen; er ist nicht die bloße Umarbeitung vorliegender Entwürfe, korrigiert durch einige Einwendungen und Zusätze aus der vor- und innersynodalen Diskussion. Er spiegelt mehr, als es aufs erste scheint, das *Gespräch* um das priesterliche Amt, wie es in der Weltkirche und auch auf der Bischofssynode geführt wurde. Zwar konnte man oftmals Kritik an der Weise hören, wie die Diskussion im Plenum der Synode abgewickelt wurde: Aneinanderreihung beziehungsloser, weil Tage zuvor schriftlich eingereichter Interventionen der Synodalen; doch das Gespräch, das gleichwohl in der „Kette der Monologe“ enthalten war, kommt in der gemeinsamen Aussage der Synode zur Geltung. Im folgenden sollen daher auch einige Hinweise zur Genese des Textes aus dem

Dialog der Synode gegeben werden. Ein genaueres Referat der Diskussionen auf der Synode und um die Synode würde indessen den Rahmen einer knappen Einleitung sprengen.

Eng mit der Genese aus dem Gespräch um das priesterliche Amt hängt auch das zusammen, was der Gedanke des synodalen Textes *inhaltlich* leistet. Er verbindet drei Fragerichtungen fundamentaler Art, die das Selbstverständnis des Priesters heute betreffen: Einmal wird die Stellung und Funktion priesterlichen Dienstes innerhalb der Problematik des Menschen, der Welt und der Kultur von heute behandelt – der anthropologische und situationsbezogene Aspekt priesterlichen Dienstes; zum anderen wird priesterlicher Dienst in den Kontext des Dienstes und der Dienste der Kirche im ganzen gerückt – ekklesiologischer Aspekt; schließlich wird, die beiden anderen Aspekte verbindend und begründend, der Bezug priesterlichen Dienstes zu Person und Sendung Christi neu befragt – christologischer Aspekt. Die drei genannten Aspekte werden indessen nicht „nebeneinander" abgehandelt, sie verflechten sich im Duktus eines einheitlichen, durchgreifenden Gedankens. Diese innere Struktur der Aussage liegt in der äußeren Gestalt nicht sofort offen; als der Nerv des Ganzen soll sie jedoch den hauptsächlichen Inhalt der nachfolgenden Einleitung bilden.

I. Vorbemerkungen

1. Grenzen: Was leistet der Text nicht?

Die Priesterfrage ist in etwa zu einem „Seismographen" für die vielfältige innere Unruhe geworden, die mit den Umbrüchen und Entwicklungen in der Kirche, mit der Frage nach ihrer Identität in unserer Welt verbunden ist. Von daher läßt sich verstehen, daß eine Fülle von Erwartungen sich auf eine „Lösung" der Priesterfrage richten. Nach der Meinung vieler hat die vergangene Bischofssynode eine solche Lösung nicht erbracht. Während der einleitende Teil des Textes, die Situationsanalyse, verhältnismäßig klar und griffig die Spannungsfelder aufreißt, in die der Priester und sein Dienst heute gestellt sind, und dabei auch den Zusammenhang der Frage nach dem Priester mit den Grundfragen nach Christentum und Kirche aufdeckt, scheinen die praktisch-konkreten Antworten des II. Teils (Richtlinien) dem keine gleichgewichtige Antwort gegenüberzustellen.

Das Urteil, die Synode sei in der Priesterfrage „ergebnislos" geblieben, trifft indessen nicht. Es hat dennoch in der Diskussion und im Text der Synode seine Anlässe.

Die Elemente der dogmatischen Aussage des Textes sind in der bisherigen Theologie schon großenteils zu finden und dort sogar detaillierter herausgearbeitet. Das Neue des Synodendokumentes ist jedoch die Einfügung dieser Elemente in eine neue Gesamtsicht priesterlichen Dienstes.

Noch weniger als im Dogmatischen sind in der exegetischen Begründung des Textes neue Elemente zu finden. Einigermaßen unbefangen geht er mit den Aussagen der Schrift um und legt sie auf jene Deutungen hin aus, die sie in der großen Tradition der Kirche gefunden haben. Auch hier ist indessen mehr Reflexion in die Aussagen investiert, als ein rasches Anlesen zeigt.

Mißt man das synodale Papier an einem Dokument wie etwa dem „Schreiben der deutschen Bischöfe [der Bischöfe des deutschsprachigen Raumes] über das priesterliche Amt" (1969), so ist der Bezug des letzteren zu biblischer, geschichtlicher und allgemeintheologischer Forschung ausgeprägter. Dies darf jedoch nicht verwundern, wenn man an die Voraussetzungen der römischen Bischofssynode denkt: über 200 Bischöfe mit den unterschiedlichsten „Startbedingungen" für einen theologischen Dialog, dazu eine kurze, mit vielen Aufgaben beladene Arbeitszeit und in mancher Hinsicht erschwerte Arbeitsverhältnisse. Indessen ist das Synodendokument alles eher als theologisch oberflächlich oder retrospektiv zu nennen. Es kann bei einer Bischofssynode nicht eigentlich um das Weitertreiben theologischer Forschung gehen; dieser ist durch die Bischofssynode keine Tür zugeschlagen, kein Weg erschwert. Sache der Synode mußte es in ihren lehrhaften Aussagen vielmehr sein, die gemeinsame Basis der Glaubensüberzeugung in der Kirche über Wesen und Grundstruktur priesterlichen Dienstes zu formulieren, dies freilich im Blick auf die theologische und die allgemeine religiöse und geistige Situation.

Schwerer als die offenen Fragen im theologischen Bereich wiegen die Einwände gegen die pastoral-praktischen Ergebnisse der Synode zur Priesterfrage – und gerade hier ist doch die Not brennend. Wenn man indessen die frei und leidenschaftlich auf der Synode geführte Diskussion ernst nimmt, die aus der Summe der einzelnen Interventionen, aber auch aus den Ergebnissen der zwölf Sprachzirkel herausscheint, so begreift man das eigentümliche Dilemma, vor dem die Synode stand, vor der mit ihr aber auch die Priesterfrage als solche steht: einerseits lassen sich zu den praktischen Fragen priesterlichen Dienstes weitertragende Antworten, die auf Weltebene alle Situationen einfangen, kaum geben; andererseits sind aber gerade hier gemeinsame Antworten notwendig. Priesterlicher Dienst hat nicht überall dieselben, ja kaum überall vergleichbare Bedingungen; doch ist es gerade Sache des priesterlichen Dienstes, in der Vielheit der Situationen das Verbindende des einen Glaubens und der einen Sendung der Kirche lebendig zu halten. Die unterschiedlichen Situationen in der Welt treten zudem in eine immer dichtere Kommunikation miteinander, so daß es notwendig wird, die bedrängenden Fragen gemeinsam zu bedenken und zu bestehen.

Was die Synode an Richtlinien und konkreten Vorschlägen zu Leben und Dienst des Priesters äußerte, setzt darin freilich erst einen Anfang, der in der Gemeinschaft der Gesamtkirche wie auf den regionalen Ebenen der Kontinente oder der Bischofskonferenzen weiterer Aufarbeitung und Konkretisierung bedarf. Daß die Bischofssynode in der so heiß diskutierten Frage nach der Zulassung Verheirateter zum Priestertum letztendlich eine strenge Linie vorschlug, entsprach durchaus dem inneren Gang des Gesprächs und der redlichen Auseinandersetzung mit der Vielzahl der zu beachtenden Gesichtspunkte. Wird indessen durch den Text selbst genügend deutlich, daß dem so ist? Wird die in diesem Punkt getroffene Entscheidung auch begleitet von der Reflexion darüber, wie dennoch der pastorale Dienst in den Gemeinden aufrechterhalten werden kann? Gerade wenn man die Entscheidung der Synode ernst nimmt und für begründet hält, muß um so dringender nach einem Gesamtkonzept pastoraler Dienste gesucht werden. Und zugleich muß der deutlich in den synodalen Aussagen betonte Charakter der Gemeinsamkeit priesterlichen Dienstes strukturelle und spirituelle Konsequenzen finden: Wie können Bischöfe und Priester und wie können die Priester untereinander lebendige Gemeinschaft verwirklichen? Über die so wichtigen Fragen der Weckung und Förderung geistlicher, zumal priesterlicher Berufe und auch der priesterlichen Aus- und Weiterbildung hat die Synode nichts geäußert. Es wird im einzelnen nicht leichtfallen zu entscheiden, ob und inwieweit jeweils auf gesamtkirchlicher oder auf regionaler Basis hier an den Ergebnissen und an den offenen Fragen der Synode weitergearbeitet werden muß. Gerade dort, wo die Synode Entscheidungen traf oder zumindest konkrete Richtungen wies, kann sie nicht auf sich beruhen bleiben.

2. Genese: Wie entstand der Text aus dem Gespräch der Synode?

Vor der Bischofssynode wurde an die einzelnen Bischofskonferenzen ein vorbereitendes Papier zum Thema des priesterlichen Dienstamtes versandt. Dieses Dokument war von einer Sonderkommission unter Vorsitz von Kardinal Höffner, Köln, erstellt worden, an der auch Mitglieder der internationalen Theologenkommission beteiligt waren. Der Text stützte sich teilweise auf Vorarbeiten der Theologenkommission. Zwar betonte das Dokument, daß es der synodalen Diskussion nicht vorgreifen wolle; es verstehe sich nur als „Arbeitsinstrument“, um das Gespräch einzuleiten. Auch die wenigen „Fragen“, die ihm beigesetzt waren, sollten nur Vorschläge darstellen, ohne die Freiheit zu beschneiden, auch anderes zu behandeln. Gleichwohl verbreitete sich die Vermutung, die Synode werde auf den hier erarbeiteten Text einfachhin zurückgreifen und ihn allenfalls mit einigen Erweiterungen oder Veränderungen versehen. Die Aufnahme des Textes war sehr unterschiedlich. Ein Vergleich mit dem Dokument, das dann die Synode selbst zur Priesterfrage verabschiedete, läßt sofort sehen, daß hier wesentlich mehr geleistet wurde als eine Überarbeitung der Vorlage. Gerade der Unterschied zwischen dem vorsynodalen Arbeitspapier und dem synodalen Ergebnis zeigt die Spanne, die das Gespräch auf die Synode hin und während der Synode zurücklegte. Das Erstaunlichste ist vielleicht dies: Das vorbereitende Arbeitspapier gliederte die Inhalte, die zur Diskussion um das Priestertum notwendigerweise hinzugehören, nach Art einer mehr äußeren Bestandsaufnahme; demgegenüber verrät das synodale Dokument eine durchgehende, innerlich kohärente Komposition, ein im Grunde einheitliches Konzept, das freilich in den drei Abschnitten Situationsanalyse – Lehrsätze –

praktische Richtlinien verschiedene Akzente findet. Normalerweise müßte man eher die entgegengesetzte Bewegung annehmen: Destruktion eines vorgegebenen Konzeptes durch die zersplitternden Einzelmeinungen innerhalb einer Diskussion. Wie ist es zu dieser „sammelnden" Bewegung in der Diskussion vor der Synode und auf der Synode gekommen?

Die einzelnen Bischofskonferenzen hatten, teilweise auch im Kontakt mit Priestern ihres Bereichs, Stellungnahmen zum römischen Papier erarbeitet und eingereicht. In manchen Ländern wurden diese Stellungnahmen noch durch gezielte Untersuchungen begleitet, zum Beispiel in der Bundesrepublik durch eine vom Allensbacher Institut für Demoskopie im Auftrag der Bischofskonferenz durchgeführte einläßliche Befragung aller Priester. Die Vorarbeit in den verschiedenen Bischofskonferenzen schuf der Synode bereits eine gewisse „Startbasis" für ihren Dialog. Dieser selbst wurde in der Frage über das Priestertum durch die Relation von Kardinal *Höffner* zum Lehrteil und durch die Relation von Kardinal *Enrique y Tarancón* zu den praktischen Fragen eingeleitet. Wichtig für den weiteren Fortgang der Arbeit waren nicht allein diese einleitenden Relationen, auf die immer wieder Bezug genommen wurde und die die überaus komplexe Materie in übersichtlicher Form darboten, sondern auch die wiederum von den genannten Relatoren gegebenen Zusammenfassungen der Plenardiskussion. Hier war die verwirrende Fülle des Gesagten bereits auf seine Grundlinien verdichtet. Im Lehrteil zeigte sich bei der Diskussion eine überraschend breite Übereinkunft in den Grundpositionen; in den praktischen Fragen lagen, gerade bezüglich der Zulassung verheirateter Männer zum Priestertum, die Positionen wesentlich weiter auseinander; doch zeigte die Diskussion im ganzen bereits eine wachsende Tendenz zu dem hin, was sich dann im Ergebnis niederschlug. Für den endgültigen Text eher noch entscheidender als die Plenardiskussionen war jedoch die Arbeit in den zwölf Sprachzirkeln, in welche sich die Synodalen aufteilten. Hier wurden nach verschiedener, jeweils selbst festgelegter Methode die anstehenden Themen bearbeitet; das Ergebnis gelangte durch Relationen ins Plenum. Aus den zwölf Sprachzirkeln heraus, aus dem Präsidium der Synode und aus Theologen, die als Sondersekretäre der Synode für die einschlägigen Fragen berufen waren, wurde alsdann eine Redaktionsgruppe gebildet, die den vorliegenden Text in seinen Grundzügen erarbeitete. Seine Endgestalt bezieht noch die Wünsche und Vorschläge mit ein, die als Modi der Synodalen eingebracht wurden.

Wie eng der Bezug des endgültigen Textes zur synodalen Diskussion ist, mag daran auffallen, daß die „Lehrsätze" des verabschiedeten Dokuments nahezu sämtliche Gesichtspunkte aufgreifen, die im Arbeitsergebnis des deutschsprachigen Zirkels formuliert wurden. Die Redaktionskommission hat jedenfalls ein Maximum an Eingehen auf die konkrete Gesprächssituation der Synode geleistet und hierbei ein Optimum an Kraft der Zusammenschau des Divergierenden in seine verbindenden Grundzüge entwickelt. Besonders wichtig für das Werden eines theologisch die Gespräche reflektierenden und komponierenden Synodentextes war die Arbeit der beiden Theologen *Hans Urs von Balthasar*, Basel, und *Jorge Medina-Estevez*, Santiago de Chile. Vom Ergebnis her muß gesagt werden, daß auch die Vorarbeiten und Diskussionen auf die Synode hin in ihr keineswegs ohne Widerhall geblieben sind.

II. Grundstruktur der theologischen Aussage

1. Das Koordinatensystem

Zwei begriffliche Markierungen kennzeichnen das synodale Dokument im ganzen. Einmal ist es die leitende Rolle des Bildes vom guten Hirten, in das andere Ansätze und Konzepte zum Verständnis priesterlichen Dienstes integriert werden (vgl. 9.2). Zum anderen ist es das Begriffspaar *missio* und *communio*, unter dem zumal die konkreten Aussagen über den priesterlichen Dienst gegliedert sind (vgl. die Überschriften im II. Teil vor 17 und 21).

Die Felder, in denen der theologische Gedanke durchgespielt wird, wurden schon genannt: einmal der Situationsbezug, also die Stellung priesterlichen Dienstes zur „Welt von heute"; zum anderen die Kirche, in deren Dienst und Auftrag Funktion und Auftrag des Priesters ihren Ort haben; schließlich Jesus Christus selbst, von dem her priesterlicher Dienst verstanden und ergriffen werden will.

In diesem formalen Koordinatensystem – der gute Hirt; missio und communio; Welt, Kirche, Christus – kommt die Konsistenz und Konsequenz eines einheitlichen Gedankens zum Austrag. Zugleich ordnen sich ihm aber auch die Fragen ein, die faktisch auf der Synode zur Debatte standen. Sie lauten in etwa: Kann priesterlicher Dienst, so wie er in der fundamentalen Tradition der Kirche entstanden ist und verstanden wurde, in unserer Welt noch verstanden und aufrechterhalten werden, kann er in ihr „ankommen"? Ist er – in einer gemäßen Hermeneutik christlichen Glaubens – noch primär als nach innen gerichteter Dienst an der Kirche zu verantworten, oder ist er primär Dienst am Aufbau, an der Erneuerung, gar an der Veränderung der Gesellschaft? Weiter: Ist priesterlicher Dienst einfach ein kirchlicher Dienst unter anderen, von den jeweiligen Entwicklungen und Notwendigkeiten der Kirche rein funktional definierbar und insofern auch verfügbar? Gibt es für ihn ein „Gegenüber" zu anderen Diensten? Ist er ein spontan aus der jeweiligen Gemeinde und für sie charismatisch entstehender Dienst? Oder ist er auf die Kirche im ganzen und auch auf eine übergreifende Ordnung von Kirche im ganzen bezogen? Erhält er seine Legitimation aus der inneren Dynamik des Amtsträgers oder aus der Meinung und dem Willen der Gemeinde, oder aber weist seine Legitimation in jene Schicht von Kirche zurück, in der diese sich selbst dem unverfügbaren Willen des Herrn, seiner Sendung und seinem Auftrag verdankt? Schließlich: Gibt es eine spezifische Weise, wie priesterlicher Dienst am Dienst Christi teilhat, ja wie er ihn repräsentiert? Oder ist es eine Ideologisierung, gar Anmaßung, wenn vom Priester gesagt wird, er handle in persona Christi? Inwieweit gibt es einen legitimen Anspruch an den Priester, sich amtlich oder persönlich mit Jesus Christus zu „identifizieren"? Wo hätte ein solcher Anspruch seinen Grund, sein Maß, aber auch seine Grenze?

Diese Fragen umreißen indessen nicht nur die Felder des Bezuges priesterlichen Dienstes auf die Welt, auf die Kirche und auf Christus; sie sind in ihrem letzten Grund *insgesamt* „christologisch" orientiert, christologisch in einem freilich übergreifenden und radikalen Sinn: Wie verhält sich in Jesus die Sendung, die ihn unterscheidet und einmalig macht, zur Gemeinschaft, in der er solidarisch mit der Welt, einer von allen, mit allen und für alle ist? Ist missio Christi nur eine Projektion der communio Christi et in Christo – oder ist sie ihr Fundament? Und wenn eine missio Christi akzeptiert wird: wie verhält sich in ihr Hoheit und Dienst? Und weiter:

Kann nur sein Dienst oder kann und muß in diesem Dienst auch seine Hoheit „kommuniziert“, geschichtlich konkret weitergegeben werden? Diese christologischen Fragen sind die Lebensfragen für das Selbstverständnis der Kirche und – das zeigt der Blick auf die konkreten Probleme sofort – auch für das Selbstverständnis des Priesters.

Die Fragen um den Priester sind christologische Fragen – und das Koordinatensystem, in das sich die Aussage der Synode fügt, ist seinerseits das Koordinatensystem einer universalen und radikalen Christologie.

2. Die dynamischen Grundkategorien: missio und communio

Dem Verständnis der Synodenaussage dient es, zunächst in Abhebung vom Text das Gedachte seines Gedankens aus sich zu entwikkeln. Wenn daraus ein angemessenes, vom Text gedecktes Verständnis seiner unmittelbaren Aussage erwächst, ist die „Deutung“ gerechtfertigt.

Missio und communio, Sendung und Gemeinschaft, haben in sich eine je polare Bestimmung. Missio als Sendung enthält eine doppelte „Transzendenz“. Wer gesandt ist, schließt sich nicht in sich, er versteht sich nur von seinem Woher aus und auf sein Wozu hin. Er ist die „Aussage“, ja das „Ereignis“ dessen, daß das entsendende Woher und das zielhafte Wozu seiner Sendung zusammengehören, daß dieses Zusammengehören aber nicht selbstverständlich ist, und schließlich daß dieses Zusammengehören seinen ursprünglichen Ort in der Intention des Woher hat. „Sendung“ im theologischen Kontext, konkret gar: im Kontext der Priesterfrage, umgreift die Sendung Christi, der Apostel, der Kirche und der Priester. Im Begriff der Sendung werden die genannten „Größen“ in eine dynamische Einheit der Bewegung ihres Seins hineingestellt. Für alle diese „Größen“ gibt es, auf Grund der jeweils für sie konstitutiven Sendung, dynamisch identische Momente. Sie lauten, in Christus angeschaut: nicht von mir, nicht für mich, sondern vom Vater für die Welt; darin aber mit dem Vater und mit der Welt; letztlich sogar: der Vater in mir, die Welt in mir – denn das eigene Ich bedeutet: der Vater selbst ist für die Welt.

Darin ist für das Verständnis von Sendung Entscheidendes mitgesagt: Einmal bedeutet Sendung einen radikalen Außenbezug, eine fundamentale Hinwendung zur Welt. Kirche, die von ihrer Sendung her verstanden wird, kann konsequenterweise nie weltlos verstanden werden, Ekklesiologie ist nie Endstation; und daß sie keine Endstation ist, *ist* gerade eine ekklesiologische Aussage. Sein bei der Welt, Ankunft bei der Welt, das sind nicht Konzessionen und Kompromisse, nicht bloße Zutat und Anpassung; denn es kommt beim Gesandten eben darauf an, *daß* er ankommt, dies ist der Sinn von Sendung.

Ebenso ursprünglich gehört freilich das Ärgernis der Unterscheidung zur Sendung hinzu. Denn Ankommen in sich wäre nichts ohne die Spannung, daß das Andere, Unselbstverständliche ankommt. Sendung ist unverfügbar, sie lebt aus dem sendenden Ursprung; und es ist gerade die „Demut" und „Wehrlosigkeit" des Gesandten, daß er nicht sich vertritt, sondern einen anderen, der in ihm wirkt und mächtig ist. Nur wer den Gesandten hin auf den Ursprung liest, hat den Sinn von Sendung verstanden.

Missio impliziert so aber eine doppelte communio, die zur Einheit einer einzigen communio werden will. Der Gesandte ist dazu gesandt, mit denen zu kommunizieren, zu denen er gesandt ist. Er darf dabei aber – dies ist die konstitutionelle Spannung seines Gesandtseins – die communio mit dem nicht aufgeben, der ihn sendet. Denn Sinn seiner Sendung ist nicht bloß communio mit denen, denen die Sendung gilt, und auch nicht bloß communio mit dem entsendenden Ursprung, vielmehr die Ermächtigung der communio zwischen dem Ursprung und denen, für die er sendend da sein will.

Die gezeichnete Struktur ist die der Eucharistie. Der Vater sendet den Sohn in jene Hingabe, die zugleich die innigste communio des Sohnes mit dem Vater in der radikal gehorsamen Hingabe seiner selbst und in der Hingabe desselben Selbst für das Leben der Welt bedeutet. In der communio mit Christus und durch ihn mit dem Vater stellt sich die Gemeinschaft der Gläubigen, selber communio geworden, in die Sendung Jesu hinein, sie wird sein Leib für das Leben der Welt, damit die Welt selber mehr und mehr in diese communio hineingezogen werde.

Hier ist ein – durch die Hingabe Jesu konstituiertes und für Eucharistie konstitutives – weiteres Strukturmoment der Sendung berührt, die für die Kirche kennzeichnend ist. Sendung führt zur communio, die ihrerseits jeweils wieder Sendung bedeutet, weil sie radikale communio, communio mit Gott ist, der selber der Sendende, will sagen: der Liebende, der selber die Liebe ist. Die Unverfügbarkeit der Liebe, ihre freie Ursprünglichkeit, die den wahren Sinn von Autorität, von Hoheit, von Vollmacht aufdeckt, gibt, communio stiftend, sich selbst in dieser communio nicht nur preis, sondern auch teil.

Damit ist aber deutlich, daß Sendung in einer aus ihrem Ursprung her unverfügbaren Ordnung zur Grundstruktur der Kirche gehört, gerade weil ihr Wesen communio ist, communio, die sich aber ihrerseits ebenso wie missio doppelt transzendiert; denn communio ist – *als* gegenseitige, „innige“ Gemeinschaft – zugleich communio mit dem sendenden Ursprung und mit denen, denen sie ihn und damit sich zuteil gibt.

Wenn die Spannung und die gegenseitige Implikation der Begriffe missio und communio für den Auftrag Christi und der Kirche akzeptiert wird – und wie anders soll Christus und Kirche verstanden werden können? -, dann resultieren hieraus entscheidende Konsequenzen für die innere Fügung der Kirche. Strukturmodelle, die sich auf einen der beiden Pole missio – communio allein stützten, um ein geschlossenes System daraus zu entwickeln, könnten nicht die ganze Wirklichkeit von Kirche einfangen. Sie verkürzten sogar und gerade auch den Pol, den sie zum Strukturprinzip erheben. Eine bloß von der missio als der hoheitlichen Sendung her gesehene Kirche, eine Kirche, die nur in der Abfolge einander tragender Sendungen ihre Wesensbestimmung hätte, eine Kirche, von der nichts anderes zu sagen wäre, als daß sie „hierarchisch gegliedert“ ist, brächte sich gerade um den in der missio notwendig und konstitutiv enthaltenen Außenbezug, um den Dienst an der Welt und für die Welt. Umgekehrt aber gilt nicht minder, daß eine nur als communio, nur als Gemeinde von unten her konzipierte Kirche, in der dann bestenfalls unvorhersehbar der Impuls oder die Sache Jesu weiterlebte und je neu sich artikulierte, sich um beide Dimensionen der communio brächte. Nicht nur die Unverfügbarkeit des ein für allemal in einer geschichtlichen Stunde gekommenen und sich in den Bahnen geschichtlicher Existenz weitergebenden Jesus Christus drohte in die Jeweiligkeit der punktuellen Gemeinschaft hinein unterzugehen. Diese Gemeinschaft selbst drohte sich in sich zu verschließen; communio aller Gemeinden und communio mit der Welt fielen aus ihr weg.

Das Synodendokument macht in diesem Zusammenhang fundamentale Aussagen, die den Hintergrund für ihr Verständnis priesterlichen Dienstes erhellen. Im Kollegium der Apostel – dessen Verständnis für die Ekklesiologie grundlegend ist – sieht der Text bereits einen doppelten Aspekt anwesend: die communio im Geist *und* den Ursprung hierarchischen Amtes (vgl. 11). Von der „ursprünglichen, unveräußerlichen Struktur der Kirche" als solcher wird gesagt, daß zu ihr das Gegenüber von „Apostel und Gemeinde der Gläubigen gehört, die beide unter Christus dem Haupt und im Wirken seines Geistes einander gegenseitig zugeordnet sind" (vgl. 12.2). Es wird betont, daß diese kirchliche Grundstruktur normativ bleibt im Zueinander von Gemeinde und auf sie hingeordneten Hirten. Sinn dieser Struktur ist es, daß die Kirche sich nicht in sich selber schließt, sondern so gerade auf Christus als Ursprung und Haupt hin offen ist und ihm untersteht (vgl. 11.4). Daß communio der Sinn von missio und daß missio die Bedingung von communio ist, darf als ekklesiologische Grundaussage des Synodenpapiers gelten. Eine Aufhebung der auf konkrete Sendung beruhenden, gängig „hierarchisch" genannten Verfaßtheit kirchlichen Amtes ist damit ausgeschlossen; diese „hierarchische" Verfaßtheit ist ihrerseits aber nur das eine Strukturmoment in der Kirche; als anderes Moment gehört ebenso die communio hinzu, die das „hierarchisch" gegliederte Amt nicht nur voraussetzt, sondern es auch umfängt und einbezieht. Das hat freilich im Feld dessen, was man im konkret-organisatorischen Sinn des Wortes „Strukturen der Kirche" nennt, eine „fatale" Folge: Eine in sich geschlossene, nahtlos das Funktionieren des Ganzen garantierende, die Möglichkeit von Spannungen und auch Frustrationen ausschließende Struktur der Kirche kann es nicht geben. Der spezifische Dienst, den das kirchliche Amt wahrzunehmen hat, ist zwar verwiesen auf die communio, auf die Mitwirkung und Beteiligung aller, die heute zweifelsohne der institutionellen Sicherung und Regelung bedarf; er erschöpft sich aber keineswegs darin, neutral-perfekte Vollstreckung des ermittelbaren Willens der Mehrheit zu sein. Die unverfügbare Verantwortlichkeit kirchlichen Amtes ist auf die communio verwiesen, um sich glaubhaft realisieren zu können; freie Initiativen und Charismen sind auf die Einheit gewährleistende missio des Amtes verwiesen, um kirchliche communio aufzubauen. In dieses Spannungsfeld von missio und communio ist auch der priesterliche Dienst gestellt.

3. Der gute Hirt und der priesterliche Dienst

Die Spannung von missio und communio erscheint im Bild vom guten Hirten als die Spannung des Daseins Christi selbst. Das Bild des Hirten ist Ausdruck der Hoheit. Im Johannesevangelium wird durch die Aussage des Christus, daß er der gute (das heißt: wahre) Hirt sei (Joh 10,11.14), nicht oder zumindest nicht nur ein Bezug zu anderen Gestalten der Menschheitsgeschichte, sondern primär ein Bezug zu Jahwe als dem Hirten seines Volkes hergestellt. Jesus ist damit beauftragt, das richtende und rettende Handeln Gottes in seiner Sendung wahrzunehmen (vgl. Joh 5,21-30). Die Weise aber, wie Jesus das tut, ist die Hingabe, die Selbstaufgabe ins Dasein für die Herde, in die radikale Gemeinschaft mit ihr. In der Selbsthingabe erweist er sich als der Hirt jener, der die Zersprengten und Verlorenen sammelt und alle in ihr Leben und ihre Einheit hinein rettet (vgl. Joh 10,15-16). Es ist Sache seiner missio, die umfassende communio zu stiften.

Indem der synodale Text das priesterliche Tun Jesu von seiner Selbstexplikation als der gute Hirt her begreift, erhält der Blick auf das „Priesterliche“ eine entscheidende Ausweitung. Das Spezifische des Priesterlichen, die Hingabe als Opfer, die Funktion der Stellvertretung und Vermittlung, wird der Möglichkeit entkleidet, nur punktuell betrachtet oder in einem verengten Sinn kultisch verstanden zu werden. Dieses „Priesterliche“ wird Ausdruck genau jener Spannung von missio und communio, die das Ganze der Existenz Christi kennzeichnet. Er ist in seinem ganzen Sein und Wirken jener, der vom Vater aus und auf den Vater zu und darum gerade für alle, ja mit allen da ist als der Diener aller, als das Brot für die Welt. Das sammelnde, suchende und leitende Wirken des Hirten oder Königs, seine diakonia wird zum Interpretament für das Zeugnis und für das Opfer, für das Prophetische und für das Priesterliche (vgl. 9.4). Das Wort hört auf, bloße Belehrung zu sein, es ist das Sich-Hineingeben Gottes durch Jesus in die communio mit dem Menschen, und diese communio hat ihren Höhepunkt, ihre sie begründende und zusammenfassende Spitze in der Selbsthingabe Jesu, in welcher die Fleischwerdung des Wortes in ihr Äußerstes gelangt. Das „Sakrament" führt so aber gerade nicht zum isolierten Ritualismus, sondern zur totalen Kommunikation; es wird, mehr als bloßes Wort, gerade ganz Wort. Dieses Verhältnis beschäftigt die Synode ausdrücklich im ersten Punkt, den sie im Zusammenhang mit den praktischen Fragen über Leben und Dienst des Priesters behandelt: In der gegenseitigen Integration von Verkündigung und Sakrament sieht sie ein Kennzeichen der Sendung des Priesters (vgl. 17).

Eine weitere Spannung ist im Hirtenbild impliziert. Hirt und Herde kennen einesteils keine „fließenden Übergänge". Das Einswerden des Hirten mit der Herde setzt gerade das Gegenübersein voraus. In ihrer spezifischen „Funktionalität" sind Hirt und Herde einander strikt entgegengesetzte Momente derselben Beziehung. Andererseits kennt auch der Nachtrag des Johannesevangeliums in der Perikope von der nachösterlichen Begegnung des Auferstandenen mit Petrus die Weitergabe der Hirtenvollmacht an den Apostel (Joh 21,15-18); noch andere Stellen des Neuen Testamentes, auf die der synodale Text zum Teil selbst hinweist (vgl. 12.2 und 4; Apg 20,28; Eph 4,11; 1 Petr 5,1-4), übertragen das Bild vom Hirten auf die Inhaber eines besonderen Dienstes in der Gemeinde. Diese Spannung steigert sich noch, wenn die absolute Einzigkeit des guten Hirten, der an Jahwes Statt seine Herde sammelt, in Betracht gezogen wird. Es muß jedoch als ein christologisches Grundmoment betrachtet werden, daß Einzigkeit und Kommunikation bei Jesus durchweg einander einschließen, ohne daß Teilgabe die Einzigkeit aufhebt. Teilgabe, die die Einzigkeit nicht aufhebt, sondern wahrt und sichtbar macht, stiftet aber Repräsentation.

Was erbringt diese Bemerkung für die Priesterfrage? Als Sinn des Gegenüber von Hirten und Gemeinden, das oben bereits als konstitutives Strukturmoment der Kirche begegnete, trat die Offenheit der Gemeinde über sich hinaus auf Jesus zu in den Blick. Gerade dadurch, daß die Gemeinde den Dienst von solchen, die zu ihr gehören, über persönliche Leistung und Fähigkeit hinaus auf Jesus hin zu lesen hat, werden die, die in seinem Namen verkündend, leitend und sammelnd, den Leib und die Vergebung des Herrn gewährend, in ihrer Mitte sind, radikal relativiert. Es geht nicht um sie, sondern um den Herrn in ihnen, mit dem sie in doppelter Beziehung stehen:

Einmal ist es das Wort, das Sakrament und die Liebe des Herrn, die sie als Verkündiger, Liturgen und „Hirten“ in der Gemeinde lebendig und wirksam zu halten haben. Zum anderen aber ist ihr konkreter geschichtlicher Dienst durch eine ihrerseits geschichtliche Kontinuität mit dem einmaligen Ursprung in Jesus Christus verbunden; dieser Dienst garantiert die konkrete Herkunft der Gemeinde aus dem von Gott in Jesus in die Geschichte hinein gesetzten und darum geschichtlich zu vermittelnden Anfang (vgl. 12. bes. 2-5 und 8).

4. Konsequenzen

Von hier aus bahnt sich für einige Fragen, die das Verständnis priesterlichen Dienstes betreffen, eine Lösung an.

a) Gemeinsames und besonderes Priestertum*

Die erste Frage bezieht sich auf das *Verhältnis zwischen dem gemeinsamen Priestertum der Gläubigen und dem besonderen des Amtes*. Hierzu werden zwar keine einläßlichen Ausführungen angeboten (vgl. 12.5); das fundamental über die Herkunft der Kirche und des priesterlichen Amtes aus Jesus Christus Gesagte macht aber die Linie einer Lösung wenigstens im Ansatz deutlich.

Kirche steht als eine und ganze in der einen und ganzen Sendung Christi und ist das Sakrament der in ihm ereigneten communio Gottes mit der Welt. An dieser missio und communio haben alle Glieder der Kirche teil; sie bilden im einen Geist den einen Leib, in dem der Herr sich der Welt darreicht, damit sie aus ihm leben kann. Die gemeinsame Teilhabe an Jesu eigener missio und communio muß aber geschichtlich, leibhaftig vermittelt werden. Solche leibhaftige Vermittlung durch die Gestalt von „traditio“, in welcher konkrete Sendung sich in konkrete Weitersendung fortpflanzt und diese konkrete Weitersendung nicht nur in vertikaler Verbindung zum gemeinsamen Ursprung, sondern ebenso in horizontaler Verbindung, in communio aller Sendung miteinander, Gestalt gewinnt. Das Grundmodell von „successio“ und von alle Gemeinden und Teilkirchen übergreifender communio wird so zu Ausdruck und Gewähr für die geschichtliche Entsprechung der Kirche zu ihrem Ursprung (vgl. 12.8; 14.1).

Das gemeinsame Priestertum der Kirche bedarf also eines besonderen, von Christus her sie erbauenden Dienstes, der die Einheit von missio und communio durchträgt und sicherstellt. Was die Kirche für die Welt, das sollen die Verwalter des priesterlichen Dienstes für die Kirche sein. Sie halten in der geschichtlichen Konkretheit sakramental vermittelter missio und communio die Verbindung der Christen miteinander und mit Christus wach. Sie tragen also Sorge für die „Identität" der Kirche als Leib Christi. Priesterlicher Dienst in der Kirche stellt sich als besonderer Dienst der Einheit dar (vgl. z. B. 7.6; 14.1; 17.4; 18.6; 21.1).

b) Amtliche Vollmacht*

Eine weitere Frage, die von den synodalen Aussagen her beantwortet werden kann, betrifft die „*Vollmacht*" des Priesters. Kann es in der Kirche eine andere Vollmacht als die Vollmacht Christi und kann es überhaupt noch „Vollmacht" in ihr geben, wo Jesus Christus sich selbst entäußert und zum Knecht aller gemacht hat? Der Text der Bischofssynode weist auf die Unzerreißbarkeit von Vollmacht und Dienst in der Sendung Jesu hin; sie ist im Wesen von Sendung als solcher bereits grundgelegt. Sendung geschieht in der Hoheit dessen, der sendet; und der Gesandte macht ihr, ja ihm in sich Platz.

Bei Jesus erreicht diese „Identität" und „Differenz" ihr einmaliges, absolutes Maß: Er ist der Sohn, in dem der Vater selbst lebt und sein Werk tut, und Jesu gehorsame Selbstentäußerung ist so zugleich hingebende Tat *des Vaters*, der seinen Sohn verschenkt für das Leben der Welt. Der Synodentext spricht „vom zweifachen Aspekt" der „Sendung Christi: dem der Autorität und des Dienstes" (13). Seine Hoheit und Vollmacht offenbart sich im hingebenden Dienst, und seine Erniedrigung ist der Ort seiner Erhöhung durch den Vater.

Mit diesem „Christusereignis" kommuniziert die Kirche durch den priesterlichen Dienst; aus dem Christusereignis entspringt seine Sendung, die communio der Kirche mit und in Christus lebendig zu erhalten. So ist auch priesterlicher Dienst communio mit der Vollmacht Christi *und* mit seiner Niedrigkeit. Er ist „nichts" an sich selbst und für sich selbst, so aber gerade die „Mächtigkeit" des in ihm wirkenden, des ihn in seine missio nehmenden Christus. Daß Er es ist, der in der missio des Priesters communio wirkt, ist „Wesen" priesterlicher Vollmacht. Sie tritt am deutlichsten darin hervor, daß dem Priester allein der Vorsitz bei der Eucharistiefeier und die sakramentale Sündenvergebung zusteht (vgl. 12.5 und 7). „Die Autorität gehört dem amtlichen Diener nicht zu eigen: in ihr wird die Vollmacht (exousia) des Herrn sichtbar, in dessen Auftrag der Priester im endzeitlichen Versöhnungswerk als Abgesandter amtet (2 Kor 5,18-20)" (13).

Das Wort „eschatologisch" gibt in diesem Zusammenhang einen wichtigen Hinweis. Christus hat ein für allemal sein Werk der Versöhnung getan. Wir stehen in der durch ihn eröffneten Fülle der Zeit, in der Zeit der Versöhnung. Diese Zeit muß sich aber in der Vorläufigkeit und Verschattung der geschichtlichen Zeit durchsetzen. Das unmittelbar in Christus bereits Gegebene bedarf daher der Vermittlung. Die „Vermittlung" ist Stätte der „Unmittelbarkeit" des Vermittelten; an sich selbst aber ist sie Armut. Von daher aber ist das vollmächtige Handeln des Priesters, das den Herrn und seine Liebe in seinem Wort und Sakrament an uns verschenkt, in der Tat das unverfügbare Handeln des Herrn selbst. Sofern der Priester freilich seinerseits diesen Dienst zu „leisten" hat, ist er bare Überforderung. Er kann sich zu dem, was er tut, nur verhalten wie Johannes der Täufer zum Herrn, wie Maria, die als das Schweigen das Wort, als der Hintergrund das Licht, als die Leere die Fülle zu gebären hatte (vgl. 19.4).

c) Character indelebilis*

Von dieser eschatologischen Wirklichkeit des Handelns Gottes in Jesus her, das in der Geschichte durch die Kirche gegenwärtig und wirksam bleibt, ist auch die Wirklichkeit zu verstehen, die in der Tradition den Namen „character indelebilis" (unauslöschliches Merkmal) trägt. Sie wird vom synodalen Text voll bejaht, aber auf neue Weise gedeutet. Christus hat sich über alles Versagen der Kirche, über alle Vorläufigkeit derer hinaus, die sie bilden, mit der Kirche endgültig und unwiderruflich verbunden. Kirche ist das unüberholbare Zeichen seiner Liebe zur Menschheit. Umgekehrt lebt in der Kirche und als Kirche das Ja der Menschheit zu Gottes Angebot. Sie ist Stätte des Bundes zwischen Gott und der Menschheit, der, in Christus geschlossen, Göttliches und Menschliches miteinander vermittelt und nie mehr auseinandergerissen wird. Nun wird genau der Priester als der Ort innerhalb der Kirche betrachtet, an dem diese Zusage Gottes und die Antwort der Gemeinde zeichenhaft und wirksam zum Ausdruck kommt. Priesterlicher Dienst des Wortes und Sakramentes lebt nicht allein aus dem menschlichen Vorrat des Wissens und Könnens des Priesters; auch wo der Priester das Maß seines Dienstes unterbietet, kann Gemeinde von dem in ihm sakramental handelnden und seine Liebe kündenden Gott leben. Diese den priesterlichen Dienst prägende Wirklichkeit wird durch nichts mehr zurückgerufen. Aus diesem den Priester mit all seiner Endlichkeit unterfangenden Fundament seines Dienstes wächst ihm einerseits gerade Kraft und Mut zu für seinen ihn überfordernden Dienst, andererseits ist Gottes Gabe auch das richtende Maß, das sein Leben in Anspruch nimmt. Priesterlicher Dienst ist von seinem Wesen her Dienst auf Dauer, ungeteilter Dienst (zum Ganzen siehe 13).

Im priesterlichen Dienst, in der sakramentalen Gabe, die ihn trägt, begegnen und durchdringen sich noch einmal die beiden Grundelemente missio und communio. Der priesterliche Charakter bezeichnet ein persönliches unlösliches Hineingenommensein des Dieners in die missio Christi; dieses Hineingenommensein ist aber nichts anderes als Anteil an der communio zwischen Gott und Menschheit, die in Jesus Christus endgültiges – geschichtlich gesprochen: zugleich bleibendes und immer neu geschehendes – Ereignis geworden ist.

Eine weitere Dimension der communio, die wiederholt im synodalen Text aufscheint: Der Priester ist nicht nur Zeichen des Angebotes Gottes, das im Wort, im Sakrament und in der Liebe an die Menschen ergeht; er ist, im Namen und in der Sendung der Kirche für sie und für die Menschheit vor Gott stehend, zugleich Zeichen der Antwort, welche die Kirche für die Menschheit und namens der Menschheit ist. Die Gemeinschaft der Kirche ist eine Gemeinschaft von solchen, die zu Gottes Angebot ja gesagt haben und gerade deshalb im Ja, das sie zu Gott und darin zueinander sagen, Gottes Ja an die Welt weitertragen und in ihr glaubhaft machen können (vgl. 9.5; 13).

d) Priesterlicher Zölibat*

Die Aussagen, welche das synodale Dokument zur Frage des priesterlichen *Zölibats* macht, sind letztlich hier verankert. Bei aller Vielschichtigkeit des einschlägigen Textes (20) fällt doch auf, daß eine litaneiartige Aufreihung zusammengelesener Gründe für den Zölibat, wie man sie sonst oftmals findet, in eine fundamentale Sicht hinein überschritten ist. Im Vordergrund steht die Gemeinschaft des Priesters mit der Hingabe des Herrn: Verzicht auf eigenes Mögen und Können und österliche Freude sind in ihr miteinander verbunden. Wer einen das ganze Leben in Anspruch nehmenden Dienst zu versehen, wer die Hingabe Jesu, seine Sendung und in ihr seine doppelte communio des Daseins auf Gott allein hin und für alle Menschen zu vergegenwärtigen hat; wer Zeichen dafür sein soll, daß Gottes in Jesus endgültig gegebenes Ja zur Menschheit schon jetzt menschliches Leben ganz und gar zu tragen und zu erfüllen vermag; wer für die universale Sendung der Kirche sich ganz zur Verfügung zu stellen gewillt ist und somit sich nicht in konkreten Zielen und Funktionen allein schließt; wer Zeichen der ganzen Antwort sein will, welche die Kirche in der Nachfolge Christi seinem Angebot gibt: dem steht in besonderer Weise ein Leben an, das solche Berufung und solchen Anspruch zeichenhaft zum Ausdruck bringt. Gerade die genannten Dimensionen priesterlichen Dienstes aber weisen mehr auf die Zeichenhaftigkeit des ehelosen Lebens als auf jene der christlichen Ehe hin (bes. 13.1-8).

e) Communio*

Liest man die Grundzüge priesterlichen Dienstes mit dem Dienst des guten Hirten zusammen, dessen Präsenz der Priester in der Kirche gewährleisten soll, und entdeckt man in diesen Grundzügen immer wieder die beiden tragenden Grundelemente von missio und communio, so könnte der Text des synodalen Dokuments, der nach dem Proömium als erstes Wort den Ausdruck „*Missio*nis Ecclesiae amplitudo" setzt (die Fülle der Sendung der Kirche), nicht besser abschließen als mit dem Anfang des Johannesbriefs: Ziel des priesterlichen Dienstes, seiner Sendung, ist die *communio* mit dem Leben des Sohnes aus dem Vater und mit dem Vater in der communio der Glaubenden miteinander (25; vgl. 1 Joh 1,2-3).

5. Der Bezug zur Welt, zur Kirche, zu Christus

Die Grundaussagen des synodalen Textes zum priesterlichen Dienst leiten sich aus den entwickelten Grundbegriffen her. Diese werden

„durchgespielt“ in den Bezugsfeldern der Welt – verstanden als unsere Welt in ihrer konkreten geschichtlichen Situation -, der Kirche und des Verhältnisses zu Christus. Die Grundbegriffe führten bereits von sich her unumgänglich in die genannten Bezugsfelder hinein. Die Spannung von missio und communio ist die immanente Spannung der Kirche; ja mehr noch, sie ist das Christusereignis selbst; und zudem ist sie die innere Richtung dieses Christusereignisses, und damit auch der Kirche, auf die Welt. Der synodale Text geht indessen – und dies ist gerade sein Vorzug – nicht deduktiv von einem Prinzip oder auch von den genannten strukturalen Grundelementen seines Gedankens aus; vielmehr weist er zunächst auf die Dialektik, in welcher die Kirche und mit ihr der priesterliche Dienst heute in der Weltsituation stehen.

a) Weltbezug

Die Situationsanalyse, welche das Dokument (2-8) einleitet, liefert zwar nicht statistisches Material über die Entwicklung der Priesterfrage – das zudem auf Weltebene nur in recht unterschiedlicher und kaum vergleichbarer Art und Qualität zu beschaffen gewesen wäre –, sondern sie bezieht die Fragen, in die das Selbstverständnis und der Dienst des Priesters heute geraten, auf die Situation der Kirche und der Welt. „Heil“ hat, nach dem Dokument, eine geschichtliche Perspektive: der Weg der Welt und der Menschheit führt in die Vollendung der Gottesherrschaft, in der Gott alles in allem sein wird (vgl. 2.1; 1 Kor 15,28). Dieser Weg hat immer wieder seine schmerzlichen Umbrüche, und es ist Aufgabe der Kirche, auch in ihnen mit der „Welt“ zu kommunizieren. Ihre Erschütterungen zittern in der Kirche mit. Sie darf sich weder verschließen noch sich bloß anpassen. Sie muß und kann aber mit-leidende und mit-tätige Hermeneutik des Welt-Geschehens auf seinen Sinn, und das heißt auf Jesus Christus hin, leisten, und das versucht das synodale Dokument. Im Kontext der Situation sieht es vor allem folgende Fragen an den Priester gestellt: Soll der Priester, als Träger der Sendung der Kirche in die Welt, sich nicht selbst radikal „säkularisieren“ (vgl. 3)? Kann er in unserer Zeit, die allem Sakralen und Rituellen weithin entfremdet ist, den Dienst der Sakramente noch als glaubhafte Gestalt der Gegenwart des Handelns Gottes den Menschen zumuten (vgl. 4a)? Wie kann er – einerseits in einer „hierarchisch“ strukturierten Kirche, andererseits in einer Situation, die immer stärker zur „Angleichung“ der Dienste und Kompetenzen in der Kirche führt – communio als Grundzug der Kirche verwirklichen und gleichwohl eine erkennbare Kontur des spezifisch Priesterlichen finden (vgl. 4b-5)? Gibt der Blick auf Geschichte und Ursprung der Kirche, wie ihn historische Wissenschaft und vor allem Exegese erschließen, noch hinreichend Anhalt, um an der traditionellen Bestimmung des Priestertums festzuhalten (vgl. 6)? Diese Fragen artikulieren sich in den verschiedenen Weltregionen verschieden; dennoch sind sie der Kirche als ganzer gestellt. Die Synode sieht beides (vgl. 8).

Alle diese Fragen sieht der Text im Zusammenhang der inneren Spannung heutiger Kultur (7). Der Mensch hat sich so radikal selbst in der Hand wie noch nie zuvor. Zukunft wird weithin planbar und machbar. Die Menschheit kommt nicht umhin, diese Zukunft als ihr gemeinsames Werk zu organisieren. Gerade auf diese Weise aber erhält die Zukunft und von ihr aus bereits die Gegenwart eine neue Unheimlichkeit für den Menschen. Welt wird zum Apparat, der funktioniert, der darin aber den einzelnen und seine Freiheit verschlingt. Kommunikation fällt immer schwerer, Sinn wird im Sog des Produzierens und Konsumierens immer fraglicher, Angst breitet sich aus. Die beiden Versuchungen – außer der zur baren Verzweiflung – sind Fortschrittsideologie, die alles und sogar das Paradies eines universalen Glücks herstellen zu können wähnt, sowie Flucht ins ungeschichtliche Niemandsland weltloser Versenkung und selbstgenügsamer Abgeschiedenheit. Verkürzung auf eine absolut gesetzte „Horizontale“ der Evolution, des Fortschritts, der Mitmenschlichkeit oder – heute wieder wachsend – Rückzug in eine pure „Vertikale“ ohne Übersetzung ins Außen und ins Miteinander sind die Scheinlösungen von heute. Der synodale Text sieht in der Bruchstückhaftigkeit solcher Versuche einen Verweis auf den, welcher die umfassende Synthesis Gottes selber ist, auf Jesus Christus: in ihm bilden Gottes- und Nächstenliebe eine unzerreißbare Einheit; er wendet die Menschen hin zum Vater, führt sie so aber gerade in die Hinwendung des Vaters zur Welt; er setzt in seinem Dienst an allen und in seiner Hingabe für alle das Sakrament der Liebe, die vom Vater kommt und zum Vater führt (vgl. 7.5).

Die Synthesis, die Christus *ist*, ist aber auch Wesen und Auftrag der Kirche. Es ist ihr „Weltauftrag“, die Fluchtbewegung aus der

Welt zum Dienst an der Welt, das Aufgehen in der Welt zur Offenheit für den Gott, der die Welt allein vollenden kann, umzuwenden. Das Christusgeheimnis rückt die Kirche ganz und gar in die „Situation“; gerade ihr Innerstes und Unaufgebbares macht sie gleichzeitig mit der Zeit. Und an dieser entscheidenden Stelle der Sendung der Kirche ist der Ort des Priesters. Wenn er die Gemeinde sammelt um das Wort des Herrn und in seiner sich sakramental verschenkenden Liebe, dann bildet sich jenes Ferment, dessen die Welt bedarf, um aus ihrer inneren Aporie herauszukommen. Dies zu wissen, beschert dem Priester noch nicht sofort ein Erfolgserlebnis; zwischen der grundsätzlichen Einsicht in seinen Weltauftrag und der Weise, ihn Gestalt werden zu lassen, liegen ungezählte Ratlosigkeiten und Schwierigkeiten. Aber die Aufgabe, in der Einheit der Gemeinde die Einheit von missio und communio und darin die Einheit von Gottesdienst und Weltdienst sichtbar und wirksam werden zu lassen, ist jedenfalls alles eher als gestrig und zukunftslos. Von der Synthesis, die Jesus Christus ist, indem er sich weggibt, setzt alsdann im Lehrteil (vgl. 9) die positive Entwicklung priesterlichen Dienstes an. Die auf Jesus Christus hin zu lesende Situation ist so als das Vorzeichen vor die Klammer zu setzen, in der von Jesus Christus her der Dienst der Kirche und in ihm der besondere Dienst des Priesters entwickelt werden.

Aus der fundamentalen Zuwendung des Auftrags der Kirche und des Priesters zur Welt zieht die Synode indessen *nicht* die Konsequenz, daß priesterliches Handeln primär gesellschaftliches und politisches Handeln sein müsse (hierzu und zum Folgenden vgl. 15 und 18 im ganzen). Zwar wird der Grundsatz aufgestellt, jedes wahrhaft christliche Handeln sei auf das Heil der Menschen ausgerichtet, das gerade um seines eschatologischen Charakters willen auch das Zeitliche mitbetrifft, weil eben Christi Herrschaft unteilbar ist. Doch ist diese Herrschaft Christi nicht ein Titel für einen alten oder neuen Integralismus der Kirche, der die Autonomie der irdischen Ordnungen und somit die verschiedenen Zuständigkeiten auch innerhalb der Kirche außer acht ließe. Das prophetische Zeugnis gegen Ungerechtigkeit und Unmenschlichkeit, die Orientierung des menschlichen Gewissens durch das verkündende Tun ist durchaus priesterliche Aufgabe. Freilich muß im Handeln des Priesters nicht nur der evangelische Unterschied der Gewaltlosigkeit mit letzter Konsequenz gewahrt werden – er wird grundsätzlich für alles gesellschaftliche Handeln der Christen gefordert –, sondern es muß auch der Dienst an der Einheit, der Menschen unterschiedlicher gesellschaftlicher Konzepte versammelt und ihre legitime Freiheit respektiert, als Richtmaß für den politischen und prophetischen Einsatz des Priesters beachtet werden. Was immer er an politischen, aber auch an allgemein profanen Aufgaben übernimmt, muß daraufhin kritisch überprüft werden, ob es dem fundamentalen Sinn seines priesterlichen Dienstes in der jeweiligen Situation entspricht oder ob es ihn verdunkelt. Die Entscheidung kann hier der Priester nicht allein treffen; es bedarf des gemeinsamen Sehens und Urteilens mit dem Bischof und dem Presbyterium. Eine politische Führungsrolle widerspricht nach dem Urteil der Synode beinahe immer den spezifischen Aufgaben des Priesters.

b) Ekklesiologischer Bezug

Die Spannung zwischen missio und communio zeigte sich als der „gemeinsame Nenner“, um den Dienst Christi, der Apostel, der Kirche und der Priester zu verstehen. Führt solche Betrachtungsweise indessen nicht dazu, die Unterschiede zu verwischen? Setzt sie nicht die Aufgabe des Priesters einfachhin mit der der Kirche gleich und leistet so einem neuen Klerikalismus priesterlicher Allzuständigkeit Vorschub?

Die wichtigsten Elemente einer Antwort auf diese Frage wurden bereits genannt: Die Grundstruktur der Kirche besteht im *Gegenüber* von Hirt und Gemeinde, in dem sich der Unterschied zwischen dem gemeinsamen Priestertum der Kirche und dem besonderen der Hirten artikuliert. Innerhalb dieses Beziehungsfeldes zeigt sich freilich ein eigentümliches Zugleich von Einheit und Unterschied zwischen Priester und Kirche. Dies gilt sowohl für die missio als auch für die communio.

In der Tat umfängt die *Sendung* des Priesters in gewisser Weise die gesamte Sendung der Kirche. Der Dienst am Glauben, an Gottes Wort, der Dienst der Versöhnung und Vereinung aller miteinander und mit Gott im Sakrament, die Sammlung der Gemeinde und die Ordnung ihrer Dienste: solches bezieht sich doch aufs Ganze kirchlichen Lebens. Gleichwohl ist gerade in der Sorge ums Ganze auch der entscheidende Unterschied priesterlichen Dienstes angesprochen. Denn das „Gegenübersein“ des Priesters zur Gemeinde hat nicht den Sinn, das gesamte Leben und den gesamten Dienst der Gemeinde selbst „zu machen“, sondern den Raum der Freiheit und der Einheit zu gewährleisten, in welchem sich die Vielzahl eigenständigen, unplanbaren Lebens aus dem Glauben entfalten kann. Der synodale Text spricht vom „Geist der Katholizität“ als dem Sinn der universalen Sendung der Kirche, dessen Konsequenz für den Priester es sei, alle Gaben des Geistes gerne anzuerkennen, ihnen den entsprechenden Freiheitsraum zu eröffnen und sie aufs Wohl des Ganzen hinzuordnen (vgl. 14; vgl. auch 23). So erscheint es durchaus konsequent, daß vom priesterlichen Dienstamt einerseits gesagt wird, es trage Verantwortung für das Fortdauern des wesentlichen Werkes der Apostel in der Kirche, daß es andererseits aber im Verhältnis zu den vielen Charismen und Dienstleistungen als ein Dienst unter anderen bezeichnet wird (vgl. 12).

Priesterlicher Dienst ist Dienst an der *communio* der Kirche und wird zugleich von der communio getragen. Aus diesem Verhältnis zur communio wächst ihm indessen wieder eine dialektische Bestimmung zu. Zwar fordert der Dienst an der communio das konkrete Kommunizieren des Priesters mit dem Leben derer, für die er da ist; dennoch erfordert diese communio genauso einen „Unterschied“. Der synodale Text zitiert eine Stelle aus dem konziliaren Priesterdekret (PO 3), nach der die Absonderung des Priesters nicht den Sinn habe, ihn von der Gemeinde oder von den Menschen zu trennen, sondern ihn freizusetzen für seinen Auftrag (vgl. 17.1). Der Priester soll für jeden offen und für alle verfügbar sein, er soll alle in die Einheit des Lebens Christi einfügen. Deshalb muß aber seine Nähe zu allen und zu jedem aus der Freiheit einer Distanz erwachsen, die sich an keinen einzelnen bindet. Der Priester braucht in seinem Inneren einen Raum, der nicht durch einen bestimmten Menschen oder ein bestimmtes Ziel besetzt ist, sondern ganz für den Gott offensteht, der sich allen zuwendet. Damit ist keineswegs gesagt, daß konkrete menschliche Bindungen die Offenheit für Gott schlechthin versperren müßten; das Spezifische des priesterlichen Dienstes erfordert jedoch eine spezifische Freiheit: die Freiheit der totalen communio mit Christus, der sich an *alle* verschenkt und sie so gerade in seine communio einlädt. Von diesem Hintergrund aus sind sowohl die Aussagen des synodalen Dokuments über profane und politische Tätigkeit des Priesters wie auch die über den Zölibat zu sehen. Ihr Zielpunkt ist gerade der spezifische Dienst des Priesters an der communio. Diese Sicht geht auch in die synodale Aussage über das geistliche Leben des Priesters ein (vgl. 19). Denn hier wird die gegenseitige Implikation von pastoraler Zuwendung zu den Menschen und intimem Leben mit Gott betont. Der Gott, zu dem der Priester sich wendet, ist der „Gott für alle"; die Menschen, für die er da ist, sind jene, die Gott in seinem Herzen trägt. Die Konsequenz kann indessen nicht darin bestehen, daß Seelsorge das geistliche Leben oder geistliches Leben die Seelsorge ersetze, sondern darin, daß beide sich auseinander nähren.

Die Dialektik zwischen der „Absonderung" des Priesters und seinem Dasein für alle ist nicht die einzige, die sein Verhältnis zur communio kennzeichnet. Der Priester ist im Regelfall für eine konkrete Gemeinde bestimmt; gleichwohl darf, gerade um dieser Gemeinde willen, sein Dienst sich nicht in ihr schließen; denn der Priester ist der Garant nicht nur ihrer inneren communio, sondern zumal der übergreifenden communio der einzelnen Gemeinde mit der Kirche im ganzen, wobei der Weg über das eigene Bistum führt (vgl. 14.1-2). Gerade heute ist diese umgreifende Sicht priesterlichen Dienstes wieder von besonderem Belang. Einerseits wird deutlicher als früher erkannt, daß eine einzelne Gemeinde nicht bloß die Ortsgruppe der Weltorganisation Kirche ist, sondern daß Kirche entsteht im je neuen Sich-Versammeln der Gemeinde um das Wort und die Liebe des Herrn. Anderseits ist ebenfalls gerade heute in der eins werdenden Welt das eine Zeugnis der Kirche für den einen Herrn dringend erforderlich. Schon in der funktionalen Anpassung des priesterlichen Dienstes an die gesellschaftlichen Verhältnisse ergeben sich immer mehr Aufgaben, die nicht im Blick auf eine einzelne Gemeinde allein wahrzunehmen sind. Priesterlicher Dienst kann nur fruchtbar werden in der übergreifenden communio des Bistums, ja der überdiözesanen Zusammenarbeit (vgl. 21.11).

Daher bekommt die grundsätzliche Aussage, daß priesterlicher Dienst gemeinsamer Dienst im Presbyterium des Bischofs ist, neues Profil (vgl. 14.1; 21). Verfügbarkeit für die Kirche aus der Gemeinschaft des Dienstes mit dem Bischof und miteinander sind Grunderfordernisse priesterlicher communio. So ist die Verankerung von Dienst und Leben des einzelnen Priesters im Dienst und Zeugnis seiner Mitpriester und ist auch der vertrauensvolle Umgang mit dem Bischof, die Nähe zu ihm und die Gemeinschaft mit ihm, von hohem Belang. Der synodale Text spricht davon ausdrücklich, wenn auch nur in allgemeinen Umrissen (21-22). Sonderprobleme, die hier behandelt werden, sind der Priesterrat als Vertretung des diözesanen Presbyteriums und Organ seines gemeinsamen Handelns mit dem Bischof (21.9-10), die überdiözesane Zusammenarbeit von Bischöfen und Priestern (21.11), die Stellung der Ordenspriester im Presbyterium (21.12; 22.4), die Eingliederung von Priestergruppen in die Einheit des Presbyteriums (22.3). Wichtig ist in diesem Zusammenhang auch die Frage eines überdiözesanen Ausgleichs, um personelle und wirtschaftliche Notstände gemeinsam zu beheben (vgl. 24.2).

Die Notwendigkeit einer spezifischen communio der Priester mit dem Bischof und miteinander im Interesse ihrer gemeinsamen Aufgabe für die communio der Kirche ersetzt oder schmälert selbstverständlich nicht die andere Notwendigkeit, daß es zu einer intensiven, geistlich und institutionell gestützten Zusammenarbeit der Priester mit den Laien auf allen Ebenen kommen muß. Hierzu macht das synodale Dokument nur knappe Anmerkungen (23). Nachdrücklich wird zum Beispiel die Einrichtung diözesaner Pastoralräte empfohlen (22.3).

Das Votum der Mehrheit der Synode gegen die Zulassung verheirateter Männer zum Priestertum ist nicht zuletzt im Zusammenhang mit den Überlegungen zur spezifischen communio zu sehen. Priesterlicher Dienst ist, wie betont, heute besonders dringlich auf den „übergemeindlichen" Zusammenhang der Kirche hingeordnet; er ist gemeinsamer Dienst im Presbyterium, der eine hohe Verfügbarkeit verlangt; sie wird durch die ehelose Lebensform erleichtert. Es erschien vielen Synodalen daher richtiger, auf der Ebene der Gemeinde andere pastorale Dienste zu wecken und zu fördern (manche dachten besonders an den Diakon), als die Stütze der gemeinsamen Lebensform des Presbyteriums aufzugeben. Die Unteilbarkeit der Situation auf Weltebene schien eine übernationale Priesterplanung eher nahezulegen als eine punktuelle Abweichung von dem, was aus grundsätzlicher Erwägung als richtig erschien.

c) Der christologische Bezug

Gemeinsamkeit und Unterschied waren die Stichworte, unter denen das Verhältnis des priesterlichen Dienstes zum Dienst der Kirche betrachtet wurde. Unter denselben Stichworten ist auch der christologische Bezug priesterlichen Dienstes zu sehen.

Gemeinsamkeit mit Christus und Unterschied von ihm zeichnen – wie schon ausgeführt – die Spannung von Vollmacht und Dienst im „eschatologischen" Auftrag des Priesters. Es entspricht dem Charakter der „Sendung", daß Existenz und Dienst des Priesters bezeugen: nicht ich, sondern Er! Der Priester selbst „ist" diese Aussage – und gerade darin findet er seine Identität mit sich und überwindet er seine Isolation in die lebendige communio mit Christus hinein.

Die Polarität Gemeinsamkeit – Unterschied bestimmt indessen noch ein weiters Mal von Christus her die Existenz des Priesters. Jesus Christus selbst ist – in der Sicht des synodalen Textes – die umfassende „Gemeinsamkeit" Gottes mit der Menschheit; doch diese Gemeinsamkeit ereignet sich am radikalsten im Punkt der schärfsten „Trennung" Jesu vom Vater und von der Menschheit, im Kreuz.

Am Anfang des Lehrteils (9.2) betont das synodale Dokument diese *Gemeinsamkeit* Christi mit Welt und Menschheit: In seiner Hingabe am Kreuz hat er alle Opfer des Alten Bundes und auch der heidnischen Religiosität erfüllend überboten und in sein Opfer die gesamten Bemühungen der Menschheit, sich Gott zu nähern und menschliche Zukunft zu bauen, hineingenommen. Wie schon in der Situationsanalyse Christus als die Erfüllung und Verbindung der entgegengesetzten und aus sich ohnmächtigen Strebungen der Zeit erschien (vgl. 7.5-6), so wird er hier als der Mensch dargestellt, in dem von Gott her, in dem *als* dem Sohn Gottes menschliches Mühen und Wollen seine Zusammenfassung, seine Einlösung und seine innere Einheit empfängt. In Jesu Tod geschieht die äußerste Hingabe an den Vater aus der Situation der Verlassenheit und Gottesferne *und* zugleich das radikalste Dasein für alle in der Übernahme ihres eigenen Geschicks, ja ihrer eigenen Schuld. Von Gott her sind darin die menschlichen Versuche angenommen, sich ihm zu nähern und von Mensch zu Mensch Brücken zu schlagen. Der Riß, der Gott und Mensch und der die Menschen untereinander teilt, ist überwunden. Am Kreuz und an seiner österlichen Frucht wird sichtbar, daß

Gott Liebe ist, und darum der Mensch Mensch sein darf. Die „Grenzen“ des Menschseins in Tod, Schuld und Einsamkeit sind nicht „wegoperiert“, sondern verwandelt in befreiende communio mit dem belebenden, vergebenden, sich und alles schenkenden Gott. Was es mit der Welt und dem Menschen auf sich hat, ist ablesbar an Jesus Christus, er ist der Index des Sinnes und der ursprünglichen Bestimmung von allem, was ist. Auf ihn hin – und so auch von ihm her – ist alles geschaffen.

Die den Menschen und die Welt aus ihrer Entfremdung befreiende Tat Gottes, die in Jesus ein für allemal geschehen ist, soll in der Kirche offenbar werden und die Geschichte durchdringen, wenn es freilich der Kirche auch nicht gelingen kann, durch „geistliche“ oder „weltliche“ Aktion den Anfang einzulösen, der in Jesus gesetzt ist. Die Kirche ist vielmehr Zeugin des angebrochenen Eschaton, das durch Gott selbst in der zweiten Ankunft Christi zur Vollendung gebracht wird. Sie ist es als *Zeichen*, das von sich wegweist und doch schon anfänglich in sich vorweist, worauf es zeigt.

Hier setzt die missio des Priesters ein (vgl. bes. 12.5). Er trägt die verantwortliche Sorge dafür, daß die Kirche dieses Zeichen sei, indem sie communio ist, in deren Mitte der Herr lebt – und von ihm her Offenheit zum Vater und zur Welt. Das Wort, das Sakrament und die Gemeinschaft der Liebe sind die Weisen, wie Gottes in Jesus ereignete Tat hineinreicht in die geschichtliche Wirklichkeit, um Kirche aufzubauen. Wort, Sakrament und Gemeinschaft sind es aber, denen der priesterliche Dienst in der Kirche gilt. Nicht daß Wort, Sakrament und Gemeinschaft „funktionieren“, sondern daß in ihnen die Einheit der Glaubenden mit Gott und miteinander und daß darin der Dienst der Kirche an der Welt wachse, ist der Sinn priesterlichen Tuns. Grunddienst des Priesters ist also das eschatologische Versöhnen, Sammeln und Einen „an Christi statt“ (vgl. 2 Kor 5,18-20), in seinem Namen, in zeichenhafter Verbindung mit ihm und Unterscheidung von ihm. In dieser christologischen Bestimmung hat priesterlicher Dienst seine fundamentale Bedeutung für Welt und Kirche.

Genau im Punkt der innigsten Gemeinschaft Gottes mit der Welt in Jesus bricht aber auch der radikale *Unterschied* Jesu auf. Die Einheit Gottes mit der Welt ereignet sich im Kreuz, in der Trennung Jesu vom Vater und von allen, in der Einsamkeit des doppelten Verlassenseins vom Vater und von den Seinen. Am Kreuz geschieht neue Schöpfung. Sie ist wie die erste eine Schöpfung aus dem Nichts, nur daß der Sohn selber dieses Nichts in sich hineingenommen hat, daß er sich selbst zu diesem Nichts gemacht hat, aus dem der neue Anfang aufsteht. Wenn der Priester Diener der Einheit der Kirche ist, in der sich die Einheit zwischen Gott und dem Menschen, die Einheit der Kirche in sich und ihr Hineingegebensein in die Welt ereignet, so kann der Ort seines Dienstes im Grund kein anderer sein als das Kreuz. Gerade der ganz von Hoffnung und Zuversicht gezeichnete Schluß des Synodendokuments (25) nimmt dieses Thema nochmals auf. Bedingung der communio, die der priesterliche Dienst gewährleistet und fördert, ist des Priesters eigene communio mit dem, der ihn geliebt und sich für ihn dahingegeben hat (vgl. Gal 2,20). Es ist gut aufzuzeigen, daß der priesterliche Dienst den geheimen Erwartungen und den tiefsten Erfordernissen unserer Zeit entspricht, daß der Priesterberuf ein menschlich „erfüllendes" und „lohnendes" Leben eröffnen kann (vgl. 18.1). Doch dies darf nicht darüber hinwegtäuschen, daß der Ort des Priesters vor allem dort ist, wo jene Einheit entspringt, der er dient: und sie entspringt im Kreuz Jesu. Die Mißverständlichkeit, die Fragwürdigkeit, die Ohnmacht, die Überforderung, vor allem aber das Ausgespanntsein zwischen allen Gegensätzen in Kirche und Welt sind der Anteil an Jesus Christus, der dem Priester eignen muß, wenn sichtbar und glaubhaft sein soll, daß nicht er selbst und allein, sondern daß in ihm der Herr sein Werk tut. Das Kreuz ist Vorbedingung, um auch das Befreiende und Erfüllende des österlichen Geheimnisses zu erfahren und zu bezeugen.

III. Ertrag

Der Text, den uns die Synode über das Priesteramt vorlegt, ist keine Ansammlung von Selbstverständlichkeiten, keine dürre Systematik des Gewohnten, keine Apologetik des Hergebrachten. Er ist Bekenntnis zum in der Kirche Geglaubten und Überlieferten, aber auch Bekenntnis zur Notwendigkeit neuen Sehens und Übersetzens. Er entwirft, von den Fundamenten christlichen Glaubens her und im Kontext der Situation, eine Gesamtschau des priesterlichen Dienstes, die es durchaus plausibel macht, warum es auch heute und immer in der Kirche den spezifischen priesterlichen Dienst geben muß.

Gleichwohl könnte nach der Lektüre des Synodendokuments mancher Priester, der in der Bedrängnis steht, wie er seinen alltäglichen Dienst tun, wie er ihn vor den Fragen in ihm und um ihn rechtfertigen soll, enttäuscht zu sagen versucht sein: Die theologische Gesamtschau, die hier geboten wird, ist zu groß, zu weit weg, als daß sie mich in meiner konkreten Not ansprechen, mir fixe Haltepunkte und klare Orientierungen geben könnte. Wie schon betont, sind viele Fragen der Theologie und vor allem der Praxis nur angerissen, aber keineswegs endgültig und bis ins einzelne hinein geklärt. Der Hinweis darauf, daß eine Synode auf Weltebene solches gar nicht leisten könne, wäre allein ein schwacher Trost. Und doch ist es kein Trick, in dieser „Ohnmacht" des synodalen Dokuments gerade seine Aktualität zu sehen. Solche „Ohnmacht" könnte, ja dürfte auch in einer noch so praktikablen Weiterführung des Textes nicht eliminiert werden. Vielleicht dürfen wir gar nicht auf fertige Sicherheiten zählen, vielleicht ist unsere Zeit vielmehr von der Art, daß wir uns in eine „Bewegung" hineingeben müssen, um in ihr unseren Stand und unsere Sicherheit wiederzugewinnen: in die Bewegung des Lebens Jesu, das andauernd von sich selbst hinweggerissen, über sich selbst hinausverwiesen war an den Vater und an die anderen, ohne sich jeden Augenblick im Vater und in den anderen „geborgen" zu wissen. Vielleicht leben wir in einer Zeit, in der das letzte Wort sich erst in der geschehenden Gemeinschaft, im geschehenden Gespräch mit dem ergibt, von dem her der Versuch unseres Glaubens, unseres Dienstes und unserer Liebe seinen Sinn hat. Und dem entspricht – mehr als oftmals kirchenamtliche Dokumente mit ihren Fixierungen und Abgrenzungen, die zwar notwendig sind, von denen allein man aber nicht leben kann – gerade das Dokument, zu dem, im Grund erstaunlich genug, die Bischofssynode sich durchgerungen hat: Es kann uns das Feld der lebendigen Beziehung aufreißen, in die priesterlicher Dienst heute gestellt ist. Er ist Selbstüberschreitung in die missio des Herrn und in die communio mit allen, denen seine Liebe gilt; er ist Mut zur radikalen Nachfolge und Demut, sie einzusetzen in die konkreten geschichtlichen Ordnungen und Strukturen einer wirklichen und nicht nur gewünschten Kirche; er ist Gemeinschaft mit dem Hirten, dessen Hoheit Hingabe, dessen Sich-Verlieren Freiheit, dessen Einsamkeit der Weg zur Gemeinschaft ist. Solches weist das synodale Dokument in innerer Konsequenz als die Lebensgestalt des Priesters und als die Rechtfertigung seines Dienstes vor. Es entwirft sozusagen eine „Bewegungsstruktur“, auf die man sich freilich einlassen muß, um zu erfahren, daß sie trägt. So aber ist es immer mit dem Glauben und mit der Nachfolge bestellt.

WIE ALS PRIESTER HEUTE LEBEN?

Zusammen mit Wilhelm Breuning

[...][1]

I. Wichtiger ist, wie ich als Priester lebe, als was ich als Priester tue.

Von Papst Johannes XXIII. wird die treffende Geschichte erzählt, bei einem Problem, das ihn furchtbar quälte, habe er im Traum die Weisung empfangen: „Johannes, nimm dich doch nicht so wichtig“. Ob von ihm erfahren oder über ihn erfunden: das Beispiel zeigt u. a. auch eine Allergie gegen Monumentalbilder von der eigenen Person und Aufgabe, die uns einleuchtet und bei Mitbrüdern auf lebhaften Widerhall stößt. Auch gegen Worte über das Priestertum, die uns vom Menschlichen her ein paar Nummern zu groß scheinen, reagieren wir empfindlich ...

Die Wertung „Wichtiger ist, wie ich als Priester lebe, als was ich als Priester tue“ kann als schlichte Selbstverständlichkeit empfunden werden – gerade gegen ein gespreiztes Sich-selbst-wichtig-Nehmen. Aber einer, der an seiner eigenen Person leidet, kann davor auch erschrecken: „Wie ich lebe“ ist eine Totalvereinnahmung!?

Hier wird für den Priester die Unterscheidung der Geister zur Grundbedingung: „Wie ich lebe“ ist nicht das Programm von Selbstverwirklichung, sondern: „Mit Christus bin ich gekreuzigt. Ich lebe, doch nicht mehr als Ich, sondern Christus lebt in mir ...“ (Gal 2,19f.).

---

1 (Anm. d. Bearb.) Die folgenden Überlegungen sind, wie das hier nicht abgedruckte Vorwort mitteilt, aus der Arbeit der Kommission IV der Deutschen Bischofskonferenz „Geistliche Berufe und kirchliche Dienste“ entstanden, deren langjähriger Vorsitzender Hemmerle war und der der Bonner Dogmatiker Wilhelm Breuning damals als Berater angehörte.

„Wie ich lebe“ kann mir so zu einem sehr unkomplizierten, schlichten, demütigen Verhältnis zu mir selbst verhelfen. Aber ich darf mich nicht an der Stelle drücken, wo ich von dem ergriffen bin – „gepackt“ übersetzt Heinz Schürmann[2] –, für den kein Wort groß genug ist. Schürmann sieht das von Christus Gepackt-Sein Paulus zugeordnet, der sich als Sklave (nicht nur Diener!) Christi weiß. Vielleicht gehört diese Selbsteinschätzung als Sklave Christi auch notwendig zur ehrlichen und lebbaren Freundschaft mit Christus.

In diesem Sinne also: Wichtiger ist, wie ich als Priester lebe, als was ich als Priester tue.

Aber stimmt das? Ist Priestertum nicht Dienst für andere? Wird er in diesem Satz nicht umgekehrt zu einem Mittel für die persönliche Heiligung? Und soll meine Heiligkeit, soll mein persönliches Lebenszeugnis mehr bewirken als das, was mir in Botschaft und Sakrament anvertraut ist? Kommt es nicht in allererster Linie darauf an, meine Pflicht zu tun – und im übrigen sind wir alle doch Sünder? Wir sind es. Und Christus in mir und durch mich hindurch und über mich hinweg – wir werden gleich davon hören -, das ist mehr als nur *mein* Zeugnis und *mein* Leben. Aber was Christus sagt und wirkt, was ich von ihm weiterzugeben habe, das ist eben Leben, sein Leben. Und dieses Mehr seines Lebens wird nur glaubhaft, wenn es Leben ergreift, Leben stiftet, Leben ansteckt. Und da muß ich der erste sein. Das hebt die Spannung zwischen meiner Armseligkeit und meinem Auftrag keineswegs auf, ganz im Gegenteil. Aber wenn ich diese Spannung aushalte und sie immer wieder an ihn verschenke, dann kann gerade auch meine Armseligkeit zum Zeugnis werden, von innen her verwandelt werden. So können wir es ja auch an Paulus ablesen. Christ sein – und auch das Sein des Priesters – ist Dasein für andere. Aber Christus ist da für andere, weil er ganz vom Vater her lebt, da ist vom Vater her. Und so führt auch uns kein Weg daran vorbei: Dasein von Jesus her. Willst du Strahl der Sonne werden, der von ihr ausgeht in die Welt, dann geh in die Sonne hinein. „Und er setzte zwölf ein, die er bei sich haben und die er dann aussenden wollte, damit sie predigten ...“ (Mk 3,14). Das ist immer neu der Lebensrhythmus: bei ihm sein, um von ihm gesandt zu werden.

[2] *Heinz Schürmann*, Die Mitte des Lebens finden. Orientierung für geistliche Berufe (Freiburg i. Br. 1979) 31.

Das heißt aber praktisch: Der Priester braucht Zeit zum Sein, Zeit zum Gebet, zur Umkehr, zur Buße und Beichte. Er braucht Zeit, um über Gott und sich und die Menschen nachzudenken. Sonst wird er „Pastoralingenieur". Und je mehr wir zu tun haben, desto mehr brauchen wir Zeit für Ihn. Zeit für Ihn ist Zeit für die anderen. Wer viel Wasser spenden soll, der muß länger an der Quelle verweilen. Das spannt und drängt oft, aber es ist der einzige Weg, um wahrhaft dazusein für die anderen und Ihn selber den anderen weiterzugeben.

II. Wichtiger ist, was in mir Christus tut, als was ich selber tue.

Das ist eine unmittelbare Fortsetzung der ersten Priorität. Man muß diese Gewichtung mit dem Primat des Glaubens im Leben des Priesters zusammensehen: der Glaube als Lebensform, der den Priester mit allem, was er ist und nicht ist, zur Hohlform werden läßt. Das „agere in persona Christi" (Handeln in der Person Christi – also z. B. wenn der Priester sagt: „Das ist mein Leib", und es ist Christi Leib) hat in unserer Sakramentenlehre den Akzent einer Vollmacht, die kein Mensch aus sich haben kann. In seiner existentiellen Fortsetzung führt „agere in persona Christi" aber gerade zu dieser Hohlform, die nicht Verflüchtigung und Bedeutungslosigkeit des eigenen Einsatzes, sondern „Da-Sein" als Verfügbarkeit bedeutet: „Liebst du mich?" „Du weißt, daß ich dich liebe" (vgl. Joh 21,15-17) – übrigens auch als ständige neue Bereitschaft, trotz eigenen Versagens dem Herrn zur Verfügung zu stehen.

In diesem Sinne also: Wichtiger ist, was in mir Christus tut, als was ich selber tue.

Aber stimmt das? Ist das nicht gefährlich, sein Tun und mein Tun auseinanderzureißen? Kann man das trennen: Er in mir – und ich aus mir? Hat er denn in dieser Geschichte, im Jetzt und Hier andere Hände als die meinen, als die unseren? Haben wir nicht die Zielvorgabe, Motivvorgabe, Kraftvorgabe Evangelium – und dann müssen wir ans Werk, mit unserem rationalen Planen, mit unserem Einsatz? Rückgriff dauernd und direkt auf ihn, gar auf ihn in uns: ist das nicht Mystizismus?

Gegenfrage: Wenn wir dabei stehenblieben, daß es nur unsere Sache ist, nur unser Wirken, durch die Christi Wirksamkeit „operationalisiert“ wird, dann wäre die einzige Konsequenz der Dauerstreß. Und im Grunde bliebe es so, auch wenn wir viel mehr wären und viel mehr täten. Wir gingen immer in den zu großen Schuhen des Heilswillens Gottes für alle – und wir erreichten nie alle; oder jene, die wir erreichten, nie bis in jene Tiefe, in welcher Christus sie erreichen will. Die Leidenschaft für alle, die Leidenschaft für das Ganze gehört ganz gewiß hierzu. Und sie darf und muß uns verbrennen, sie darf und muß uns alles abfordern. Aber alles nicht in Krampf und Ängstlichkeit, sondern alles in jenem Vertrauen und jener Gelassenheit, durch die er hindurchstrahlt. Er kann einfach mehr als wir. Und wir sollen Zeichen dafür sein, daß er mehr kann, als wir können. Wir tun immer zu wenig, und das können wir nie aufholen. Aber dieses „zu wenig“, das wir sind, wird zum Glasfenster, durch das sein Licht hindurchscheint. Die Grenzen annehmen und dabei wissen, daß er Grenzen überschreitet, überwindet. Alles tun, wissen, daß es zu wenig ist – und das im Vertrauen verschenken an ihn: gerade so werden wir Zeugen für ihn sein.

Übrigens: Wir werden wohl nur so die Kraft finden, uns nicht in einem bloß objektivistischen Verkündigungs- und Sakramentenservice zu erschöpfen, wir werden uns selber so ganz hineingeben, wie wir sind, in das, was wir tun. Aber zugleich werden wir im Vertrauen darauf, daß er sich hineingibt in sein Wort und in sein sakramentales Wirken, auch die Kraft finden zur Nüchternheit, zur Bescheidung, zu jenem im guten Sinne „objektiven“ Dienst, der nicht im Moralisieren und Überreden und Beeindruckenwollen sich verkrampft.

Also doch: Wichtiger ist, was in mir Christus tut, als was ich selber tue.

III. Wichtiger ist, daß ich die Einheit im Presbyterium lebe, als daß ich in meiner Aufgabe allein aufgehe.

„Die Freundschaft mit Jesus hat als Frucht und Konsequenz die Freundschaft miteinander.“ „Wer Freund Christi ist, der kann an der Sendung des Bischofs nicht vorbeigehen".[3] Zwei unmittelbar zusammenhängende Gedanken aus der Predigt des Papstes Johannes Paul II. an die Priester im November 1980 in Fulda. Es wird für uns Priester darauf ankommen, den zweiten Satz nicht im Sinn einer disziplinarischen Ordnung zu hören, sondern den inneren Zusammenhang mit der Freundschaft Christi zu erfassen.

„Wo ist denn mein Nächster?" (Lk 10,29) fragt der Schriftgelehrte Jesus, nachdem dieser von der Nächstenliebe gesprochen hatte. „Wo ist denn die Kirche?" fragen viele von uns. Sie suchen sie mit Recht so in ihrer Reichweite, wie Jesus uns den Nächsten in den unmittelbaren Lebensraum gestellt hat. Mancher könnte dann allein noch seine anvertraute Gemeinde sehen und sagen: Dort ist mir Kirche am nächsten. Gewiß! Das folgende ist auch nicht gesagt, als gäbe es eine Klerikerkirche als Sondergemeinschaft der Freunde Christi. Aber die communio mit den Mitbrüdern und dem Bischof gehört auch zu der Kirche, die wir unmittelbar und konkret leben. Ohne die communio der Priester werden auch die Gemeinden nicht zur communio; ohne unsere Herkunft und Verwurzelung in der communio keine communio, die aus unserem Dienst wächst!

Meine Aufgabe als *meine* Aufgabe bleibt so lange bloße Idee und eigener Entwurf, solange sie nicht dort entspringt, wo Kirche als gelebte Realität mich einbezieht. Sie mag manchmal widerständliche Realität sein. Aber gerade so drängt sie zur Wahrheit, die frei machen wird. Mit meinen Ideen kann ich für mich allein kein Leben erfahren. Mit Menschen kann ich es. Ich suche mir aber auch nicht nur die Menschen aus, die auf meiner Wellenlänge liegen. Die Kirche der Mitbrüder und des Bischofs bewahrt mich, Kirche als Geschmacks- und Stilfrage zu betrachten.

Deshalb: Wichtiger ist, daß ich die Einheit im Presbyterium lebe, als daß ich in meiner Aufgabe allein aufgehe.

Und doch nochmals: Stimmt das? Es ist sicherlich ein großer Fortschritt, daß wir heute loskommen von dieser fatalen Zweiteilung: „Heilsmacher" und „Heilskonsumenten", aktive und passive Christen – und die aktiven sind die Priester. Ja, die Kirche und jede Gemeinde ist eine Gemeinschaft mit vielen Gaben des Geistes und

[3] Papst Johannes Paul II. in Deutschland (Verlautbarungen des Apostolischen Stuhls 25) (Bonn 1980) 111.

mit vielen Diensten, die einer den anderen brauchen und ergänzen. Und doch greift es zu kurz, wenn wir den Priester nur als Träger einer, wie auch immer bestimmten und vermittelten, Fülle von Funktionen verstehen. Er kommt durch seine Priesterweihe sozusagen her aus dem Abendmahlssaal, aus dem Kreis der Zwölf, die mit Jesus Mahl hielten und die jene Einheit, die er in seiner Hingabe für alle stiftete und in der Eucharistie zum bleibenden Vermächtnis werden ließ, hineintrugen in die Geschichte. Der Dienst der Apostel wird zur Fortsetzung und Aktualisierung dieses Abendmahlsgeschehens, dieser Gründung des neuen Gottesvolkes im Paschamysterium. Und mit dem Tod der Apostel ist dieser Dienst am je neuen Werden und Bleiben von Kirche nicht zu Ende. Er geht weiter in der Nachfolge der Apostel und in der Teilgabe an ihrer Sendung durch die Weihe. Dann aber ist klar: Priestertum geht wesenhaft darauf aus, Gemeinschaft zu stiften, hier und jetzt, communio mit dem Ursprung. Aber die communio des Priesters mit dem Ursprung ist nicht nur eine persönliche Verbundenheit mit Christus. Der Priester kommt von Christus her – aber indem er herkommt aus der Gemeinschaft derer, die in derselben Sendung, im selben Dienst an der communio stehen wie er.

Darum ist es einfach eine Verkürzung, wenn ich als Priester es gut kann mit denen, die in meiner Gemeinde wirken und leben – aber ich kann es nicht gut mit den anderen Priestern, ich kann es nicht gut mit der Gemeinschaft des Presbyteriums um den Bischof. Nur Gemeinschaft zeugt Gemeinschaft. Und ich kann „meine" Aufgaben nicht als meinen eigenen Teil mir herausnehmen, auch wenn ich diesen Teil nachher ganz brüderlich mit anderen teilen mag. Ich stehe in der Sendung, die immer rückgebunden werden will an die Gemeinschaft derer, die beim Herrn sind und darum beieinander sind, damit er sie sende.

Papst Johannes Paul II. spricht immer wieder von einer collegialitas affectiva et effectiva [einer affektiven und effektiven Kollegialität] der Bischöfe. Sie muß sich fortsetzen in einer fraternitas affectiva et effectiva [einer affektiven und effektiven Brüderlichkeit], in einer zugleich herzlichen und menschlichen wie auch tätigen und praktischen Brüderlichkeit der Priester. Und unzählige Male bestätigt es sich: Zeit, die der Priester für seine Mitbrüder hat, ist im letzten Zeit, die er für seine Gemeinde, für die ihm Anvertrauten hat.

IV. Wichtiger ist der Dienst des Gebetes und des Wortes als der Dienst an den Tischen.

Eine seit den Tagen der Urkirche oft genug wiederholte Rangfolge (vgl. Apg 6,1-7). Ihr Sinn liegt darin, daß jede kirchliche Horizontale – so unverzichtbar grundsätzlich die Horizontale für die Kirche ist – ohne die Vertikale schal und überflüssig wird. Die Priorität sagt nicht nur etwas über die proportionale Zeiteinteilung – Gebet und „andere" Arbeit (nicht nur!) –, sondern über die Durchdringung aller Arbeit (bzw. wenn es zuerst auf das Sein ankommt: der ganzen Person) mit der Vertikalen. Deshalb wäre es auch höchst bedenklich, wenn der Priester die Feier der Sakramente als eine Aufgabe ansähe, bei der seine Person sowieso nicht originell eingefordert ist. Und dieses Mißverständnis könnte auch einiges ans Licht bringen, was gelegentlich über das „agere in persona Christi" gedacht wird.

Die Priorität des Gebetes vor „horizontalen" Aufgaben wäre aber auch dann gründlich verkannt, wenn die Vertikale als Mittel zum besseren Erfolg eingesetzt würde: Es geht darum, für den Gott frei zu sein, der nicht nur Mittel zum Heil der Welt ist, sondern der in seiner Größe über alles hinaus, was Welt ist und wir darin sind, einfach als er selbst Heil der Welt, Heil für uns ist.

In diesem Sinne also ist es zu verstehen und gilt es: Wichtiger ist der Dienst des Gebetes und des Wortes als der Dienst an den Tischen.

Es heißt also nicht: Diakonia, Bruderdienst wird abgewertet im Verhältnis zu Martyria und Leitourgia, zu Verkündigungsdienst und sakramentalem Dienst. Und es heißt auch nicht, daß der Priester das konkrete Dienen und Helfen einfach anderen überlassen kann, daß er sich keine schmutzigen Hände in der Alltäglichkeit des Lebens zu machen braucht.

Doch trotz solcher Klarstellungen bleibt die Rückfrage: Stimmt das? Ist nicht gelebte Liebe *das* Zeugnis, ohne welches Wort und Gebet kraftlos und unglaubwürdig bleiben? Ganz gewiß. Aber Wort und Gottesdienst als das „automatisch" Wirkende zurückzustellen hinter praktische Aktivitäten, sich in das Vielerlei des Organisierens und Verwaltens, in die eindrucksvolle Fülle des prall besetzten Terminkalenders zu flüchten, das kann nicht die Lösung sein. Es sei keineswegs unterstellt, daß jemand dies aus purer Laune tue. Sehr oft bleibt auch dem, der noch so leidenschaftlich für Wort und Gebet sich einsetzt, nichts anderes übrig, als sich auf den Anruf des hier und jetzt völlig unplanmäßig Notwendigen einzulassen.

Doch wo die Termine, die noch so guten und wichtigen, den Vorrang auf Dauer vor „Wort und Gebet“ gewinnen, da wird auch jene Liebe, jene inkarnatorische Kraft des Abstiegs Christi in die Knechtschaft nicht mehr spürbar in dem, was der Priester tut. Damit seine Diakonie, damit sein konkreter Einsatz Zeugnis der Liebe bleibt, braucht es die immer neue innere Verankerung seines Dienstes und seiner Existenz im Leben aus dem Wort und im Leben beim lebendigen Herrn. Wir können uns auf dem Tabor keine Hütten bauen. Aber wir sollten uns deswegen nicht den Aufstieg sparen. Sonst fehlt auch die Kraft zum Abstieg, und wir verlieren uns im Flachen der Ebene.

V. Wichtiger ist, die Mitarbeiter geistlich zu begleiten, als möglichst viele Arbeiten selbst und allein zu tun.

In den jetzt anstehenden Prioritäten kommen einige Fallbeispiele für den Priester, der entscheiden soll, was er guten Gewissens *jetzt* tun soll und was er unter den Tisch fallen lassen darf:

Vermutlich müssen wir alle an dem zunächst genannten Punkt der geistlichen Sorge um die Mitarbeiter sehr entschieden umdenken. Da wird auch ein Ansatzpunkt für Strukturwandlungen liegen, die hier nicht Thema sind. Aber Voraussetzung für einen Wandel, der sowohl der Kirche gut tut als auch die Berufsfreude des Priesters heben kann, ist wohl die Einsicht in eine „organische“ Ausübung des Dienstes, bei dem gerade die Organe als das genommen werden, was sie sind: nicht Instrumente mit einer Zweckfunktion, sondern Gläubige, die in ihrem Arbeiten für die communio darauf angewiesen sind, selbst – als die persönlichen Menschen, die sie sind – in die communio einbezogen zu werden. Wohlgemerkt: nicht Organe des Priesters, sondern Organe Christi, seines Leibes, *mit* dem Priester.

Doch gerade deshalb steht es auch dem Priester an, sich zu bescheiden, nicht alles zu tun, sondern das, was ihm organisch zuwächst – und seine Sorge um das Ganze von Gemeinde ist zumal Sorge um die Organe, daß sie zusammenspielen, daß sie an sich selber gesund und kräftig bleiben und aus dem Geist her Kraft finden, ihren Dienst zu tun.

Darum also: Wichtiger ist, die Mitarbeiter geistlich zu begleiten, als möglichst viele Arbeiten selbst und allein zu tun.

Und doch: Darf das so stehenbleiben? Wird hier der Priester nicht in eine Rolle gedrängt, die weder ihn erfüllt noch den Erwartungen entspricht, die von den Gemeinden an ihn gerichtet werden? Also: Der Priester fernab vom Alltag der Gemeindemitglieder, nicht mehr unmittelbar erfahrbar in der Begegnung, im Besuch, bei den Kranken, in der Schule – dafür stets in Dienstbesprechungen, bei Gremien, im Zirkel der beruflichen oder ehrenamtlichen Insider des Gemeindebetriebs? So gewiß nicht. Und doch Mut zur Beschränkung. Es ist gut, daß er nicht alles allein und selber machen kann. Es ist gut, daß es viele gibt, immer mehr gibt, die mittragen und mittun. Doch dieses Miteinander darf nicht ein synchronisiertes Nebeneinander sein. Kompetenzverteilung tut not; aber Rückzug auf die eigenen Kompetenzen und Funktionen – und im übrigen mag jeder sehen, wie er seinen Dienst tut und mit ihm fertig wird: das ist nicht jene communio, auf die alles zuwachsen soll. Dienst an den Diensten, geistliches Begleiten, Annehmen und Ernstnehmen der Mitarbeiter und nicht nur ihrer Mitarbeit, dies ist eine Priorität priesterlichen Dienstes. Und es ist eine durchaus priesterliche Priorität.

Sich geistlich anfordern lassen von den Mitarbeitern, *durch* sie und *mit* ihnen die Nöte und Fragen aller im Herzen tragen und zum Herrn hintragen: solches will zwar Schritt um Schritt erlernt werden; aber wenn es angestrebt und bejaht wird, ist es nicht nur neuer Anspruch, sondern auch Hilfe für die priesterliche Existenz. Also nicht: Abschied von der „Basisarbeit“, aber ein Ja dazu, daß der Priester nicht alles tun kann und daß andere mit ihm Gemeinde aufbauen und begleiten. Der Dienst an den Mitarbeitern drängt den Priester in jene Mitte, die nicht er selber ist, sondern die ein anderer ist, jener, von dem er leben und Leben weitergeben soll.

VI. Wichtiger ist, an wenigen Punkten ganz und ausstrahlend dazusein, als an allen Punkten eilig und halb.

Diese Priorität soll insbesondere der Berufsfreude des Priesters dienen. Ihre zweifellos einleuchtende Gültigkeit schließt aber mit ein, daß der Priester nicht willkürlich das anpackt, was gerade auf ihn einstürmt. Man könnte eine Prioritätenliste sachlicher Art versuchen. Wichtiger scheint aber in diesem Zusammenhang der Hinweis auf Regeln für die Erkenntnis des Willens Gottes in der jeweiligen Situation. Anhaltspunkte für die Ausrichtung eines geistlichen Kompasses bietet die ehrliche Auseinandersetzung mit den widerstreitenden Gedanken bei einer Wahl, die zu treffen ist bzw. getroffen wurde, aber auch das behutsame Achten auf die Zufriedenheit, die wichtige Entscheidungen begleitet, und das Nachdenken über deren Gründe. Ansonsten gelingt es gar nicht: an wenigen Punkten ganz und ausstrahlend da zu sein, statt an allen Punkten eilig und halb.

Doch noch einmal reizt das dem Priester aus guter Tradition und gültiger Sendung eingeborene Verantwortungsbewußtsein fürs Ganze zum Widerspruch. Sicher, dieses Verantwortungsbewußtsein kann die Sendung und die Person ungut glorifizierende, amts- und egozentrische Verzerrungen annehmen, und gegen sie ist anzugehen. Und doch ist es wichtig, daß es einfach einen gibt, der immer den Blick über die einzelnen Aufgaben hinaus aufs Ganze und auf jeden richtet. Und diese Leidenschaft Jesu fürs Ganze hat durchaus etwas mit der eucharistischen Mitte priesterlichen Dienstes zu tun. Kann aber dann der Priester sich damit abfinden, nur an einigen Punkten dazusein und nicht überall? Geht es nicht darum, möglichst viele zu erreichen? Wenn der Priester diese oder jene Familie besucht und die andere nicht, wenn er bei diesem oder jenem Anlaß einen Festgottesdienst hält und bei einem anderen nicht, wenn er diese oder jene Beerdigung selber hält und eine andere nicht, wenn er an der Sitzung dieser Gruppe und dieses Vereins teilnimmt und an jener der anderen Gruppen nicht: verletzt er da nicht das Prinzip der Gleichheit? Haben nicht alle einen Anspruch auf ihn? Sicher, es erfordert Umdenken, gerade auch bei den Gemeinden, die Präsenz der Kirche nicht mit der Präsenz des Priesters, womöglich des Pfarrers, gleichzusetzen. Aber bedenken wir es nüchtern: Auch wenn die Zahl der Priester sehr viel größer wäre, so bliebe die Vorstellung der priesterlichen „Allgegenwart" im Gemeindeleben dennoch eine Fiktion. Es geht nicht nur darum, daß er nur an einigen Punkten da ist und an anderen nicht; es geht darum, daß er an solchen Punkten da ist, durch welche ihm der beständige Rückbezug zum Alltag, zur Lebenserfahrung gesichert ist. Und es geht darum, daß er an diesen Punkten ganz und ausstrahlend da ist. Das aber will sagen: hinhörend, sich aufs Gespräch einlassend, nicht nur als Repräsentationsfigur und Sprecher prinzipieller Grußworte. Ganz und ausstrahlend, dazu gehört auch: herkommend aus der Zu-Neigung Jesu zu jedem und zugleich die Leidenschaft Jesu für alle, fürs Ganze mitbringend. Sei so da, wo du dasein kannst, daß dabei jene, bei denen du bist, sich selber öffnen über sich hinaus und auch an die anderen, ans Ganze mitdenken.

So aber wird es Dienst an allen und am Ganzen, wenn der Priester die Priorität setzt: Wichtiger ist, an wenigen Punkten ganz und ausstrahlend dazusein, als an allen Punkten eilig und halb.

VII. Wichtiger ist Handeln in Einheit als noch so perfektes Handeln in Isolation. Also: Wichtiger ist Zusammenarbeit als Arbeit, wichtiger communio als actio.

Man könnte noch schärfer formulieren: „Das weniger Vollkommene, das in Einheit geschieht, ist besser als das Perfektere, das isoliert getan wird". Wenn man will, kann man das mißverstehen – als Flucht in das bergende, warme Nest der ebenfalls Ratlosen und unter der eigenen Unzulänglichkeit Leidenden. Aber gerade wenn dieses Zerrbild deutlich dagegengestellt wird, mag klar werden, was hier gemeint ist: Die Überwindung der Isolation, die, sei es als Schwäche, sei es als Überheblichkeit, das Vertrauen aushöhlt. Cooperatio nicht aus Ich-Schwäche, sondern als Folge der aus der Freundschaft mit Christus gewonnenen Sympathie für die anderen.

Jesus hat nie nur „getan". Er hat immer auf den Vater geschaut, er hat immer *mit* dem Vater getan. Und dieses Mit ist seine, ja ist Gottes innergöttliche Lebensart. An ihr gibt uns Jesus Anteil. Der, den er sendet, muß durchaus auch die Nacht der Einsamkeit durchstehen – aber so wie Jesus es tat, der sich nicht auf sich selber zurückzog, sondern in dieser Einsamkeit die tiefste Einheit mit dem Willen des Vaters und die innigste Gemeinschaft mit uns lebte, deren Schuld und Not bis hinein in die Gottverlassenheit er teilen, stellvertretend tragen wollte.

Die Gemeinschaft mit Jesus aber ist von allem Anfang an Gemeinschaft mit denen, die in derselben Sendung und Nachfolge stehen. Das Mit, das Jesus und den Vater im Geist aneinander bindet, bindet uns unteilbar an ihn und aneinander im selben Heiligen Geist. Daher also: Wichtiger als actio ist communio, Zusammenarbeit als Arbeit; wichtiger Handeln in Einheit als noch so perfektes Handeln in Isolation.

Das „Ja – aber" legt sich hier besonders drängend nahe. Ist es nicht schlechter Stil, sich heute hinter der gemeinsamen Verantwortung zu ducken, um die eigene nicht mehr wahrnehmen zu können? Sind Gremien und Konferenzen nicht der allzu dünne Schleier, der Entscheidungsschwäche und Konzeptionslosigkeit kaum verhüllt? Braucht es nicht die mutigen Schritte der je einzelnen, wenn überhaupt etwas geschehen und in Bewegung kommen soll?

Wenn wir es tief genug verstehen, dann ist solcher Appell an den unvertretbar einzelnen kein Gegensatz zur genannten Priorität, aber auch nicht ihre Abschwächung in einen dünnen Kompromiß.

Die Sache ist freilich nicht einfach. Aber lassen wir uns einmal ein auf die Weise, wie Jesus seine Einheit mit dem Willen des Vaters gelebt hat, lassen wir uns ein auf sein Ringen mit den Jüngern und sein Führen der Jünger zur Einheit. Lassen wir uns ein auf die Leidenschaft eines so eigengeprägten und mutigen Mannes wie Paulus für die Einheit des Geistes in den Gemeinden. Dann werden wir entdecken, daß unser Ringen um eine ganze Einheit – auch und gerade dort, wo dies schmerzliche Geduld, Rückschläge, ja Wunden mit einschließt –, uns in die Mitte des Evangeliums, in die Mitte priesterlicher Existenz und Sendung führt.

Wo wir das Miteinander höher stellen als die eigen-willige Perfektion, dort bezeugen wir, was wir bekennen: Ich glaube an die *eine* Kirche.

VIII. Wichtiger, weil fruchtbarer, ist das Kreuz als die Effektivität.

Im Anschluß an die Jeremiasstelle „Ach, Herr, ich kann nicht reden" (1,6) stellt der Papst in seiner Priesterpredigt 1980 in Fulda fest: „Der Mensch, der seine Berufung und Sendung erkennt, spricht zu Gott von seiner Schwäche." Im Anschluß daran kritisiert er aber Vertreter eines Priesterbildes, die „heute oft diese Schwäche zum Grundprinzip alles anderen zu machen (scheinen), indem sie diese fast zu einem Menschenrecht erklären". Er fährt fort: „Christus hingegen hat uns gelehrt, daß der Mensch vor allem ein Recht zur eigenen Größe hat, ein Recht auf das, was ihn überragt ... Unsere wahre Größe ist ein Geschenk aus der Kraft des Heiligen Geistes."[4]

In diesem Kontext ist die Berufung auf das Kreuz zu sehen, also nicht zunächst und zuerst das im eigenen Leben erfahrene Kreuz, sondern die Hochspannung, die vom Kreuz Christi her das Verhalten des Priesters bestimmt: Die Schwäche des gekreuzigten Christus wirft gerade nicht auf die Banalität des Leidens an sich selbst zurück, sondern überwindet die Schwäche, die im Mangel an großherziger Liebe ihren Ursprung hat.

Im Blick auf das Heilswirken Gottes in Jesus, im Blick auf das, was allem priesterlichen Dienst allein Sinn und Richtung weisen kann, gilt es also gewiß: Wichtiger, weil fruchtbarer, ist das Kreuz als die Effektivität.

Aber läßt sich das so auch sagen als praktische Maxime für den Priester? Sollen wir das, was wir selber verdorben haben oder was uns einfach nicht gelingt, zum Kreuz erklären und uns von der unbequemen Anstrengung dispensieren, Schwächen als Schwächen zuzugeben und Fehler als Fehler zu korrigieren? Wir sollen es gewiß nicht. Und jeder, der im Wort vom Kreuz eine Entschuldigung fände, um nicht alles zu tun, was eben nur durch Tun getan ist, oder um das nicht zu ändern, was nur durch Änderung anders wird, der degradiert das Kreuz zum Trick.

Doch dies nimmt nichts vom Kreuz als dem Grundgesetz wahrer Fruchtbarkeit hinweg, sondern es fügt nur noch etwas hinzu. Ja, es ist ein Kreuz, es ist von Christus getragenes Kreuz, daß wir nicht alles gut gemacht haben, daß wir schuldig geworden sind und schuldig werden. Ich muß dieses Kreuz tragen und annehmen, auch das Kreuz, daß ich durch mein Versagen Wirkmöglichkeiten vertan, von Gott mir zugedachte Chancen verspielt habe. Aber wenn das alles von Christus in seinem Kreuz getragen und verwandelt ist, dann heißt dies für mich: mich nicht zurückziehen, sondern neu anfangen, neu *mein* Kreuz annehmen, das hier Mögliche zu tun.

---

[4] AaO., 114.

Oft genug gibt es freilich Situationen, in denen nichts mehr zu machen ist. Ist hier alles aus? Nur so, wie es für die Mutter unter dem Kreuz „aus" war. Stehenbleiben unter dem Kreuz, Ohnmacht tragen und bestehen, mit der Liebe und mit der Hoffnung nicht am Ende sein, wo alles am Ende ist: vor diesem Punkt darf der Priester sich nicht scheuen. Und wenn er es nüchtern besieht, kommt er immer wieder, vielleicht jeden Tag irgendwo und irgendwie an diesen Punkt. Es ist der kostbarste Punkt, der Punkt, an dem er ganz dicht Kontakt hat mit dem Herrn. Das soll ihn nicht über diese schmerzlichen Situationen hinwegtrösten, sondern ihn – wenn man so sagen darf – in sie hineintrösten, will sagen, ihn ermutigen, sie anzunehmen und zu bestehen. Nicht die Augen verschließen vor den Kreuzen, die auf uns zukommen, nicht vor ihnen umkehren und das Effektivere aussuchen, sondern Spannungen aushalten – allerdings mit dem, der sie bereits ausgehalten hat, und, dies darf hinzugesagt werden, mit jener, die dabei unter seinem Kreuz stehenblieb. Nur so gelingt auch der Durchbruch zum Sehen und Gehen neuer Wege, zum Wagen neuen Anfangs.

Dies ist – wie vielleicht nichts anderes – Weg der Heiligung für uns und für jene, denen unser Dienst gilt. Unter dem Kreuz und am Kreuz zeigt es sich, daß es nicht Triumphalismus, sondern letzter Realismus ist, wenn wir bekennen: Ich glaube an die *heilige* Kirche.

IX. Wichtiger ist die Offenheit fürs Ganze (also für die ganze Gemeinde, fürs Bistum, für die Weltkirche) als noch so wichtige partikuläre Interessen.

Zum Schluß zwei Gewichtungskriterien, die gegen eine Horizontverengung gerichtet sind, wie sie in der eigenen Kleinarbeit immer droht. Gerade der Aufbau von Kirche, von Gemeinde von unten her bedarf des Blicks auf die größere Gemeinschaft. In Fulda sagte der Papst in seiner Ansprache an die Bischöfe: Es „gibt mir zu denken, daß ich (in Afrika oder Lateinamerika) weithin einen größeren Optimismus bei wesentlich geringeren Zahlen von zur Verfügung stehenden Seelsorgern angetroffen habe als im westlichen Europa ... Eine Panik angesichts der schweren Situation verstellt uns den nüchternen Blick für das, was der Herr von uns will"[5].

[5] AaO., 126.

Optimismus *und* Nüchternheit bedürfen des Horizonts der Gesamtkirche. Die richtige Erkenntnis für den entscheidenden Wert der Ortskirche in all ihren Stufen kann gerade nur unter diesem je größeren Horizont gedeihen.

In der immer dichter zusammenwachsenden Welt, in der immer lebendigeren, zugleich fordernden und beschenkenden communio aller Ortskirchen auf dem Erdkreis können wir uns nicht davor verschließen: Wichtiger ist die Offenheit fürs Ganze als noch so wichtige partikuläre Interessen.

Und doch ist die Sache so einfach nicht. Je näher alles zusammenrückt, je dringender das Denken ans Ganze wird – übrigens auf jeder Ebene, Gemeinde, Bistum und Weltkirche –, um so mehr geht auch auf: Die Situation ist nicht überall gleich, kirchliche Passepartout-Schlüssel passen nicht in alle Schlüssellöcher. Dennoch wäre nichts fataler als der Rückzug ins Selbstbewußtsein: Was für *meine* Gemeinde, was für *meine* Jugend richtig ist, das weiß *ich* besser; der Bischof und Rom sind weit. Mutiges Einbringen der eigenen Fragen und Erfahrungen ins Ganze, aber auch Annahme der übergreifenden Gesichtspunkte des Ganzen, Horizonterweiterung über das Eigeninteresse und die Eigenerfahrung hinaus, das kostet immer ein Stück schmerzlichen Weggebens des Eigenen; aber es schenkt anderes, Wichtigeres hinzu. Oft genug ist es eine der besonders lastenden Aufgaben des Priesters, Anwalt des Ganzen zu sein und Probleme, Aufgaben, Lösungen mittragen zu müssen, die sich vor Ort nur schwer verständlich machen lassen.

Ist das nur unnötige Zusatzbelastung, vertane Kraft, Einsatz, der nichts bringt? Keineswegs. Nur wer über sich hinaussieht aufs Ganze, sieht gut. Ich bin mir nicht selbst der Nächste, fürs Eigene gibt es nur Boden und Sauerstoff im Ganzen, Umfassenden. Im Wechselspiel des doppelten Mutes, des Mutes zum Einbringen des Eigenen und zum Annehmen des anderen, des Ganzen gehen wir jenen Weg, der schon in der Apostelgeschichte und in den paulinischen Gemeinden beginnt und der einfach der Weg des Geistes ist, jenes Geistes, der umfassend, der „katholisch“ ist: Ich glaube an die *katholische* Kirche.

X. Wichtiger ist, daß allen der Glaube bezeugt wird, als daß alle herkömmlichen Ansprüche befriedigt werden.

Gewiß muß diese Priorität in Spannung gesehen werden zu Tätigkeiten, die eine hohe Intensität der Zuwendung zum einzelnen erfordern und wo gerade diese Intensität den Vorrang haben kann. Wenn man bei Heinz Schürmann liest: „Die Arbeit, die eine größere Zahl fördert, ist wichtiger als die an sich gleich nützliche, die nur eine kleine Zahl erfaßt“[6], ist man geneigt, erst seine Einwände zusammenzusuchen. Wahrscheinlich ist aber an Schürmanns Regel doch etwas dran – als Hilfe für die eigene Wahl, wo ich jetzt hingehen soll, was ich jetzt tun soll. Aber auch und vor allem kann sie als vernünftiges Argumentationskriterium im Gespräch mit durchaus wohlmeinenden Leuten dienen, die herkömmliche Ansprüche stellen, aber bewogen werden sollen, die entscheidenden Prioritäten selbst neu zu entdecken und mitzutragen. Im übrigen ist sicher bewußt, daß „alle“ in diesem Fall ein Idealgrenzwert ist.

Vielleicht reibt sich mancher die Augen und fragt sich: Sagen im Ernst dies dieselben Leute, die da behaupten, daß es wichtiger sei, an wenigen Stellen ganz und ausstrahlend zu sein als an vielen eilig und halb? War nicht immer die Rede vom Mut zur Beschränkung, und hier wird nochmals das Ganze ins Spiel gebracht, und zwar nicht nur wie beim vorherigen Punkt als Horizont des Denkens und Handelns, sondern fürs praktische Wirken in der Gemeinde? Doch, es ist ernst gemeint: Wichtiger ist, daß allen der Glaube bezeugt wird, als daß alle herkömmlichen Ansprüche befriedigt werden.

Und dies paßt ganz und gar zu den vorherigen Prioritäten, gehört zu ihrem freilich je labilen Gleichgewicht hinzu, das nur im immer neuen Leben und Sehen aus dem Geist gehalten werden kann.

Es geht einfach darum, einen Maßstab zu finden für eine Spannung, in welche der Priester heute oft genug gestellt ist: Wenn ich dies oder jenes nicht mehr tue, wenn diese oder jene Feier ohne eine eigene Eucharistie, ohne einen Besuch des Priesters stattfinden muß, wenn diese oder jene Gruppe keine regelmäßige Begleitung durch einen Priester mehr erfährt, dann gibt es begreiflicherweise Widerstand in der Gemeinde. Auf der anderen Seite entgleiten immer

---

[6] *H. Schürmann*, aaO., 75.

mehr Bereiche und auch immer mehr Gruppen von Menschen dem lebendigen Kontakt mit der Kirche, der Tuchfühlung mit Glaube und Evangelium überhaupt. Was hat hier den Vorrang? Sicher die missionarische Sorge um alle. Sie wird der Priester nicht allein und in vielen Punkten nicht einmal als erster aktiv bis ins einzelne hinein wahrnehmen können. Aber als Anwalt des Ganzen muß er gerade der Anwalt dessen sein, daß auch die Fernstehenden, die wie auch immer am Rande Lebenden im Blick und in der Reich- und Rufweite des Zeugnisses und Dienstes der Kirche sind.

Nur wenn er die vorher gesetzten Prioritäten im Licht dieses missionarischen Impulses liest, wird er zu gemäßen Ergebnissen kommen. Etwa: Dienst an den Diensten, Begleitung der Mitarbeiter sollte gerade heißen, sie bestärken und stützen in der missionarischen Dimension ihrer Aufgabe. An wenigen Punkten ganz und ausstrahlend da sein, dies sollte gerade heißen: nicht nur dorthin gehen, wo man aus gediegener Tradition heraus den Priester zuerst erwartet. Man läßt sicher die Kirche nicht im Dorf, wenn man sie nicht im Dorfzentrum läßt, aber man läßt sie auch nicht im Dorf, wenn man sie – natürlich auch hier nur sinnbildhaft gesprochen – verschwinden läßt aus dem Blickfeld der Neusiedlungen am Rande. Und der Vorrang des Lebens mit dem Herrn vor der bloßen Aktivität muß uns gerade in jenes Herz des Herrn hineinführen, in dem wir zwar Ruhe finden, aber eine Ruhe, die zugleich unruhig macht in der Liebe zu denen, die sich plagen und schwere Lasten zu tragen haben (vgl. Mt 11,28-30).

Leben aus der Mitte und in der Mitte heißt leben in der Dynamik der Sendung, der missio. Nur so wird es wahr: Ich glaube an die *apostolische* Kirche.

XI. Nachtrag

Drei Fragen – zu den vielen anderen, die zwischen allen Zeilen dieser Überlegungen hängen – stellen sich schier notwendig ein, wenn man die zehn Sätze liest, die am Anfang der einzelnen Abschnitte dieser Überlegungen stehen. Wenigstens ein Hinweis für die Antwort soll noch gegeben werden.

1. Ist es gut, immer das Wort „wichtiger“ zu bemühen und damit Prioritäten zu setzen statt allenfalls Akzente?

In der Tat, das ist problematisch. Es ist etwas wie ein Widerhaken, durch den die Überlegung hängenbleiben soll. Eine Provokation auch zum Widerspruch, der innerlich bedacht und ausgetragen werden soll. Dieses „Wichtiger“ gilt je in einer bestimmten Perspektive. Aber wer von einer Sache nicht die Ansicht aus einem bestimmten Blickwinkel im Gedächtnis trägt, dem droht die Ansicht des Ganzen, das er von allen Seiten kennt, zu verschwimmen. Es ist gut, von einem Kunstwerk einen Bildband zu besitzen, der es von allen nur erdenklichen Stellungen aus und in allen entgehenden Details gegenwärtig macht. Und doch ist es ebenfalls gut, daß ein solcher Bildband *ein* Titelbild hat, das sich einprägt und auf seine Weise das Ganze sagt. Die Kontur dieses zehnmaligen „Wichtiger“ ist gewollt, die Verengung dafür in Kauf genommen.

2. Sind da nicht sehr grundsätzliche und sehr pragmatische, durchaus geistliche und mehr nur pastorale Prioritäten bunt gemischt?

In der Tat, es geht nicht um „reine“ Spiritualität, sondern um einige, doch wohl wichtige Gesichtspunkte, die zum einen Teil aus geistlichen Grundorientierungen pastorale Schlußfolgerungen nahelegen und zum andern Teil im Hinblick auf die Pastoral geistliches Umdenken erfordern. Weder kann Spiritualität Pastoral, noch Pastoral Spiritualität ersetzen. Aber so ist es mit dem Geist Jesu: Er lebt im Innern und drängt nach außen, er gestaltet das Außen aus dem Innern, teilt im Außen das Innen mit. Nun, dieser Rekurs auf den Geist will nicht mehr sein als ein Hinweis auf den Zusammenhang von „spirituell“ und „pastoral“, der sich in diesen zehn Sätzen spiegelt.

3. Wenn das wahr ist, was hier geschrieben steht: Genügt da der Appell an die Umkehr des einzelnen, oder müßte nicht auch im ganz Konkreten der pastoralen und personalen Planungen und Erwartungen der Bistümer etwas geschehen?

Wie schon im Vorwort angedeutet, war dies durchaus im Blick der Bischöfe, als sie über die zehn dargelegten Sätze nachdachten. Aber auch hier wäre ein Entweder-Oder falsch. Daß Umkehr ernst gemeint ist, muß sich im Außen bewähren. Umkehr selber aber kann nur im Innern anfangen. Der doppelte Anfang, die doppelte Zielrichtung, darum geht es. Hier sollte ein Impuls zum anfänglichen Anfang, zum Anfang von innen gegeben werden. Nur wenn er gelingt, werden auch Mut, Phantasie und Bereitschaft für das wachsen, was sich durch Veränderungsmaßnahmen verändern läßt.

DRITTER TEIL

Kirche als Bauwerk

DAS HEILIGE UND DAS SCHÖNE

Sinn und Gestalt sakraler Kunst* [1]

I. Kunst: das Ereignis des Schönen in die Gestalt*

In der ursprünglichen Zusammengehörigkeit des Heiligen und des Kunstwerkes wohnt zugleich eine Differenz zwischen dem Heiligen und dem Schönen. Sie ist das Feld, in dem von innen, vom Wesen her überhaupt die Frage der Möglichkeit, Sinn und Gestalt sakraler Kunst gestellt werden kann. Mit dem Wort „das Schöne" meine ich die Gegend, die Grundansicht des Seins, in welche Kunst als Kunst weist und gehört, in der sie ihr Wesen hat.

Die These, daß die Kunst und das Schöne sich entsprechen, ist nicht so zu verstehen, als ob Häßliches, Banales oder Schreckliches als Unkunst abgetan werden könnten. Schönes ist hier weder als Gegensatz zum Erhabenen noch als Gegensatz zum Unschönen verstanden. Doch als was dann?

Sofern das Brauchbare nur brauchbar, das Zweckhafte nur zweckhaft, das Richtige nur richtig, das Geordnete nur in Ordnung ist, sind sie noch nicht schön. Gleichwohl können das Brauchbare, Zweckhafte, Richtige, Geordnete schön sein. Und sie sind es, wenn die Schönheit nicht auf die Weise eines Zusätzlichen zu ihrer Brauchbarkeit, Zweckmäßigkeit, Richtigkeit und Ordnung hinzukommt. Ihre Schönheit ist um so schöner, je weniger sie Zutat und Anhang ist. Aber die Dimension, um derentwegen etwas schön ist, ist eine „neue", sie ist, um es negativ zu sagen, das Unselbstverständliche. Schönheit ist das Unselbstverständliche des Seins, mittelalterlich gesagt: die nobilitas, der innere Rang des Seins, der zu ihm gehört, aber wenn er aufgeht, je neu und wunderbar, nie einfach errechenbar und verfügbar aufgeht. Das Schöne ist das Ereignis des Entzogenen, Unselbstverständlichen in die Gestalt, sein Auf-

[1] (Anm. d. Bearb.) Das Redemanuskript ist stilistisch leicht überarbeitet.

gang in ihn und über sie hinaus. Diese Koinzidenz von Ereignis und Gestalt, Gestalt als Ereignis, ist das Wesen der Kunst.

So abstrakt und formal haben wir es gesagt, um kein Phänomen der Kunst und kein Selbstverständnis der Kunst auszublenden. Es ist leicht zu sehen, daß auch jene Formen von Kunst, die sich dem Gewöhnlichen, Banalen, Schrecklichen und Häßlichen zuwenden, doch in den Bereich des Schönen fallen. Dieses Banale, Schreckliche wird ja gestaltet, wird emporgehoben, gezeigt. Das Kunstwerk als gestaltetes spricht: Seht, hört! – selbst wo es einsam für sich steht, scheinbar kommunikationslos. Entweder ist dieses Häßliche und Furchtbare es doch wert, Gestalt zu gewinnen, also im scheinbaren Kontrast gerade Zeugnis der nobilitas des Seins – oder aber es ist Verweis auf sie, Ruf nach ihr, der sie erstrahlen läßt im Widerspruch.

Das Vorkommen des Unselbstverständlichen, Entzogenen in die Konkretion, das Ereignis der Gestalt, Gestalt als Ereignis: dies sind durchgängige, wesentliche Momente der Kunst.

II. Ereignis des Heiligen: Zerbrechen der Gestalt*

Dieselben Elemente, die das Schöne und die Kunst konstituieren, gehören auch in die Phänomenologie des Heiligen. Das Heilige – ist das nicht gerade das schlechthin Unselbstverständliche, Wunderbare, Entzogene und darin doch Betreffende, unendlich Befremdliche und so doch ganz Nahe, Konkrete? Entzogenes Geheimnis, das von sich her auf- und angeht, sich so ereignet und Gestalt wird: solches ist der Aufgang des Heiligen. Es ist das Hier und Jetzt des Nie und Nirgends.

Wir spüren sofort, in welch anderem Sinn die Gestalt zum Heiligen gehört als zum Schönen. Das Schöne ist schön, indem es hindringt auf die Gestalt als Stätte; dort geht es auf. Kunst ist die Gestaltmacht des Ereignisses, und dieses geht nur über die Gestalt hinaus auf, indem es eingeht in die Gestalt, sich zur Gestalt und durch sie über sie hinaus vollbringt. Das Heilige aber geschieht in der Gestalt als Rückstoß aus der Gestalt ins Entzogene. Nicht wie das Entzogene sich in die Gestalt hinein vollbringt, sondern wie die Gestalt auf das Entzogene hin verweist, ja versinkt, ist der Richtungssinn des Heiligen. Kunst ereignet das Schöne in die Gestalt, das Ereignis des Heiligen zerbricht die Gestalt, so daß sie nicht Vorweis des entzogenen Geheimnisses, sondern sein von sich wegweisendes Zeugnis wird. Die Kunst und das Heilige spielen in derselben Polarität von Gestalt und Ereignis, von unnahbar Entzogenem und Konkretion, aber sie spielen als solche je in der entgegengesetzten Richtung. Kunst ist das Hinein und Hin zur Gestalt, der Ruf des Heiligen ist im Hier und Jetzt das Hinweg von der Gestalt aus ihr und über sie hinaus.

Das bestätigen, am Material betrachtet, deutlich die Extremfälle von Kunst und Religion. Es gibt echte Religion – hier ist Religion nicht im Gegensatz zu Glauben gemeint -, die in sich gestaltsschwach ist. Eine unausgebildete oder qualitativ schwache Gestalt kann Stätte einer authentischen Offenbarung des Heiligen werden; eine gelungene Gestalt kann umgekehrt das Heilige verdecken. Gestaltschwache Kunst hingegen läßt sich nicht denken. Der „wesentliche" Fall – im Unterschied zu den Extremfällen von Kunst und Religion – ist das Konvergieren des Ranges der Gestalt und des Ereignisses, das sich in ihr verfaßt. Doch der Maßstab, an dem sich die Gestalt als Offenbarung des Schönen und als Offenbarung des Heiligen mißt, ist nicht derselbe.

III. Religiöse Kunst: direkte Zeugenschaft für das Heilige*

Der Unterschied von schön und heilig innerhalb ihrer Zusammengehörigkeit läßt uns die Frage nach der sakralen Kunst stellen. Die vertikale Richtungsdifferenz des Heiligen und Schönen eröffnet die Möglichkeit horizontalen Vergleichens zwischen Kunst als solcher und sakraler Kunst. Gibt es innerhalb der Kunst eine Weise der Koinzidenz von Gestalt und Ereignis, die mit Recht sakral genannt werden kann?

Zunächst soll indessen geklärt werden, was sakrale Kunst nicht heißen kann:
- Sie kann nicht heißen: Kunst mit religiöser Thematik.
- Sie kann auch nicht heißen: religiöse Kunst im Sinn zeugnisstarker Kunst, insofern sich in ihr als Kunst das Heilige als heilig eröffnet.

– Sie kann erst recht nicht heißen: durch fixe Stilelemente und einen Kanon äußerer Regeln bestimmte Kunst.

Letzteres versteht sich am leichtesten aus dem bereits Gesagten. Wenn Sakrales mit dem Heiligen zu tun haben, nicht dessen Perversion sein soll, dann kann ihm ein Zugriff durch die Gestalt am wenigsten gerecht werden. Denn Stil als reflexives Übergewicht der Gestalt über das Ereignis ist der Widerspruch zum ermittelten Charakter des Heiligen, dem Schmelzen der Gestalt in den reinen Aufgang des Entzogenen. Doch so wird sakrale Kunst weithin mißverstanden: als stilisierter Stil, als durch vorgegebenen Formenvorrat der Gestalten eingeengte Ursprünglichkeit des Gestaltens. Wenn es sakrale Kunst in Wahrheit gibt, kann sie ihre Sakralität nicht durch im voraus festlegbare Stilelemente erweisen.

Auch das zuerst genannte Mißverständnis klärt sich leicht auf: Sakrale Kunst kann nicht heißen Kunst mit religiöser Thematik. Denn religiöse Thematik meint: Im Leben der Menschen aufgestiegene Sinnfiguren, Begebenheiten, Texte, in denen sich ihr Bezug zum Heiligen geschichtlich verfaßt hat.

Die Kunst, das Schöne, hat einen transzendentalen Bezug zur Gestalt. Jede vorkommende Gestalt kann im künstlerischen Wahrnehmen und Gestalten ergriffen werden und zur neuen, ereigneten Gestalt des Kunstwerkes gerinnen. Alles, das Banale und das unter Menschen Heiliggehaltene, ist mögliches Worin und Woraus, möglicher Vor-wurf bzw. Vor-gabe künstlerischen Gestaltens. Doch damit ist keineswegs schon vorentschieden, ob dieser Vorwurf als banal oder als heilig in das Ereignis der künstlerischen Gestalt eintritt. Zum Unselbstverständlichen, welches das Schöne und die Kunst auszeichnet, gehört gerade auch die mögliche – im Grund durchgängig wirkliche – Differenz zwischen Vorwurf und ereigneter Gestalt des Kunstwerkes. Ohne diese Differenz wäre auch die Entsprechung zwischen beiden nicht als wunderbar und bedeutsam möglich.

Am meisten der Erläuterung bedarf indessen der behauptete Unterschied zwischen religiöser und sakraler Kunst. Diese Frage kann uns zur Klärung von Wesen und Möglichkeit sakraler Kunst führen. Was kann religiöse Kunst heißen, wenn sie eben nicht als Kunst mit religiöser Thematik zu verstehen ist oder als Kunst privat religiöser Künstler, ohne daß ihr persönlicher Bezug zum Heiligen selbst zur

Gestalt käme? Religiöse Kunst – so formulierten wir bereits – meint zeugnisstarke Kunst, in der als Kunst sich das Heilige als heilig eröffnet.

Das Schöne ist das Drängen des Entzogenen in die Gestalt; die Gestalt als solche und der Aufgang des Entzogenen in und aus ihr sind Kunst als Kunst. Weil das Entzogene, das Unselbstverständliche immer jenes Geheimnis des Seins ist, das zu sich ruft und im Konkreten über sich hinaus in die Begegnung mit ihm ruft, ist alle Kunst dem Heiligen zugetraut. Der „heilige" Charakter aller Kunst trifft jedoch im ausgezeichneten Sinne dort zu, wo das Hinweg und Empor, das in der künstlerischen Gestalt aufbrechen kann, nicht nur indirekt widerfährt, sondern wo die Gestalt in der direkten Freigabe ihrer selbst zum kraftvollen Verweis auf das heilige Geheimnis wird.

Das kann und wird oft in der Gestaltung religiöser Thematik geschehen. Doch auch der „neutrale" Gegenstand oder die „reine" Form sind solch direkter Zeugenschaft fähig. Sie wird normalerweise bewußt und aus dem lebendigen Vollzug des Künstlers heraus geschehen. Das Heilige kann sich aber auch in seiner Anschaulichkeit dem Künstler selbst entziehen – eben derart, daß er es mit gesellschaftlichen, geschichtlichen Gestalten bzw. seinem Verständnis dieser Gestalten identifiziert und sich von ihnen absetzt, so aber gerade eine ursprünglichere Ergriffenheit vom Heiligen artikuliert.

Versuchen wir den Unterschied des heiligen Charakters aller Kunst von religiöser Kunst noch präziser zu fassen. Die indirekte Mächtigkeit des Heiligen in der Kunst waltet auf die Weise des Spiels, das der Gestalt als solcher und dem wunderbaren Sinn als solchem zugewandt geschieht, Spiel, das in die Unmittelbarkeit des Spielens das Wunderbare in seine Gestalt hineinspielt. Die direkte Zeugenschaft geschieht aus einer Ergriffenheit vom Unsäglichen, die als solche den Künstler zur Gestalt drängt, so daß sein Wollen, besser: das immanente Wollen seines gestaltenden Vollzugs einerseits die Gestalt will, andererseits in dieser Gestalt die Mitteilung des Unsäglichen will, das zur Gestalt immer unproportional und doch dem gestaltenden Vollzug offen ist. Solches Wollen besagt keine das Spiel verderbende Willentlichkeit, sondern eine innere, aus dem Ergriffensein vom Wunderbaren sich von selbst erzeugende Entschiedenheit und Eindeutigkeit, der es um die Gestalt, in der

Gestalt aber um das Zeugnis geht. Man könnte hier von bekennender Kunst sprechen. Gestaltendes Spiel, in dem sich das Wunderbare zur Gestalt bringt: dies ist alle Kunst. Ergriffenheit vom Wunderbaren, die sich in die Gestalt hinein bezeugt und in ihr mitteilt: dies verstehen wir unter religiöser Kunst.

Gibt es Kriterien für sie? Gewiß. Aber sie erschließen sich nicht einer neutral-objektivierenden, ästhetisch-wissenschaftlichen Betrachtung. Unverbindliches Mitspielen genügt nicht. Allein der Ernst des Mitgehens mit dem Kunstwerk in alle Dimensionen, ins Ganze, das sich in ihm verfaßt, Mitgehen nicht nur mit der Gestalt bis ans Ende der Gestalt, sondern mit ihrem Verweis über dieses Ende hinaus kann religiöse Kunst angemessen wahrnehmen. Ihre Abschattung im Objektiven, Feststellbaren ist vielleicht am ehesten mit der Formel getroffen: Koinzidenz von Einsatz und Verzicht der Mittel bzw. von Leidenschaft und Scheu des Vollzugs der Gestaltung.

IV. Sakrale Kunst: Übereignung der Gestalt in den Gottesdienst*

Warum soll religiöse, besser: bezeugende Kunst im umrissenen Verständnis von sakraler Kunst unterschieden werden? Wir dürfen die Einsicht voraussetzen, daß es für eine lebendige und wesentliche Erfahrung des Heiligen keinen Sakralbereich neben dem Profanbereich gibt. Gleichwohl erfordert der konkrete Aufgang des Heiligen stets die Versammlung, die „Gemeinde“ dieses Aufgangs. Nicht um sich abzuschließen, sondern um die Unselbstverständlichkeit dieses Aufgangs zu wahren und bezeugend zu künden, versammelt sich die Gemeinde.

Wenn Sakralität also Zuordnung zu der Gemeinde und ihrem Begehen des Aufgangs des Heiligen meint, dann ist sakrale Kunst Kunst, die mit der Begegnung von Gemeinde mit dem Heiligen zu tun hat. Das mag zunächst nur ein soziologischer, der Kunst äußerlicher Aspekt scheinen. Man könnte sich ja denken: Irgendeine Gemeinschaft hat ihre Erfahrung des Heiligen, die ihr zugrunde liegt, und entsprechend ihre Praxis des Umgangs mit dem Heiligen. Kunst, die dieser Praxis angemessen und in sie eingepaßt wäre, könnte man für diese Gruppe oder Gemeinde sakrale Kunst nennen. Ob und wie sie Kunst ist, entscheidet sich an den ästhetischen Maßstäben, die sie unabhängig von dieser zufälligen Vereinbarkeit mit dem Gottesdienst dieser Gemeinschaft erfüllt. Sakralität und Kunst lägen in diesem Fall nebeneinander und hätten nichts Wesentliches miteinander gemein. Der Ursprung der Künste im Fest und die innere Nachbarschaft des Heiligen und des Schönen weisen den Gedanken indessen deutlich auf eine andere Fährte. In der erörterten Möglichkeit religiöser Kunst haben sich die konstitutiven Wesensvollzüge des Schönen und des Heiligen als miteinander verschränkt erwiesen. Wenn wir nun religiöse Kunst von der spezifisch sakralen unterscheiden, dann besagt das, daß alle sakrale Kunst religiöse Kunst, aber umgekehrt nicht alle religiöse auch sakrale Kunst heißen könne.

Was also verstehen wir unter sakraler Kunst, was ist das sie innerlich Auszeichnende und Unterscheidende? Wir sagten schon, sie ist gemeindebezogene Kunst. Doch dieser Bezug ist eben kein zu ihr als Kunst äußerer, vielmehr ist das, was sich in sakraler Kunst bezeugt, die bestimmte Erfahrung des Heiligen, die die betreffende Gemeinschaft zur Gemeinde macht. Die Innerlichkeit und Wesentlichkeit dieses Bezugs schließen aus, daß sakrale Kunst nur Kunst ist, die auf den zufälligen Geschmack einer Gemeinde Rücksicht nähme. Auch ungewohnte, sogar provokatorische Kunst kann sakral sein. Sie kann sagen: Das ist es doch, was uns angeht, und angesichts dessen, war ihr überseht oder ausklammert, muß sich unsere Gemeinschaft im Heil und Heiligen ganz anders vollziehen! Darum eben geht es: Der Dialog der Gemeinde mit dem Zuspruch und Anspruch des Heiligen ist der Raum, in den sich sakrale Kunst hineinstellt, in den hinein sie sich überschreitet, so daß sich ihre Gestalt nicht eigentlich in sich selber schließt, sondern sich im Geschehen der Versammlung der Gemeinde dem Aufgang des Heiligen stellt.

Dann aber ist sakrale Kunst mediale Kunst. Das heißt, es geht ihr wie aller Kunst um die Gestalt, aber es geht ihr nicht zuletzt um ihre künstlerische Gestalt, sondern um die Gestalt der Feier der Gemeinde, in der das Ereignis des Heiligen für die Gemeinde und das Ereignis der Gemeinde ins Heilige geschehen. Die unmittelbare Gestalt des sakralen Kunstwerkes steht zu der mittelbaren Gestalt, zur Feier der Gemeinde, in einem wechselseitigen Verhältnis. Sie bestimmt sich von dieser Feier der Gemeinde her, gestaltet sie in sich und bestimmt sie zugleich von sich aus und durch sich, gibt ihr von sich her Gestalt. Das ist keine äußere Begrenzung der künstlerischen Selbständigkeit, sondern ihre Erweiterung und Konkretion im umfassenden Zusammenhang einer Gemeinde, der wesentlich zum Kunstwerk gehört.

Für die Gestalt des sakralen Kunstwerkes erwächst daraus eine wichtige Folge. Sie ist mit dem Wort mediale Kunst bereits angedeutet. Die Gestalt will zwar als Gestalt in sich vollendet sein, wird das sich in ihr Ereignende so vollkommen wie nur möglich verfassen, es als wunderbar zum Vorschein bringen. Sakrale Kunst ist Gestalt als Ereignis, aber sie übereignet zugleich ihre Gestalt in die Gestalt der feiernden Gemeinde. Denn in deren Mitte soll sich nicht zuerst die Kunst, sondern das Heilige selbst ereignen. So wird das Kunstwerk in einer eigentümlichen Diskretion, in einer wesentlichen Offenheit über sich hinaus, in einem Sich-Verschweigen und Über-Sich-Verweisen schwingen, um unabsehbar neu und frei ihre geschichtliche Gestalt zu erbilden. Damit ist ein letztes Stichwort gefallen: geschichtliche Gestalt.

V. Sakrale Kunst – in gottferner Zeit?*

Kunst und Zeit haben wesentlich miteinander zu tun. Das gilt erst recht für die sakrale Kunst – nicht nur weil sie der Zeit des Festes zugehört, sondern weil sie entscheidend geprägt ist von der geschichtlichen Stunde der Religion und des Glaubens, in der sie entsteht. Das bislang Ausgeführte gilt nur scheinbar zeitlos und allgemein. Es ist zwar im Hinblick auf alle geschichtlichen Formen des Sakralen gesagt, aber doch bewußt aus dem Innestehen in der heutigen Stunde des christlichen Glaubens und der christlichen Gemeinde. Nur von ihrem Selbstverständnis und vom Verständnis des Heiligen, wie es sich gegenwärtigem Denken erschließt, war es uns möglich, sowohl die Unterscheidung des Heiligen und des Schönen im Zusammengehören beider als auch die Unterscheidung des Heiligen und des Sakralen am Phänomen der Kunst abzulesen. Die Achtsamkeit auf die gegenwärtige Stunde erlaubt auch, die Geschichtlichkeit der jeweiligen Gestalt des Sakralen zu sehen.

Sakrale Kunst wird in ihrer Gestalt ein je verschiedenes Verhältnis zur Weltlichkeit haben, je nachdem, wie ihre geschichtliche Welt zum Heiligen steht, es erfährt und bezeugt. Wo Welt in einer durchgängigen Sakralität ihrer Bezirke aufgeht, wo Natur und Gesellschaft wie in weiten Bereichen der Antike und des Mittelalters als Epiphanien des Heiligen verstanden wurden, wird die Differenz der sakralen Kunst kaum an die Oberfläche der Gestalt dringen. Wo – wie in den Reformen und Reformationen des Mittelalters – die Differenz einer gängigen Gestalt von Weltlichkeit und Kirchlichkeit zum Ursprung des Glaubens, zum reinen und lebendigen Evangelium aufbricht, wird sich diese Differenz auch in der Gestaltsprache sakraler Kunst niederschlagen. Allerdings wird ihre Gestalt hier nicht so sehr die Festlichkeit heiliger Feiern spiegeln, sondern eher in expressiver Unmittelbarkeit die Nähe der Offenbarung Gottes zum Menschen in seiner unverstellten Not und Wirklichkeit bezeugen.

In einer Epoche des Weltloswerdens der Religion wird auch die sakrale Kunst in eine eigenartig weltlose Gestaltschwäche zurücksinken. Die restaurativen Tendenzen des letzten Jahrhunderts zeugen davon. Und heute, in einer Zeit, in der das Weltloswerden der Religion in ein Gottloswerden der Welt, in einen Schwund des Heiligen aus der Welt, zu geraten scheint – gibt es da noch sakrale Kunst?

Jedenfalls gibt es die Gemeinde und in ihr den Glauben, daß diese weltliche Welt, in der sie steht, die von Gott geliebte und angenommene Welt ist. Hier bekundet sich ein neues Innestehen der Gemeinde in der Welt, nicht im Sinne allgemeiner Weltgeltung ihres Glaubens oder ihres Anspruchs auf welthafte Macht, sondern in einem Ja zu dieser weltlichen Welt, das sich aus Gottes Ja zu ihr versteht. In dieser Zeit wird die Feier der Gemeinde schlichte, welthafte Züge, die Züge unmittelbarer Mitmenschlichkeit tragen. Das Mahl und das Hören auf das Wort, das Zusammengehören in Not und Freude, die Verbundenheit in Glaube, Hoffnung und Liebe werden die Feier und die Feste dieser Gemeinde charakterisieren. Die Kunst dürfte in dieser Feier und dieser Gemeinde ihren angemessenen Platz und ihre entsprechende Gestalt, eben als mediale Kunst finden, die nüchtern und bedacht auf solches achtet und es gestaltet: Mahl, Gemeinschaft, Zusammenhalt, Dasein inmitten der

Welt. Es gibt also von Wesen und Auftrag her auch heute sakrale Kunst. Sie wird aber gerade nicht auffällige Zeichen ihrer Sakralität, nicht wehmütige Rückwendung zu anderen Epochen und nicht triumphalen Glanz der Selbstbehauptung demonstrieren, sondern Gottes Ja zur Welt und zum Menschen unserer geschichtlichen Stunde spiegeln.

Sakrale Kunst wird heute also sehr geistlich sein. Sie wird, unbeschadet ihrer Ursprünglichkeit und Selbständigkeit als Kunst, als christlich-sakrale Kunst in einer überraschenden Entsprechung zum Pauluswort stehen: „Ich liege in Wehen um euch, bis Christus unter euch Gestalt gewinnt" (Gal 4,19). Sie wird zugleich sehr welthafte Kunst sein. Beides, Geistlichkeit und Weltlichkeit, werden in ihr ungetrennt und unvermischt einander entsprechen und ins Selbe kommen.

BOTSCHAFT: KIRCHENBAU

Unter den vielen Dialogen, die zu führen sind, ist der zwischen Kirche und Künstlern einer der wichtigsten und interessantesten. Einerseits sind Künstler besonders ausgesetzte Menschen – sowohl in ihrer Sensibilität für die Zeit, für das, was sich ändert, für das, was auf uns zukommt, wie für den Glauben, so daß sie in diesem Aushalten existentieller Spannung einer besonderen Nähe bedürfen. Andererseits soll die Kirche ein Seismograph für die Zeichen Gottes in der Zeit sein, soll sie inkarnatorisch wirken; deshalb braucht sie weniges so unmittelbar wie den lebendigen Kontakt mit jenen, die als Künstler gewissermaßen die Sensibilität der Menschheit für das sind, was sich in der Geschichte ereignet und vorbereitet.

Wenn ich nun zum Thema „Kirchenbau" sprechen soll, dann möchte ich es wie folgt anlegen: Ich werde zu Ihrem Bedauern vielleicht zunächst wenig ins einzelne gehen. Ich möchte aber einige Prinzipien mit Ihnen bedenken, ausgehend von einer Spannung, die sich meiner Überzeugung nach theologisch so einfach und eindeutig überhaupt nicht lösen läßt. Erst im Nachdenken auf diesen Vortrag hin hat sich mir eine theologische „Schneise" eröffnet, wie dieses Problem sich von innen her angehen läßt. Aus den theologischen Überlegungen möchte ich dann konkrete Anregungen für den Kirchenbau ableiten. Die Spannung, von der ich ausgehe, läßt sich in eine Frage kleiden, die zunächst modisch klingt, es aber bei tieferem Hineinsehen in die Fundamente der Theologie nicht ist. Ist der Kirchenbau, christlich verstanden, das Ende oder die Vollendung der Sakralität? Was meine ich damit?

I. Entsakralisierung der Welt*

Es scheint uns gängig, daß es außer der profanen, der weltlichen, eine sakrale Kunst gibt. Aber ist das vom Ansatz des Christlichen her legitim? Ist nicht schon die Schöpfungsgeschichte, so wie wir ihr im 1. Kapitel der Genesis begegnen, ein Angriff auf herkömmliche Sakralität, und ist der zweite, viel größere Angriff nicht das Neue Testament? Während früher die Schöpfung als sakralisiert, als Zeichen des Geheimnisses erschien, formuliert die Priesterschrift im 1. Kapitel der Genesis ganz bewußt so, daß darin Schöpfung und Dinge entzaubert werden. Nicht mehr vom Sonnengott ist die Rede, sondern von der Gottmacht. Licht und Sonne und Mond sind nicht mehr jenes Faszinosum, das die Menschen erschüttert, sondern sie werden als zwei Lichter bezeichnet, die Gott einfach so hinstellt, damit es hell ist (vgl. Gen 1,16). Was geschieht hier? Gott tritt in eine unmittelbare Beziehung zum Menschen. Schöpfung ist zugleich Raum des Menschen. Schöpfung ist nicht das Objekt unserer Ängste und eines sie bannenden Kultes, sondern sie gehört in unsere personale Beziehung zu Gott, der über der Schöpfung steht und mit dem wir in die freie Kommunikation des Bundes treten, so daß in dieser freien Kommunikation die Dinge in aller Nüchternheit wahrzunehmen sind. Das ist zumindest die Theologie des Schöpfungsberichtes aus der Priesterschrift. Also Entzauberung, in gewisser Weise Entsakralisierung steht im Vordergrund.

Dies radikalisiert sich im Neuen Testament. Heilige Zeichen und Zeiten und Gebräuche werden dadurch überholt, daß das Profanste – der Mensch in seinem Schweiß und Speichel, in seiner Leibhaftigkeit – nicht nur Zeichen, sondern Gegenwart Gottes wird. Gott ist da in der Menschlichkeit eines Menschen. Er selber gibt sein Innerstes und Äußerstes in dieser Menschwerdung; deshalb wird um diesen Bezirk des Menschlichen, in dem Gott anwesend ist, kein neuer Zaun gezogen. Die Frau, die in sakraler Ehrfurcht die Quaste seines Gewandes berühren und sich dann zurückziehen will, sie wird von Jesus gestellt, damit sie Auge in Auge ihm begegnet (vgl. Mt 9,20-22). Und so ist es ganz offensichtlich, daß Jesus schockiert, indem er, vom Tempel seines Leibes sprechend, behauptet: Ich reiße diesen Tempel nieder, in drei Tagen bau ich ihn wieder auf (vgl. Mt 26,61). Daß er die Schaubrote entnehmen läßt (vgl. Mt 12,4), daß er am

Sabbat Wunder vollbringt (vgl. Mt 12,10ff.), schiebt nicht nur einfach die Tradition auf die Seite, sondern will offenbarmachen: die Unmittelbarkeit Gottes zum Menschen in seinem Leben hat Vorrang vor aller „Sakralität".

So haben wir denn auch zwei Merkzeichen, die im Neuen Testament bezüglich des Kirchenbaus zu denken geben. Als ihn im Johannesevangelium im 4. Kapitel die Samariterin fragt, ob denn auf dem Berg angebetet werden soll, den die Samariter als Kultstätte haben, oder in Jerusalem, da sagt Jesus ganz einfach: Die Stunde wird kommen, und sie ist schon da, in der nicht mehr der heilige Berg oder die heilige Stätte gilt, sondern in der die Anbeter Gottes im Geist und in der Wahrheit ihn überall finden und anbeten (vgl. Joh 4,21-23). Und in der großen Rede des Paulus im 17. Kapitel der Apostelgeschichte begegnen wir eindeutig der Aussage, daß Gott sich nicht in den von Händen gemachten Tempeln einsperren läßt, sondern daß wir überall in ihm uns bewegen, leben und sind. Gott also ist jener, der die Bannungen und Festlegungen auf das Sakrale da oder dort bricht (vgl. Apg 17,24).

II. Sakralisierung des Kirchenbaus*

Nehmen wir das ernst, dann fragen wir uns: Wie ist überhaupt Sakralbau möglich? Wenn wir etwa in San Lorenzo in Lucina, einer der ältesten Kirchen Roms, schauen, wo wir vor ersten Elementen einer christlichen Kirche in Rom stehen, dann sehen wir: Das ist das Haus einer frommen Frau, in dem man sich versammelte und das ein bißchen umgebaut wurde, um darin den Gottesdienst zu feiern. Es war für mich eine überwältigende Erfahrung, als ich in Salona bei Split die alte Bischofskirche sah, die man dort ausgegraben hat – wiederum ein Haus, das ein wenig umgestaltet wurde, das mit Priestersitz und Altar eingerichtet war. Nebenan im alten Split stand der Palast des Diokletian; und erst als die Barbaren kamen und Salona zerstörten, brachte man den Leichnam des Ortsheiligen in Sicherheit und machte den Palast des heidnischen Kaisers zur Kathedrale. Es ist bezeichnend, daß im Kirchenbau der Antike der Bautypus der Basilika, also der „königlichen Halle", übernommen wurde. Es ist hochinteressant, die Entwicklung zu verfolgen, als die Germanen in den Mittelmeerraum eindrangen; man sieht es im Veneto, wo die damals neugebauten Kirchen diesem Vorbild folgten, aber nun sakralisierend zwei Ebenen für den Chor und die Versammlung des Volkes einführten. Erst langsam und nicht vom Ursprung an beobachten wir diese Sakralisierung des Kirchenbaus.

Wie also sollen wir unsere Kirchen bauen? Sollen wir Häuser bauen und sie arrangieren, damit darin der Gottesdienst gefeiert werden kann? Ist das die wahre Theologie des Kirchenbaus? Ich habe in diesem Kontext vor mehreren Jahren die aufregende Antrittsvorlesung des Bonner Kirchenhistorikers und Patristikers Ernst Dassmann gehört, der über ein unmittelbar damit zusammenhängendes Problem gesprochen hat. In der Theologie hat sich die Auffassung durchgesetzt, daß ursprünglich – und das stimmt sicher für die älteren Schichten des Neuen Testamentes – keine Rede von einem eigenen priesterlichen Dienst war. Viele behaupteten, es sei ein Verrat, daß man überhaupt diese Kategorie benutzt habe. Nach Dassmann ist dies mitnichten der Fall, sondern mit jener Selbstverständlichkeit, die ein Paulus ausspricht – „alles ist euer" (1 Kor 3,22) –, hebt der Prozeß der „Übernahme" schon in der apostolischen Zeit an und setzt sich unmittelbar ohne Bruch fort in der nachapostolischen Zeit. Im 1. Clemensbrief zeigt sich, daß die sakralen Begriffe und Überlieferungen des Alten Testamentes neu in Beschlag genommen wurden. Alles, auch das Sakrale, alle Grunderfahrungen des Menschlichen werden eingefügt in die lebendige Erfahrung mit dem lebendigen Christus.

III. Vorstoß zu einer profanen Sakralität*

Damit stehen wir freilich doch vor einem Dilemma: Gehört es zur Inkarnation, daß wir das Sakrale überhaupt bannen und nur das Menschliche als Zeichen des Göttlichen stehen lassen und alles andere als Verrat abtun? Oder ist es umgekehrt so, daß gerade die Inkarnation der Ansatzpunkt ist, um zu einer neuen Sakralität durchzustoßen, weil Gott Mensch geworden ist und sich mit allen menschlichen Erfahrungen identifiziert hat? Sind sie es nicht, denen wir in den großen sakralen Zeichen der Menschheit begegnen, nunmehr aber so, daß sie entzaubert und mit einer neuen Freiheit ergriffen werden, wie sie uns im Hebräerbrief entgegentritt, wo gesagt wird, daß wir uns nicht mehr dem dunklen und umwölkten Berg Sinai nahen – den wir nicht berühren können, weil da die Gegenwart Gottes waltet –, sondern daß wir jetzt in der Freiheit der Communicatio zu diesem neuen heiligen Berg hintreten dürfen (vgl. Hebr 12,18ff.)? Die Frage eindeutig lösen zu wollen, wäre zu einfach.

Ich möchte statt dessen einen Weg einschlagen, der uns Möglichkeiten gibt, den Kirchenbau auch von seiner theologischen Seite neu zu betrachten. Wir können im Neuen Testament an zwei Stellen, im 1. Korintherbrief und im 1. Petrusbrief feststellen: Hier wird eine Übertragung von sakraler Architektur auf soziale Kategorien vorgenommen. Das ist höchst bedeutsam: Im 1. Korintherbrief ist die Rede davon, daß der Tempel Gottes heilig ist; aber dieses Heilige ist kein Bauwerk, sondern der Mensch und eine menschliche Gemeinschaft (vgl. 1 Kor 6,13), inmitten einer Gemeinschaft lebt Gott wie im Herzen des einzelnen. Das Sakrale als solches, der Raum Gottes sind die Menschen, die den Herrn in sich und in ihrer Mitte tragen. Das ist die neue „profane" Sakralität. Und entsprechend im 1. Petrusbrief (vgl. 1 Petr 2,5; Eph 2,20-22): Das Bildmaterial ist bei aller Verschiedenheit ähnlich; dort ist nämlich die Rede davon, daß wir als das Volk Gottes uns aufbauen lassen im Geiste auf dem *einen* Eckstein, dem *einen* Fundament: Jesus Christus. Auch hier wiederum also das Bild des Baues, des Tempels; aber im Klartext geht es nicht um einen Bau, sondern um die Gemeinschaft. Was hat das nun zu sagen?

Christlicher Kirchenbau ist meiner Überzeugung nach möglich, ja nötig, doch auf die Weise einer verwandelten Rückübersetzung: Rückübersetzung nicht in das, was war, sondern in das, was kommt. Weil *wir* die Kirche sind, deswegen gibt es Kirchen. Was wir sind, wird Bau. Denn zuerst war ein Bau da: der objektivierte, sakralisierte Raum Gottes. Er wird „profaniert" in aller Ehrfurcht, in aller Tempelfrömmigkeit; auch Paulus geht noch in den Tempel und verehrt ihn; das ist bis zum Jahr 70 für Judenchristen kein Problem. Zuerst geschieht also eine „sanfte" Entsakralisierung; das bislang Sakrale eines besonderen Bezirks und Baus wird in Gemeinschaft hinein transportiert: die Gemeinschaft, die wir sind. Dann aber braucht diese Gemeinschaft sogleich eine Verfassung; sie braucht einen Raum, um sich zu versammeln; und sie braucht diesen Raum in dem Maß und in der Art, wie diese Gemeinschaft jeweils in der Gesellschaft steht: zuerst im Verborgenen, latent und somit eben hineingegeben und -gelassen in die verbergende Alltäglichkeit – und dann mehr und mehr signifikant, zeichenhaft sich bekennend, die Vielen einladend und versammelnd, auch die Gesellschaft prägend und dann in einer großen Ausdrücklichkeit. Das Maß von Kirche – von gebauter Kirche – aber ist immer gelebte Kirche, Kirche als Gemeinschaft. Dies scheint mir die Lösung zu sein. Wenn wir Kirche sind, brauchen wir den Ort unseres Zusammenseins und unseres Seins beim Herrn, einen verfaßten Raum, der aus seiner Weise des Seins bei uns und aus unserer Weise des Seins bei ihm erwächst.

IV. Der zweifache Sinn von Kirche*

Es gibt zwei Grundstämme in den Sprachen unseres Abendlandes, die in das Wort „Kirche" hineinragen: Einmal leitet sich das Wort „Kirche" vom griechischen „Kyriake" ab, zum anderen übersetzt es das griechische Wort „Ekklesia". Die Alemannen, zu denen ich mich zähle, haben das miteinander verbunden; sie haben nämlich das Wort „Chille", das sowohl von „Kyriake", „Kirche", wie auch von „Ekklesia" her kommt und damit beide Dimensionen von Kirche in sich vereinigt. Ich meine, daß in der Tat die beiden Spuren „Kyriake" und „Ekklesia" Entscheidendes über die Kirche als Gemeinschaft, über die Kirche als Bau sagen. Eben dies ist es, was mich bewegt: Kirche als Kirchenbau verdankt sich einer Rückübersetzung der vom Aufbau glaubender Gemeinschaft gewonnenen Sakralität in die gebaute Sakralität, die nun aber nicht mehr eigene Sakralität ist, sondern auf die Gemeinschaft als Kirche bezogene, von ihr lebende und damit in die Nüchternheit des Alltags hineingebettete.

So möchte ich die Spuren weiterverfolgen, die auch in der klassischen Theologie von den beiden Ausdrücken „Kyriake" und „Ekklesia" her zum Kirchenbau führen. Welche sind diese? Bei „Kyriake", „Kirche" möchte ich auf folgendes hinweisen: „Kyriake" heißt „dem Herrn gehörend", also „bezogen auf Christus". Die Kirche ist das, was dem Herrn gehört. Sie ist der Daseinsraum des Herrn, der Lebensraum Christi inmitten der Welt, der Gegenwartsraum Christi. Das ist der christologische Aspekt von Kirche.

V. Liturgische Vergegenwärtigungen des Heiligen*

In einem zentralen Abschnitt des Zweiten Vatikanischen Konzils, in der Liturgiekonstitution, wird uns eine mehrfache Gegenwart Christi auch in der Liturgie vor Augen gestellt.[1] Es sind drei Weisen; aber ich möchte den dortigen Ansatz durch zwei weitere Weisen ergänzen, die durchaus im Sinne dessen, was das Konzil sagt, theologisch komplementierend von Bedeutung sind. Der Herr ist gegenwärtig in Opfer und Mahl, die dargebracht werden; er ist gegenwärtig in dem, der bestellt ist, der Eucharistie als Repräsentant Christi für die Kirche vorzustehen; er ist gegenwärtig in der Verkündigung.

Diese drei Weisen sind die spezifisch liturgischen: der Herr in seinem Wort, der Herr in der Eucharistie, der Herr im Vorsteher der Eucharistie. Dabei wird, und dies ist nun entscheidend, etwas Weiteres in diesem Abschnitt der Konzilskonstitution auf Liturgie bezogen: Der Herr ist einfach dadurch gegenwärtig, daß Menschen sich in seinem Namen versammeln. „Denn wo zwei oder drei in meinem Namen versammelt sind, da bin ich mitten unter ihnen" (Mt 18,20). Hierbei müssen wir, wenn wir streng biblisch vorgehen, noch zwei Dinge bedenken, die nicht äußerlich-funktional in die Liturgie hineingehören: Christus ist gegenwärtig in jedem von uns, in jedem Glaubenden. Wer ihn liebt, dem wird er sich offenbaren: „Wenn jemand mich liebt, wird er an meinem Wort festhalten; mein Vater wir ihn lieben, und wir werden zu ihm kommen und bei ihm wohnen" (Joh 14,23). Der Herr wohnt durch den Glauben und durch die Liebe in unserem Herzen; der Herr wohnt also in der Liebe des einzelnen. Aber er wohnt auch im je anderen und gerade in dem am Rande Stehenden, im Geringsten: Was wir einem der geringsten Brüder getan haben, das haben wir ihm getan (vgl. Mt 25,40). Selbst wenn die Stelle unmittelbar im „Geringsten" den sieht, der den apostolischen Dienst für die Gemeinde tut, ist die elementare und allgemeine Auslegung auf den Armen, auf *jeden* Nächsten legitim. Dann hat also Kirche als gelebte Kirche, als Kirche, die wir sind, insgesamt eine sechsfache Gegenwart Christi, die sich in

---

[1] Vgl. *Zweites Vatikanisches Konzil*, SC 7.

der Liturgie verdichtet, aber nicht in ihr erschöpft. Wir haben sozusagen eine dreifach „objektive" und dreifach „subjektive" Weise der Gegenwart Jesu.

Wir können auch auf zwei Brennpunkte hinweisen, die gegenseitig aufeinander bezogen sind und voneinander leben. Das eine ist die in der Eucharistie sakramental gegebene, das Ganze integrierende Gegenwart Jesu, und das andere ist die in der Versammlung der Glaubenden sich vollbringende Gegenwart Jesu. Immer und überall, wo Glaubende sich vereinen, ist der Herr in der Mitte, sofern sie in seinen Lebensrhythmus, in sein Lebensgesetz eintreten, so daß jeder den Herrn in sich leben läßt und jeder ihn im anderen annimmt und erkennt. Wo wir einander so begegnen, ist der Herr – und da wächst Kirche. Diesem je aktuellen, je von den Anwesenden anhängenden ereignishaften Modus der Gegenwart Jesu steht nun das andere gegenüber: die unverfügbare Vorgabe, die vom Herrn einfach als Gewähr seiner Präsenz in seine Kirche hineingegeben, sakramental ihrer Grundstruktur eingestiftet ist. Wo sein Wort da ist, da ist Er, und an seinem Wort wird es nicht mangeln bis zum Ende. Wo sein priesterlicher Stellvertreter aus der apostolischen Sendung heraus verkündet und sakramental wird, da ist Er; und das persönliche Defizit des Gesandten kann nicht aufheben, daß Christus in ihm sich schenkt, sofern der Priester das tut und tun will, was Kirche tut, getreu dem Auftrag dieses Christus. Dies geschieht, wenn aus seiner Weihe heraus der Priester als der Gesandte Christi das Wort verkündet und in der Eucharistie den Tod des Herrn und seine Auferstehung vergegenwärtigt. Diese beiden Realitäten, Wort und Eucharistie, aber sind aufeinander bezogen. Eucharistie und Wortverkündigung und priesterlicher Dienst können im Grunde nur dort das zur Geltung, zum Leuchten bringen, wo Menschen von sich aus aufbrechen im Glauben und sich mitbringen, sich gegenseitig lieben und so miteinander versammelt sind, daß der Herr in ihrer Mitte sein kann. Und wo Menschen Ihn in der Mitte haben, da zeichnet sich der Raum ab, der sich öffnet für die Vollendung der Communio in der Eucharistie.

Über den Kirchenbau als Kyriake-Bau lassen sich zunächst folgende Sätze sagen: 1. Es braucht Raum, in dem Christen sich versammeln, damit der Herr in ihrer Mitte ist und in dem sie einander so begegnen, daß er in ihrer Mitte sein kann. 2. Es braucht Raum, in dem sich in diese Versammlung hinein durch den Dienst des Priesters der lebendige Herr in Wort und Sakrament gibt. Es braucht also den Liturgieraum und den Versammlungsraum. Beides ist nicht voneinander zu trennen; aber Versammlung ist mehr als Eucharistie; wir können uns versammeln, ohne daß wir Eucharistie feiern; und Eucharistie ist mehr als eine bloße Versammlung; denn nicht jedesmal, wenn wir uns versammeln, feiern wir auch Eucharistie. Beides: das Ereignis des Sich-Versammelns und die je neue und doch immer selbe Gabe, die aus dem Ursprung herkommt in der Eucharistie, dies sind die zwei Zentren, dies sind die zwei Bewegungen, die einen Raum brauchen. Jeder dieser beiden Sätze ist auf je drei andere bezogen.

Hinsichtlich der Kirche als Versammlungsraum: a) Einmal ist sie der Raum, in welchem der einzelne sich so sammeln soll, daß er zum Herrn, der in ihm wohnt, vordringen kann. Er braucht einen Raum, wo dies möglich ist, wo er den Herrn in sich in der Stille entdeckt. b) Er braucht einen Raum, in dem er den anderen nahe ist und in dem er den Glauben des anderen erfahren und ihm seinen Glauben bezeugen kann. c) Er braucht einen Raum, in dem man sich mit allen versammeln und begegnen kann, damit die Gegenwart des Herrn in der Mitte gestärkt wird.

Die drei anderen Sätze, die sich auf den Kirchenraum als Liturgieraum beziehen: a) Die Eucharistie soll gefeiert werden; es muß daher ein Raum sein, in dem die Stellung des Priesters als des Vorsitzenden der Eucharistiefeier (nicht im Sinn einer klerikalen Absonderung, aber einer repräsentierenden Zuordnung auf Christus hin) für alle sichtbar wird, wo sichtbar wird: Der Herr bringt seine Gegenwart in die Eucharistie ein, er geht auf die Gemeinde zu, seine Gegenwart wächst nicht nur wie in der ersten Dimension aus ihr heraus. b) Es muß ein Raum sein, in dem Mahl und Opfer möglich sind und die eigentliche Mitte bilden. Und es muß c) ein Raum des Verkündens und Vernehmens, also ein Raum sein, in dem das Wort vernehmbar und betreffend an die Menschen ergehen kann.

Wenn ich zuerst vom Versammlungsraum spreche, dann spreche ich im Grunde von einem Raum, wie er überall sein soll und kann, auch in der Familie. Es ist sozusagen das Zentrum unseres christlichen Lebens, daß ich immer in mir Jesus finden, immer den anderen lieben, immer mit dem anderen eins sein soll. Das Spezifische und

Unterscheidende des Kirchenraums ist dann tatsächlich dies, daß Eucharistie hier möglich ist. Aber eigentlich kann Eucharistie nur fruchtbar werden, wenn eben die drei anderen Momente mit da sind: sich versammeln können, still werden und einander begegnen können.

Das Neue am heutigen Kirchenbau liegt m. E. in folgendem: Wir leben nicht mehr in der Selbstverständlichkeit, daß diese drei Momente einfach gegeben sind. Es ist weniger selbstverständlich als früher, den Herrn in mir, im Bruder und in der Mitte zu finden. Zugleich aber gewinnen diese drei Weisen heute viel mehr Kontur. Diese Gegenwart Jesu in unserer Mitte, aber auch seine Gegenwart im einzelnen, im Nächsten waren in der Epoche zuvor theologisch vor dem „Objektiven" zurückgetreten. Nicht, weil man nicht daraus lebte, sondern weil man in die vorgegebenen Strukturen und Bedingungen einer christlich geprägten Gesellschaft eingebettet war und so das Unselbstverständliche des Vollzugs als eines solchen nicht eigens zu reflektieren brauchte. Dann aber markieren doch heute gerade Sich-Versammeln und Communio eine neue Anforderung an unsere Kirchen als Versammlungsraum.

VI. Postulate für den Kirchenbau*

Aus dem Kyriake- und Ekklesiacharakter von Kirche ergeben sich für mich sechs Postulate:

1. Kirche soll so gebaut werden, daß Eucharistie in ihr gefeiert werden kann. Nicht das Lesen der Messe, sondern die Feier der Eucharistie als Eucharistie für das Volk, in ihrer ganzen Fülle, drängt in den Vordergrund.

2. Kirchenbau ist Bau eines Raumes für Gottes Wort. Er soll so geschehen, daß in der Kirche nicht nur gepredigt werden kann: vielleicht weit entrückt, oben – vom Himmel hoch, da komm ich her – oder von der Seite – aus dem Schwalbennest der fernen Kanzel –, sondern die Verkündigung des Wortes soll ihren zentralen Platz in der Gemeinde haben. Das Wort Gottes muß einen betonten Ort finden, aber auch die Kommunikation mit diesem Wort muß geschehen können.

3. Kirche soll so gebaut werden, daß darin – innerhalb der vielen

Dienste im Miteinander aller – auch die unterschiedlichen Funktionen, die der Priester im Vorsitz der Eucharistiefeier *und* die das Volk Gottes in seiner umfassenden Teilhabe hat, zur Gestalt werden. Von daher verbietet sich, daß der Priester nur gelegentlich aus der Gemeinde hervortritt.

Dies also sind die ersten drei Postulate: Eucharistie angesichts aller, mit allen; Wort Gottes, sichtbarer Platz für seine Verkündigung, Kommunikation mit diesem Wort; Raum für alle, in dem der Priester in „persona Christi" handelnd, *in* der Gemeinde ihr gegenüber in ihr ist. Die zweite Reihe der Postulate geht vom Vollzug der Gemeinde und des einzelnen aus:

4. Kirche soll nicht nur Konsumraum für die Absolvierung der Sonntagspflicht sein, sondern Raum, in dem Volk Gottes sich versammelt. Diese Versammlung soll so geschehen können, daß allein schon durch den Raum in Erinnerung gerufen wird: Hier sind wir vereint, damit der Herr in unserer Mitte ist, auch wenn kein Liturge am Altar steht.

5. Im umfassenden Miteinander soll auch der je andere als er selbst präsent sein. Wir sollen, gesammelt auf den Herrn, auch einander nahe sein. Es wäre gut, wenn Gestalt würde, daß der Herr *jedem* hier nahe ist. Es darf keine „Ränge" in der Kirche geben. Das ist unvereinbar mit der Gegenwart des Herrn in jedem und mit der Kostbarkeit eines jeden, der hierher gerufen ist.

6. Kirche soll auch ein Raum sein, in dem der einzelne die Chance hat, zur stillen Begegnung mit dem Herrn in sich und in seiner fortwährenden Gegenwart im Sakrament zu kommen. Auch dies gehört zum Kirchenbau. Ich darf nicht gezwungen werden, mich zu Tode zu „kommunikationieren", sondern soll Raum der Sammlung und der Stille finden – unbeschadet der Möglichkeit zur Kommunikation.

Das wären für mich sechs Postulate, die aus der sechsfachen Gegenwart des Kyrios in der Kyriake erwachsen und die einen Maßstab für Kirchenbau bilden können, wenn ich Kirchenbau als „Kyriake" betrachte. Es sind Anregungen, die ich nicht kirchenamtlich verkünde, sondern Entwürfe, die ich zur Diskussion stelle.

VII. Konsequenzen aus den „Merkmalen der Kirche"*

Ich komme zu einem zweiten Ansatz, der für die ästhetische Dimension des Ganzen und auch funktional ebenfalls bedeutsam ist. Kirche ist Ekklesia, das bedeutet: Kirche ist die Herausgerufene, die aus allen Völkern herausgerufene Gemeinschaft, die für alle das Zeichen des allgemeinen Heilswillens Gottes ist; sie ist Gemeinschaft, in der die neue Nähe zu Gott und Gottes neue Nähe zu den Menschen gefeiert und begangen wird. Diese Kirche aber wird von alters her bezeichnet durch die vier Attribute: Ecclesia una, sancta, catholica, apostolica; eins, heilig, katholisch, apostolisch.

Ich möchte zuerst etwas zu den theologischen Dimensionen sagen, bevor ich die Konsequenzen für den Kirchenbau zur Sprache bringe. Menschen, die eigentlich nicht zusammengehören, Juden und Griechen, sind zusammengerufen und werden eins durch Ihn (vgl. Eph 2,11-22). Einheit mit Gott beglaubigt sich in der Einheit miteinander. Daran soll die Welt erkennen, daß Christus vom Vater gesandt ist, daß wir eins sind miteinander (vgl. Joh 17,21). Einheit ist trotz aller Unterschiede eben Zeugnis dafür, daß es nicht um uns geht, sondern daß der Herr jenes Werk vollbrachte, das wir aus uns nicht vermögen. Es ist diese Einheit, die eindringlich in der Kirchenkonstitution des Zweiten Vatikanischen Konzils in neuer Tiefe uns dargelegt ist.[2]

Als Herausgerufene ist Ekklesia geheiligt; das heißt ausgesondert; sie lebt nicht für sich, sondern für Gott. Dieses Heiligsein ist freilich im christlichen Verständnis etwas anderes als bloß „Sakralität" im alten Sinn. Wenn wir uns fragen, was dieses neue Heiligsein bedeutet, dann finden wir eine Antwort im Römerbrief, wo uns gesagt wird, daß wir uns nicht der Welt angleichen, sondern für den Herrn leben sollen durch seinen Heiligen Geist (vgl. Röm 12,2 und Röm 12 insgesamt). Hier ist aber von Alltäglichem die Rede, nämlich von unseren Diensten und Aufgaben; doch sie sollen immer mit jenem Pfeffer und Salz des Geistes gelebt werden, so daß wir das, was wir tun, in Freude, in Einfalt, in Liebe tun. Daß wir es mit diesem Unterschied der hingebenden Gelassenheit vollziehen, ist das Spezifische. So können wir das „Heilige" leben, damit das unter-

---

[2] Vgl. ebd., LG 48-51 (Kap. VII).

scheidend Christliche in unserem Leben sichtbar wird. Sich „heiligen" heißt: sich ihm hingeben, ihm gehören (vgl. Joh 17,19). Die Identität, die Selbstfindung geschieht paradoxerweise im Sichüberantworten, im Sichloslassen, dies ist das Heiligende, die heiligende Begegnung. So sieht es das Johannesevangelium (vgl. Joh 17, 17-19); ähnlich die Deutung des Heiligen im Hebräerbrief (vgl. Hebr 2,11).

Der Geist konstituiert Kirche als katholische, als weltkatholische und kirchenkatholische. Kirche bringt das Umfassende des Heilswillens Gottes dadurch zum Ausdruck, daß sie sich nicht auf *eine* Kultur, nicht auf *eine* Sprache, nicht auf *einen* Stil, nicht auf *einen* Sektor begrenzt; sie stellt sich vielmehr dar im Umfassen, in der Universalität, im Hineingehen in die Vielschichtigkeit dessen, was in der Welt ist. Katholisch ist die Kohärenz, das Miteinander, das Hineinholen des anderen ins Eigene, das Aufsprengen des engen Rahmens ins Ganze. Einbringen des Eigenen und Loslassen des Eigenen ins Ganze sind zwei Aspekte derselben Katholizität.

Schließlich gilt es, den apostolischen Ursprung treu zu bewahren und nicht jedem Geschmack, jeder Mode äußerlich und anpasserisch nachzulaufen, sondern auch das Unbequeme des Ursprungs durchzutragen, weiterzutragen und zu aktualisieren. Die stilistischen Konsequenzen für den Kirchenbau können abgelesen werden an diesem Profil von Kirche: Sie ist eins – weil Christus uns eint; geheiligt – nicht aus sich, sondern aus Ihm; katholisch – mitten im Ganzen, aber auch in der ganzen Kirche; apostolisch – in Ihm gegründet als Zeugnis für alle.

1. Kirche muß immer konzipiert sein als Eines. Ich finde es herrlich, wie mitunter einfach an einem Kirchenraum weitere Räume angebaut wurden, wie um ein Kirchenschiff Labyrinthe der Geschichte wucherten und somit ganze Geschichtsgänge in Kirchen sichtbar werden. Ich finde es aber schrecklich, wenn man einen Bau, weil noch ein paar hundert Leute mehr hineingehen müssen, noch irgendwo um ein Seitenschiff erweitert und das Ganze aus den Fugen der Proportion gerät. Ich glaube, weniges ist so abstoßend wie eine umgemodelte, umarrangierte oder mit irgendwelchen Versatzstükken versehene Kirche. Von außen muß eine Einheit sichtbar sein, die auch von innen her stimmt. Großartig, wo Generationen in eine Einheit hineinwachsen; aber der Gusto für innere Einheit ist ele-

mentar. Ich meine, dieses Einssein aller muß ablesbar sein an der Einheit des in sich gefügten und gegliederten Baues. Einheit in der Vielheit muß sichtbar werden.

2. Ein heiliger Raum ist nicht sakraler Zusatz. Ich finde es unangemessen, wenn man einen Saal baut, und weil es eine Kirche ist, werden noch ein paar Rundbögen hineingebaut. Oder man hat etwas Praktisches konstruiert und dann noch als „Zuckergebäck" irgendwelche Betonrüschen und sakralen Zierat zugefügt. Sakralität ist nicht Zusatz von frommen Utensilien. Der Kirchenbau soll frei sein von dem, was nicht von der Substanz und von der Form her notwendig ist; Form und Substanz aber müssen stimmen, damit der Unterschied aufleuchtet. Die Sakralität geschieht nicht im Extravaganten, sondern darin, daß im Ringen um das Normale das „Andere", das Zeichenhafte sichtbar wird. Ich denke, daß das eine große Aufgabe ist.

3. Wir brauchen die Katholizität des Baues, und zwar in doppelter Hinsicht. Die Kirche muß nicht nur im Dorf, sondern in der Weltkirche bleiben. Wir brauchen nicht das Extravagante, wohl aber neue Ideen. Es ist ein Glücksfall, wenn solche auftauchen – aber eben in der Fügung ins Allgemeine; dies bedeutet nicht Apotheose des Mittelmaßes; wohl aber muß erfahrbar werden, daß wir in *dieser* Kirche zugleich in *der* Kirche, in der Kirche aller sind, auch und gerade, wenn man hier auf neue und andere Weise in ihr ist.

Aber wir sollten nicht jede Mode aufgreifen, wohl aber die neuen Erfahrungen, Erkenntnisse und Möglichkeiten des Bauens integrieren. Wir müssen Kirchen in unserer Welt und für unsere Welt bauen – nicht Kirchen, die sich in unserer Welt verstecken und ducken, nicht modische Kirchen, die man morgen nicht mehr sehen mag, sondern Kirchen, die von ihrer inneren Signatur her zeigen, daß sie Kirchen von heute sind – Kirchen, die aus den Welt- und Menschenerfahrungen von heute kommen. Sonst sind es keine katholischen Kirchen. Sie sind nicht katholisch, wenn sie nicht mit der Kirche in ihrer Grundstruktur übereinstimmen – wenn sie nicht inkarnatorische Kirchen sind.

4. Kirchen sollen apostolisch sein, einladende Räume, die in aller Diskretion dennoch bezeugen, einladen und Zeichen setzen. Der Ursprung will in ihnen aufscheinen – und will seine Botschaft weitersagen, so daß viele sich rufen lassen zur Ekklesia, zur Kyriake.

OIKONOMIA

Zum inneren Nexus zwischen Architektur und Theologie

Der Reichtum der Wirklichkeit besteht in der Vielfalt ihrer Ordnungen und in der Ordnung dieser Ordnungen. Diese läßt sich nicht ableiten, sondern nur wahrnehmen, wenn anders der Reichtum nicht „verarmen" soll. Eine „theologische" und eine „ästhetische" Wahrnehmung sollen im Folgenden miteinander ins Spiel gebracht werden. Wir gehen aus von einer theologischen Wahrnehmung, von der Fülle, die ein alltäglicher, nur latent, aber nicht eigentlich sekundär ästhetischer Begriff gewinnt, indem er in einen theologischen Kontext gerät: der Begriff Oikonomia. So angereichert und vertieft, inspiriert er eine ästhetische Wahrnehmung, die der eigentümlichen Ordnung des Architektonischen. Ins Spiel miteinander kommend erhellen sich Theologie und Architektur gegenseitig und lassen einen inneren – aber eben nicht „abgeleiteten" Zusammenhang erkennen. Dies müßte und könnte breit und behutsam entfaltet werden. Hier begnügen wir uns mit dem Anstoß zum Spiel, das, läuft es weiter, als sein eigenes Gesetz enthüllt, was als das Stichwort das Ganze in Gang brachte: Oikonomia.

I. Oikonomia im Neuen Testament*

Ökonomie: das erinnert zu Recht von seinem Ursprung und gängigen Gebrauch im Griechischen eher an den Bereich der Wirtschaft als an jenen der Architektur. Wörtlich übersetzt heißt es: Hausgesetzlichkeit, wobei Gesetzlichkeit ein problematisches Wort ist, weil es auf nemein (Zuteilen des Weideplatzes) zurückgeht. Gesetz ist im Griechischen verankert in den Vollzügen des Zuteilens, Zuweisens, Fügens, so daß ein Gefüge entsteht. Das Hausgefüge, die Dienste, welche das Wohnen miteinander und Leben miteinander in eine Übersicht und Ordnung bringen, das ist die Ökonomie.

Im Neuen Testament bezeichnet das Wort Oikonomia außer diesem Bereich der (wirtschaftlich orientierten) Verwaltung (vgl. Lk 16,2-4) den anderen des Amtes im Hause Gottes, der Verwaltung der Gnadengabe Gottes für jene, die aus ihr leben und in ihr Gemeinschaft bilden (vgl. bes. 1 Kor 9,17; in etwa Eph 3,2; Kol 1,25). Doch die Stellen aus dem Epheser- und Kolosserbrief weisen zusammen mit einer aus dem ersten Timotheusbrief (1 Tim 1,4) bereits in jenen anderen Zusammenhang, der insgesamt für den Epheserbrief kennzeichnend wird und dann auch bei den Vätern durchschlägt (bes. bei Ignatius von Antiochien und Origenes). In Eph 1,10 und 3,9 hebt sich Oikonomia vom Tun eines Verwalters ab in jene Vor-sehung, in jenen fügenden Zusammenblick und waltenden Willen dessen, der die Geschichte in den Händen hält, aus welchen Geschichte als Heilsgeschichte wächst. Das Wort Heilsplan mag zu statisch, das Wort Verwaltung des Heilsplans oder Anordnung zu aktivistisch oder funktionalistisch erscheinen, um das einzufangen, was neutestamentlich mit Oikonomia gemeint ist. Man könnte am ehesten davon sprechen, den unmittelbaren Zusammenhang in den Kontext erweiternd, daß es sich hier um die Frage handelt: Wie kommt das Mysterium Gottes in die Geschichte? Dieses Kommen des Mysteriums Gottes in die Geschichte ist selber göttliches Mysterium – und ist zugleich Geschichte. Vermittlung von Mysterium und Geschichte – das Wohnen der Geschichte als Geschichte im Mysterium der liebenden Selbstmitteilung Gottes; diese liebende Selbstmitteilung Gottes als etwas, das Geschichte werden, sich den Menschen in der Geschichte mitteilen, ihre Unheilsgeschichte wenden und verwandeln will, darum geht es in der Oikonomia. In ihr dreht sich das nach außen, was das Innerste Gottes ist, das Unaussprechliche wird aus seiner inneren Dynamik heraus „Erzählung", Geschehen, und zwar Geschehen als göttlich gefügte Mitteilung, daß Gott diese Geschichte durchdringt, vollendet, den Menschen in ihr Anteil gibt an sich, an seinem Geheimnis.

Es ist kein Vorwurf, sondern wenigstens zum Teil in der Sache begründet, wenn auch objektiv bedauerlich, wenn etwa in der Einheitsübersetzung des Neuen Testaments an keiner der entscheidenden Stellen zu identifizieren ist, daß hier dieses theologisch geladene Wort Oikonomia im Urtext vorkommt. Es wird als Wort des Geschehens schier nivelliert oder auf das Amt als solches fixiert.

II. Architektur: Funktionalität, Gestalt, Spiegelung*

Stellen wir dem einmal unvermittelt eine – vielleicht ebenfalls ungewöhnliche – Sicht von Architektur gegenüber. Wir gewahren an ihr drei Schichten: Zunächst ist Architektur in der Regel (ja im Ansatz: wesentlich) funktional, auf einen wie auch immer gearteten menschlichen Zweck hin orientiert, dem sie entsprechen, dienen soll. Wo dieses Moment ganz verschwände, wo sie reine Form würde, da wäre sie bereits im Überschritt von der Architektur zum Bildwerk begriffen. Ist eine Säule oder ist ein Bogen in sich noch Architektur? Zumindest nur, sofern in Säule oder Bogen eine Art funktionaler Erinnerung an das, was Säule und Bogen in einem Gebäude sollen, anwesend ist. Damit ist freilich nicht eine „Außenfunktion", sondern die Innenfunktion des architektonischen Elementes im Gefüge Bauwerk angesprochen. Doch diese Innenfunktion ist zumindest im Ansatz mit der Außenfunktion (Wohnung, Tempel, Wehrturm, Aussichtspunkt) verbunden.

Allerdings bringt uns die Frage, ob von Architektur noch zu sprechen ist, wenn das Funktionale verschwindet, bereits hinüber in die zweite Schicht: Gestalt. Bauwerk (oder auch architektonische Gartenanlage, Platz, Straßenführung) ist immer, ist wesenhaft Gestalt. Wo die Gestalt, wo die Form in ihrer inneren Stimmigkeit irrelevant wird, erhebt sich von neuem die Frage: Ist das noch Architektur? Ob Funktionalität in sich selber Gestalt sei, ob sie des Schmuckes bedürfe, wie Schmuck und Funktionalität sich zueinander verhalten: wie immer diese und viele damit zusammenhängenden Fragen gestellt, anders gestellt, beantwortet, nicht beantwortet werden, sie sind doch Hinweis darauf, daß Gestalt einfach geschieht, indem gebaut wird, und daß diese Gestalt von dem, der baut, zu gestalten, zu „verantworten" ist. Architektur ist nicht nur das Bauen in der Entsprechung zu einem Zweck, sondern zugleich Gestaltung.

Verborgener ist die dritte Schicht, die zunächst als bloß historisch oder als esoterisch erscheinen mag, die im Grunde jedoch Architektur durchgängig bestimmt: Architektur ist Spiegelung. Das bedeutet nicht notwendig: Abbildung – und doch kommt auf gewisse Weise in jedem architektonischen Gefüge das Ganze, die Welt ins Bild.

Es darf zu denken geben, daß das alte Weltbild ein Bild des Hauses war (Erde, auf Grundfesten, überwölbt vom Firmament, vom

Dach des Himmels). Oder ist es doch umgekehrt: Ist das Haus Bild der Welt? Es mag so scheinen, daß es ein Kennzeichen der mittelalterlichen Architektur, zumal der Kirchenarchitektur, gewesen sei, den Himmel und die Welt zu spiegeln und ins Bild zu bauen. Näher besehen, wird hier aber nur etwas thematisch, was im Untergrund je da ist: Zeig mir dein Haus, und ich zeige dir deine Welt! Die Welt, das Ganze ist so, wie wir den Raum unseres Wohnens bauen; die Welt ist so, wie wir sie bewohnen und in diesem Sinne: bauen. Das Geheimnis dessen, wie der Mensch sich selbst und die Welt und den Sinn des Daseins versteht, wirkt hinein in sein Bauen, verkörpert sich in ihm.

III. Geheimnis und Geschichte*

Wenn Architektur aber aus diesen drei Schichten sich webt: Funktionalität, Gestalt und Spiegelung, dann waltet in ihr eine innere Nähe zu dem, was wir über Oikonomia als eine theologische Grundkategorie wahrnahmen. Ein „Mysterium", eine tiefste und innerste Sicht des Menschen und der Welt werden hineingebaut in die Dienlichkeit, in die Nützlichkeit, in die Gesetzmäßigkeit sich in Raum und Zeit verfassenden und behausenden Lebens. Und so gerinnt das Mysterium zur Gestalt, und in der Gestalt ragen das Leben, die Alltäglichkeit, die Geschichte hinein in ihren erhellenden und tragenden Sinn.

Der Architekt soll keineswegs in sein Bauen etwas „hineingeheimnissen", er soll gut und zweckdienlich bauen – aber wissend, welches Bild des Menschen und der Welt er in seinem Bauen, in seinem Gestalten, in seinem Zusammenfügen der unterschiedlichen Zweckdienlichkeiten ausprägt.

Der Theologe ist nicht minder zur Synthese herausgefordert: Er kann gar nicht ewige Wahrheiten in sich, theologische Richtigkeiten in sich sagen, sondern er sagt sie hinein ins Gefüge des Lebens, es ist ihm die Gestalt aufgegeben, die das entzogene Geheimnis und das gegenwärtige Leben und Verstehen zusammenführt. Er ist aber auch nicht nur der Verwalter von zweckdienlichen oder brauchbaren Antworten, sondern in diesen der Hüter des Mysteriums, dessen Überschuß und Unverletzlichkeit im Wißbaren und Brauchbaren gewahrt werden, ja zur Gegenwart gerinnen, Ausdruck finden muß.

Oikonomia legt sowohl der Architektur wie der Theologie eine Fährte: Es geht in beiden um den Zusammenhang zwischen Geheimnis und Geschichte, Geschichte und Geheimnis. Nüchternheit und Erfülltsein, Kenntnis und Weisheit fordern einander gegenseitig. Daß das Wort, das bei Gott, in jenem Anfang wohnt, der Raum und Zeit entzogen ist, sein Zelt unter uns aufgeschlagen (vgl. Joh 1,14), sein Haus unter uns gebaut hat, das ist der Grundgang der Oikonomia, jenes liebenden Heilswirkens Gottes, das sich selber mitteilt an uns und uns in sich einbezieht. Dieses Wohnungnehmen des Wortes unter uns ist auf je andere Weise die eine und selbe Sache des Theologen, der dieses Geheimnis unserem Denken bewohnbar macht, und des Architekten, der dem Menschen und damit dem Wort selbst das Haus baut, da das Wort in seiner Fleischwerdung sich mit dem Schicksal eines jeden Menschen eins gemacht und so unter uns Wohnung bezogen hat.[1]

IV. Zwei Aachener Kirchen*

Der Gedanke wurde mit Bedacht so angesetzt, daß Oikonomia vom theologischen Gedanken in sich her, der sich in diesem Wort verfaßt, zur Sprache kam und daß demgegenüber Architektur in sich und nicht in der Beschränkung auf sakrale Architektur ihre phänomenalen Momente zeigte. Gerade so wird die Entsprechnung sichtbar. Dabei ist nicht zu verkennen, daß in sakraler Architektur dieser innere Nexus zwischen Theologie und Architektur und auch die „oikonomische" Struktur der Architektur am eindringlichsten aufscheint.

Es wäre interessant, dies an zwei Beispielen des Aachener Kirchenbaus bis ins einzelne hinein darzutun: am Dom und an der Pfarrkirche St. Fronleichnam, an zwei Kirchen, die von ihren baulichen und von ihren theologischen Ansätzen so weit auseinanderliegen wie von ihrer geschichtlichen Entstehungszeit her – und doch zeigt sich eine tiefgreifende Übereinstimmung.

---

[1] Vgl. *Zweites Vatikanisches Konzil*, GS 22.

Nur soviel sei gesagt: Der karolingische Bau des Aachener Doms ist „nichts anderes“ als Abbild des Himmlischen Jerusalem, gerade so aber Gestalt. Die Gestalt selber wird zum Abbild, zur Spiegelung der Idee. Die gespiegelte Idee aber steht in unmittelbarem Zusammenhang zum „funktionalen“ Sinn der Pfalzkapelle, des auf das Reich bezogenen und dem Reich dienlichen Gotteshauses, das hier von Karl dem Großen errichtet wurde. Die spätgotische Ergänzung und Aufsprengung der karolingischen Bauidee zerstört diese nicht, sondern entspricht ihr in formaler Antithese und variierender Entsprechung zugleich (vgl. z. B. die Maße des Oktogons und des Abschlusses der Chorraumhalle mit den neun Seiten eines Vierzehnecks). Form selber, Gestalt selber wird in sich wie im Bezug sowohl auf den „erweiterten“ Grundbau als auch auf französische Herkünfte zur Aussage, zum Spiegelbild, und in allem dem ist wiederum die Funktion als eine solche gemeint: Grabhalle des großen Ahnherrn, des Kaisers Karl. So werden beide Bauteile selbst zur zweieinen, aber so gerade „einen“ Form und erhalten, ohne ihren je eigenen Aussagewert zu verlieren, die Kraft einer neuen Aussage. Dabei wird die dem ursprünglichen Bau geschichtlich zugewachsene Doppelung der Funktion, nicht nur Krönungs- und Residentialkapelle, sondern auch Grab- und Erinnerungsstätte zu sein, selbst Gestalt.

Geht der Aachener Dom von dem Grundgedanken des Himmlischen Jerusalem aus, so ist die Bauidee von *Rudolf Schwarz* für die Kirche von St. Fronleichnam das wandernde Gottesvolk, das dem Herrn entgegengeht. Die Genialität des Baus liegt wiederum in der Doppelung: Diese theologische Idee abbildend, wird zugleich die Welt abgebildet, in welche dieser Bau theologisch wie funktional hineinreicht: die moderne, technisierte Arbeitswelt. Beides verschmilzt zur in sich überzeugenden Gestalt, die den doppelten funktionalen Sinn aufgreift: Kirche als Haus Gottes und als Haus dieser Gemeinde.

V. Zeitcharakter von Architektur und Theologie*

Wir stoßen bei dieser Betrachtung auf einen bislang uns entgangenen Grundzug, der die Zusammengehörigkeit von Theologie und Architektur in der Oikonomia noch von einer anderen – aber ist es eine andere? – Seite erhellt. Wir konnten weder vom Aachener Dom noch von St. Fronleichnam sprechen, ohne von geschichtlichen Zusammenhängen zu sprechen. Ohne daß Geschichte stattfände, ohne Bleiben im Weitergehen und Weitergehen im Bleiben käme es weder zur Architektur noch zur Theologie. In der Architektur ist Leben in der Zeit verfaßt, in der Theologie zeitigt sich das ein für allemal gesagte Wort in jene Geschichte hinein, in welcher die Kirche den Glauben verantworten, in das Gespräch mit dem Denken des Menschen bringen und dort Gestalt werden lassen muß. Dieser Zeitcharakter aber ist kein äußerer Zusatz zur Theologie und Architektur. In der Theologie ist leitend jene Oikonomia selbst, in welcher Gott sein Geheimnis aus der inneren Dynamik dessen, was es ist – Liebe –, her in die Zeit ankommen, sie ordnen und durchdringen läßt. Theologie ist sich verfassende Oikonomia. Dies ist aber auch Architektur. Sie ist die Not und Größe, die Sorge und Zuversicht des Menschen, sich selbst auf dieser Erde einrichten, sie als die seine auf Zukunft hin gestalten zu können. Daß der Mensch baut, ist ein Verhältnis zur Zeit, ist eine gestaltwerdende Hoffnung, in welcher er zugleich ein elementares Bedürfnis erfüllt. In ihrer Gestalthaftigkeit und Funktionalität bildet sie den Menschen und seine Hoffnung ab. Sie ist, als sich verfassende Oikonomia, sich verfassende Geschichte und umgekehrt. Geschichte ist der eine Raum, in welchem Theologie und Architektur wachsen und zusammengehören.

VIERTER TEIL

Ekklesiale Existenz in Dialog und Begegnung

Erstes Kapitel

Persönliches Zeugnis – Leben in Gemeinschaft

NÄCHTE, DIE LICHT GEBEN

27. November 1944. Ich hatte an diesem Abend Brandwache in der Schule zu halten, und mein Vater begleitete mich, um anschließend seine Schwester im großelterlichen Haus hinter dem Münster zu besuchen. Ich packte meine Sachen zusammen und schob zwei Bücher in die Tasche, die mir besonders lieb waren: das Franziskusbuch von Joseph Bernhart und Reinhold Schneiders Erzählungsband „Die dunkle Nacht". Mit Mühe erreichten wir gerade noch den Luftschutzkeller meiner Schule, und dann brach der Bombenhagel auf meine geliebte Heimatstadt Freiburg herein. Als wir über die mit Schutt bedeckte Treppe wieder heraufkrochen, ein Bild des Entsetzens, ein endloser Feuerschein am nächtlichen Himmel über den Trümmern der Altstadt. Aber es gab für uns nur einen Blick: hinauf zum Münsterturm. Und dann der trotz allem Entsetzen erlöste Schrei: Gott sei Dank, er steht noch![1]

Es war ein gespenstischer Weg heimwärts durch die Trümmer, aber je näher wir unserem Zuhause kamen, desto spärlicher waren die Zeichen der Zerstörung. Doch *ein* Haus in der Straße brannte – es war das unsere. Und nun der durchdringende Bittruf meines Vaters: Lieber Gott, nimm uns alles, aber laß uns zusammen! Eine tiefe Dankbarkeit, als wir Mutter wohlbehalten antrafen, dämpfte den Schmerz, noch viele Stunden vor dem brennenden Haus zu stehen, in dessen unterster Etage wir wohnten. Wir konnten nicht mehr hinzutreten und mußten zusehen, wie alles, was uns lieb war und unser Leben prägte, verbrannte: Vaters Bilder – er war Maler – und die Kunstbücher, die ich, in seinem Atelier hockend, täglich betrachtete, um von dem zu leben, was schön ist und gilt. Ja, so stand ich da zwischen Vater und Mutter und hielt meine Aktenmappe fest

---

[1] (Anm. d. Bearb.) Vgl. *K. Hemmerle*, Der Turm des Freiburger Münsters. In: *H. Kirchhoff – M. Saller* (Hg.), Im Dialog mit Texten. Zum Umgang mit literarischen Texten in Religionsunterricht und Gemeindearbeit (Donauwörth 1989) 63-71.

mit den beiden Büchern von Joseph Bernhart und Reinhold Schneider. Sie waren mein gerettetes Hab und Gut.

Und das waren sie mir nicht zufällig. Etwa ein Jahr zuvor hatte Vater mich mitgenommen in einen kleinen Kreis von Freunden, die nicht einverstanden waren mit dem, was an Schrecklichem damals in Deutschland geschah. Hier nun las Reinhold Schneider die Geschichte, die alsdann die Mitte seines Bandes bildete: „Die dunkle Nacht des heiligen Johannes vom Kreuz". Da war mir etwas aufgegangen: Mein Leben bisher – ich war nun fünfzehn Jahre alt – war gespannt zwischen einem Traum und einem Erschrecken. Der Traum: das Schöne, das mich anschien aus den Bildern, die Vater mir erschloß beim Gang in die Museen, in das Münster, beim Anschauen der Kunstbände und bei der Zeugenschaft, wie ein Bild entsteht, das Schöne, das mich anwehte, wenn ich mit den Eltern an schönen Sonntagen durch den Schwarzwald wanderte, das Schöne, das in mich selber eindrang, wenn ich mit meinem Onkel, der Musiker war, und meinem Vetter, der wie ein Bruder war und 1944 18jährig fiel, Musik hörte oder selber musizierte. Das Erschrecken: die Schrecklichkeiten und Unmenschlichkeiten des Krieges und des nationalsozialistischen Regimes, über die mich schon sehr früh in schonungsloser Deutlichkeit die Eltern informierten. Auf der einen Seite etwas Unzerstörbares – auf der anderen Seite die Zerstörung der Werte und Kräfte, die Zukunft ermöglichen. In diese Spannung hinein traf die Botschaft Reinhold Schneiders, das lebendige Zeugnis eines Menschen, der im Betroffensein vom Kreuz die beiden Pole miteinander verband, dem Schrecklichen ins Auge schauend, aber auch jener Liebe, die das Schreckliche annimmt, trägt und verwandelt. So blieb mir in jener Nacht der Vernichtung ein Dreifaches: das Zeugnis dieser Begegnung, der Turm, der durch die Feuerprobe hindurch Zeichen der Hoffnung und Orientierung, gerettete und verpflichtende Schönheit für mich war, die Familie, die beide Erfahrungen und ihren Zusammenhang mir vorlebte und vermittelte.

In jenen Wochen und Monaten schmolz auch eine naive Sehnsucht meiner Kindertage in mir um. Ich hatte den Wunsch, Priester zu werden, aber nun wurde dies ein Wille. Hatte ich nicht etwas erfahren, das ich weitergeben sollte? Wenn der Krieg nun bald zu Ende ginge, wenn es zu einem Wiederaufbau käme, würde man nicht dann in zwei oder drei Jahrzehnten diese Spannung wieder vergessen, aus welcher Untergang und Neuanfang erwachsen konnten? Müßte ich dann nicht Zeugnis geben von dem, was ich hier erlebte? Das schoß mir durch den Kopf, und das schien mir Ruf und Verpflichtung für mein Leben zu sein.

Was sich in dieser Nacht des 27. November 1944 begab, hat meinem Leben Richtung gegeben. Gewiß, eine Richtung, die ich vielfältig neu identifizieren, neu suchen und neu mir schenken lassen mußte. Es kostete viel denkende Mühe, über lange Jahre hinweg, die bohrende Gegenfrage zu bestehen: Bist du da wirklich der Wahrheit begegnet? Haben nicht andere ähnliche Erfahrungen gemacht und sind zu ganz anderen Deutungen und Ergebnissen gekommen? Was gibt dir das Recht, dich ganz und gar auf *diese* Richtung für dein Leben zu verlassen? Der Umgang mit den großen Zeugnissen des Glaubens und Denkens führte indessen tiefer und klarer zum Licht jener Nacht zurück.

Als, viele Jahre später, das Dunkel sich nochmals verdichtete, fand eine merkwürdige, besiegelnde Wiederholung statt. Ich war in den Alpen in Ferien, lernte dort einen jungen Menschen kennen, der in eine äußerste Lebenskrise geraten war. Einläßliche Gespräche blieben ohne Ergebnis, eines Abends verabschiedete sich mein Freund, bedankte sich und sagte, daß er nun weggehen müsse, er sehe keinen Sinn mehr. Die Nacht dieses anderen Menschen verdunkelte mich selbst, und ich ging ratlos und ungetröstet zu Bett. Da, mitten in der Nacht, kommt der Freund zurück, stürmt in mein Zimmer herein und sagt: Es ist alles ganz anders, es hat alles doch Sinn. Ich war erschüttert und fragte, was geschehen sei. Auf dem Weg zum Bahnhof war ihm ein Unbekannter begegnet und verwikkelte ihn ins Gespräch. Er sagte, er habe den Eindruck, mein Freund habe es notwendig, daß er ihm die Geschichte seines Lebens erzähle. Die Geschichte einer Enttäuschung und Verzweiflung, die bis zum Selbstmordversuch, zum Aufschneiden der Pulsadern führte. In letzter Minute wurde dieser Fremde von Freunden gerettet. Er lebte ohne Hoffnung und Zuversicht so vor sich hin. Aus Gefälligkeit gegen einen Dritten besuchte er am Abend das Treffen einer geistlichen Gruppe, ohne besonders tief vom Inhalt der Gespräche getroffen zu sein. Aber mit einem aus dieser Gruppe führte er schier unbemerkt ein langes Gespräch über sein Leben. Plötzlich schrak er auf und sagte: Warum erzähle ich dir das? Schau doch, wer ich bin, es hat alles doch keinen Wert? Und er hielt ihm die Narben über seinen Handwurzeln hin. Dieser andere aber sagte das entscheidende Wort: Stigmata misericordiae Domini, die Wundmale der Erbarmung des Herrn. Das hat sein Leben gewendet. Er sah sich und alles in einem neuen Licht. Eine betreffende Kettenreaktion: Das Leben eines Unbekannten trifft auf das Leben eines Freundes in der Dunkelheit – und er gibt mir sein Licht weiter. Die Wunden der göttlichen Barmherzigkeit aufdecken in dem, was nicht aufgeht: neue Wegweisung in dieselbe Richtung.

Reinhold Schneider schreibt übrigens einen Text von Jakob Böhme auf das Titelblatt seines Buches „Die dunkle Nacht“: „Es wird eine Zeit kommen, die ist wunderlich. Weil sie aber in der Nacht anfähet [anfängt], werden ihrer viele nicht sehen wegen des Schlafes und der großen Dunkelheit; jedoch wird den Kindern die Sonne mitten in der Nacht scheinen.“

UNSER LEBENSRAUM – DER DREIFALTIGE GOTT

Die Gotteserfahrung von Chiara Lubich[1]

Das Kostbare und Neue an der Fokolar-Bewegung liegt für mich in ihrer spezifischen Erfahrung mit Gott. Sie ist an die Person und Geschichte von Chiara Lubich gebunden und ist doch von Anfang an eine gemeinschaftliche Erfahrung. Statt aus der Beobachterperspektive oder von ihren Schriften her mein Thema anzugehen, wähle ich lieber als Zugang meine erste persönliche Begegnung mit dem Fokolar.

Im Sommer 1958 – ich war seit sechs Jahren Priester – reiste ich von Freiburg zur Mariapoli in Fiera di Primiero nahe Trient, einem Sommertreffen, zu dem Menschen aus aller Welt gekommen waren, um die Fokolar-Bewegung kennenzulernen. Wenigstens auf Zeit wollten sie an ihrem Leben teilnehmen. Es war meine erste Begegnung mit der „Mariapoli". Hier wurde in einer neuen und unmittelbaren Weise versucht, die biblische Botschaft von der Liebe zur Grundlage eines buchstäblich gelebten Christentums werden zu lassen. Das stand auch für mich im Mittelpunkt. Doch ohne daß ich mir darüber Rechenschaft gab, ging mir zugleich etwas anderes auf. Aber ist das überhaupt etwas anderes? Es war eine Nähe und Gegenwart Gottes, wie ich sie trotz meiner intensiven theologischen Studien nie zuvor erlebt und ermessen hatte.

In jenem Jahr fand in Brüssel die EXPO statt, die Weltausstellung. Da sagten sich die Fokolare in ihrer unbekümmerten Art: „Aber eines haben sie in Brüssel vergessen. Die haben Gott nicht ‚ausgestellt'. Das machen wir jetzt. Auf der Mariapoli stellen wir Gott aus. ‚Expo di Dio', Ausstellung Gottes, soll sie heißen." Dazu

[1] (Anm. d. Bearb.) Dieser Beitrag wurde posthum in der Zeitschrift „Das Prisma" mit folgender redaktioneller Bemerkung veröffentlicht: „Das Gespräch mit drei Vertretern unserer Zeitschrift fand in seiner Wohnung am 16. Januar 1994 statt, eine Woche vor seinem Tod. Wir geben die Tonbandniederschrift in einer leichten stilistischen Bearbeitung wieder."

benötigten sie nicht eine langfristige Planung und raffinierte Mittel. Sie hatten sich einfach vorgenommen, durch ihr Leben Gott sichtbar werden zu lassen. Das ließ sich nicht planen. Aber weil sie Gott in ihrem Miteinander seit Jahren erfahren hatten, konnten sie riskieren, viele andere zur selben Gotteserfahrung einzuladen. Ich muß sagen: Die Rechnung ist aufgegangen – nicht nur bei mir, sondern auch bei vielen anderen. Zum ersten Mal habe ich da Gott wirklich erfahren.

I. Die Herrschaft Gottes ist Gott selbst

Schon während meines Studiums hatte ich einen Anstoß in diese Richtung erhalten. Einer der Professoren[2] hatte uns aufgeschlossen, was Jesus eigentlich meinte, als er die Herrschaft Gottes ankündigte. Damals war mir deutlich geworden: Die Herrschaft Gottes ist nicht ein Reich, das man räumlich abgrenzen kann, auch nicht ein System von Wahrheiten und Geboten, sondern das ist Gott selbst. Gott ist nicht mehr ferner Horizont oder oberstes Prinzip, sondern in Jesus ist er in die Mitte dieser Welt hineingesprungen. Mir war klar geworden, er will auch die Mitte meines Lebens sein, so daß es gilt, alles von ihm her zu sehen, immer von ihm her zu handeln. Das hat mich nicht mehr losgelassen. Aber was sollte ich tun? Ich konnte diesen Gedanken in meinem Alltag nicht orten. Es fehlte mir die Brücke zwischen dem, was ich zutiefst ahnte, und dem, was mich ansonsten in Anspruch nahm.

Hier auf der Mariapoli war auf einen Schlag diese Kluft geschlossen. Gott war einfach da. Er durchdrang unsere wechselseitigen Beziehungen. Unwiderstehlich wurde ich hineingerissen in dieses neue Leben. Ich erinnere mich, daß ich eines Nachts nicht schlafen konnte unter dem Eindruck dieser unmittelbaren Nähe Gottes. Ich dachte mir, auch die Jünger könnten Gott in der Begegnung mit Jesus nicht stärker erfahren haben.

---

2 (Anm. d. Bearb.) Gemeint ist Anton Vögtle.

II. Grundpfeiler der Fokolar-Spiritualität

Diese neue Gotteserfahrung auf der Mariapoli ist charakteristisch für die Fokolar-Bewegung. Sie ist eine gemeinschaftliche von allem Anfang an. Und doch ist es eine einzelne Person, Chiara Lubich, der die ursprüngliche Erfahrung zuteil wurde, die sie sofort ihren ersten Gefährtinnen berichten mußte: Gott liebt dich, Gott ist alles, auf ihn allein kommt es an! Im Licht dieser Gotteserfahrung hatten sich bei der Lektüre des Evangeliums 1943/44 binnen weniger Monate die Grundpfeiler der Fokolar-Spiritualität herausgebildet.

Schon bei der Mariapoli 1958 begann ich zu verstehen: Ich finde unmöglich Zugang zu dieser Spiritualität, wenn ich mir nicht ihren Ursprung und ihre Geschichte erzählen lasse, um so in den Lebensraum dieser Gemeinschaft einzutreten. In ihm erschließt sich auch mir die Gotteserfahrung Chiara Lubichs.

Es mag der Eindruck entstehen, statt von meinem Thema hätte ich bisher nur von mir erzählt. Doch dieser Eindruck täuscht, weil alles, was ich über mich erzählt habe, die Gotteserfahrung von Chiara Lubich spiegelt. Es ist trotzdem nicht die Erfindung einer Person, sondern eine von Grund auf gemeinschaftliche Erfahrung, die Gott schenkt. Sie macht sich fest an Chiara Lubich und zieht von ihr aus dann Kreise, die, wie wir heute wissen, alle Länder der Welt erreichen.

III. Gott wird anders

Wenn ich mich frage, worin das Neue der Fokolar-Bewegung und ihrer Spiritualität liegt, dann will ich – es mag paradox erscheinen – nicht zuerst bestimmte Inhalte nennen. Vielmehr möchte ich zuvor eine atmosphärische Beobachtung namhaft machen.

Nach Fiera di Primiero, einem Feriendorf in den Dolomiten, waren auf Einladung der Fokolare Menschen aus allen Ländern gekommen. Bei der Ankunft wurde man sofort mit einer so herzlichen Liebe empfangen, daß ich einen Moment lang irritiert war. Ist das hier etwa wie bei einer Sekte?, fragte ich mich. Versucht man hier etwa eine moralische Aufrüstung?

IV. Von der Liebe zu sprechen war faszinierend

Aber ich brauchte nur ein paar Stunden, um festzustellen, daß das nicht der Fall war. Vielmehr gewann ich bald den Eindruck, als ob mir in diesem großen, offenen Talkessel, in dieser herrlichen Landschaft und unter diesem offenen Himmel alles sagt: Gott ist Liebe. Das war nicht nur mein Gefühl, sondern alle sprachen von der Liebe. Und von der Liebe zu sprechen war faszinierend, überhaupt nicht kitschig. Bei aller Begeisterung fehlte der Ernst des Lebens nicht. Liebe war nicht nur ein Gebot, sondern in erster Linie Geschenk: Gott ist Liebe, Gott liebt dich unendlich. In diesem Geschenk war Gott selbst anders geworden, als ich ihn zuvor kannte.

Bisher hatte ich mir Gott meist vorgestellt als die Spitze des Weltbaus, als Fluchtpunkt aller Linien, als jenen Begriff, der selber gar nicht mehr als Begriff faßbar ist, weil wir stumm werden vor diesem Geheimnis. Hier aber, in Fiera, war dieses Geheimnis gewahrt, und doch war da mehr als bloß ein Geheimnis. Gott, der Vater ist, war erfahrbare Wirklichkeit. Wahrscheinlich hatte ich bis dahin noch nie in meinem Leben das Vaterunser so gebetet, die Anrede „Abba, Vater“ so verstanden wie jetzt. Mit einem Mal erschien mir die Welt als der unendliche, aber bergende Raum, in dem Gott uns Vater ist und wir uns ihm anvertrauen, alles in seine Hände geben, ihm bedingungslos folgen dürfen. Mir war klar, das ist eine schwindelerregende Herausforderung, aber mehr noch eine faszinierende Entdekkung.

Gott Vater war wie der weite Weltraum, nein, nicht Weltraum, sondern – als ob er noch den Weltraum selbst umfängt, so war dieser Raum, aus dem heraus dann – das ist das zweite – der vielfältige Klang „Gott ist Liebe“ sich immer und immer wieder in dem einen Namen sammelt: Jesus.

V. In Jesus Christus sagt Gott sich selber aus

Ich erinnere mich, daß auf der Mariapoli nicht nur ständig von Liebe die Rede war, sondern genauso von Jesus. Bei nicht wenigen kam der Unmut auf. „Jesus, Jesus – ich kann es bald nicht mehr hören. Der Nächste ist Jesus, der Papst ist Jesus, der Verbrecher ist Jesus, und ich weiß nicht, wer noch alles. Laßt doch einfach Jesus Jesus sein und uns ohne diese religiösen Überhöhungen leben!"

So verständlich dieser Einwand ist, bei näherem Hinsehen mußte ich ihn beiseite schieben. Jesus von Nazareth ist doch gerade dazu gekommen, um sich eins zu machen mit der ganzen Wirklichkeit dieser Welt – mit dem Kind, dem Verbrecher, dem Philosophen. Er spricht deshalb mit zerbrechlichen Menschenworten, aber in ihnen, und mehr noch in seiner Person, sagt Gott sich selber aus. Er teilt unser Leben und unser Leiden, und das so sehr, daß er selbst in jedem Menschen lebt und leidet, daß alles Tun und Lassen zu einer Chance wird, ihm zu begegnen und mit ihm zu leben. So ist dieser weite Horizont des unfaßbaren Gottes, der die Liebe ist, in Jesus zugleich ein Lebensweg und ein Mittelpunkt, von dem aus sich alles eröffnet.

VI. In Jesus eröffnet sich der Vater

Auch wer der Vater ist, eröffnet sich in dem Jesus, der sich mit allen und allem eins gemacht hat. Ich entdeckte ihn als den, der in jedem Augenblick und von jeder Stelle der Welt her sein „Abba, Vater" sagt und der zu jeder Zeit und an jedem Ort das mir zugekehrte Antlitz des Vaters ist. Dies war erstmals eine Begegnung mit Jesus, die mir zeigte, wer er wirklich ist: Er ist nicht ein großer Religionsstifter in ferner Vergangenheit, auch nicht eine der vielen Manifestationen einer ewigen Idee, sondern dieser einmalige Jesus von Nazareth, der in Galiläa gepredigt hat und auf Kalvaria gestorben ist und doch als der Auferstandene uns heute ebenso unmittelbar begegnen will wie den ersten Zeugen der Auferstehung.

Was ich drittens vor allem in Fiera erlebt habe, war die Atmosphäre der Mariapoli. Nicht daß man ein bißchen mehr lächelte, etwas freundlicher zueinander war. Nein, man wurde Liebe erfahrend und Liebe schenkend hineingenommen in diese ganz neue Lebensweise. Ich erinnerte mich, wie gesagt, an die Botschaft, die Jesus in die Welt gebracht hat: die Herrschaft Gottes. Mir wurde dort zum Greifen klar: So kann die Welt nicht mehr weitergehen. Entweder wird alles neu durch die Herrschaft Gottes, oder die Welt bricht in sich zusammen. Und es wird neu, weil Gottes Geist von innen her alle Beziehungen und mit ihnen alle Wirklichkeit verwandelt. Mehr noch: Mir ging auf, daß der Vater, die Liebe, und Jesus, der Sohn, sich im einen Geist begegnen, den ich als die Atmosphäre der göttlichen Einheit bezeichnen möchte. In diesem Geschehen reißt Gott einen Zwischenraum auf, in den auch ich eintreten darf, um diesen lebendigen Gott zu erfahren. Ich bin der vom Vater geküßte, geliebte Sohn; ich bin der in den Vater hineingegebene Sohn. Und der Vater selber hat seinen unendlichen Schoß ausgebreitet, damit ich in ihm leben kann. So habe ich mitten in meinem Leben schon jetzt meine Heimat im dreifaltigen Gott.

Später war ich dann frappiert, als ich feststellte, daß dieses neue Gottesbild, meine zunächst persönliche Erfahrung auf der Mariapoli und in der Fokolar-Bewegung, präzise dem entsprach, was Chiara Lubich auf nüchterne und greifbar-praktische Weise in vielen Reden und Schriften erschloß.

VII. Das Leben wird anders

Was hat sich durch diese Gotteserfahrung in mir getan? Was hat sich in meinem Leben verändert? Ich habe eine andere Art von Ich-Sagen gelernt. Ich denke, in der Weise wie ich „Ich“ sage, zeigt sich, was insgeheim mein ganzes Leben prägt: Sage ich das unsicher, selbstbewußt, selbstherrlich, selbstbezogen?

Chiara Lubich hatte etwas erfahren, was sie sagen ließ: „Gott liebt mich unendlich.“ In diesem Satz ist auch vom Ich die Rede, aber er fängt nicht mit „Ich“ an. Es heißt nicht einmal: „Ich bin diejenige, die von Gott geliebt ist“, sondern: „Gott liebt mich unendlich“. Das ist wie ein Strom, der auf mich zukommt, und in dem dieses Ich mir erst zufließt. Von Anfang an bin ich der dankend Empfangende, der auf den Ruf, der an mich ergeht, Hinhorchende. Gott liebt mich unendlich. Bei Kindern ist das ja auch so. Ihr erstes Wort heißt nicht Ich, sondern Mama und Papa. Erst durch die Liebe der Eltern lernen sie später, „Ich“ zu sagen.

VIII. Ich bin gerufen, habe Verantwortung

Mir wurde sogleich klar, daß durch diese persönliche Liebe Gottes mein Ich auch herausgefordert ist. Ich bin gerufen, habe Verantwortung. Auf die Spitze meines Ich ist alles gestellt. Ich bin gerufen, den Willen Gottes zu tun. Ich bin der Partner dieses Gottes. Gott liebt mich unendlich – ich bin bereit, ich bin da, ich sage Ja. Das Ja-Sagen zu diesem Ruf, dieses „Eccomi – da bin ich“, das war der entscheidende, ganz persönliche Schritt Chiara Lubichs, der freilich sofort zu einer unausweichlichen Einladung für viele wurde, denselben Schritt zu tun. So kommt zu diesem ersten „Gott liebt mich“ das Zweite hinzu: „Ich bin bereit, da bin ich“.

Wenn ich seinen Willen tun will, braucht es keine Gedankenkonstruktion, bis etwas Drittes da ist: der Nächste. Er begegnet mir mit derselben fordernden Kraft wie Gott, der mich ruft. Deshalb kann ich unmöglich an ihm vorbeileben. Denn er ist von Gott geschaffen, in ihm begegnet mir Gott selbst. So entdecke ich plötzlich im anderen meine Züge – er ist ja wie ich –, sogar die Züge Gottes, die Züge Jesu. Das Hauptgebot „Du sollst deinen Nächsten lieben wie dich selbst“ ist von daher mehr als eine moralische Forderung. Es ergibt sich unmittelbar aus dem Anschauen des anderen: „Auch dich liebt Gott unendlich“. So bleibt es nicht bei einem „Wie du mir, so ich dir“. Es geht einen entscheidenden Schritt weiter, und dieser Schritt heißt: „Du bist wie Jesus, du bist Jesus, denn er hat dich angenommen.“ Für viele Menschen seit den ersten Zeiten der Fokolar-Bewegung waren gerade die Begegnungen und Erfahrungen entscheidend, in denen jemand sagen konnte: „Ich habe im Bruder und in der Schwester Jesus entdeckt. Ich bin da für dich, damit du leben kannst. Du bist Jesus.“

Und es geht noch einen Schritt weiter. Gemeinsam stehen wir in diesem offenen Raum, den Gott uns als unser Zuhause schenkt. Wenn wir so leben, daß wir einander gegenseitig lieben, wie Er uns geliebt hat, wenn also dieses Einander wächst aus dieser Liebe, wenn wir einander vergeben, wenn wir wissen, wir müssen miteinander eins sein – dann entdecken wir, daß wir in diesem göttlichen Raum der Einheit aufgehoben und von ihm umfangen sind. Auf diesem Weg komme ich wieder genau dorthin, wo ich schon mit meinem Nachdenken über die Mariapoli von 1958 angelangt war: Es ist ein einziger Lebensraum, in dem wir miteinander stehen und dessen Mitte der Auferstandene selbst ist. Es ist der erklärte Wille, das ausdrückliche Testament Jesu, daß „alle eins seien, ... damit die Welt glaube" (Joh 17,21). Und es ist seine Verheißung: „Wo zwei oder drei in meinem Namen versammelt sind, da bin ich mitten unter ihnen" (Mt 18,20).

IX. Der Gekreuzigte als die Ikone Gottes

Nach dem, was ich bisher geschildert habe, mag sich der Einwand melden: Geht in dieser Gotteserfahrung Chiaras alles glatt, krisenlos, problemlos auf? Ohne etwas von der Faszination ihrer Entdekkung zurückzunehmen, muß ich nun eine Realität nennen, die für sie gewissermaßen die Kehrseite der grundlosen und grenzenlosen Liebe Gottes ist: der am Kreuz in Gottverlassenheit sterbende Jesus. Hier liegt der Schlüssel zur Mitte ihrer Spiritualität. Ja, man muß sagen, die Geschichte der Fokolar-Bewegung ist nichts anderes als die Geschichte einer immer neuen Entdeckung und immer tieferen Durchdringung dieses Geheimnisses, das sich in dem Begriff „Jesus, der Verlassene" verdichtet.

Bereits in den ersten Wochen des neuen Lebens zeigte sich der verlassene Jesus Chiara und ihren ersten Gefährtinnen als das unerfindliche Ereignis, an dem sich alles entscheidet. Die Gewißheit „Gott liebt mich unendlich" drängte sie zu der Frage: Wo ist denn diese Liebe am radikalsten offenbar geworden? Wie durch einen Zufall wurde ihnen die Antwort zuteil. Ein Pfarrer, der einer kranken Fokolarin die Kommunion brachte, stellte ihnen die Frage: „Wo hat Jesus am meisten gelitten?" Ihre Antwort: „Vielleicht am Ölberg, wo er nicht mehr konnte und nicht mehr wollte und trotzdem sein Ja sagen mußte." Aber der Pfarrer entgegnete ganz entschieden: „Nein, dort, wo er die Verlassenheit vom Vater am Kreuz erfahren hat und schrie: ‚Gott, mein Gott, warum hast du mich verlassen?'" (Mk 15,34). Da war ihnen klar: Hier und nirgends sonst hat Gott uns am meisten geliebt.

X. Der ganz und gar neue Gott

Als Theologe könnte man fragen: „Ist das wirklich der Höhepunkt des Leidens Jesu?“ Mit dieser Frage habe ich mich oft auseinandergesetzt und bin zu dem Schluß gekommen, sie leidenschaftlich mit Ja zu beantworten. Ich will den Grund nur andeuten. Daß Gott in Jesus dort hingeht, wo Gott gerade nicht mehr ist, daß Gott sich in Jesus die Abwesenheit Gottes bei den Menschen zu eigen macht, daß seine Liebe bis dahin geht, daß er, um mit Paulus zu sprechen, für uns zur „Sünde“ und zum „Fluch“ wird (Gal 3,13; 2 Kor 5,21) – dies ist die Neuigkeit schlechthin der Gotteserfahrung Chiaras. Es ist tatsächlich keine größere Verrücktheit der Liebe denkbar, als die Ferne von Gott zu teilen und mitzuleben aus Liebe zu denen, die ihm fern sind – und wenn es aus eigener Schuld wäre. Das geht weit hinaus über eine Theologie, die nur von Wahrheiten und Geboten handelt. Davon will ich nichts wegnehmen. Aber hier ist etwas anderes: Es ist der ganz und gar neue Gott. Deshalb gibt es für Chiara und die Ihren nach dieser Entdeckung nichts Wichtigeres, als das beständige Suchen dieses schmerzerfüllten Antlitzes.

In jedem Schmerz in uns und außer uns, jeder Gottesdunkelheit in uns und außer uns, jedem Nichtverstehen Gottes, jedem Fremdsein diesem Gott gegenüber begegnen wir deshalb dem, der uns in seiner Verlassenheit ganz und gar angenommen hat. Wenn wir uns darauf mit unserem ganzen Leben einlassen, dann haben wir die größtmögliche und abgründigste Gotteserfahrung überhaupt. Sie ist nicht steigerbar. Das ist keine Gedankenkonstruktion. Das erfahre ich nur, wenn ich mich andauernd in diese Realität hineinziehen lasse. So entdecke ich den „Deus semper maior“, den Gott, der immer größer ist. Nur wenn ich Jesus in seiner Gottverlassenheit erfahre und erkenne, kann ich mich auch radikal an diesen Gott ausliefern und seine Zuneigung zu den Menschen und zur Welt teilen. Wenn ich in diesen Abgrund der Gottverlassenheit hinein das „Abba, Vater“ nachspreche, habe ich das Letzte erreicht. Wenn ich in diese Abwesenheit Gottes hineingehe, sie aushalte ohne jede Absicherung, mich Gott restlos ausliefere, dann ist die Herrschaft Gottes da. An diesem Punkt haben wir, glaube ich, all die Realitäten eingeholt, die uns als Seligkeit, Geschenk, Wunder begegnet sind. Zugleich werden wir zu jenen, die in den Abgrund Gottes und der

Menschheit und in die Seligkeit Gottes und der Menschheit hineingegeben sind, die mit Jesus zu jedem Menschen sagen können: „Ich stehe zu dir und trage deine Last."

Ich sehe in dieser Entdeckung Chiara Lubichs ein Geschenk nicht nur für alle, die als Christen leben wollen, sondern auch für die Theologie. Meines Wissens hat nirgendwo die Einheit aller Glaubenden, die in den johanneischen Abschiedsreden zum Ausdruck kommt und gleichsam die Zusammenfassung all dessen ist, was Gott von uns will, eine solche Tiefe und Radikalität erreicht wie bei ihr. Aber diese Einheit enthält in sich sowohl das Leben der Dreifaltigkeit als auch die Gottverlassenheit Jesu. Damit ist ein Horizont aufgerissen, den wir auch in der Theologie so nicht gekannt haben, obwohl selbstverständlich auch früher schon Theologen über den einen oder anderen Aspekt dieses Zusammenhangs nachgedacht haben.

Das ist das Interessante: Chiara Lubich hat uns in eine Schule des Lebens genommen, aber diese Lebensschule ist zugleich auch eine Schule für die Theologie. Das Ergebnis ist nicht eine Verbesserung der Theologie, sondern gelebte Theologie aus dem Ursprung der Offenbarung.

LEBENSLINIEN

Eine unerwartet intensive, ja einzigartige Erfahrung von Landschaft eröffnete sich mir beim Urlaub in den Bergen nach einer Zeit der Krankheit. Von dem Haus, in dem ich mit Freunden wohnte, führte ein Rundweg um eine Hügelkuppe. Von hier aus erschloß sich in immer neuen Konstellationen das Panorama der Alpen. Wie die Linien sich schnitten und zusammenstrebten, wie sie ihre Verhältniswinkel änderten und auseinanderliefen, wie sie sich in „Schößen" der Landschaft konzentrierten und Schichten von nahe und ferne zur einen Gestalt gerinnen ließen: Dies bedachtsam anzuschauen, war eine unerschöpfliche Faszination – und es war mehr als nur ein ästhetisches Spiel. Proportion, Konstellation, unabschließbare Vielfalt der Perspektiven im Einen und Selben ließen mich etwas von Gott erahnen, in dem alle Beziehungen und Verhältnisse, alle Linien und Wege dieser Welt entspringen und aufgehoben sind in ihrer unermeßlichen Fülle. Gedanken aus dem „Pilgerbüchlein der Seele zu Gott" von Bonaventura oder von Nikolaus von Kues wurden mir aufs neue sprechend – und sprechend wurde mir zugleich das eigene Leben. Welches Geschenk, dies einmal nicht als selbstverständlich verplanen und verbrauchen zu können, sondern als gewährt zu erfahren. Wie wichtig, in diesem gewährten Leben Linien zu entdekken, die so nicht die Hand der Willkür schreiben konnte. Wie kostbar, sich einbezogen zu finden in ein immer neues und immer weiteres Netz von Begegnungen und Verbindungen.

Unausweichlich traf dahinein freilich auch der Widerspruch: Bilder des Sinnlosen, zerbrochene Zusammenhänge, Schrecklichkeiten, die den Atem blockieren, bare Finsternis. Ich konnte und wollte dies nicht abweisen, aber ich konnte es dem Geheimnis zu-trauen, das durch alles das nicht weggewischt wird in seinem stillen, heiligen Glanz. Und ich spürte, daß gerade dieses Geheimnis es fordert, sich dem anderen, dem Dunklen nicht zu entziehen, sondern zuzuwenden und auszusetzen.

Und so wagte ich die Rundgänge des Schauens in die Welt- und Lebenslinien, in die „Gotteslinien“ fortzusetzen. Mit selten so verspürter Eindringlichkeit wurde dabei mein Blick hineingezogen in das Johannesevangelium. In der Tat, hier begegnen uns die Lebenslinien Gottes. Der am Herzen des Vaters seit Ewigkeit Ruhende (vgl. Joh 1,18) steigt ab, das Wort wird Fleisch (vgl. Joh 1,14). Sein Leben kreuzt sich mit unserem Leben, vermengt sich mit ihm und dabei ist es im Sog des Vaters: nach oben gezogen und gerade, in der äußersten Aussetzung, am Kreuz, alles an sich ziehend (vgl. Joh 12,32). Gesandt sein und senden, den Weg weisen und nachfolgen, verherrlichen und verherrlicht werden (vgl. bes. Joh 12 und 17) – im Grunde immer und überall in diesem Evangelium Linien, Bewegungen, Anziehungen, gegenseitiges Innesein, und dies nicht als leichtes Spiel, sondern als todernste und lebensernste Gottes-, Welt- und Menschengeschichte. „Vom Vater bin ich ausgegangen und in die Welt gekommen; ich verlasse die Welt wieder und gehe zum Vater.“ (Joh 16,28). Zugleich aber: „Noch eine kleine Weile, dann werdet ihr mich nicht mehr sehen; und abermals eine kleine Weile, dann werdet ihr mich sehen.“ (Joh 16,16). Schließlich: „Und ich habe ihnen die Herrlichkeit gegeben, die du mir gegeben hast; denn sie sollen eins sein, wie wir eins sind, ich in ihnen und du in mir. So sollen sie vollendet sein in der Einheit, damit die Welt erkennt, daß du mich gesandt hast und die Meinen ebenso geliebt hast wie mich.“ (Joh 17,22 f.). In dieser Bewegung vom Vater her und auf den Vater hin, in die Welt hinein und aus der Welt heraus, hin zu den Jüngern und mit und zwischen den Jüngern hinein in jenes Einssein, in welchem die Einheit des Vaters und Sohnes im Geiste aufstrahlt – da ist alles umfangen, nicht spekulativ in eine Synthese verdünnt, sondern ausgehalten und durchlitten in der Liebe, die bis zum Letzten geht, aber im Letzten und Äußersten Voll-endung schenkt (vgl. Joh 13,1; 19,30).

Die Linien, aus denen sich die Schemata erbildeten, um die Welt in den Griff des Verstehens zu bringen, sie in die Spannungen von Ost und West und Süd und Nord zu bannen, sind geschichtlich abgebrochen. Lebenslinien, Lebensgeschichten lösen sich auf. Nur noch Punkte, verstanden als unverbindliches buntes Kaleidoskop oder aber als Abbrüche ins Nichts, spielen sich gegenseitig zu oder aus.

„Sarx", in sich Nicht-Konsistentes, Hinfälliges, in Vergehen Zerrinnendes: „Fleisch" ist dies – aber das Wort ist Fleisch geworden und nimmt uns, die Gebrochenen und Zerbrechlichen, in seine Lebenslinien hinein. Wir verlieren uns nicht ins Wesenlose, sinken nicht ab ins Bodenlose; wir sind gehalten und verknüpft in den Bewegungen der bergenden und einenden Liebe des Vaters zum Sohn, des Sohnes zum Vater im Geist. So werden auch unser Dasein und Leben zur „Landschaft", in der wir und andere Weg und Ziel finden.[1]

[1] (Anm. d. Bearb.) Vgl. *K. Hemmerle*, Auf dich, o Herr, habe ich meine Hoffnung gesetzt. In: Nicht Nachlaßverwalter, sondern Wegbereiter. Predigten 1993, hg. v. *K. Collas* (Aachen 1994) 128-137.

Zweites Kapitel

Dialog zwischen Glaubenden

ÖKUMENE AUS DER MITTE

Als ich vor einem Jahr umzusteigen hatte von meiner Tätigkeit als Theologieprofessor zum Dienst als Bischof von Aachen, da war eine der bedrängendsten Fragen für mich: Wie soll ich meiner Pflicht gerecht werden, die vielfältigen Institutionen, die nun einmal zur Kirche gehören, in die Hand zu bekommen und sie zugleich nicht in die Hand zu bekommen? Wie soll ich mit ihnen umgehen, mich auf sie einlassen, gestaltend mein Eigenes in sie eingeben und doch nicht der Gefahr erliegen, den Ingenieur des lieben Gottes zu spielen? Ich wußte: Ich muß „machen" – aber mehr noch muß ich Raum geben, damit ein anderer, er allein „machen" kann. Diese Frage, diese Spannung bleibt. Und wehe uns Kirchenleuten, wenn wir je einmal glauben, wir hätten es geschafft.

Aber es kam mir ein Licht, Licht aus einem elementaren Wort der Schrift – und dieses Wort heißt: Wie. Mir scheint, daß von diesem Licht, höchst indirekt und unvermutet und doch keineswegs bloß am Rand, mir auch das Problemfeld ökumenischer Arbeit um einige Grade heller geworden ist. Davon möchte ich im folgenden ein wenig berichten.

I. Das Schlüsselwort

Wir beten es alle Tage: *Wie* im Himmel so auf Erden. Es steht im Herzen der Bergpredigt, begegnet immer wieder in der Botschaft Jesu: Seid vollkommen, seid barmherzig, *wie* euer Vater vollkommen, *wie* er barmherzig ist. Und noch einmal, bei Johannes, zielt dieses Wort „wie" in die Mitte der Botschaft und des Auftrags: *Wie* Jesus aus dem Vater lebt und vom Vater gesandt ist, so sollen wir durch ihn leben und werden wir von ihm gesandt; dies ist sein Gebot, das Neue Gebot, daß wir einander lieben, *wie* er uns geliebt hat; dies ist sein Testament, seine Bitte für uns an den Vater: Laß sie, laß alle eins sein, *wie* du Vater in mir und ich in dir.

Was hat es, über alle theologischen Schichten und Sprünge des Neuen Testamentes hinweg, mit diesem Wie auf sich? Wir sollen uns offenbar nicht nur, eben wie Ingenieure, um den Bau und die Erhaltung von Leitungen und Kanälen mühen, durch welche ein Wasser fließt, das man erst später einmal trinken wird. Wir sollen und dürfen vielmehr schon jetzt an die Quellen gehen, schon jetzt aus dem Ursprung Gottes, aus der Zukunft Gottes leben. So vorläufig, so endlich, so mühsam unser Dasein auch ist, der Glanz und die Nähe Gottes wollen schon jetzt unser Leben durchdringen. Und von diesem Glanz und dieser Nähe muß etwas spürbar, etwas erfahrbar werden auch und gerade in der Institution Kirche.

Sicher, wir dürfen die Zeit nicht überspringen, wir dürfen die Kirche nicht mit dem Reich Gottes verwechseln. Wir müssen den Proviant Gottes wahren und kosten, der da heißt: Bekenntnis und Sakramente und Amt und Recht. Aber wir dürfen doch nicht vergessen, daß alles das vorläufig ist, nicht Selbstzweck, sondern bloß Mittel. Und mit Hilfe dieser Mittel sollen wir, wenn auch unter Verfolgung und Bedrängnis, schon jetzt in der neuen Ordnung des Himmelreiches, in der Freude des Hundertfältigen leben (vgl. Mk 10,30).

Der Trost und das Licht dieses Wie für meine eigene Situation sind mir indessen nicht aus einer einsamen theologischen Reflexion erwachsen. Sie stammen vielmehr aus der Erfahrung von Brüderlichkeit, von Gemeinschaft, die ich seit vielen Jahren immer mehr als die Grundlage, ja als den Lebensraum meines Dienstes verstehen darf. Und genau das ist doch auch der Inhalt, auf den dieses vielfältige Wie uns hinweist. So unterschiedlich die Wie-Worte der Schrift auch sind, sie führen uns hin zu einem innersten Kern: zur Gemeinschaft Jesu mit dem Vater, zu ihrem gegenseitigen Innesein, zu ihrer Einheit im selben Heiligen Geist. Wie Jesus mit dem Vater lebt: das ist das Bleibende, das ist das Maß und die Kraft auch für unser Jetzt. Und in diese innigste Beziehung läßt Jesus uns hinein, oder anders gewendet: Jesus trägt sie hinaus in die Welt, damit sie sich wiederhole zwischen uns, damit sie sich ausbreite und Gestalt gewinne in allen menschlichen Verhältnissen – bis alle eins sind.

II. Erfahrungen auf dem Weg

Nun, wie geht solches Wie? Wie sieht meine eigene Erfahrung damit aus? In der Gemeinschaft mit meinen Brüdern und Freunden spielt eine besondere Rolle das täglich gemeinsam gelebte Wort der Schrift. Dieses Wort ist uns eine Brücke, um unseren Alltag Schritt um Schritt in die Praxis des Himmelreiches hinüberzubuchstabieren und um die Botschaft des Himmelreiches in unseren Alltag hineinzubuchstabieren. Über diese Brücke wird eine tiefere, auch menschliche Nähe zueinander möglich. Das Amtliche, das Institutionelle, das Sakramentale gewinnt durchs gelebte Wort hindurch neue Unmittelbarkeit. Aus der Vitrine des Unberührbaren herausgeholt, zeigt es gerade, wie kostbar und unentbehrlich, aber auch wie „normal" es ist. Durchs gelebte Wort hindurch bricht ein Verstehen auf zwischen unterschiedlichen Standpunkten, zeigen sich Verwandtschaften zwischen unterschiedlichen Charismen und Berufungen – und nicht zuletzt gelingt das Zueinander über die Grenzen der eigenen Kirche hinweg. Wer sich im Wort Gottes begegnet, der bringt nicht Interessen und Positionen mit, sondern in sich selber ein Stück gelebtes Himmelreich.

Das Wort ist freilich keine neutrale Objektivität *zwischen* uns. Es ist die innere Dynamik dieses Wortes: wo wir es miteinander, wo wir es aufeinanderzu leben, zieht es uns hinein ins Neue Gebot, in die Logik des fleischgewordenen Wortes, das sich ganz sagt, indem es sich ganz gibt. Wer das Wort mit anderen lebt, der liebt die anderen, der lebt für die anderen. Und er wird nicht umhinkommen, sich selbst je für den anderen zu geben. Begegnung wird frei und offen, sie wird aber auch hart. Denn sie kostet jedesmal mich etwas, letztlich mich selbst.

Hier treten freilich auch die Unterschiede, die Spannungen, die Fragen wieder auf. Gerade sie werden, richtiger: gerade das Kreuz wird zum Ort, an dem Gemeinschaft sich ereignet, an dem Einheit sich bereitet, an dem das Wie sich bewährt. Daß wir auf Erden wie im Himmel leben dürfen, dies ist uns im Kreuz Christi geschenkt. An ihm hat ja auch der Sohn seine radikale Einheit mit dem Vater radikal gelebt.

Aber was heißt das: Kreuz als Ort, an dem das Wie sich bewährt, Kreuz als Stelle, an welcher Einheit geboren wird? Mir ist es oftmals widerfahren: Ich entdeckte, ich muß bereit sein, mich dem anderen auszuliefern, muß bereit sein, ihn anzunehmen, auch wenn ich ihn nicht und er mich nicht verstehen kann. Und das Nicht-Verstehen, die bleibende Fremde und Ferne wurden gerade zum Anlaß, den anderen in mir zu haben, ihn nicht wegzuschieben und abzuschieben, sondern seine Fragen, sein Anderssein mit mir gehen zu lassen, es auszutragen in mir, mich auszutragen in ihm. Zumindest eine tiefere Freundschaft, zuhöchst eine wahre Einheit war jedesmal die Frucht.

In seinem Wort, in seiner Liebe, unter seinem Kreuz sich begegnen: heißt das nicht, in seinem Namen versammelt sein? Wie von selbst ist bei meinem Versuch, das göttliche Wie mit anderen zu leben, das Wort Mt 18,20 in die Mitte gerückt – oder nicht eigentlich das Wort, sondern vielmehr der, den es verheißt. Die Frage in jeder Begegnung aus dem Glauben heißt von daher für mich: Kann Jesus selber da sein, kann er selber in unserer Mitte sein? Ein großer katholischer Kirchenlehrer, der heilige Bonaventura, ein Franziskaner der zweiten Generation, hat es so formuliert: „Wo zwei oder drei in seinem Namen versammelt sind, da ist die Kirche." Ich bin erst kürzlich darauf gestoßen, daß das Wort Mt 18,20 bei den Kirchenvätern – in etwa auch bei den Ordensgründern – viel vitaler im Bewußtsein steht als in späteren Jahrhunderten der Kirchengeschichte. Gerade das II. Vatikanische Konzil und Papst Paul VI. haben in der katholischen Kirche dieses Wort wieder ans Licht gehoben. Genauer besehen, ist Mt 18,20 freilich keine isolierte Schriftstelle, sondern Stelle eines Durchbruchs, an welcher deutlich wird, was Thema, Voraussetzung und Lebensraum des ganzen Neuen Testamentes ist: der lebendige, der gegenwärtige, der *in die Mitte* der Glaubenden und Liebenden tretende Herr.

Wie im Himmel so auf Erden: erreicht dies hier, in der Gegenwart des Herrn in unserer Mitte, nicht seine Spitze? Ist nicht das Endgültige im Vorläufigen schon da? Noch einmal: Das Vorläufige hört nicht auf, vorläufig zu sein. Es wäre Schwärmertum, die Klippen und Barrieren der Endlichkeit und der Schuld hinwegzuerklären. Aber es wäre Kleinglaube, es nicht wahrzuhaben: Der in unserer Mitte lebende Herr, er ist jetzt schon der Allmächtige, der den Weg von der Vorläufigkeit zur Endgültigkeit vermag und mit uns geht und Kirche auf diesem Weg zugleich behütet und verwandelt.

III. Von der indirekten zur direkten ökumenischen Arbeit

Was ich hier von meinem persönlichen Christsein und von meinem Versuch, nicht für mich allein Christ zu sein, angedeutet habe, das ist mir in den ersten Monaten meines Dienstes als Bischof wie von selbst auch zum Konzept, besser: zur Leitlinie meines Dienstes im Bistum geworden. Es scheint mir nach innen, in den Raum meiner Kirche hinein, das Fällige zu sein, der Weg, wie die ganze Substanz des Überlieferten bewahrt und neu werden kann, der Weg, wie unterschiedliche Gruppen und Richtungen ihre eine Mitte finden, der Weg auch, wie für Suchende, Desorientierte, Enttäuschte Evangelium und Kirche wieder anziehend werden können. Und wenn bei solchem Bemühen das Wort „ökumenische Arbeit" überhaupt nicht fiele – ich wäre überzeugt, daß solche „innerkirchliche" Arbeit eminent ökumenisch ist. Denn die radikale Orientierung an der Mitte, an dem, der die Mitte ist, kann doch allein der Weg sein, der uns zusammenführt. Wenn Jesus Christus die lebendige Mitte *in* jeder Kirche wird, dann wird er auch die Mitte *zwischen* den Kirchen, dann wächst in den vielen Kirchen die eine Kirche.

Allerdings schlägt solche indirekte ökumenische Arbeit wie von selber in die direkte ökumenische Begegnung um. Immer wieder durfte ich Christen unterschiedlicher Konfession begegnen, die gerade nicht die Probleme von Unterschied und Einheit ihrer Kirchen thematisierten, die nicht auf das fixiert waren, was noch nicht geht, Christen, die sich vielmehr das Leben aus demselben Wort gegenseitig schenkten, die so ihre Freundschaft bis zum Maß des Neuen Gebotes vertieften, die das Kreuz der Trennung miteinander trugen und doch schon jetzt die Erfahrung des Herrn in ihrer Mitte machten.

Ich bin überzeugt, daß hier der Weg liegt. Gemeinsames Leben des Wortes, der Liebe, des Kreuzes, Versammelt-Sein um den Herrn in unserer Mitte, das alles ist jetzt schon möglich. Und es ist, genaugenommen, nicht erst eine Vorstufe. Wenn es einmal kein Amt und keine Sakramente und keine Dogmen mehr geben wird, in der Vollendung, wird es gerade dies noch geben: den Herrn in unserer Mitte und wir eins in seinem Namen. Diese Endgültigkeit im Vorläufigen ist freilich kein Alibi, um das, was trennt, auf sich beruhen zu lassen, um auszuwandern von den institutionellen Kirchen in eine Geistkirche. Im Gegenteil. Das Endgültige im Vorläufigen will Sauerteig sein, um das Vorläufige zu durchdringen und zu verwandeln. Und so können wir uns weder die Mühe noch die Klugheit, weder die Geduld noch die Ungeduld, weder die Klarheit noch die Offenheit ersparen, die notwendig sind, damit wir immer näher zur leibhaftigen Einheit kommen. Aber die Schritte auf diesem Weg werden nur in dem Maß Schritte aufeinanderzu sein, als sie bereits Schritte im Endgültigen sind. Ich meine, auch bei Konferenzen, auch bei Verhandlungen, auch bei Kontroversgesprächen und gemeinsamen Aktionen könnte das Wie überall Maß, Kraft und Licht sein: sein Wort leben, seine Liebe tun, sein Kreuz annehmen, ihn in unserer Mitte suchen.

MAN HAT MEINEM GOTT DAS HAUS ANGEZÜNDET*[1]

Man hat meinem Gott das Haus angezündet
– und die Meinen haben es getan.
Man hat es denen weggenommen,
die mir den Namen meines Gottes schenkten
– und die Meinen haben es getan.
Man hat ihnen ihr eigenes Haus weggenommen
– und die Meinen haben es getan.
Man hat ihnen ihr Hab und Gut, ihre Ehre,
ihren Namen weggenommen
– und die Meinen haben es getan.
Man hat ihnen das Leben weggenommen
– und die Meinen haben es getan.
Die den Namen desselben Gottes anrufen,
haben dazu geschwiegen
– ja, die Meinen haben es getan.

Man sagt: Vergessen wir's und Schluß damit.
Das Vergessene kommt unversehens, unerkannt zurück.
Wie soll Schluß sein mit dem, was man vergißt?
Soll ich sagen: Die Meinen waren es, nicht ich?
– Nein, die Meinen haben so getan.

Was soll ich sagen?
Gott sei mir gnädig!

Was soll ich sagen?
Bewahre in mir Deinen Namen, bewahre in mir ihren Namen,
bewahre in mir ihr Gedenken, bewahre in mir meine Scham:

Gott, sei mir gnädig.

---

[1] (Anm. d. Bearb.) Ansprache zum Gedenken an die Pogromnacht vom 9./10. November 1938.

AUFBRUCH IN GOTTES ZUKUNFT – ANBRUCH DER ZUKUNFT GOTTES

Zu einem Projekt „Judentum im katholischen Religionsunterricht“*[1]

I. Das Alte und das Neue*

In der christlichen Theologie wird das Verhältnis zwischen vorchristlichem Judentum und Christentum gängigerweise mit Hilfe der Vergleichsbilder *alt-neu, Verheißung-Erfüllung, Gabe-Überbietung ausgedrückt und (auch) für die Bestimmung des Verhältnisses zwischen Israel und Kirche und dem nachchristlichen Judentum benützt, sofern man auf das Vergleichsbild Verwerfung-Erwählung heute mit Recht verzichtet.*

1. Welche dieser Verhältnisbestimmungen halten Sie für angemessen – angesichts des jüdischen Einwands, solche Vergleiche gingen zu Lasten des Judentums und würden ihm deshalb nicht gerecht?

Die genannten Vergleichsbilder (alt-neu, Verheißung-Erfüllung, Gabe-Überbietung) halte ich für brauchbar, um in christlicher Perspektive das Verhältnis Judentum–Christentum auszudrücken. Freilich wäre es problematisch, mit diesen Verhältnisbestimmungen ohne eine erklärende Kommentierung, ohne Herausstellung des jeweiligen Gesichtspunktes umzugehen, unter dem das Christentum neu, erfüllend und überbietend erscheint. Es muß stets im Bewußt-

[1] (Anm. d. Bearb.) Angeregt vom Gesprächskreis „Juden und Christen“ beim Zentralkomitee der deutschen Katholiken wurde am Pädagogisch-Katechetischen Seminar der Theologischen Fakultät der Universität Freiburg i. Br. eine Analyse der Religionsbücher und Schulbibeln durchgeführt. Ziel war, eine Neukonzeption des theologischen Verhältnisses zwischen Juden und Christen gemäß der Neubesinnung des Zweiten Vatikanischen Konzils anzuregen. Im Verlauf dieses Forschungsprojekts wurden fünf systematische Theologen gebeten, zu einem Fragenkatalog Stellung zu nehmen – unter ihnen auch Hemmerle, der erste Vorsitzende des Gesprächskreises „Juden und Christen“. Vgl. *G. Biemer, E.-L. Ehrlich* (Hg.), Lernprozeß Christen Juden, 4 Bde. (Düsseldorf 1980 ff.). Die vorgelegten Fragen sind hier kursiv gesetzt.

sein bleiben, daß derselbe Gott der Handelnde, Stiftende sowohl da wie auch dort ist. Dann freilich entspricht es einer geschichtlichen „Logik", daß er sich im Laufe seines geschichtlichen Handelns in gesteigerter, vertiefter, überbietender Form einbringt. Dies heißt nicht, jenes durchstreichen, was für diese Steigerung, Überbietung und Erfüllung Grundlage und Voraussetzung ist. Das „Alte" wird in diesem Sinn durch das Neue nicht wertlos, Verheißung bleibt in der Erfüllung erhalten und unabdingbar Lesehilfe für sie als Erfüllung, das überbietend Größere wird als solches gerade vom anfänglich bereits Großen her verstehbar.

2. Können Sie uns ein Vergleichsmodell vorschlagen, das besser geeignet ist?

Vielleicht hilft, nicht als Ersatz, aber als Explikation der genannten Verhältnisbestimmungen, folgendes Vergleichsmodell weiter: Aufbruch in Gottes Zukunft – Anbruch der Zukunft Gottes. Oder: Aufbruch zu Gott – Aufbruch Gottes. Eine Schwierigkeit liegt darin, daß sich weithin in Judentum und Christentum die struktural selben Momente finden, die sich jedoch auf je andere Weise durchdringen und integrieren, mit einem je anderen Übergewicht oder Akzent. Die Unterscheidung zwischen Judentum und Christentum insgesamt ist nichtsdestoweniger (vgl. II.1) etwas anderes als eine bloße „Akzentverschiebung".

3. Läßt sich nach Ihrer Meinung eine Verhältnisbestimmung finden, in der auch noch der Sachverhalt verglichen werden kann, daß im Neuen Bund ebenfalls noch Erfüllung von Verheißung bevorsteht?

Im Judentum geht es bei Verheißung eher um das Unterwegssein zur (ausstehenden) Erfüllung, im Christentum um das Unterwegssein der (angebrochenen) Erfüllung.

4. Kann oder muß man sogar Röm 9-11 (nach Lumen gentium 16 und Nostra aetate 4) als gültige Zusammenfassung der Verhältnisbestimmung von Judentum und Kirche heranziehen? Bildet dieser Text also eine Art Kanon für die anderen Verhältnisaussagen im Neuen Testament?

In der Tat erscheint mir Röm 9-11 – mit der Krisis und Verheißung in seinen Aussagen – die *zentrale* Stelle über das Verhältnis Judentum – Christentum zu sein, im gewissen Sinne ein hermeneutischer Schlüssel für die Aussagen des Neuen Testaments über das Judentum, was gerade nicht heißt, daß alle Aussagen des Neuen Testaments auf Röm 9-11 reduzierbar wären. Wohl aber heißt es, sie sind durchweg im Kontext dieser Aussage zu lesen. Röm 9-11 schließt das Christwerden eines Juden keineswegs als geschichtliche Untreue aus, erschließt aber den Zugang des Christen zu jenem Dialog mit dem Judentum, der sich nicht in Mission erschöpft.

II. Die Person Jesu*

1. Wie würden Sie das von der altbundlichen Offenbarung grundsätzlich unterschiedene, das den Rahmen des Alten Testaments Sprengende von Leben, Lehre und Person Jesu bestimmen? Können Sie dafür charakteristische Topoi nennen? Berücksichtigen Sie dabei die Behauptung, materialiter seien Botschaft und Ethos Jesu in der alttestamentlichen Offenbarungsbotschaft enthalten, neu sei seine Synthese. Dazu die jüdische Position: Alles Besondere an Jesus sei auch innerhalb der legitimen Spannweite jüdischer Entwürfe möglich.

Auch hier nur ein kurzer Hinweis: Das Proprium des Christlichen ist (wie mir scheint: „nur“) dies: Gott gibt *sich* in Jesus Christus, er gibt sich so, daß das Geschick Jesu Geschick Gottes, Hingabe Jesu Hingabe Gottes ist. Alles andere, was an Propria des Christlichen zu nennen wäre, läßt sich von hier aus erschließen. Die Elemente der Gottesoffenbarung an Israel werden nicht angetastet, sondern sie erhalten in diesem Kontext einen neuen Stellenwert, z. B. Liebe, Reich Gottes, Gebet zum Vater. Aber ist das nicht eigentlich grundsätzlich das Neue an einer These, daß sie neue Synthese ist?

Zur Begründung dieses Propriums: Daß Passagen wie Röm 5,8 oder gar 8,32 wenige Jahrzehnte nach dem Tod Jesu geschrieben werden konnten, daß sie sich durchaus einfügen in den Kontext jener Christologie, die in den vorpaulinischen Bekenntnissen und Hymnen bei Paulus ihren Niederschlag findet, dies scheint mir ein entscheidendes Datum für eine christliche Christologie überhaupt zu sein, an dem wir nicht vorbei können. Ich kann hier nicht auf

Modelle eingehen, die den Tod Jesu als Erlösertod zum Sondergut der paulinischen und johanneischen Schichten des NT erklären wollen; hier habe ich meine Bedenken auch von den Texten her. Doch unabhängig von dieser Frage müßte es zu denken geben, daß ausgerechnet die dieser Aussageschicht entsprechende Christologie die der frühen Kirche überhaupt wurde. Auch die Synoptiker insgesamt müssen, wie ich überzeugt bin, in ihrer Konsequenz so verstanden werden, daß Jesus Christus ihnen nicht nur ein großer Prophet ist, sondern der, in dem Gott sich endgültig offenbart und, mehr noch, sich selber, als er selbst, hineingibt und hineinkompromittiert in unsere Geschichte. Inkarnation bleibt vom Ganzen der Konstitution des Christlichen her *der* Unterschied, und die Verankerung der trinitarischen Christologie in Jesu Wort und Werk ist nicht nur dogmatisch notwendig und exegetisch möglich, sondern im Gesamtbefund des NT von seinen frühesten Schichten an unausweichlich grundgelegt.

Ich sehe hier die Chance der dichtesten Begegnung mit dem Judentum; denn so bleibt zwar der fundamentale Unterschied, aber dieser Unterschied macht es nicht notwendig, ja legt es nicht einmal nahe, das Ethos der Religion Israels abzuwerten gegenüber dem christlichen Ethos; die christologisch fundierte Überbietung ist gerade nicht inhaltliche Abwertung.

Allerdings ergibt sich – wie angedeutet – aus dem dogmatischen Unterschied zwischen Judentum und Christentum auch eine Konsequenz bezüglich der Botschaft Jesu. Das Wort „Wie“, das in den Aussagen über unser Verhalten dieses an Gottes Verhalten mißt und es aus Gottes Verhalten her motiviert, bekommt unter der Voraussetzung der neutestamentlichen Christologie einen neuen Klang. Das Liebesgebot, wie es im johanneischen Neuen Gebot (Joh 13,34f.) gefaßt ist, erhält die Wucht der Verpflichtung zur grenzenlosen Selbsthingabe, weil eben die Selbsthingabe Gottes in Jesus Christus hinter ihm steht. Das Gebot der Vollkommenheit, wie der Vater vollkommen ist (vgl. Mt 5,43-48), der seine Sonne über Gute und Böse aufgehen läßt, das „Wie im Himmel, so auf Erden“ des Vaterunsers, die Bedeutung der Sendung der Jünger, *wie* Jesus vom Vater gesandt ist (vgl. Joh 20,21 mit etlichen Parallelen): das bezeichnet eine von den Synoptikern zu Johannes hin durchlaufende Perspektive. Hier wird das Verhalten des Glaubenden unmittelbar im Innersten und Eigensten des in Jesus Christus handelnden und anwesenden Gottes selbst verankert. Und dies bedeutet nicht nur einen Unterschied in der Motivation und heilsbedeutsamen Qualifikation der menschlichen Akte, sondern hier erhält das Motivierende und Qualifizierende selbst einen inhaltlichen Rang. Dies näher auszuführen, sprengte freilich den Rahmen.

2. Halten Sie die Frage nach dem Unterscheidenden Jesu ausschließlich (ohne Bezug auf das Leben Jesu) aufgrund von Ostern für befürwortbar? Oder halten sie das katechetische Modell für zutreffend: „Die Steine lagen vor Ostern bereit (d. h. der irdische Jesus), das Mosaik entstand infolge des Ostereignisses (der sich vom Judentum unterscheidende Christus)"?

Sofern Ostern erst die Christologie zur Vollendung bringt, ist Ostern konstitutiv für den Unterschied des Christlichen vom Jüdischen. Sofern aber diese Christologie mitsamt dem göttlichen Anspruch Jesu in seinem vorösterlichen Leben und Sprechen grundgelegt ist[2], ist auch der Unterschied Judentum – Christentum von seiner Wurzel her ein bereits vorösterlicher.

3. Halten Sie das Anliegen für berechtigt, an Person und Leben Jesu die polare Spannung zwischen Judentum und Kirche zu „vermitteln", da sich doch in seinem Leben der „Umschlag" vom Alten in den Neuen Bund ereignet?

Ich halte es für berechtigt, an Person und Leben Jesu die polare Spannung zwischen Judentum und Kirche zu „vermitteln", wobei es freilich problematisch wäre, sie „hinwegzuvermitteln". Jesus ist eine „jüdische" Gestalt, es ist sinnvoll, ja notwendig, vom Juden Jesus zu sprechen. Jesu Innestehen im Glauben Israels und in seiner Geschichte aus Verheißung und Glaube gehört in der Perspektive christlicher Theologie zu seiner Gestalt und Sendung wesenhaft und nicht nur als historisches Beiwerk hinzu. Doch wenn, wie oben dargetan, die Gestalt Jesu von sich her, auch von seinem vorösterlichen Leben her, den Anspruch stellt, daß Gott selbst in ihm gegenwärtig ist, handelnd und Menschenschicksal zum Gottesschicksal werden

---

[2] Vgl. *R. Pesch*, Zur Exegese Gottes durch Jesus von Nazareth. In: *B. Casper* u. a., Jesus. Ort der Erfahrung Gottes (Freiburg i. Br. ^{2}1976) 140-189.

lassend, dann sprengt Jesus damit die Maßstäbe eines Judentums, sofern dieses eine so radikale Einung von Gott und Mensch in der Unterscheidung von Gott und Mensch mit seinem Gottesbild als schlechterdings unvereinbar erklärte.

Die Vermittlungsfunktion Jesu schließt die Entscheidung nicht aus, sondern ein. Dies wiederum schließt freilich die Bedeutung Jesu für den jüdischen, will sagen: nicht-christlichen Juden und somit für die Vermittlung zwischen dem jüdischen Juden und dem Christen nicht aus.

Anders ausgedrückt: In Jesus werden Sinn und Bedeutsamkeit des Christentums dem jüdischen Juden nahegebracht, in seinen eigenen Glaubenshorizont eingebracht, ohne ihn sich selbst zu entfremden, und wird dem Christen das Judentum unwiderruflich in seiner Bedeutung und Kostbarkeit nahegebracht, als unverlierbares und wesenhaftes Erbe auferlegt.

III. Das Hauptgebot der Liebe*

1. Gerade im Verbindenden zwischen Juden und Christen wird oft auch das Unterscheidende gesehen, z. B. im Hauptgebot der Liebe, *in der Erwartung des Reiches Gottes, im Gebet zu Gott dem Vater: In welchem sprachlogischen Modell lassen sich Gemeinsames und Unterscheidendes nach ihrer Meinung fassen?*

Im Blick auf die genannten Felder (Hauptgebot der Liebe, Erwartung des Reiches Gottes, Gebet zu Gott dem Vater) dürfen wir den „Unterschied in der Einheit", die „gemeinsam zu tragende Differenz als Gemeinsamkeit", so lokalisieren: Im selben Vollzug hat Gott seinen je verschiedenen Ort. Jüdisch steht Gott selbst als der zuerst Handelnde, der Gebietende und Erfüllende *über* dem Lieben des Menschen; im Christentum steht er durch Jesus und seinen Geist zugleich *im* Lieben des Menschen. In der Erwartung des Reiches Gottes ist es jüdisch der Mensch, der das kommende Reich erwartet; christlich ist es Gottt selbst in uns, der – da Jesus in unserer Mitte ist (vgl. Mt 18,20) und Gottes Geist ausgegossen ist in unsere Herzen (vgl. Röm 5,5) – mit uns das Kommen seines Reiches erwartet. Im Gebet zu Gott dem Vater ist es jüdisch der Mensch, der auf Antrieb Gottes und in seinem Licht zum Vater betet, und ist es christlich der Geist des Sohnes, der *in* unseren Herzen „Abba, lieber Vater" ruft (vgl. Röm 8,15; Gal 4,6). Dies ist zurückzulesen auf das vorgeschlagene Unterscheidungsmodell, das die Worte Aufbruch – Anbruch signalisieren.

2. Für Juden besitzen die Tora, der Staat Israel, der „Holocaust von Auschwitz" Heilsbedeutsamkeit (als Heilsgabe, als Erfüllung der Landverheißung, als neues Golgota): In welchem Sinn kann christliche Theologie, für die einzig Jesus Christus das Heil und der Heilsweg ist, zu dieser Aussage positiv Stellung nehmen?

Die Einzigkeit Jesu als Heilsweg bedeutet für den Christen, daß Jesus alles, was Gottes Gabe ist, in seinem Geben mitgibt, und alles, was unsere Last ist, in seiner Last mitträgt. Jesus eignet so eine einschließliche, alles umfassende Ausschließlichkeit. Die indirekte Teilnahme des Jüdischen am Christlichen – dies müßte noch genauer durchdacht werden – könnte als Partizipation der Verheißungsgestalt des Christus (Judentum) an der Wirkgestalt des Christus (Christentum) verstanden werden. Der Text der Römischen Bischofssynode von 1971 zum Priestertum in Nr. 9 (2) bietet hier mehr Ansätze, als es auf den ersten Blick scheinen mag. Es wäre freilich notwendig, das qualitative Anders und Mehr des Judentums als ausdrücklicher Verheißungsgestalt herauszustellen gegenüber den Religionen der Menschheit als Gestalten des Versuchs und der Sehnsucht.

Sicher ist Jesus Christus gemäß christlichem Glauben der einzige Heilsweg für alle. Aber Jesus Christus *ist* Heilsweg, indem er in seinem einen Menschenschicksal mit allem Menschenschicksal kommuniziert hat. Jesu Kommunion mit dem Glauben und der Geschichte Israels und zumal mit der Leidensgeschichte seines Volkes, seine Übernahme alles Leidens und Sterbens der Menschheit signalisieren den Punkt, an dem der spezifische und ausschließliche christliche Heilsweg, Jesus Christus selbst, das in sich selbst aufnimmt und mit dem in innere Berührung kommt, was jüdisch heilsbedeutsam ist: Wandel nach der Tora, konkretes Glauben an Gottes Verheißung, wie es sich jüdisch zumal in der Liebe zum Land der Verheißung bekundet, Annahme des Leidensschicksals aus der Hand Gottes. Gerade auf dem letzteren liegt in christlicher Sicht der besondere Akzent.

3. Die Theologie spricht von der einzigartigen Beziehung zwischen Judentum und Christentum: Worin sehen Sie die theologische Relevanz des gegenwärtigen Judentums für die Kirche und der Kirche für das gegenwärtige Judentum?

Das gegenwärtige Judentum hat für das Christentum und für die Kirche insbesondere eine zweifache Funktion: (1) Der geschichtliche Ursprung geht mit, er bleibt nahe, ist die lebendige Erinnerung der christlichen Herkunft und das kritische Geleit der Gegenwart, um diese Herkunft nicht zu vergessen. (2) Das gegenwärtige Judentum als noch auf einem anderen Weg ist nach Röm 9-11 die Marke des „Noch nicht", das Ausrufezeichen des noch nicht Eingelösten von Verheißung, der Stachel, auf dem Weg der Völkerwallfahrt zum Zion zu bleiben. Also: (1) bleibende Protologie und (2) „eschatologischer Vorbehalt".

4. Welche Rolle spielen für Sie Unterscheidungen wie orthodoxes, liberales, säkularisiertes Judentum bei der Charakterisierung des heutigen Judentums durch die christliche Theologie?

Natürlich ist die Verbindung mit dem Judentum für den Christen dort am stärksten, wo der Jahweglaube und die Treue zu den Grundlinien der Tora ungebrochen und unmittelbar lebendig sind. Wo, christlich verfremdet gesagt, Gesetz Gesetz und Propheten Propheten bleiben, wo die Psalmen nicht Poesien, sondern Gebete sind. Daß es hierbei die Spielart des mehr Buchstäblichen und die Spielart der „freieren" Übersetzung ins jeweils Verständliche gibt, ist demgegenüber ein zweitrangiges Problem. Zum anderen ist aber auch Israel als Volk für den Christen von bleibender Bedeutung; seine Existenz ist vom Ursprung an Zeugnis des Handelns Jahwes, Zeugnis des Glaubens an ihn, Zeugnis des Bundes. Auch das säkularisierteste Judentum kann daher dem Christen nicht gleichgültig werden.

IV. Revidierte Bibelausgaben?*

Die „Vatikanischen Richtlinien und Hinweise für die Durchführung der Konzilserklärung ‚Nostra aetate', Art. 4" verlangen für eine zeitgemäße Verkündigung angesichts des christlich-jüdischen Dialogs von den „mit der Übersetzung biblischer Texte beauftragten Kommissionen ... besondere Aufmerksamkeit ..., auf welche Weise ganze Ausdrücke und ganze Abschnitte, die von ungenügend unterrichteten Christen tendenziös mißverstanden werden könnten, wiederzugeben sind". Als Beispiele werden genannt:

„So bedeutet der Ausdruck ‚die Juden' im Johannesevangelium im Kontext bisweilen ‚die Führer der Juden' oder ‚die Feinde Jesu' – diese Ausdrücke sind eine bessere Übersetzung des Gedankens des Evangelisten, wobei der Anschein vermieden wird, als sei hier das jüdische Volk als solches gemeint. Ein anderes Beispiel ist der Gebrauch der Worte ‚Pharisäer' und ‚Pharisäismus', die heute einen durchaus pejorativen Klang haben."

Wieweit kann die Umschrift des neutestamentlichen Textes bzw. seiner Aussagen ohne Verlust des christlichen Propriums gehen? Können Sie uns einige weitere Beispiele nennen, die für eine zeitgemäße Vermittlung des Christlichen angesichts des christlich-jüdischen Dialogs zu beachten sind?

Eine gemäße Übersetzung kann viel leisten, um falsche Meinungen auszuräumen. Dies weiter auszuführen, sprengte hier den Rahmen. Freilich würde ich in nicht wenigen Fällen dafür plädieren, den „Anstoß" einer wörtlichen Übersetzung sprachlich zu belassen und eine Erklärung als Anmerkung hinzufügen, die Mißverständnisse ausräumt und geschichtlich aufarbeiten hilft. Dies ist mitunter hilfreicher, um Fehlinterpretationen und Fehlentwicklungen der Vergangenheit aufzuarbeiten, als die bloße Glättung, die den Anstoß kaschiert und das Leidvolle der Geschichte nicht mehr in den Blick kommen läßt.

JUDENTUM UND CHRISTENTUM NACH FRANZ ROSENZWEIG

Ein Gespräch
zwischen Emmanuel Levinas, Klaus Hemmerle, Hans Hermann Henrix, Bernhard Casper, Heinz-Jürgen Görtz und Herman J. Heering

Levinas: Ich möchte einfach erzählen, wie in den zurückliegenden Jahren gerade durch das Lesen von Franz Rosenzweig eine gewisse Veränderung in mein persönliches Verhältnis zum Christentum gekommen ist. Ich werde es ganz offen sagen und möchte niemanden beleidigen. Ich habe unser Thema zum ersten Mal eher zufällig eines Abends mit einem Freund und Dichter, Claude Vigée, in einem Winkel besprochen, und es war so etwas wie ein erstes Bekenntnis ihm gegenüber.[1] Im übrigen ist ein Bekenntnis immer engagiert durch den, der spricht. Bei uns Juden ist jeder frei; wir haben keine Synagoge, die eine offizielle Richtung angibt. Jeder ist in einem gewissen Sinne frei, das, was bei ihm vorkommt, zu erklären. In diesem Sinne also möchte ich das, was ich dem Freund zum ersten Mal vortrug, hier erzählen.

In meiner Kindheit vor etwa 80 Jahren war das Christentum eine ganz verschlossene Welt, von der man als Jude nichts Gutes erwarten konnte. Die erste Geschichte des Christentums, die ich gelesen habe, war eine Geschichte der Inquisition. Schon im Alter von acht oder neun Jahren habe ich dieses Leiden der Marranen in Spanien gelesen. Wenig später kam die entscheidende Lektüre der Geschichte der Kreuzzüge. Und ich habe in einem Land gelebt, wo zwischen Juden und Christen überhaupt kein Verhältnis war. Ich bin in Litauen geboren. Es ist ein schönes Land mit braven Menschen, aber ein Verhältnis gab es nicht. Später kam ich zum Lesen des Evangeliums. Und ich meine, das Lesen des Evangeliums, das mich nicht verletzt hat, war wie das Gegenteil. Das, was dort drinsteht als Lehre, als

[1] Offensichtlich handelt es sich bei diesem Bekenntnis um ein Gespräch, welches Claude Vigée in einem erschütternden Text notiert hat: *C. Vigée*, Une voix dans le défilé. Vivre à Jerusalem. Chronique 1960-1985 (Paris 1985) 60-63. Die Herausgeber [der Erstveröffentlichung] verdanken diesen Hinweis Herrn Dr. Ludwig Wenzler.

Vorstellung vom Menschen, schien mir immer nah. So stieß ich auch auf das Kapitel 25 von Matthäus, wo die Leute ganz verwundert sind, als man ihnen sagt, sie hätten den lieben Gott verlassen und verfolgt; es kommt darauf hinaus, daß sie, wenn sie den armen Menschen weggeschickt haben, eigentlich den lieben Gott selbst weggeschickt haben. Als ich später den Begriff der Eucharistie kennengelernt habe, sagte ich immer: Die echte Eucharistie ist in diesem Moment, wo der Andere mir begegnet; dort ist wirklich – mehr als in Brot und Wein – die Persönlichkeit des Göttlichen selbst. Aber dies habe ich auch im Alten Testament gelesen: im Kapitel 58 von Jesaja. Das hat denselben Sinn. Die Leute sind geistig raffiniert. Sie suchen danach, Gottes Antlitz zu sehen, Gottes Nähe zu fühlen. Und doch kommt Gott nur dann, wenn sie dem Armen helfen, den Hungrigen satt machen. Das war das Gegensätzliche; ich darf es so sagen: das war das persönliche Verständnis von Christus. Was unverständlich bleibt, ist nicht der Mensch, sondern das ganze Mysterium. Das ganze theologische Thema, das bleibt verschlossen. Auch jetzt bleibt es so, der Begriff der Kenose, der Begriff des Hinunterkommens Gottes auf Erden, der den Juden eigentlich sehr nahe ist.

Aber das ist noch nicht alles. Das Schlimme war, daß diese gefährlichen Dinge von Inquisition und Kreuzzügen mit dem Zeichen Christi, mit dem Kreuz, verbunden waren. Das kann ich nicht verstehen. Das muß man mir erklären. Hinzu kommt noch, daß die Welt eigentlich nicht verändert wurde; das ist die Hauptsache. Das christliche Europa hat es nicht vermocht. Nicht durch das, was die Christen als Christen gemacht haben. Vor allem: das Christentum hat sie als Menschen nicht von dem zurückgehalten, was sie taten – auch nicht vor dem Holocaust. Das ist das erste, was ich sage. Und es ist sehr lebendig. Das Lesen des Evangeliums wurde für uns immer kompromittiert durch die Geschichte.

Dann kam das, was Sie Holocaust nennen und was wir Schoach nennen. Da passierten zwei Dinge. Erstens: Alle, die Auschwitz verübt haben, waren doch als Kinder getauft, protestantisch oder katholisch. Es war ihnen dennoch nicht verboten, das zu machen. Aber zweitens – und das ist sehr wichtig, sehr wichtig –: In dieser Zeit erschien mir das, was Sie „caritas“ nennen, die „charité“, die „misericordia“. Jeder Ort, wo man die schwarze Soutane sah, war ein Zufluchtsort. Dort ist noch ein Gespräch möglich. Eine Welt, wo Sie keine Zuflucht haben, ist eine Verzweiflung. Ich erzähle immer eine Geschichte. Ich war eben erst in Paris eingezogen. Wir hatten von der „action pacifique“ ein Büro. Und ein Freund von mir hatte ein Kind verloren. Er war Jude und hatte eine christliche Frau. Der Gottesdienst war in der christlichen Kirche St. Augustin. Das geschah noch vor dem Mai 1940, aber alles stand schon in Frage. Bei der Trauerfeier in der Kirche sah ich ein kleines Bild, ein Fresko, auf dem Hanna den kleinen Samuel in den Tempel bringt. Das war meine Welt! Besonders Hanna, eine ganz außerordentliche Frauengestalt, ihr Gebet, das Mißverständnis von Eli; ihre Antwort: *„lo adoni, ischah keschat-ruach anochi wejajin wescher lo schatiti wa'eschpoch et-nafschi lifne adonai:* Nein, Herr! Ich bin eine unglückliche Frau. Ich habe weder Wein getrunken noch Bier; ich habe nur dem Herrn mein Herz ausgeschüttet“ (1 Sam 1,15). Diese Frau spricht das eigentliche Gebet des Herzens, das Gebet der Seele. Das ist das konkrete Verhältnis, die Inszenierung einer Seele. Das ist Hanna, dieses Gebet. Das also sah ich in der Kirche. Diese Nähe! Und diese Nähe ist mir geblieben. Ich denke auch, dieser „charité“ bin ich verpflichtet. Das Leben meiner kleinen Familie ist dank eines Klosters möglich, wo meine Frau mit meiner Tochter gerettet wurde. Ihre Mutter wurde deportiert; aber das Kind und sie selbst wurden im Kloster gerettet. Das geht über Dankbarkeit. Die Anerkennung geht viel weiter, nicht wahr. Das Wichtigste ist die Möglichkeit, in dieser Zeit zu sprechen. Nun, das alles ist Gefühl.

Schon vor dem Krieg habe ich Rosenzweig gelesen und die philosophische Möglichkeit, die Wahrheit in den beiden Formen von Judentum und Christentum zu sehen. Das ist außerordentlich. Das Ende der Wahrheit ist nicht das Eine. Die gültige, metaphysische Wahrheit ist wesentlich in zwei Formen möglich, in Christentum und Judentum. Rosenzweig behauptet eine vollkommene Gleichheit der beiden Formen. Zum ersten Mal wird so etwas gesagt. Ich bin Rosenzweig nicht in allem, nicht in seinem ganzen System treu. Ich glaube nicht, daß bei Rosenzweig alles zu Ende gesagt ist. Aber die Möglichkeit selbst – ohne Kompromiß, ohne geheimen Verrat – zu denken, gerade in den zwei Formen, in der Form des Christentums, der christlichen *„miséricorde“*, und in der Form des Judentums zu denken – das hat mir dieses Verhältnis als ein positives Verhältnis zu denken ermöglicht. Ich kann es anders formulieren: die

Möglichkeit zu sprechen. Das ist aber nicht ein Irgendwie-Sprechen, sondern die Möglichkeit, über die wichtigste Sache zu sprechen. So etwas hat Rosenzweig gebaut, gefühlt. Er konnte es selbst in seiner Krankheit glauben, ohne im Judentum auf das Kleinste zu verzichten. Das gab mir in meinem konkreten Verhältnis zu Menschen Zuversicht, Vertrauen.

Ich habe die Erklärung des Zweiten Vatikanischen Konzils „Nostra aetate" sehr positiv aufgenommen. Das ist für mich eine logische Folge und ein Beweis, daß versucht wird, gewisse Dinge der Vergangenheit zu überwinden. Mir ist sehr „angenehm" die Parallele in der Kenose, in der Universalität des Allmenschlichen und des „für alle Menschen". Ich habe das Christentum als ein Für-alle-Menschen-leben-und-sterben verstanden. Das echt Menschliche ist das Judesein im Menschen – Sie brauchen über dieses Wort nicht schockiert zu sein – und der Widerhall in der Besonderheit, in der Partikularität. Die Christen legen großen Wert auf das, was sie Glauben nennen, Mysterium, sacramentum. Hierzu möchte ich eine kleine Geschichte erzählen: Hannah Arendt hat nicht lange vor ihrem Tod in einer Radiosendung in Paris berichtet, daß sie als junges Mädchen in Königsberg dem Rabbiner in der Religionsstunde gesagt habe: „Wissen Sie, ich glaube nicht." Darauf habe der Rabbiner geantwortet: „Aber wer fragt Sie *danach*?" Die Antwort ist sehr interessant. Was bei uns wichtig ist, ist nicht das Glauben, sondern das Tun. Tun heißt natürlich, sich moralisch benehmen, aber auch das Ritual tun. Als ob das zwei verschiedene Sachen wären! Was heißt eigentlich glauben? Womit wird geglaubt? Wird geglaubt mit Worten oder mit Ideen oder mit Überzeugungen? Womit wird geglaubt? Wie die Psalmen sagen: mit dem ganzen Leibe! Der Rabbiner wollte sagen: Natürlich ist das Tun das Wichtigste. Das Tun ist ein Akt des Glaubens. Das ist meine Konklusion.

Hemmerle: Es ist sehr schwer, auf ein Zeugnis, das in einer solchen Tiefe einen anrührt, etwas zu erwidern. Und ich habe den Eindruck, mit bloßen Argumenten etwas zu sagen, wäre ganz verfehlt. Als Sie sprachen, konnte ich nur zutiefst erschrecken: Auch ich bin betroffen angesichts dessen, was im Namen und im Zeichen Jesu geschehen konnte, von dem ich in allem Freimut zu sagen wage, daß ich glaube, ihn so zu kennen, daß ich gar nicht anders kann, als an ihn zu glauben, und zwar an ihn zu glauben als Christ. Anders wäre ich untreu, weil ich ihm begegnet bin, so untreu, wie Sie untreu wären, wenn Sie Ihren Glauben verließen. Lassen Sie mich aber bitte zwei Antworten versuchen.

Zunächst: Ist es nicht im Grunde ein Zeichen der Wehrlosigkeit Gottes, der Wehrlosigkeit Jesu, die er auch angenommen hat, daß er im Innersten seiner Botschaft mir wehrlos begegnet? Was mich eigentlich an ihm bezwingt, ist gerade die Wehrlosigkeit der Kenose, in die er gegangen ist. Für mich ist das Äußerste der Kenose – und ich meine dies nicht in einem dialektischen Entschuldigen –, daß er, in dem die Agape, die Liebe Gottes, die Caritas, die Gnade Gottes sich für mich inkorporiert hat, leibhaftig geworden ist, bis zu dem Punkt ging, an dem er mich nur um meine Liebe bitten kann, an dem er mich nur um seine Nachfolge bitten kann. Er vermag zwar den Geist zu senden, der mein Glauben und Handeln leiten kann, aber er bewahrt mich nur dann, wenn ich mein Herz und meine Gebeine ihm öffne, davor, daß ich ihn nicht schmähe, indem ich das Gegenteil von dem tue, was er ist und was er sagt. Für mich ist dies die äußerste Kenose Gottes, daß so etwas geschehen kann.

Ich muß gestehen, daß ich immer wieder davor erschrecke bei vielem, was ich als Bischof tun muß, und ich frage mich oft: Pervertiere ich ihn nicht, auch wenn es jetzt „richtig" erscheint, was ich tue? Und ich kann nicht die Hand dafür ins Feuer legen, daß ich ihn nicht immer wieder pervertiere. Aber ist es vielleicht auch gut, daß ich es nicht kann? Wenn *ich* es könnte, dann hätte ich eine Sicherheit, die nicht mehr ihm ähnlich sähe, der das Haupt voll Blut und Wunden ist. –

Das Zweite: Ich kann in dem Zusammenhang nur bezeugen, was mir als Christ nun gerade auch Franz Rosenzweig in diesem Kontext bedeutet. Ich habe vielen Menschen, die nicht glauben können, einen Weg – einen Weg im Glauben – am ehesten erschließen können durch die messianische Erkenntnistheorie von Franz Rosenzweig: Ich kann nur mit dem Blut erkennen, wo es um das Letzte geht; ich vermag nur mit den Gebeinen zu glauben, wo es um das Letzte geht. Diese Einsicht hat mich so tief berührt, daß ich im Grunde von ihr her den Weg ins Glauben und auch ins christliche Glauben für den Menschen meine erschließen zu können, wenn ich mich in die Aporie der Gedanken hinein zu verflüchtigen drohe. Merkwürdigerweise ist das, was Rosenzweig auf den Weg des Judentums führt, etwas, was mich als Christ auch Eucharistie verstehen läßt: Jesu Liebe zu mir ist die Liebe mit dem Herzen, mit dem Blut und mit den Gebeinen. Deswegen kann ich zuletzt nur glauben mit den Gebeinen. Rosenzweig hat mich so auch bei der Begegnung mit dem Evangelium befreit von einem bloß metaphysischen „Verstauen in fertige Begriffe". Auch bis in jenes dem Juden wohl fremde Mysterium von Trinität hinein habe ich aus dem, was ich bei ihm an lebendiger Beziehentlichkeit, an Zeitlichkeit und an der Nicht-Substituierbarkeit von Zeit und Beziehung zum anderen entdeckt habe, tiefer mein Eigenes verstehen können. So verdanke ich ein Stück des Verstehen-Könnens und Verantworten-Könnens meines Christentums Rosenzweig. Und ich hoffe, daß aus seinem Denken eine tiefe Solidarität im gemeinsamen Ausgeliefertsein an Leid zu erwachsen vermag. Von ihm her öffnet sich mir eine Bahn der Erkenntnis, daß ich gerade durch die Schrecklichkeit dessen, was am Nächsten geschehen ist, jetzt in eine Sensibilität und Verantwortung hineingerufen werde.

Henrix: In den Beiträgen eben haben wir erfahren, was man in Rosenzweigscher Sprache wohl als das „Und" von Judentum und Christentum bezeichnen kann. Herr Professor Levinas sagte, das ganze christologische Thema der Kenose im Christentum bliebe ihm verschlossen. Und die Vergegenwärtigung der Geschichte zwischen Christen und Juden hat Bischof Hemmerle dazu herausgefordert, ebendiese Geschichte auch als eine äußerste Kenosis Gottes zu verstehen. Er hat das Wort der Wehrlosigkeit gebraucht.

Levinas: Die Wehrlosigkeit hier kostet sehr viele leidende Menschen. Darf man das so sagen? Wir sind nicht in einer Disputatio über das Mitleiden Gottes. Wissen Sie, ich verstehe diese Wehrlosigkeit nicht, heute nach Auschwitz. Manchmal scheint mir das, was in Auschwitz dort passiert ist, einen Sinn zu haben, als ob der liebe Gott eine Liebe verlangt, die ganz ohne Versprechen ist. Das denke ich mir so. Der Sinn von Auschwitz ist ein Leiden, ein Glaube ganz ohne Versprechen. Das heißt: tout-à-fait gratuit. Und dann sage ich mir: aber das kostet doch zuviel, – nicht den lieben Gott, sondern die Menschheit. Das ist meine Kritik, mein Unverständnis gegenüber der Wehrlosigkeit. Diese ohnmächtige Kenose kostet den Menschen allzuviel.

Der wehrlose Christus am Kreuz wurde den Heeren der Kreuzfahrer vorangetragen. Und er ist nicht vom Kreuz herabgestiegen, um dem Morden Einhalt zu gebieten.

Hemmerle: Das war seine Wehrlosigkeit.

Levinas: Wehrlosigkeit, die aber nicht alleine die des Leidens eines Gottes war, sondern die der Opfer.

Hemmerle: Ich möchte Wehrlosigkeit nicht als Entschuldigung verstanden wissen, sondern als jene lebendige, alles kostende Forderung, die eine Umkehr ins Tun verlangt.

Levinas: Das scheint mir doch theologisch.

Hemmerle: Solange ich es nur sage, ist es nur theologisch. Ich glaube, daß einfach eine konkrete Umkehr auf jenes Handeln dahinterstecken muß, die freilich, wenn ich sie nur sage, eine bloß gesagte Umkehr bleibt.

Casper: Ich möchte gern auf das Problem des „Und" eingehen, weil es uns, glaube ich, auf eine tiefere Schicht führt – auch auf die Gefahr hin, daß das Gespräch jetzt einen Augenblick lang vom Existentiellen zunächst wegführt. Sie haben ja immer wieder betont, z. B. im Vorwort von „Totalité et Infini", der eigentliche Anstoß, den Sie von Rosenzweig her erfahren hätten, sei die Zerschlagung der Totalität gewesen; die Befreiung von dem Zwang, alles in einem denken zu müssen. Unter diesem Zwang stand, um es mit Rosenzweig selbst zu sagen, das ganze abendländische Denken „von Ionien bis Jena", d. h. von der griechischen Naturphilosophie bis hin zu Hegel. Sie sagen: Ich habe von Rosenzweig gelernt, daß gerade in der Pluralität die Wahrheit liegt; gerade die Pluralität von Sein – wenn man das Wort Sein hier einmal stehenlassen will – bedeutet die Möglichkeit, Freiheit zu denken und das Eingefordertsein vom Anderen her als den Grund allen wirklich menschlichen Denkens zu verstehen. Deshalb wird für Sie, wie man gesagt hat, die Ethik zur prima philosophia, der ersten Philosophie. Ich frage mich, ob das nicht auch ein ganz entscheidender Grund dafür ist, daß das Verhältnis von Judentum und Christentum nun anders gedacht werden kann. Anders, als es seit den ersten christlichen Jahrhunderten, in denen das Christentum sofort in die Welt des Hellenismus und damit in das All- und Einheitsdenken hineinrezipiert wurde, gedacht worden ist. Hängt die Möglichkeit, das Verhältnis von Judentum und Christentum neu zu verstehen, nicht an sehr grundsätzlichen Einsichten des Denkens, nämlich an der Frage, wie man dem Anderen als Anderen gerecht werden kann? Sind diese Einsichten nicht der Grund der Möglichkeit dafür, das Verhältnis des älteren und jüngeren Bruders, um das Wort von Johannes

Paul II. aufzugreifen, neu zu verstehen? Ich will dazu einen kleinen biographischen Beitrag leisten. Ich meine zu sehen, daß die Notwendigkeit, über die Philosophie von Ionien bis Jena nachzudenken, für Rosenzweig auch aus einem sehr persönlichen Konflikt hervorging. Die Frage, wie die Wirklichkeit zu verstehen sei, war für Rosenzweig eine Frage des Denkens, sicher. Es war aber für ihn zugleich eine höchst persönliche existentielle Frage, nämlich in der Begegnung mit Eugen Rosenstock. Daß Rosenzweig sich 1913 aus wohlüberlegten Gründen dazu entschloß, Jude zu bleiben, implizierte auch, daß er Rosenstock gegenüber sagte: „Bitte, erkennen Sie an, daß es den Anderen gibt."

Wir haben hier also gleichsam zwei Stränge: einen denkerischen Strang. Das Aufgeben dieses All- und Einheitsdenkens, in welchem man alles auf eine Formel bringen kann und dann auch das Recht hat, den, der nicht auf diese Formel eingeht, als einen entweder Dummen oder Renitenten zu bekämpfen und ihn in die Einheit hineinzuzwingen. Dieses Problem, das für Rosenzweig selbstverständlich auch durch das Zerbrechen des Idealismus an den Problemen des Historismus gegeben war, bewältigt Rosenzweig in dem „Neuen Denken", dessen Grundsatz heißt: „Ich bedarf des Anderen und der Zeit". Dem Strang des Denkens läuft aber der biographische Strang parallel, der dann eben in das Verstehen eines neuen Verhältnisses, eben des „Und" zwischen Judentum und Christentum führt. Der Andere ist gerufen, wie ich gerufen bin: Das gibt mir die Möglichkeit, in dem Weg des Anderen auch die Herrlichkeit Gottes zu sehen und anzuerkennen, ohne daß damit die Verpflichtung zu meinem Weg in Frage gestellt wird.

Ich habe hier zwei Dinge miteinander verflochten. Ich möchte meine Frage an Emmanuel Levinas nun aber auf die Dimension des „Neuen Denkens" Rosenzweigs beschränken. Meinen Sie nicht, daß das, was für Sie so wichtig wurde, die Zerschlagung der Totalität und das Erkennen der Wahrheit in der Pluralität, uns auf einen ganz neuen Boden stellt, der so bis jetzt in der Geschichte von Judentum und Christentum nie da war. Und zwar deshalb, weil wir beide, seit es Christen gibt, eine gemeinsame Geschichte haben, die in die griechische Geschichte verflochten ist? Meinen Sie nicht, daß dieses neue Fundament der Zerschlagung der Totalität und des Wahrnehmens der Wahrheit in der Pluralität grundsätzlich eine ganz neue Möglichkeit gibt, das „Und" zwischen Judentum und Christentum zu verstehen?

Levinas: Die Zerschlagung der Totalität war für mich gar nicht ein Grund, in die Wahrheit einzuführen. Zerschlagung der Totalität bedeutet für mich Weg zur Einzigkeit des Menschen. Der Weg zu der Einzigkeit des Nächsten ist mehr als der Versuch, verschiedene Wahrheiten als zusammengehörig zu denken. Vielleicht ist das eine Konsequenz davon. Aber das Wichtigste ist, daß der Mensch kein Genus hat. Das Denken der Gerechtigkeit darf die Einzigkeit des Menschen nicht verschwinden lassen. Die Gerechtigkeit selbst wird durch die Einzigkeit des Menschen gefordert, weil der Mensch, der Andere, einzig ist. Und der Dritte ist auch einzig. Die Frage ist: Wieso kommt Rosenzweig auf die Wahrheit, die zweiförmig ist und nicht mehrförmig? Er hat den Islam ganz ausgeschlossen, ebenso den Buddhismus. Das ist ganz ungewöhnlich in einer Welt, in der an Universitäten Islam und Buddhismus gelehrt worden sind. Deshalb konnte ich soeben nicht weitersprechen und sagen: Wo steht diese Möglichkeit? Ich habe dazu nur die Echtheit des Denkens von Rosenzweig als Konsequenz gefunden. Ich habe gefunden, daß in dieser Echtheit diese Zweiheit möglich ist. Soll das Zerbrechen der Totalität zu Ende gedacht werden? Soll jeder Mensch eine besondere Religion, einen besonderen Weg haben? Daran habe ich nicht gedacht.

Casper: Ich möchte doch noch einmal insistieren. Wenn ich frage, warum seitens des Christentums das Judentum so bekämpft wurde als eine defiziente Gestalt der Wahrheit und man deshalb mit vermeintlichem Recht bis zu einem „compelle intrare" gehen konnte, dann hängt das doch sicher eben mit jenem Denken zusammen, das sagt, „die Wahrheit ist das System derselben" (Hegel). Das heißt, es gibt nur die eine, und von den wirklich „Vernünftigen" dann auch vermochte Wahrheit. Und deshalb muß ich den Anderen zwingen, in diese Wahrheit einzutreten, um seines Heiles willen. Wenn ich aber einsehe, daß Wahrheit sich bewähren muß und Bewährung letztlich immer zwischen dem Anderen und mir geschieht (und dies macht ja die von Bischof Hemmerle erwähnte „messianische Erkenntnistheorie" aus), dann bin ich von dem Zwang des compelle intrare befreit. Ich halte das für einen wesentlichen Beitrag Rosenzweigs zu einem neuen Verständnis des Verhältnisses zwischen Judentum und Christentum.

Damit möchte ich nicht einer faulen Toleranz das Wort reden. Denn natürlich muß, hat man einmal eingesehen, daß Wahrheit sich im Geschehen zwischen dem Anderen und mir bewährt, mit Leidenschaft nach der Wahrheit gefragt werden. Und es muß gefragt werden, ob es nicht defiziente Gestalten von Bewährung und Wahrheit gibt, so wie sie Rosenzweig – ich möchte sagen – phänotypisch in der Figur des Islam konstruiert.

Aber zunächst scheint mir dies eine Grundeinsicht: Jeder Mensch ist einzig. Und der Weg der Menschheit trägt sich immer zwischen dem Anderen und mir zu; dort alleine bewährt sich die Wahrheit. Die Bewährung der Wahrheit aber steht letztlich „bei Gott". Nur „vor ihm ist die Wahrheit Eine"[2]. Diese Grundeinsicht scheint mir überaus hilfreich zu sein, um ein neues Verhältnis zwischen Juden und Christen zu finden.

Levinas: Es verwirrt mich ein wenig, daß Sie so sehr auf das Thema der Wahrheit abheben. Ich habe immer gedacht, daß Rosenzweig die Priorität der Liebe gegenüber der Vorherrschaft des Theoretischen lehre – des Theoretischen, das letztlich in der Geschichte des abendländischen Denkens den Bedeutungshorizont und den Ausgangspunkt für den Begriff der Wahrheit darstellte. Aber ist, was Wahrheit wirklich heißt, nicht bestimmt durch das „für-den-Anderen", d.h. durch die Güte und nicht in erster Linie durch das „an-sich" „für-sich" der Wahrheit?

Ich bin dem Systematischen in Rosenzweig oftmals entrückt. Ich glaube, das Wichtige in dem neuen Verhältnis zwischen Christentum und Judentum entstammt einem Ereignis der Geschichte, dem Holocaust. Das Neue ist nicht durch irgendeine Konstruktion gekommen. Rosenzweig hat nur die *Möglichkeit* angegeben.

Aber Sie sprechen von der Passion Israels als Kenose Gottes. Und diese Wehrlosigkeit hat viel gekostet – und es war dies das Ereignis, das die caritas im Christentum eröffnet hat.

Görtz: Für mich persönlich liegt die Bedeutung Rosenzweigs und seiner Sicht des Verhältnisses von Judentum und Christentum in dem, was mit dem Hinweis gesagt ist, das echt Menschliche ist das Judesein im Menschen. Dies ist der weiteren Nachfrage wert. Die Gefahr des Christentums, Hegelianismus zu werden, ist da. Bischof Hemmerle sprach vorhin von seiner Erfahrung, daß für ihn

---

[2] *F. Rosenzweig*, Der Mensch und sein Werk. Gesammelte Schriften III (Den Haag 1984) 159.

Franz Rosenzweig so etwas gewesen sei wie die Befreiung des Christentums von einem bloß „metaphysischen Verstauen in die Ideen" hinein, von einer modernen Form von Gnosis. Hier scheint mir Rosenzweigs Bedeutung zu liegen. Franz Rosenzweig hat das selbst einmal gesagt: Das Judentum bewahrt das Christentum davor, Gnosis zu werden. Das ist für mich die Bedeutung Rosenzweigs in der Frage des Verhältnisses von Judentum und Christentum. Ich meine auch von seinen Gesprächen mit den Freunden her immer wieder jenes zu spüren, worauf er so insistiert: „Achtet doch darauf, Ihr lieben Christen, was ihr aus dem Christentum macht, wenn Ihr daraus so eine Weltanschauung macht, wenn Ihr immer nur in der Dimension von Wahrheit denkt." Was ist dann hier diese Wahrheit, die noch nicht vermittelt ist mit der Wirklichkeit als dem Boden, auf dem wir stehen? Ich erinnere an die Frage, die er an Hans Ehrenberg gestellt hat: Worauf lebst und stirbst Du eigentlich? Was ist der Boden, auf dem Du stehst? Kannst Du auf Wahrheit leben und sterben? Auf Wahrheit kann man nicht leben und sterben, sondern nur auf Wirklichkeit! Das heißt, auf eine Wahrheit, die nicht vermittelt ist mit der Wirklichkeit, mit der Tatsache, daß ich selbst bin und aus der ich mich erfahre, kann ich nicht leben. Das rührt an die Einzigkeit, die ich selbst bin, ohne daß das, was Wahrheit ist, selbst noch einmal vermittelt ist dadurch. Solche Vermittlung geht nicht als eine bloß denkerische. Da trifft all das zu, was Sie, Herr Levinas, vom Glauben sagen. Das ist eine Vermittlung, die mit der ganzen Existenz geschieht, mit den Gebeinen. Ohne daß Wahrheit dadurch vermittelt ist, lebe ich nicht in ihr. Und Wahrheit, die nicht durch so etwas vermittelt ist, ist im Grunde Wahrheit Hegelscher Art.

Heering: Wir diskutieren über Franz Rosenzweig und seinen „Stern der Erlösung". Es berührt mich, daß wir damit ein Buch erörtern, das ohne christliche Herausforderung nie geschrieben worden wäre. Die Herausforderung ist Eugen Rosenstock gewesen. Aber die christliche Herausforderung hat doch wieder einen jüdischen Brunnen, denn Rosenstock war ursprünglich Jude. Unsere Geschichte ist also so verflochten, daß ich sie von alters her – Jesus und Paulus waren Juden, und das ist ja unbedingt festzuhalten – in dieser Verflochtenheit verstehe. Und wie ging dann die so verflochtene Geschichte weiter? Wenn ich es persönlich sagen darf: Buber hat mir geholfen, die Besetzung Hollands, den Krieg und den Holocaust zu überleben. Bubers Bücher lagen immer dabei. Das hat 1935 angefangen, als ein Freund mir ein kleines Buch von Buber gab, worin der Artikel „Was soll man tun?“ stand. Buber antwortet: Man? *Man* soll nichts tun, aber *Du*. Und dann geht er weiter und beendet seinen sehr kurzen Artikel, den er an die jüdische Jugend in Deutschland geschrieben hat: Du sollst Dich nicht vorenthalten! Und das hat mich immer festgehalten. Das hat mir auch den Mut gegeben, all die Jahre hindurch aus der Bibel zu predigen. Also muß ich auch persönlich sagen: Judentum und Christentum sind unendlich verflochten. Es ist natürlich nicht ganz zufällig, daß ich dann später auf Rosenzweig kam und noch viel mehr Jüdisches erkannte und schließlich die große Freude und Ehre hatte, Emmanuel Levinas kennenzulernen und von ihm lesen und von ihm hören zu dürfen. Ich gehe hier nicht auf die Schwierigkeiten ein, die zwischen Juden und Christen gewesen sind, von den Jahrhunderten bis hin ins teuflische 20. Jahrhundert, weil es doch immer – jüdisch gesprochen – Nebensachen gewesen sind, die zwischen uns gestanden haben. Ich wage das doch so zu formulieren. Es waren nie die Hauptsachen. So möchte ich die Hauptsache vorlegen. Wäre es möglich, daß wir Juden und Christen uns finden in Jesaja 53, jenem Kapitel, auf das in den großen jüdischen Werken immer wieder angespielt wird: das Lamm Gottes, das die Sünden der Welt trägt. Wenn wir über messianische Existenz sprechen und schreiben, dann geschieht es immer in der Tonart dieses Kapitels. Messianische Existenz ist, die Sünde der Welt auf sich nehmen oder die Sünden oder die Not des Nächsten auf sich nehmen, sich zulassen zur Stellvertretung. Die Christen sagen, der Stellvertreter ist Jesus. Wenn man aber an Jesus, den Messias, glaubt, dann muß man auch seinen Weg gehen. Also ist messianische Existenz in christlicher Sicht doch über Jesus mit Jesaja 53 verbunden. Wenn Juden messianische Existenz sagen, dann sagen sie, der Messias lebt unter uns, in verschiedenen Hinsichten sind wir berufen zur messianischen Existenz oder zum Messias-Sein. Die Christen sagen, die Welt ist erlöst, und die Juden sagen, sie ist nicht erlöst. Ich glaube, daß es nicht viele Christen gibt, die das so sagen möchten. Wenn die Erlösung auch heute geschieht, ist das ein Geschehnis, das unser Leben ändert. Und wenn die Erlösung noch aussteht, so stehen wir als Juden und Christen zusammen, und die Juden, wenigstens Rosenzweig – aber Professor Levinas sagt es doch auch – sagen: Auch der Mensch in seiner Stellvertretung erlebt schon etwas vom Herankommen, also von der Herrlichkeit der Erlösung. Wäre es also möglich, daß wir uns nun endlich bei Jesaja 53 finden, daß wir dort unseren Ausgangspunkt finden und von ihm aus weitergehen? Wir erleben zur Zeit, daß das Christentum in vielen westlichen Ländern dabei ist, eine Minorität zu werden. In dieser Lage blicken wir auf das Judentum: Wie macht ihr das, eine Minorität zu sein, die in der Welt doch Verantwortlichkeit trägt, die den Nächsten nie vergessen läßt? Wie macht man das, daß man als Lamm Gottes in der Welt steht und dennoch lebt?

Levinas: Jesaja ist voll von Kapiteln, in denen man sich finden kann. Aber mir scheint doch, daß speziell der Gedanke der Verantwortung des Menschen wesentlich ist für alle anderen. Ich meine, die Erlösung der Menschheit betrifft jeden Menschen und ist für jeden Menschen. Und jeder Mensch ist etwas ganz Verschiedenes, intendiert eine Lösung der Menschheit durch einen Auserwählten. Ja, Gottes Sohn, das zu sein, haben die Juden immer von dem Juden gesagt. Sie als Christen kennen das auch und nennen es „imitatio Christi", Nachfolge Christi.

Casper: Von Professor Heering wurde vorgetragen, im Gedanken der Stellvertretung, der sich in Jesaja 53 ausspricht, ist eine Gemeinsamkeit von Judentum und Christentum gegeben. Ein Weg, den wir gemeinsam gehen können, der Weg des Knechtes Gottes, des Lammes Gottes. Emmanuel Levinas hat darauf erwidert: „Ja, aber." Und das „aber" hieß: Ihr Christen seht die Erlösung durch den einen ein für allemal und endgültig geleistet. Ich meine, daß hier eine Anforderung für uns Christen vorliegt, unsere „Christologie" vielleicht vollständiger zu formulieren, als sie in der These von Emmanuel Levinas zum Vorschein kommen mochte. Erstens hat er dann selbst hinzugefügt: aber es gibt ja so etwas wie „imitatio Christi", „Nachfolge Christi". Man könnte hier auch an Paulus erinnern, der dazu ermahnt: „unsere Leiber hinzugeben", dies sei der wahre Gottesdienst (Röm 12,1).

Und zweitens möchte ich darauf aufmerksam machen, daß die Entwicklung in der Christologie in den beiden letzten Jahrzehnten darauf hindrängt, das, was von Jesus in den großen Konzilien des 4. und 5. Jahrhunderts gesagt wurde, neu zu formulieren im Kontext einer Lehre von der Erlösung. Es ist sozusagen die Leitthese der gegenwärtigen Christologie: Man kann keine Christologie betreiben rein als Aussage über die zwei Naturen Christi oder die Hypostatische Union. Sondern nur so, daß man alle diese Aussagen im Lichte des Weges der Erlösung sieht, der durch Jesus in die Welt gekommen ist. Wenn man sich das einmal überlegt, dann bleibt zwar Unterscheidendes. Darüber dürfen wir nicht hinwegsehen. Dieses Unterscheidende liegt in dem „eph hapax", dem „ein für allemal", dem christlichen Glauben, daß das unüberholbare Wort Gottes in Jesus Christus geschehen ist. Im christlichen Verständnis von Erlösung bleibt etwas, was jüdisch nicht mitvollziehbar ist. Und diese Differenz müssen wir stehenlassen. Aber ich meine, daß wir Christen längst eingesehen haben, das Hinstarren auf das in Jesus Geschehene sei nicht das volle Zeugnis für das, was uns von Jesus her im Evangelium entgegenkommt. Für das jüdisch-christliche Gespräch wäre es wichtig, diese größere Nähe, die auch ein Mehr an Zusammengehen erlaubt, durch eine Neuformulierung der Christologie in dem größeren Kontext der Soteriologie zu befördern.

Henrix: Kann der Versuch der vollständigeren Formulierung der Christologie zugleich ein Versuch der Benennung größerer Nähe des Christentums zum Judentum sein? Wie stellt das sich Ihnen dar, Herr Bischof?

Hemmerle: Ich kann nur Fingerzeige geben und tastend andeuten, in welche Richtung vielleicht zu denken ist. Ich verweise im reformatorisch-katholischen Dialog auf einen Zusammenhang, von dem ich vermute, daß er uns näher zusammenführen kann: „Gott *und* ..." ist mehr „Gott allein" als bloß Gott allein; Gott handelt allein, gerade weil Liebe sein innerstes Geheimnis ist, *indem* er das „Und" spricht; weil er Liebe ist, ist er um so mehr er, indem er – das „Und" sprechend – uns einbezieht. Dieses Prinzip, das ich aber nicht abstrakt verstanden wissen will, sondern als einen Hinweis, der ein bloß systematisches Denken zu sprengen vermag, scheint mir auch zwischen der christlichen Christologie, als Sicht auf die Tat Jesu allein, und dem Tun, das jedem einzelnen Menschen abverlangt ist, zu walten. Jesus allein als Erlöser, sein „consummatum", sein Vollbringen kann unser Handeln nicht substituieren. Wenn ich glaube, daß Kenose Gottes in ihm geschieht, der als einer von uns und mit uns Lamm Gottes ist und Knecht Gottes, so verstehe ich, daß wir darin gerade mitgemeint und mitgerufen sind, nun mit ihm – und das heißt jeder an seiner Stelle in seiner Einmaligkeit –, das Ganze zu tragen.

Der gegenwärtige Papst betont gerade den Zusammenhang von Anthropologie und Christologie; er hat immer wieder – so bereits in seiner ersten Enzyklika „Redemptor Hominis" – die Pastoralkonstitution „Gaudium et spes" zitiert: „Denn er, der Sohn Gottes, hat sich in seiner Menschwerdung gewissermaßen mit jedem Menschen vereinigt" (GS 22). Meiner Meinung nach gibt es eine notwendige Umkehrung: Jeder Mensch hat auch das Schicksal des Gottesknechtes Jesus zu tragen und mitzutun. Der Papst geht soweit, daß er über die Misericordia in letzter Konsquenz sehr Kühnes sagt: Gott bittet um die Barmherzigkeit des Menschen; Gott braucht gleichsam – nicht aufgrund einer ontologischen Bedürftigkeit, sondern in seinem Bund – den Menschen als einen, der mitträgt.

Ich meine, hier bleibt zwischen uns der Unterschied stehen, der uns jedoch ins „Und" weist. Von der Gemeinsamkeit im Handeln her, weil Tun und Glauben nicht zu trennen sind, sondern ein Glauben mit dem Gebein uns bevorsteht, ist der Mensch, der von Gott Heil erhofft und der seine Hoffnung auf Gott setzt, gerade um dieser Hoffnung auf Gott willen gerufen, stellvertretend zu handeln. Das stellvertretende Handeln eines jeden in unvertretbarer Einmaligkeit fürs Ganze ist zugleich der Ansatzpunkt, *miteinander* zu handeln. Gerade die unvertretbare Einmaligkeit dieses Handelnmüssens ist etwas, was uns nicht voneinander wegführt, sondern aneinander bindet und gerade in dieser Weltstunde hier in entsprechendes Handeln hineinführt.

Levinas: Ich meine, all das, was Sie, Herr Bischof, gesagt haben, kommt dem Juden ohne Christus zu. Das ist eigentlich seine Hartnäckigkeit. „Bist du doch unser Vater; denn Abraham weiß von uns nicht, und Israel kennt uns nicht" (Jes 63,16). Zu dieser geistigen Höhe kommen nicht alle Juden, wie ja auch nicht alle Christen Christus nachfolgen. Aber es kommt in der jüdischen Geistigkeit absolut vor. Ich meine diesen Jesus ohne Inkarnation, ohne das Drama des Kreuzes. Aber es gibt ja einen Moment, in dem das Gemeinsame doch sehr verschieden ist. Ich meine, Sie beginnen damit, daß Gott Liebe ist. Der Jude beginnt mit der Pflicht. Und das Happy-End ist unsicher.

Drittes Kapitel

Begegnung im Schweigen

DIE FRÖMMIGKEIT DES „WINTER IN WIEN"
(Reinhold Schneider)

„Winter in Wien"[1] – ein frommes Buch? Vielleicht das frömmste, das Reinhold Schneider schrieb. Muß einer, der als Theologe und gar als Kirchenmann dies sagt, sich indessen nicht unter das sanfte, aber durchdringende Gericht stellen, das hier über theologisches Bescheidwissen ergeht? Erinnert sei an Reinhold Schneiders Einwand gegen das Lehrstück Claudels „Das Buch von Christoph Columbus": „Aber werden denn die Gläubigen bewegt, wenn ihnen demonstriert wird, wie geschickt Gott gerade auf krummen Linien schreibt?" (13) oder an des Autors Not mit einer theologischen Diskussion: „Ich kann nur staunen über diese Kunst, über alle Gefährlichkeiten hinweg und ohne diese zu leugnen, den Gott der Liebe zu demonstrieren" (241). „Ganz betroffen war ich von der Kühnheit einzelner Definitionen. Aber die sind wie Lurche: sie schlüpfen durch die Finger. Und es ist alles gesagt – und nichts ist gesagt" (241). Der Versuch, zu vereinnahmen und zu verharmlosen, wird abgewiesen von der Unberührbarkeit jener Erfahrung, die sich im „Winter in Wien" dem Dichter und dem Leser zumutet. Doch wenn der Leser die Frömmigkeit aufbringt, die pietas, die Dinge sein zu lassen und stehen zu lassen, können sie ein Gespräch und eine Geschichte mit ihm und in ihm eröffnen. Aus den Verwirrungen und Erschütterungen eines unbefangenen Mitgehens mit Reinhold Schneiders Weg durch seinen letzten Winter kann ein Drama in fünf Akten erwachsen, von dem ich im folgenden einige Notizen mitteilen möchte. Erster Akt ist die Entdeckung, daß der Dichter, der an die äußerste Grenze geraten ist, an sie geriet und an ihr standhielt in einer Haltung, für die sich eben das Wort Frömmigkeit anbietet. Aber was ist mit dem geschehen, der zuvor so anders fromm schien, der über Abgründe hinwegzuhelfen vermochte, die jetzt neu in ihm

[1] *R. Schneider*, Winter in Wien. Aus meinen Notizbüchern 1957/58 (Freiburg i. Br. 1958).

selbst aufbrechen? Der zweite Akt gilt genau dieser Frage: Was ist geschehen? Wie kann das Gesicherte, Bewährte so erschüttert werden, ja entgleiten – und welche neue Kontur gewinnt es im Entgleiten? Die Frage des dritten Aktes heißt: Was bleibt? Sie sammelt nicht Reste und Trümmer, sondern stößt vor zu tieferen Fundamenten. Den vierten Akt kann sich der Christ freilich nicht ersparen: die Rechenschaft über Dissonanzen, die sich in der behutsamen Bergung des Bleibenden nicht lösen. Und dann muß eben ein letzter Akt dem Lebenkönnen und Glaubenkönnen angesichts dieser Dissonanzen gelten.

Ausgeschrieben werden kann dieses Drama in ein paar Seiten nicht, sie werden kaum mehr als erste Andeutungen sein.

I. Ein frommes Buch

Die Frömmigkeit eines Ijob und eines Jeremia, eines Elija und so vieler Psalmen bewährt sich darin, daß Fragen nicht verdrängt, sondern gestellt, Klagen nicht unterdrückt, sondern ins sich entziehende Antlitz Gottes hineingerufen werden. Sicher, sehr oft berichten uns die heiligen Bücher auch die Antwort. Aber sie tun es nicht immer, wenigstens nicht im Sinn einer systematischen Auflösung. Und nie – das ist die Frömmigkeit des Fragenden und Klagenden – gibt dieser die Antwort sich selber. Die Frömmigkeit Johannes des Täufers ist es, daß er seine Jünger zu Jesus schickt und so ihm die bohrende Frage seiner Einsamkeit zuträgt: „Bist du der, der kommen soll, oder müssen wir auf einen anderen warten?“ (Mt 11,3), statt den negativen Bescheid auf diese Frage sich aus den bitteren Erfahrungen selber herauszurechnen. Die Frömmigkeit des „Winter in Wien“: Verwirrende, alles gefährdende Fragen werden laut, sie werden nicht Antwort, sie werden nicht Hypothese, sie bleiben Frage.

Sicher, nicht jede Frage, die bleibt, ist fromm. Fromm ist die Frage nicht, die sich nur als unerledigt ad acta legt, fromm ist vielmehr die Frage, die wartet. Wartet auf jemand. Warten aber – „ich warte auf dein Wort“ (Ps 119,74) – kann man eigentlich nur aus Treue. Treue zu etwas, das mich warten heißt, Treue zu einer Erfahrung, die ich nicht preisgeben darf, Treue zu einem Anfang, der in seiner Gültigkeit den Anspruch an mich erheben darf, daß ich nicht davonlaufe, mich nicht ansiedle auf einem fremden Grund. Wo wird die Kirche jeden Morgens sein? – das ist eine der elementaren Sorgen Reinhold Schneiders, um sich das Netz zu knüpfen, das Geschenk und Entzug, Verheißung und Bedrohung dieses Winters einfängt ins eigene Dasein (vgl. 7 u. 15). Treue nicht zu einer Gewohnheit, sondern Treue, die wartet und, weil sie wartet, fragt, auch wenn ihr die Frage zur ungeheuerlichen Bedrohung wird wie in den Antlitzen der Kirchenlehrer an Pilgrams Kanzel am Stephansdom (vgl. 73).

Frage, die wartet in Treue zu einem Wort, das dem eigenen Dasein nie erlaubt, abzufallen aus der Situation der Antwort, auch wenn diese Antwort nur noch Anfrage zu sein vermag – so klärt sich des weiteren die Frömmigkeit des „Winter in Wien". Und aus solcher Treue wird es nicht Inkonsequenz, wenn Reinhold Schneider von den ihn beinahe beschämenden Schwierigkeiten seiner eigenen Situation im Gespräch mit einem Freund berichtet, der sozusagen wider Erwarten als Gläubiger sich an den Gläubigen wendet: Carl Zuckmayer. „Ich komme seit einigen Jahren in solchen Fällen in eine schwierige Situation. Fest überzeugt von der göttlichen Stiftung und ihrer bis zum Ende der Geschichte währenden Dauer, ziehe ich mich doch am liebsten in die Krypta zurück; ich höre den fernen Gesang. Ich weiß, daß er auferstanden ist; aber meine Lebenskraft ist so sehr gesunken, daß sie über das Grab nicht hinauszugreifen, sich über den Tod hinweg nicht zu sehnen und zu fürchten vermag" (vgl. 79). Das Schwergewicht der eigenen Existenz zieht weg von der Stoßrichtung der Botschaft, und doch bleibt sie unangetastet, bleibt sie Pol der eigenen Existenz, auch wenn deren anderer Pol in eine sich mehr und mehr überdehnende Spannung zum ersten Pol tritt. Berühren wir hier noch nicht das Was der Spannung, berühren wir auch nicht die äußerste Konsequenz im Wie solcher Treue, im vollzogenen Gebet. Beides wird uns noch zu beschäftigen haben. Hier geht es nur darum, die Grundstruktur einer Frömmigkeit aufzudecken, die sich durchhält, wo ihr Gegenüber sich entzieht, von dem sie doch lebt – denn Frömmigkeit ist eine Tugend, die ohne Gegenüber nie geht, sie lebt von Gnaden ihres Anderen und erreicht ihre Spitze zugleich doch dort, wo sie über dieses Andere nicht mehr verfügt und in solchem Nichtverfügen in die Erfahrung letzter Einsamkeit gewiesen ist.

Diese Frömmigkeit des Nichtmehrsehens ist nichts bloß Willentliches, ist nichts Gewalttätiges. Sie lebt aus Überzeugung, die sich nicht zerstört, indem sich ihre Plausibilität auflöst. Beim Gang durch das Naturhistorische Museum erfährt Reinhold Schneider: „Gott ist ebenso nahe wie fern" (vgl. 129). Er kann angesichts der Gestaltenfülle und des inneren Reichtums des hier Geschauten an Gott nicht zweifeln – und doch verschattet die eisige, auf Zerstörung um des Lebens willen angelegte Gesetzmäßigkeit der Natur ihm das Antlitz des Vaters (vgl. 131). Und das Nichtzweifelnkönnen im Nichtverstehen, im Nichtmehrsehen ist nicht rationales Konstrukt, sondern Erfahrung, innerste Sensibilität der Seele für etwas, das sich ihr erschlossen hat. „... niemand glaubt an Gott, weil er ‚bewiesen' wurde, sondern weil Gottes Sein sich in ihm ereignet hat, weil Gottes Sehen an ihm, in ihm geschah, wie Nikolaus Krebs von Berncastel lehrte; weil Gott sein Auge auf ihn richtete. Gott ist der unbeweisbare Wirkende, der anschaut, den er will" (vgl. 124).

Die in der Treue bewährte Grunderfahrung hält – und zugleich hält sie das Entgleiten nicht auf. Aber sie gibt ihm einen anderen Ton, macht sogar noch das Entgleiten „fromm": „Ich fühle mich aus dieser Wirklichkeit, diesem Wahrheitsbereich gleiten, ohne Einwand, immer in Verehrung und Dankbarkeit, ohne jegliche Rebellion, aber eben doch für mich, gezogen von meinem Daseinsgewicht, mit geschlossenen Augen, verschlossenem Mund" (vgl. 113).

Mehr noch, solches Entgleiten hat eine „fromme" Paradoxie, denn es tendiert nicht in ein beziehungsloses Außen, sondern, ohne dessen aus sich mächtig zu sein, in ein Innen und Unten, die einbehalten sind im Woher. Der Dichter erhofft sich einen Platz im Laderaum des Schiffleins Petri (vgl. 241). Die heiligen Zweifler an Pilgrams Kanzel im Stephansdom sind eben „beherbergt im heiligen Raum. Es müssen Tod und Zweifel *in* der Kirche sein. *Vor* ihren Mauern bedeuten sie wenig, sind sie überall. Aber hier! Welche Konzeption der Kirche, die Raum für solche Schmerzen, solche Haltungen hat!" (114).

Um nicht mißverstanden zu werden: damit ist keineswegs alles in Ordnung, alles einzuordnen, alles verstaut. Im Gegenteil, das Draußensein ist schmerzlicher im Drinnen als im Draußen. Und doch ist diese Tendenz ins Innen eben: Frömmigkeit.

Die Momente der eigentümlichen Struktur solcher Frömmigkeit

haben sich uns gezeigt. Enttäuschung, Unverstehen, Klage werden zur „Frage ins Angesicht", wachsen hinaus über bloße Skepsis, über lauten oder lautlosen Abschied. Frage aber, die sich selbst aushält und nicht aus sich selbst Antworten zimmert, steigt aus der Treue. Diese Treue bleibt bei einer Erfahrung, die ihren Grund als ein an sie ergehendes Wort versteht, das den Erfahrenden in die Situation des Antwort Schuldenden weist. Dies erleichtert nicht seine Situation, hält nicht die Wirkung der Schwerkraft auf, die in die gegenläufige Richtung drängt. Aber noch das Fallen und Gleiten bleiben umfangen von der Ehrfurcht, und in ihnen eine Tendenz zum Innen, das die Spannung zur verlorenen Mitte, zum sich entziehenden Ursprung allerdings nicht mildert, sondern ins äußerste des Schmerzes steigert. Reinhold Schneiders „Winter in Wien" ist ein frommes Buch.

II. Was ist geschehen?

Die Frage drängt sich auf: Was sind die Erfahrungen und die Kräfte, die in solcher Frömmigkeit bedrohend wegziehen von der Mitte, die verdunkelnd sich zwischen den Frommen und seinen Gott schieben? Konkret: Was ist bei Reinhold Schneider vorgefallen, daß er sich selber im „Winter in Wien" als einen anderen erfährt gegenüber jener Epoche, da er mit prophetischer Kraft Menschen zum Glauben und zur Hoffnung aus dem Glauben begeisterte? „... ich würde am liebsten die Wandlung verbergen, die seit einigen Jahren unter der Entschleierung gewisser düstrer Perspektiven in mir in Gang gekommen ist. Die Menschen guten Willens sehen in mir den, der ich war, als mein Name da und dort genannt wurde: um die Zeit also, da ich mich in religiösem Sanitätsdienst bemühte und mich keineswegs schämte, ein bißchen literarisches Ansehen – und literarischen Hochmut – durch die Veröffentlichungen von Traktaten zu beeinträchtigen. Ich würde wahrscheinlich den mir verbliebenen Rest mit einem gewissen Ingrimm an ähnliche Unternehmungen setzen, wenn ich heute die Berufung dazu spürte" (31/32).

Wir wollen unsere Frage nur im Umriß beantworten und diesen Umriß allein aus den unmittelbaren Aussagen des „Winter in Wien" gewinnen. Doch zunächst müssen wir nochmals, radikalisierend, scheinbar den jetzt fälligen Programmpunkt kontrastierend, auf den ersten Akt zurückgreifen: ein frommes Buch. Eine solche Qualifikation wäre nur teilweise gerechtfertigt, wenn sie sich allein auf die Partien bezöge, die sich mit Gott, Religion, Christentum beschäftigen. In der Tat, die Haltung der Frömmigkeit prägt Schneiders Umgang mit Natur und Geschichte, mit Leben und Kultur insgesamt, die sich ineinanderweben zum Stoff dieses „Winter in Wien". Seine kritische Einstellung gegenüber der bloßen Kritik kennzeichnet die Grundperspektive seines Sehens und rückt das Gemeinte, eine nicht auf fromme Gegenstände beschränkte Frömmigkeit, ins Licht: „Ich sage nicht, daß der das Gute findet, der es sucht. Aber wer das Schlechte sucht, findet es gewiß. Und es kennzeichnet uns, es brandmarkt uns, daß wir die das Böse Hervorziehenden für klug halten, die das Gute Betonenden für schwach begabt. Und doch fordert es sehr viel mehr Verstand, das Gute zu erkennen als das Schlechte, verlangt die Darstellung der Vorzüge weit mehr Begabung als die der Fehler – und sehr viel mehr Willen, Ethos, Humanität, menschliche Weisheit, Persönlichkeit" (84). Nach der schwebende Zartheit, präzise Vielfältigkeit und Einheit des Klanges versammelnden Schilderung der geliebten Landschaft des Neusiedler Sees bestimmt Reinhold Schneider seinen Standort: So „ist unsere ratlose Antwort Ehrfurcht vor dem Unfaßbaren, vor einer Daseinsgemeinschaft hinter der unüberschreitbaren Grenze" (95). Das Grundwort der Frömmigkeit unseres Buches heißt Ehrfurcht. Reinhold Schneider ist es eine „Ehre", vor den Reichskleinodien zu stehen, deren unzerstörbares Geheimnis in seiner Macht und Ohmacht er wie kaum ein anderer erfährt (vgl. 198). Museen der Geschichte, der Natur, der Kultur sind ihm nicht tote Reservoire, weil ihm die einzelnen Stücke der Einstieg des Fragments ins Ganze sind, das Sakrament, in dem das lebt, worauf es weist. „Wer sollte die Reliquien erhabener Schicksale ... nicht verehren, nicht dankbar dafür sein, daß sie in großartiger, beziehungsreicher Darbietung die Nachwelt anrufen, ihr sagen, was Geschichte war?" (247). Solche Verehrung, solche Ehrfurcht sind alles eher als ein Sich-Zurückträumen aus dem Anruf der Gegenwart in eine imaginäre Welt des Gewesenen. Im Gegenteil, diese Ehrfurcht schenkt die Klarsicht, um das Bedrohliche des Morgen und das Fällige des Heute unbestechlich wahrzunehmen: „Vielleicht, das ist die einzige

Hoffnung dieser Jahre, würde es (das Angesicht Gottes) sich wieder erzeigen, wenn die Menschen sich in Ehrfurcht freimachen würden von allem, was bisher Geschichte war" (250).

So ist es genau diese Frömmigkeit, die auch im Religiösen Reinhold Schneider behutsam macht gegen verfügendes Wissen und vorschnelle Antwort. Daher die Kritik an Claudels Lehrstück (vgl. 12), am brillanten Argumentieren der Theologen (vgl. 240) und an Swedenborgs „Sicherheiten": „Aber ohne Gnade versetzte der schwedische Seher nach Seherart Freunde und Verwandte in die Hölle. Wer mit Gott auf du und du steht, maßt sich Gottes Richteramt an" (252).

Frömmigkeit in allem, Frömmigkeit, die das Geheimnis wahrt, aber gerade darum sich keinem Geheimnis, keiner Wirklichkeit – und Wirklichkeit ist so Geheimnis – entzieht. Hier berühren wir, vor allen sachlichen Gründen, den Grund, der es in der Frömmigkeit des „Winter in Wien" zur todesgefährlichen Spannung kommen läßt. Die Frömmigkeit, die sich keiner Erfahrung versagt, ist gefordert vor dem Gott, der doch der Gott des Ganzen ist. Dann aber wird der Fromme anfechtbarer für die Rätsel des Abgrundes, wehrloser gegen die sich nichtlösenden Fragen, verwundbarer durch das Befremdliche. „Ich fühle, daß solche Fragen mich isolieren und die Menschen enttäuschen oder verletzen, die noch ein wenig von mir hielten oder Trost suchen, ohne bekümmert zu sein. Die Theologie kann solche Probleme auflösen, vernichten, nicht aber den Lebensgehalt, die Daseinserfahrung, die ihr Wurzelgrund sind. Man kann die Pilze abräumen, die ja nur Fruchtkörper sind; oder sie vermodern in ihrer Vergänglichkeit; aber das Fadengeflecht unter der Erde stirbt darum nicht. Es hat sich um meine Wurzeln geschlungen, zieht das Wasser aus der Erde und leitet es ihnen zu. Es gibt eine Abgrenzung der Existenz, die keine Verneinung, keine Verleugnung ist, viel eher leidensbewußte Begnügung" (100). Die Frömmigkeit ist nicht von außen angefochten, sondern von innen – das ist das zutiefst Schockierende des „Winter in Wien". Die Anfechtung aber hat ihre eigene Frömmigkeit – das ist ein tiefstes Geheimnis des Dichters.

Erst von dieser Mitte aus erschließt sich Antwort in den einzelnen Auskünften auf unsere Frage: Was ist geschehen?

1. Die Verflechtung von Kosmos und Geschichte

Die Naherwartung der Wiederkunft Christi in der ersten Generation seiner Jünger bekam nicht recht. Neues, tieferes Verstehen der eschatologischen Botschaft tat not – und Wachstum der Kirche in eine lange währende Geschichtszeit hinein, mit bleibender Gewärtigkeit auf den kommenden Herrn, aber zugleich im Willen zur Symbiose, zur kritischen zwar, aber zugleich sich bescheidenden, mit dieser Weltzeit.

Das Weltgericht der Feuerbrände des letzten großen Krieges erwies sich nicht als ein letztes Wort, dem die betroffene Menschheit ein erstes des radikal neuen Anfangs zur Antwort gegeben hätte.

Geschichte, die hernach weitergeht in der Logik derselben Prämissen, aus denen dieser Krieg wuchs, wird zum Wahnsinn. Das dramatische Nachspiel der Neuzeit nach 1945, das die Voraussetzungen für eine weltweite Selbstvernichtung bereitstellt, muß den Zeugen und Mahner Reinhold Schneider aufs tiefste erschüttern. Er bleibt nicht bei plakativen Verdikten und utopischen Beschwörungen, er hat Einsicht in die Verstrickungen und Unlöslichkeiten geschichtlicher Zusammenhänge. „Ein Pazifismus, der sich nicht mit der Dialektik echter Geschichtserfahrung auseinandersetzt, hat mir sowenig zu sagen wie ein prinzipieller Gegner der Vivisektion, der sich in die Wahl zwischen dem Leiden eines Nahestehenden und dem Opfer der Tiere nicht hineingedacht hat" (64). Aber gerade die Einsicht in die Unmöglichkeit glatter Lösungen und in die Grenze einer bloß moralischen Bekämpfung heraufbeschworener Gefahren wirft Reinhold Schneider in eine tiefe Krise. Ihr innerster Punkt: Nicht nur die *Folgen* verantworteten geschichtlichen Handelns wachsen über den Handelnden hinaus, sondern auch die *Voraussetzungen* sind bereits stärker als die Kraft des Menschen, sie zu verwandeln.

Beide Ringe umschließen schon, je in sich, lähmend den Geist, der sie wahrnimmt. Der Geist, der ihre Verflochtenheit entdeckt, gerät ins äußerste Entsetzen – ihm rückt die Botschaft vom Schöpfer und Erlöser in einen neuen Winkel der Betrachtung.

Reinhold Schneider hält für die einzelnen Aussagen sich selber und seine Quellen nicht für maßgeblich, er bleibt bereit zur Korrektur. Aber aus der Fülle der Details ergeben sich Linien, die sich dann eben doch in ihrer Konvergenz zuspitzen auf den dramatischen Punkt.

„(D)ie Forschung als solche, die Erkenntnis an sich, die zur Leistung des Unmöglichen aufgerufene Medizin sind dem Kriege über und über verschuldet. Wir rasen auf immer kühneren Kurven zum Passe hinauf; oben erwarten wir uns selbst; das furchtbare Doppelwesen wird auf uns zukommen, uns greifen und hinabschleudern in die Schluchten unter dem Simplon. Der am Anfang der Geschichte auf das Wissen geworfene Fluch wird sich als ihres letzten Kapitels Inhalt erweisen. Wer hält an oder auf? Wer vermöchte es?" (65/66). Reinhold Schneider verteufelt nicht die neuzeitliche Wissenschaft, aber er erkennt, daß wir bereits spät, vielleicht zu spät daran sind, ihre Konsequenzen so in unsere Hand zu nehmen, daß wir nicht Sklaven unserer Möglichkeiten werden, die uns zerstören, wenn wir Sklaven bleiben. „Unser Versagen an der Zeit, ihrem vorherrschenden Problem, besteht darin, daß es uns bisher nicht gelungen ist, die Technik des von Max Planck eröffneten Jahrhunderts und ihre etwa erahnbaren Entwicklungen in den Rahmen einer zureichenden Vorstellung von Geschichte zu fassen. Die Wissenschaft in ihrem Übergang in die Technik, in ihrem Einssein mit ihr wird, ganz verkehrterweise, als Einzelphänomen gesehen, während sie sich doch aus geschichtlichen Prozessen herausgearbeitet hat und unablenkbar in solche zielt" (70/71). „Die geistige Spitze, die Forschung, ist auf das Ende gestoßen, auf die Macht, und läuft ihr nach wie die Macht der Forschung; wir kreisen im Todeszirkel; wir wissen nicht, was Spitze und Ende ist" (118). Daß die Stadt des Kaisers, daß Wien nun Stadt der internationalen Atombehörde wird, erscheint als tragisch-ironisches Zeichen: „Es ist ein großes Symbol: Kaiser Atom; es zeigt deutlicher als fast jedes andere, was geschehen ist. Der Weltgeist ist von unverminderter dichterischer Kraft. Von Vorwürfen kann keine Rede sein; von Voraussagen natürlich auch nicht. Der intelligible Charakter der Geschichte ist konstant. Unheimlich deutlich ist nur, daß die Macht proportional ihrer Steigerung aus dem Menschlichen in das Unpersonale, in das Unmenschliche fällt" (141). Übermacht der Geschichte und Skepsis gegen eine bloß voluntative, an den Menschen glaubende Philanthropie: „Es gehört zur Tragik der amerikanischen Philanthropie, daß sie Geschichte, wie sie die Alten konzipiert haben, wie sie bisher erlitten und ausgesprochen worden ist, nicht sieht, nicht sehen will. Oder sollte es möglich sein, Geschichte zu verbrennen im Feuer der radikalen philanthropischen Demokratie, die noch nie dagewesen ist, in Whitmans Appell?" (139).

Der Aufenthalt in Wien läuft zu auf ein für ihn nur scheinbar zufälliges Letztes, auf den Besuch des Heeresgeschichtlichen Museums im Arsenal. Er geht von den Hallen der Geschichte fort in eine Halle, die noch nicht da ist, in eine Halle, die Namen und Zeichen, die Einzelheit und Konkretheit des Dagewesenen, auch im Kriege Dagewesenen, verzehrt. Im Rückblick auf die bisherige Geschichte: „(E)s gibt keinen Fortgang des hier Gebotenen mehr; von all diesen Schlachtfeldern führt keine Brücke in die Vernichtungszone, vor der wir zittern. Hier ist der Krieg noch Bild, ist es noch möglich, von Feldzug zu reden, liegt noch ein Kranz für Radetzkys Haupt, wurde verantwortliche Tapferkeit nach Maria Theresias Willen belohnt; aber alles Bildhafte wird verzehrt werden – und wenn dieses Grauenvolle nicht geschehen soll, so muß Geschichte aufhören zu sein, was sie jemals gewesen; sie muß sich in einen Vorgang verwandeln, den wir noch nicht bezeichnen können" (249).

Für Reinhold Schneider hat indessen dieses Zulaufen der Geschichte auf ihren Selbstverzehr eine weittragende religiöse Konsequenz. Ein junger Mensch stellt erst Otto Hahn, dann Reinhold Schneider die Frage, „ob denn nicht auf die Botschaft Christi der Friede der Welt gegründet werden müsse, ob der Friede nicht aus ihr folge?" (18). „Aber auch ich lasse mich nicht darauf ein: Christus ist nicht der Ordner der Welt. Er ist unsere tödliche Freiheit. Aber wir müssen uns darüber klar sein, daß diese Freiheit in eine Welt überging, die von der intelligiblen Tat unserer Jahre – von unserer aller Sache – bis in die Substanz verändert worden ist. Mozarts, Stifters, Mells Gebilde werden sich nicht verändern, aber das fragende Experiment hat den Erdkreis besiegt"(18). Christentum hat nicht seine Heilsdimension, aber seine kosmische Dimension verloren: „im wesentlichen Weg (...), gelebte, im Leben sich kundmachende religiöse Ethik für den Menschen in der Geschichte, unangreifbar, weil sie eben Heilsweg bleibt am Ende der Zeiten und sich auf die kosmischen Perspektiven sowenig einläßt wie auf die universale Vorgeschichte" (264/265).

Für Reinhold Schneider ist die Übermacht der Geschichte über den Menschen unlöslich verknotet mit der Geschichte des Lebens im All, mit der Geschichte werdender Natur. Dies steigert die Spannung, menschlich und religiös, bis ins schier Unerträgliche: „Ich habe versucht, mir ein wenig Klarheit zu verschaffen über die Situation des Lebens im All. Leben kann nur in der Beziehung zur Geschichte verstanden werden; es ist oftmals vorwegnehmende oder kommentierende Aussage. Das Resultat meiner natürlich subjektiven Bemühungen ist fatal“ (224).

Immer und immer wieder verfolgen Reinhold Schneider Beobachtungen aus der Pflanzen- und Tierwelt, die illustrieren, wie Untergang und Geburt, Zerstörung und Bestand sich gegenseitig bedingen. „Das Zerstörende, das sich durchsetzt, hebt sich selbst auf; es kann nur bestehen, wenn es von einem Zerstörer aufgehalten wird: Zerstörung im Gleichgewicht bedeutet Bestand“ (149). „Aber was wir, hier von außen, Zerstörung nennen, ist dort, von innen, Leben“ (ebd.). „Parasiten töten freilich nicht; sie haben ein Interesse am hinlänglichen Wohlbefinden des Geschöpfes, in dem sie hausen. Die aber Leben erzeugen, töten ohne Gnade“ (178). Transponiert ins Menschliche: „Die grausigen (fast würde ich sagen: tückischen), die unergründlichen Möglichkeiten der Quälerei, die in unserer Physis angelegt sind, überfordern nachgerade meinen ärmlichen Glauben“ (210).

Nun aber schaut Reinhold Schneider diese beiden Bilder in einem, das Bild der sich zerstörenden Geschichte und das Bild der im Gleichgewicht der Zerstörung ihren Bestand wahrenden Natur. Mitunter rückt er die Bilder kosmischen, naturalen Lebens und die Analyse geschichtlicher Vorgänge ineinander, so daß die entdeckten oder erahnten Gesetzmäßigkeiten das Antlitz einer transzendentalen Unerbittlichkeit annehmen. Der Kreisel von Forschung und Macht gleicht dem Kreisel einer tagelang bis zur Erschöpfung hinter ihrem Ende dreinlaufenden Prozession der Raupen des Prozessionsspinners (vgl. 118). Die Beobachtungen im ethnographischen Museum bestätigen den Einklang der naturalen und der geschichtlichen Tragik (vgl. 171): „Man muß aus diesen rotierenden Höllen aufblicken zum Vater der Liebe – und – Wer schlägt nicht die Hände vors Gesicht?“

„Diese Dinge – man entschuldige, wenn möglich, diese unerträglichen Wiederholungen – lassen mich nicht los. Die Natur, auch die unterm Sündenfall, müßte doch vom Bilde Gottes beantwortet werden. Aber Offenbarung und Theologie sind uns dieses Bild schuldig geblieben (Cusanus vielleicht nicht. Aber die Heiligen wohl alle. Jeremia stellte sich immerhin dem Rätsel)"(222). „Für mich ist die Offenbarung der Liebe ein personales Wort an den, der glaubt, der zu glauben vermag, kein Wort an die Kreatur, die Räume, die Gestirne, auch nicht an die Geschichte (so paradox das zu sein scheint). Aus einer unbegrenzbaren kosmischen Dunkelwolke schimmert schwach ein einziger Stern; das muß uns genug sein; mehr ist nicht geoffenbart" (241). Kosmos und Geschichte sind zusammengeschlossen in ihr Geschick, in ihren Gleichklang – dieser Gleichklang aber rückt sie weg von der durchdringenden Kraft der Verkündigung eines liebenden Gottes, der sich in Jesus Christus eröffnet. Die Botschaft bleibt gültig für die Existenz des einzelnen, der sich ansprechen und rufen läßt. Doch sie ist nur Stern, der das Dunkel zum Auge hin durchbricht, das auf ihn schaut, nicht aber Sonne, die das Dunkel weltweit und geschichtsweit erhellt. Dies ist Bescheidung, Bedrohung und Tapferkeit des Glaubens zugleich, den im Zusammenbruch geschichtlicher Hoffnungen und im Aufbruch eines universalen Mitleidens mit der Schöpfung Reinhold Schneider durchträgt.

2. *Ruhe, nicht Leben!*

Geschichte in ihrer Wucht und das Leben in seinen universalen Zusammenhängen auf dem eigenen Ich lasten zu fühlen, in Frömmigkeit an diese Last und an einen Heilbringer, der sie nicht zu lösen scheint, gebunden zu sein – das ist ein Leben im überfordernden Druck. Die Hoffnung auf Heil, das Auslangen nach Heil fallen nicht aus, aber sie werden eigentümlich verlagert.

Setzen wir ein bei einem Text, in welchem Reinhold Schneider die Brücke schlägt nicht nur zwischen seiner Erfahrung von Kosmos und Geschichte zum bleibenden und zugleich gewandelten Glauben, sondern auch eine Brücke von diesem Glauben zu seiner eigenen Glaubens- und Lebenssituation. „Der Herr hat den Weg des Menschen gelebt, den schmalen Pfad; wie Sokrates hat er allein den Menschen gesucht; seine Existenz im Sinne einer Möglichkeit beantwortet; die Rätsel des Kosmos und, im Vordergrund, der Geschichte, wiewohl er an Geschichtlichkeit nicht überboten werden kann, hat er übergangen. (Alles, was Weltordnung angeht, ist Zutat der

Theologen.) Nur vom Ende hat der Herr in geheimnisvoller Deutlichkeit gesprochen. Das Göttliche der Botschaft ist eben die Begrenzung und Bescheidung, das Schweigen vor den unendlichen Räumen; sie bedeutet die Hervorhebung des Menschen aus den kosmischen Bezügen. Aber ich bin nicht imstande, diese Singularität im All zu leben: es zieht mich zum Untergange mit der Kreatur; ich ersehne den Frieden, den sie erwarten darf" (132/133).

Es ist ein äußerstes Paradox: Reinhold Schneider bleibt vor dem Angesicht Gottes, er bleibt unter dem Ruf – aber es zieht ihn in die „Krypta" (79). Er gesteht: „(M)eine Lebenskraft ist so sehr gesunken, daß sie über das Grab nicht hinauszugreifen, sich über den Tod hinweg nicht zu sehnen und zu fürchten vermag. Ich kann mir einen Gott nicht denken, der so unbarmherzig wäre, einen todmüden Schläfer unter seinen Füßen, einen Kranken, der endlich eingeschlafen ist, aufzuwecken. Kein Arzt, keine Pflegerin würde das tun, wieviel weniger Er!" (Ebd.). Und nochmals das Bild vom Schläfer: „(Das Schifflein Petri) wird ankommen; und dann ist von der Ladung nichts mehr zu befürchten. Denn wir werden sein wie die Träumenden; ich aber wünsche mich unter die Schläfer von Ephesus; wenn der Sand unter dem Kiele knirscht, drehen sie sich um im Schlaf; sie verschlafen Gericht und Seligkeit, denn allzu müde ist ihre schwache Kraft im Weltlauf geworden, kein Posaunenschall kann sie ermuntern"(241). Ankommen, dabeisein bei der Ankunft und doch von ihrem Ereignis nicht aufgeweckt werden. Reduktion auf ein pures Sein, das Mitsein bleibt, Sein beim Herrn – aber nicht Leben heißt, weil Leben ja doch heißt „weitermachen", Selberleben, Pol sein, der das Ganze trägt, Punkt, auf dem die Kugel ruht.

Die Spannung von Ruhe und Leben im selben Gebet für die Toten schreckt den an diesen Nullpunkt Geratenen. „Warum sollte es nicht erlaubt sein, *in* der Kirche zu beten um die ewige Ruhe? Sie verheißt sie doch. Aber Ruhe ist nicht Leben; denn Leben wendet sich immer gegen sich selbst. Es ist doch gar nicht möglich, in *einem* Atemzuge um die ewige Ruhe und das ewige Leben zu bitten. Gilt aber die zweite Bitte nicht, so gelangt die Brücke nicht ans andere Ufer – und alle Wagen stürzen ab" (129). Das Nichtmehrkönnen und das Gehaltensein, das Fliehen und das Bleiben, sie geraten in einen rational nicht mehr auflösbaren Konflikt. Heilssehnsucht kommt an ihr äußerstes, indem sie sich selbst zurücknimmt. Sehnsucht nach Leben und Sehnsucht nach Ruhe stehen struktural zueinander wie in der Erfahrung Reinhold Schneiders Glaube und Zweifel. So stellt er das Verhältnis vor: „Meine eigene religiöse Verfassung: der Orchidee ist es zu dunkel auf dem Boden des Urwalds; sie erklettert die Stämme und erreicht die Kronen; hier lebt sie aus dünnen Humusschichten in Gemeinschaft mit einem Pilz, der die erreichbaren Nährstoffe assimiliert und überträgt und die Besamung ermöglicht; er ernährt die Orchidee und saugt sie aus und wird endlich von ihr verdaut. Der Zweifel ernährt den Glauben; der Glaube den Zweifel" (241/242). Die beiden Erfahrungen, die Erfahrung, daß die Botschaft Jesu gilt, die Erfahrung, daß sie die Last von Geschichte und All nicht löst, sind in einen Zirkel verstrickt, der sich je weiter treibt. Daraus wächst die Überzeugung: Nur du, Herr, bist Heil! und zugleich: Nur Ruhe ist Heil, Zurücknahme der Dialektik ins Nicht.

Eines freilich wäre ein Mißverständnis: zu meinen, es ginge Reinhold Schneider nur um sich, um das Fertigwerden mit sich am Ende seiner Kraft. Sie ist am Ende, aber in der Bitte um die Ruhe für sich schwingt doch noch ein anderes mit: „Zu beten nur noch aus Not um die Welt: das ist bereits die letzte Form der Frömmigkeit. Was mich selber angeht, rührt mich nicht an. Ich verlasse mich auf das mir angeborene Schwergewicht. Weltall und Schwerkraft sind in Harmonie" (190/191). Laß mich, aber laß nicht die anderen! Etwas wie Prophetenschicksal klingt hier an, etwas wie die Wandermüdigkeit des Elija auf dem Weg. Er selber: „Ich habe mich in dem Verdacht, dasein zu müssen als Vorbote des Entsetzlichen, gegen das keine Warnung und keine Bitte hilft. (Einen anderen Sinn dieser mühsamen Existenz, die eben doch, in aller Geringfügigkeit, eine geschichtliche ist, kann ich nicht mehr erkennen. Vermutlich wird erst die Katastrophe mich erlösen. Furchtbar-Unfaßbarer, komme bald!) – Warum dann noch schreiben?" (277). Der Dichter steht *unter* der Last des Weltalls und der Geschichte. Er steht aber zugleich *für* die anderen. Unter dieser Last und in diesem Zug kann er nur sein als einer, der hofft, daß bald Abruf erfolgt, Wegruf von sich selbst. Dasein als Weggerufensein von sich selber, weil nur so ich mit mir eins sein kann: „Ich begehre nichts zu begehren, und ich wünschte nichts zu wünschen: das gelte auch für Unsterblichkeit in jeder Bedeutung" (258).

Das Sterbenwollen ist Sehnsucht nach Heimat, Sehnsucht nach einem Anderen, der die Stunde bemißt, und nach seinem Lied: „Nicht hier wird meines Lebens Zeit gemessen, der geliebte Turm mißt sie unbestechlich und unermüdlich: Wenn er ruft – geschehe es bald! –, werde ich da sein, und dann habe ich nur die Bitte um sein Lied über meiner Ruhe“ (270). In der Sehnsucht nach der letzten Kontraktion in sich selbst, nach der Rücknahme in den Nullpunkt der Ruhe, lebt ungeschieden die Beziehung, die Transzendenz: Sehnsucht nach dem Lied *über* der Ruhe.

3. Der Wein ohne den Durst

Wäre es nur ein persönliches Geschick, wäre es ein singulärer Fall einer abseitigen Berufung und ihrer ungeheuerlichen Konsequenzen, dann könnte es auf sich beruhen bleiben. Auch für den Dichter selbst. Aber er weiß, es ist mehr. „‚Sie haben keinen Wein mehr‘: damit beginnt das Evanglium. Wie steht es aber mit denen, die nicht geladen wurden zur Hochzeit? Immer schmaler wird die Tafel des Bräutigams, immer breiter werden die Tische, an denen niemand nach Wundern verlangt“ (74). In sich selbst und in den Figuren des Pilgram an der Kanzel im Stephansdom liest Reinhold Schneider eine säkulare Gefährdung der Botschaft. Ihr Angebot stößt nicht mehr auf Nachfrage, das Bedürfnis, dem sie Erfüllung verheißt, zerrinnt in einer neuen Erfahrung von Welt. „Die Frage nach dem Wert des Daseins legt die Axt an die Wurzeln; fällt die Antwort verneinend aus – und warum sollte das nicht geschehen? –, so stürzt alles zusammen. (...) Ohne Lebensbejahung keine Religion; das Ja zum Leben ist vielleicht die eigentliche Gnade, die Kanzel der Verkündigung. (...) Wenn ich das Leben nicht will, nicht mehr wollen kann, so vermag auch Gott nichts über mich; denn Gott ist das Sein, und dieses ‚Nicht mehr‘ (nicht das affektive und daher verdächtige ‚Nein‘) entrückt seinem Bereich“ (72/73). Wein der göttlichen Fülle ja, aber er ist nicht mehr interessant für den Menschen, der von seinen eigenen Experimenten, von seiner eigenen Sucht nach dem Mehr, nach dem Ewig schon so übersatt ist, daß er sich kein Mehr und kein Ewig mehr anbieten läßt. Die Botschaft wird nicht bestritten, sie betrifft nicht mehr. „Das Korn will Erdreich, in dem es sterben kann, um aufzuerstehen. Wenn der Mensch das ewige Leben weder ersehnt noch fürchtet – und dieser Zone sind wir sehr nah -, verdorrt das Korn für immer. Der Glaube an Auferstehung setzt den Wunsch nach Auferstehung voraus – oder die Angst vor dem Nichts. Aber weder dieser Wunsch noch die Angst verstehen sich von selbst; in der Definition des Menschlichen, soweit sie überhaupt möglich ist, sind sie nicht eingeschlossen. Menschentum kann sich darstellen, formen, ohne von der Frage nach Unsterblichkeit beunruhigt zu werden: hier ist die Grenze der Verkündigung, der Mission, des Wortes, des Christentums. Es ist nicht das Wort an alle, sondern an die Erwählten unter allen“ (69). Wer nicht mehr fragt, was er tun müsse, um das ewige Leben zu besitzen, bei dem greift nicht mehr das Evangelium, sein Ansporn, seine Verheißung, sein Nachfolgeruf (vgl. 98). Reinhold Schneider befragt diese Frage, stellt sie in Frage: „Ist sie aber nun dem Menschen wesentlich? Ist sie unabdingbar? Nein. Weder die Vorsokratiker noch die Stoiker haben sie aufgeworfen; unüberschaubare Völkerscharen gingen und gehen hin, ohne an ihr zu leiden. Das Bild des Menschen und das Verlangen nach ewigem Leben lassen sich ebensowohl voneinander trennen wie der Mensch und der Glaube an ewigen Tod oder das Verlangen nach Verlöschen. Die durch die Herabkunft Christi beantwortete, ihm vorausgegangene Frage ist geschichtlich, genau lokalisiert, also Stimme einer variablen, einer sehr besonderen Konstellation. Hieran scheitern an bestimmter Stelle Verkündigung und Mission. Was kann Christi Sieg über den Tod Menschen und Völkern bedeuten, die sich in den Tod ergeben haben, nach Ewigkeit gar nicht verlangen? Die Osterbotschaft kann sie nicht erreichen. Und doch wurden die Apostel an alle Völker gesandt. (...) In christlicher Sicht mag man das Verstummen der Frage nach Unsterblichkeit als eine seelische Katastrophe betrachten, wohl gar als ein Geheimnis der Finsternis; das ewige Leben wird erlangen, wer Gott aus ganzer Seele liebt und den Nächsten wie sich selbst. Aber auch diese Bezogenheiten richten sich an eine ganz bestimmte seelische Gegebenheit. Kann der nur Gott lieben aus ganzer Seele, der das ewige Leben will: Liebt er Gott um dieses Lebens willen? Kann nur der den Nächsten lieben wie sich selbst, der Gott liebt? – Ist nicht eine Existenz möglich, die diese Beziehungen nicht zu leisten vermag, wenigstens nicht zugleich, die Gott liebt, aber das Leben nicht sucht, die den Nächsten liebt, aber vielleicht nicht Gott und das Leben?“ (98-100).

In dem ganz auf sich, auf seine Einsamkeit mit dem Gesamt von All und Geschichte gestellten Dichter, in seiner unverwechselbaren, persönlich ihm zugewachsenen Situation entdeckt er plötzlich die anderen, das Geschlecht, die Menschheit. Er sieht, wie eine neue Gestalt des Unglaubens heraufkommt, jene, die nicht Leugnung heißt, sondern Beziehungslosigkeit. Wenn aber die Universalität, wenn das „für alle" in Frage gestellt ist, ist dann nicht das Christentum, ist dann nicht die Botschaft in ihrem Kern in Frage gestellt?

Die Antworten, zu denen hin diese Fragen offen sind, liegen in verschiedener Richtung, ein weites Feld zeichnet sich auch in Reinhold Schneiders Reflexionen ab: Entzug gegenüber dem Gott, der das Leben verheißt, Leben mit einem Gott, der kein Leben verheißt, Atheismus, der nicht unglücklich wird ohne die Aussicht auf das ewige Leben, Frömmigkeit, die sich nicht klammert an diese zentrale Botschaft – aber kann das christliche Frömmigkeit sein? Eine andere Richtung: Müssen wir einfach verstummen vor dem Geheimnis der Erwählung zum Glauben? Müssen wir uns damit abfinden, daß dem Tod für alle nicht das Wort für alle entspricht? Oder müssen wir nach einer tieferen Wurzel suchen, aus der die Botschaft vom Leben, vom ewigen Leben doch wiederum Botschaft für alle wird? Das Rätsel der Geschichte und des Lebens, der empfundene Widerspruch der Botschaft vom Vater und von der Liebe gegenüber diesem Rätsel – das Stoßen an die Grenze des eigenen Lebenswillens über den Tod hinaus – die Frage nach dem Durst, den das Wasser des Lebens stillt, die Frage nach der Ortsbestimmung der christlichen Botschaft im Diagramm der Menschheitsgeschichte: in diese Klimax reißt uns „Winter in Wien".

Das erste Verb der zweiten Zeile lautet, tonlos, unauffällig: „gleitet" (7). Die letzten Worte der letzten Zeile: „sachte entzieht" (284). Die Grundbewegung in der Tat, ist ein „Herausgleiten aus jeglichem Horizont" (73); und, erinnern wir noch einmal daran, dieses Gleiten ist die persönliche Geschichte Reinhold Schneiders, die „Winter in Wien" spiegelt: „Ich fühle mich aus dieser Wirklichkeit, diesem Wahrheitsbereich gleiten, ohne Einwand, immer in Verehrung und Dankbarkeit, ohne jegliche Rebellion, aber eben doch für mich, gezogen von meinem Daseinsgewicht, mit geschlossenen Augen, verschlossenem Mund" (113). Die Gewichte, die gleiten machen, sind in unseren Blick getreten. Um so drängender wird die Frage: Was bleibt?

III. Was bleibt?

1. Die Konstellation

Wenn die Frömmigkeit bleibt in diesen Umbrüchen und Zusammenbrüchen, dann bleibt die Konstellation. Wohin immer sich die Fragen Reinhold Schneiders bohren, wohin immer er aus einem in der Mitte geborgenen Verhältnis zu Gott und den Dingen gleitet, das große Spiel verliert seine Spieler nicht, verliert nicht die Dimensionen, die sich zwischen ihnen und ihren unaustauschbaren Rollen entfalten. Der verborgene Gott ist nicht weniger Gott; wenn sein Vatername sich verhüllt und sein Antlitz sich entzieht, so ist er in solcher rätselhaften Ferne doch groß, doch geheimnisvoll. Das Lebenkönnen ohne Gott, das sich als säkulare Möglichkeit abzeichnet, da der Mensch herausstrebt aus seiner Unsterblichkeit, stellt dem Dichter nur um so drängender die Frage nach dem Wo und Wie dieses Gottes. Verschütten sich die Zugänge zu ihm, so bleibt doch ihm der Zugang offen zu uns – wird er kommen, wird er sprechen? „Schmerz um die Kreatur, den verborgenen Gott" (277).

Und dies ist der zweite Pol in dieser Konstellation: die Kreatur. Hineingehalten in die Dialektik von Zerstörung, die den Bestand bedingt und verzehrt, kann sie nicht sich absolut setzen, nicht zum Gott und Götzen werden. Dies ist der Schmerz um sie, daß sich Gottes Bild in ihr verfinstert: „Die Natur, auch die unterm Sündenfall, müßte doch vom Bilde Gottes beantwortet werden" (222). Und doch zergeht diese Natur auch nicht ins Wesenlose, ins Nicht, sie schwebt über dem Abgrund, sie ist durch und durch: Kreatur.

Ein dritter Pol in dieser Konstellation: das, was war. Vergangenheit ist Vergangenheit, aber sie ist das Gegenteil von Nichts. In allem Zögern gegenüber jeglicher Unsterblichkeit, das Reinhold Schneider überfällt, lebt er die Unauslöschlichkeit der Geschichte. Nicht nur ihre Spuren sind da, sondern sie selber. Ihre Gestalten stehen in einer Lebendigkeit und Wirkmächtigkeit vor ihm, die es ihm anstrengend und faszinierend macht, mit solcher Gegenwart des Gewesenen zu leben, die sich fortzeugt ins Kommende. Was war, ist zurückgenommen in sein Geheimnis und steht dort. Und dann das Ich. Es nimmt den Ton weg von sich, indem es für sich nur die Ruhe und nicht das Leben wünscht und in seinem Beten eintritt nicht für sich, sondern für die anderen. Es wird sozusagen zum Punkt mit der Ausdehnung Null – wir gebrauchten dieses Bild bereits einmal –, der doch das Ganze, die Kugel, trägt. Das Ich ist gerade nicht das Alles, sondern allem gegenüber, so aber mit allem verbunden, zu allem im Verhältnis – und gerade dadurch wie in keiner anderen denkbaren Position: es selbst.

Die Konstellation bleibt, indem die Pole bleiben; ihr je Eigenes spitzt sich zu in der Reduktion aufs Wesentliche, oder vielleicht ist es besser ausgedrückt im Negativen: im Fortfall alles dessen, was fortfallen kann, im Hineinsinken in den eigenen Grenzwert. Der unbeweisbare, rätselhafte, sich und die Welt und das, was in ihr vorgeht, nicht mehr klärende Gott – die auf ihren sie vernichtenden und zugleich haltenden Widerspruch gegen sich selbst zurückgenommene Kreatur – die im Geheimnis des Gewesenen verwahrte und die Zukunft im Geschehen verwahrende und so doch unverfügbar offene Geschichte – der in seine Endlichkeit, ja Sterblichkeit, in seine Ohnmacht und Unsicherheit, in die Überforderung seiner Verantwortung fürs Ganze zurückgebeugte Mensch: Grenzfälle des „gerade noch“, über das die hier gesetzten Worte bereits viel zuviel sagen. Eigentlich dürfte man nichts anderes nennen als nur die Namen: Gott, Kreatur, Geschichte, Mensch. Eigentlich dürfte man nur das Nicht gegenüber allen Gewohnheiten und Erwartungen stehenlassen als die jeweilige Eigenschaft; eigentlich dürfte es nur ein Prädikat geben: sein, noch sein, nur noch, gerade noch sein. Die Gestaltenfülle, der Reichtum der Perspektiven, die Vielfalt der Verflechtungen im „Winter in Wien“ sind wie der Vorhang, vor diesem „nicht mehr“ und „gerade noch“ – oder auch das Lied, das dieses „nicht mehr“ und „gerade noch“ von sich selber singt. Reinhold Schneider leiht diesem Lied die Stimme. „Warum dann noch schreiben? Ich unterhalte mich, solange ich dasein muß, durch das Medium der Welt in ihrer Zeitgestalt, auf den Straßen Wiens, mit mir selbst, in einer gewissen Freude an zerplatzten Seifenblasen, die über einem Essener Spielzeugladen ein nickendes Bärchen in die Luft blies, im Schmerz um die Kreatur, den verborgenen Gott“ (277). Hier sind die Pole der Konstellation genannt: das Ich, das dasein muß, das Medium der Welt in ihrer Zeitgestalt, die schmerzende Kreatur, der verborgene Gott.

Die Reduktion dieser Pole auf ihrem Grenzwert, auf ihr „gerade noch" hat eine doppelte Dynamik. Zum einen eben das Hinsinken eines jeden dieser Pole in jene Nähe zum Nicht, die paradoxerweise dasselbe über jeden der Pole sagen läßt und zugleich ihn wie nie zuvor in sein unverwechselbar Eigenes hineinhebt, ihm schärfste Kontur gibt. Erinnern wir uns daran, daß für Reinhold Schneider die Gestalten des Widerspruchs der Natur den Widerspruch der Geschichte, ihre Gesetzmäßigkeit erhellen. Natur und Geschichte rükken zusammen. Ist das Ich im Widerspruch der Tendenzen nach Ruhe und nach Leben in einer anderen Verfassung? Ist der Gott, der alles umfängt und gewährt, wenn anders er Gott ist, und der sich zugleich im All und der Geschichte entzieht und verweigert, nicht nochmals in derselben Situation?

Zum andern – dies ist die zweite Seite desselben Vorgangs – verschmelzen Gott, Mensch, Natur, Geschichte gerade nicht in ein Ein und Alles, rücken sie auseinander in die füreinander schier unsichtbar weit entlegenen Ecken des universalen Spielfeldes. Die Reduktion der Spieler auf ihr „gerade noch", auf ihr pures Sein, drängt sie auseinander, in jene ungeheuerliche Diastase, die das ganze Spiel, das Spiel des Ganzen, in Frage stellt. Es ist nicht wie bei Martin Heideggers Geviert, daß sich Erde und Himmel, Göttliche und Sterbliche ins Geringe des Dinges versammeln.[2] Solcher Gedanke wäre zwar nicht abzuweisen und auszuschließen von dem, was im „Winter in Wien" zum Ding, zur Sache seiner Welt gerinnt. Aber die Grundtendenz ist gerade die Zerdehnung der Konstellation, das Hinausgleiten, ja Hinausstürzen der Pole aus dem Versöhnenden und Versammelnden in die bedrohliche Fremde. In sich selber, in ihren Grenzwert fallend, fallen sie in die Entfernung voneinander. Und nochmals: auch in dieser Ferne, ja in ihr verschärft, bleibt die Konstellation. Die Freude an den „Seifenblasen" wächst in der Schale des Schmerzes. Der Schmerz aber ist Zeichen des gefühlten Zusammenhangs, der bleibenden Konstellation ebenso wie ihrer tragischen Zerdehnung, der wachsenden Fremde der Pole zueinander *in* ihrem Zusammenhang.

---

2 Vgl. *M. Heidegger*, Das Ding. In: Vorträge und Aufsätze (Pfullingen 1954) 163-186.

2. *Treue zur Konstellation: das Gebet*

Natürlich ist die Konstellation da in dem Wort, das sie bezeugt, indem es die eigene Not bezeugt und sich über sie hinausspielt in jener „gewissen Freude" an den Seifenblasen. Aber bei der Frage nach dem, was bleibt in der Katastrophe des „Winter in Wien", fällt eine andere Weise, die Konstellation, den schmerzlichen Zusammenhang, zu bestehen, besonders schwer ins Gewicht. Jener, der – Grenzwert des Wissens um Fügung, ja Ruf – den „Verdacht" hegt, „dasein zu müssen als Vorbote des Entsetzlichen, gegen das keine Warnung und keine Bitte hilft" (277), er weiß solche Botenschaft des Sehens, Sagens und Leidens verknüpft mit einem anderen Auftrag, einem anderen Muß: „Man muß beten, auch wenn man es nicht kann. Ich kann sehr wohl beten für andere, die Priester, Forscher, Staatsmänner, die Völker, die Kreatur, die Erde; für die Kranken zuerst, wie es sich versteht, und für die Toten; das ist die stille Bestätigung eines rätselvollen Zusammenhangs. Ich habe ein tiefes Bedürfnis danach; es ist das, was mich hält, was mich morgens in die Kirche ruft; für mich kann ich nicht beten; und des Vaters Antlitz hat sich ganz verdunkelt; es ist die schreckliche Maske des Zerschmeißenden, des Keltertreters; ich kann eigentlich nicht ‚Vater' sagen" (119). Und hernach gar spricht dieser Text vom Gebet des Aurel und Epiktet, die nicht an die Unsterblichkeit glaubten (vgl. 119). Dreifacher Limes des Betens: Beten nur für die anderen – Beten, dem die Grundanrede des Gebetes erstirbt, da der Angeredete sich verbirgt, ja verstellt – Beten, ohne der Ankunft dort sicher zu sein, wohin das Gebet doch trägt, Beten über den Abgrund eines verzehrenden Endes hinaus. Und doch: Beten auch und gerade für die Toten. Gebet als „stille Bestätigung eines rätselvollen Zusammenhangs": wie könnte das Bleiben der Konstellation, wie könnte die Verpflichtung dieser Konstellation für den Menschen tiefer zum Ausdruck kommen? Und alle Pole sind drinnen: Gott und die anderen und die Kreatur und die Geschichte und das Ich. Sie gehören zusammen, auch wenn sie, jeder Pol für sich selber, hinwegbrechen, hineinfallen in sich und den je anderen Polen sich entziehen. Wie sehr ist Geschichte da, gegenwärtig, wenn jene im Gebet da sind, die nicht mehr da sind! Ja, Gebet ist jener Geschichtsraum, jener Beziehungsraum, in dem alle Pole und mit ihnen das Ganze „bleiben".

Wo aber das Gebet bleibt, da heißt das Grundwort „für“. Reinhold Schneider bleibt das Beten als Beten für ... Die beiden Notizen über marianisches Rittertum (vgl. 168) und über die Heilsarmee (vgl. 254) sind verstärkende Randglossen zu diesem Grundwort des Betens, ja des Christlichen überhaupt.

Freilich gilt – die zuerst bedachte Aussage Reinhold Schneiders setzt dies schon ins Licht – das strukturale Gesetz der Reduktion auf den verlöschenden und zugleich um so mehr leuchtenden Grenzwert auch für das Gebet. Man müßte in unserem Kontext die „Räumlichkeit“ des Gebetes eigens würdigen, das Reinhold Schneider in die Kirchen Wiens führt. Räumlichkeit der scheuen, mitunter verzehrenden Distanz, der im Raum von Gemeinschaft nur um so erschreckender erfahrenen Einsamkeit (nicht nur der eigenen!, vgl. etwa 283). Beten als Überforderung, Gebet als bis ins Unerträgliche überdehnter Zusammenhang, Gebet in der Dosis und Gestalt des Letzten: „Wie fern ist der Priester am Altare der Universitätskirche! Ich bleibe zwischen den gedrehten Säulen der Distanz nicht gewachsen. (...) Zu beten nur noch aus Not um die Welt: das ist bereits die letzte Form der Frömmigkeit“ (190).

Auch der Selbstwiderspruch als erhaltendes und weitertreibendes Moment des „immer noch“ und „gerade noch“ gehört, parallel unserer Beobachtung an den Polen der Konstellation, zum Vollzug des Gebetes. Aber dieser Selbstwiderspruch erfährt hier einen Umschlag über sich hinaus, er eröffnet einen neuen und umgreifenden Zusammenhang, den es nachfolgend zu bedenken gilt: „Beten über den Glauben hinaus, gegen den Glauben, gegen sich selbst, einen jeden Tag den verstohlenen Gang des schlechten Gewissens zur Kirche – wider sich selbst und wider eigenes Wissen –: solange dieses Muß empfunden wird, ist Gnade da; es gibt einen Unglauben, der in der Gnadenordnung steht. Es ist der Eingang in Jesu Christi kosmische und geschichtliche Verlassenheit, vielleicht sogar ein Anteil an ihr: der Ort vor dem Unüberwindlichen in der unüberwindlichen Nacht. Ist diese Erfahrung aus der Verzweiflung an Kosmos und Geschichte, die Verzweiflung vor dem Kreuz, das Christentum heute? (Ich habe nur Fragen, eine Ahnung des Leidens, des herrscherlichen, das alle Dimensionen übersteigt.) Und dieses Muß, dieses dunkle, ohne Furcht vor dem Tod, eine Art ‚kleiner Passion‘, könnte noch eine Verheißung sein: numen adest“ (261).

3. *„Bergwerk des Glaubens“*

Die letzte Bemerkung hat uns in das Bleibendste des Bleibenden, hat uns in die Herzmitte der Frömmigkeit des „Winter in Wien“ geführt.

Lassen wir uns nicht näher ein auf die vielen Anklänge und Umspielungen dieses Geheimnisses im Gange des Buches, auf die Habsburger Krone als Dornenkrone (vgl. 15), auf die Reflexionen über den „Zahnwehherrgott“ an der Rückwand des Chores von St. Stephan, an welcher Reinhold Schneider die menschheitliche „Sehnsucht nach dem leidenden Gott, nach dem göttlichen Bruder in der Schmerzensgefangenschaft“ liest (58), auf den Bild gewordenen Schmerz der drei Marien in Wiener Neustadt (vgl. 231), ja nicht einmal auf den fundamentalen Satz des Dichters: „Auf die Geschichtswelt gibt es zwei Antworten: das Märchen und das Kreuz. Damit ist gesagt, wo wir uns befinden“ (82). Das Weihnachtserlebnis Reinhold Schneiders in Wien mit der Pietà (vgl. 66) und der unterirdische Kalvarienberg von Eisenstadt, der zu Ende des „Winter in Wien“ wie ein Knotenpunkt immer wieder die Linien des Geschehens in sich versammelt (vgl. 206-09, 278, 281, 283), sollen uns genügen.

Nahen wir uns diesen beiden Aussagen in einer Besinnung auf ihren strukturalen Ort, auf ihren Stellenwert in der Konsequenz des Bleibens und des Auseinandertreibens der „Konstellation“. Wir dürfen uns an dieser Stelle einer Beobachtung erinnern, die uns bereits bei unserem ersten Blick auf die Frömmigkeit des „Winter in Wien“ beschäftigte: Wohin weist das Entgleiten der Frömmigkeit aus Frömmigkeit? Die Krypta (vgl. 79), der Laderaum des Schiffleins Petri (vgl. 241) gaben erste Antwort: ins Unten und Innen.

Gehen wir dieser Antwort aufs neue nach, versuchen wir, tiefer in ihre innere Gesetzmäßigkeit einzudringen. Wo Gott und Kreatur, Geschichte und Mensch sich ihrem Nullwert nähern, wo sie „gerade noch“ sind, da sind sie zu sich selber gesteigert, da sind sie zugleich auseinandergetrieben in äußerste Spannung. Aber diese Explosion ist zugleich Weg in eine neue Nähe des Entfernten. Wir bemerkten es schon: eigentümliche Gleichung zwischen den Polen, die „gerade noch“ sind, was sie sind, tut sich auf. Aber wo ist der Ort dieser Gleichung, wo wird sie mehr als nur ein formaler Vergleich? Die

Antwort kann nicht konstruiert, sie kann nur erfahren werden. Und doch, *wird* sie erfahren, dann enthüllt sie einen „konstruktiven" Sinn. Suchen wir zunächst einmal diesen. Der Ort, an welchem sich die Gleichung der Pole ereignen könnte, wäre ihr Tod. Genau jener Tod, der sie entzieht, sogar sich entzieht und doch bewahrt, jener paradoxe Tod, der uns aufscheint in Reinhold Schneiders Gebet für die Toten im Angesicht des Zweifels an Unsterblichkeit. Der sterbende Gott, der sterbende Mensch, die sterbende Geschichte, die sterbende Kreatur. In der Geschichte, die auf eine atomare Katastrophe hinauszulaufen droht, ist die Kreatur vom Tode umwittert, hineingewoben in den Tod der Menschen. Umgekehrt ist Geschichte in ihren Gesetzmäßigkeiten hineingewoben in den Rhythmus des schrecklichen Gleichgewichtes zwischen Zerstörung und Bestand der Kreatur. Solche Vision Reinhold Schneiders hat uns bereits beschäftigt. Wie der Schmerz um Gott und Kreatur Reinhold Schneider in die Sehnsucht nach dem Tode treibt, ist ebenfalls angeklungen. Aber gibt es nicht noch eine andere Synthese, eine, die nicht nur Katastrophe oder passive Erlösung von Überlast wäre? Eben: der sterbende Gott. Jener, der Mensch und Kosmos, Gott und Geschichte nicht in triumphaler Gebärde des Könnens zusammenfaßt, sondern sich mit ihnen bis zum äußersten, bis in ihren und seinen „Nullpunkt" hinein vereinigt. Jener, der dorthin geht, wo er von allen, vom Vater und der Welt, der Geschichte und den Menschen abgeschnitten ist, jener, dem alle entgleiten und der allen entgleitet. *In* solchem Entgleiten wird er zum sammelnden, vereinigenden, versöhnenden Ort des Ganzen. Noch einmal: Als spekulativer Gedanke der Allversöhnung im alles Nicht und alles Ende mitsterbenden Gott hilft solche Überlegung nichts. Der gedachte Tod ist der geflohene, der nicht bestandene Tod. Die vergossenen Tropfen der Todesangst am Ölberg, das Gebet um Verschonung vor dem Kelch, der Schrei der Gottverlassenheit aus dem 22. Psalm, das Ausbleiben des Wunders am Karfreitag, der Tag der Starre, der Karsamstag, der drei Tage dauert, das Vergrabensein im Grab sind die Siegelmarke des wirklichen, des gestorbenen, des gerade so und nur so heilbringenden Todes.

Er ist es, dieser gestorbene Tod, der Reinhold Schneider widerfährt als Weihnachtsgeheimnis und als Geheimnis des im Eisenstädter Kalvarienberg unterirdisch erlebten Karsamstags. „Der Heilige

Abend ging gnädig, ganz ohne Schwermut vorüber" (66); Hans Fronius hatte ihm das Blatt gebracht, das er am Abend enthüllte: „Die Pietà, Klage ohne Trost um den in Todesfinsternis erlegenen Sohn" (ebd.). „(I)n dieser Sicht schwindet das Bild Gottes immer tiefer in die Todesnacht, vereinsamt die Klage der Mutter zwischen unerbittlichen Felswänden. (Wo wäre sonst Hoffnung?)" (ebd.). Und nochmals, im Blick auf das sieghaft starke alte Weihnachtslied „Er ist gewaltic unde starc": „Wir haben dieses Wort nicht und nicht seinen streitbar herausfordernden Jubel: uns bleiben die zwei Gestalten, die nicht überwunden werden können, an Weihnachten also die Pietà, die Vollendung der Menschwerdung, Gottes letzter Schritt in sein Geschöpf, in die Erdennacht" (67). Dieser Schritt ins Unterste und Äußerste nimmt die Zweideutigkeit und Zwiespältigkeit nicht hinweg, die Abgründe sind nicht zugeschüttet, wenn der Herr sich in sie wagt. Auch in diesem Sinne gilt: „daß Heilige Nacht zur Karfreitagsnacht wird" (68). Aber die Erstarrung, das Totsein, die letzte Konsequenz der Menschwerdung, die Wiederholung der Ohnmacht und Wehrlosigkeit des Kindes von Weihnachten im leblosen Körper auf dem Schoß der Mutter – das ist dennoch oder genau deshalb die einzige Hoffnung. Denn hier ist der zur Weihnacht Gekommene wahrhaft überall, wahrhaft bei allem angekommen, an der Grenze, an der alles auseinanderhaltenden und zugleich verbindenden letzten Station des Menschen, der Geschichte, der Kreatur, Gottes selbst.

Örtlich, in einer alle Biographie und Kosmologie und Geschichte umfassenden Geometrie des Gott- und Welttheaters ist der Punkt der Integration das Unten und Innen, das Unterirdische. Unter dem Boden, auf dem wir stehen, ruht ein Geheimnis. Es kann nur heilen, wenn wir es im Dunkel lassen. Bewegend beschreibt Reinhold Schneider den von Paul Esterházy zu Beginn des 18. Jahrhunderts errichteten Kalvarienberg: „... zehn Kapellen und achtzehn Altäre, die durch Gänge und Treppen miteinander verbunden sind. Es ist eine von krassem Realismus ins Unheimliche transzendierende Gestaltenwelt, erfüllt von leidenschaftlicher Innigkeit, kühner Dramatik des Heilsgeschehens" (207). „Es gab keine Rückkehr, keinen Ausweg ins Licht. Dies ist das Castillo Interior der großen Teresa, Wandel in heiliger Dunkelheit, Weltverzicht und unerschöpfliche Erfüllung" (ebd.). „Das Christentum will ins Dunkel; denn das Dunkel ist Licht. Hüte dich, der du eingehst in den Berg der Geheimnisse, in die funkelnden Schächte: Du hast mit der Welt nichts mehr zu tun; deine Heimat ist unter der Erde; du findest zurück zu den Ersten in die frühe Zeit, da das Christentum nur Ärgernis war und Geheimnis, ein Werk der Maulwürfe, weltumgestaltende Verborgenheit. (...) Später Zauberberg der Mystiker, schließe dich zu! Welche Verlockung, sich in die Beter hineinzuleben, die hier, im Bergwerk des Glaubens, zur Tiefe führen; die sich verloren an die Majestät des an den Säulenstumpf gefesselten Herrn, an Christus, den toten! Der Glaube, der zu Grabe fährt, mit Christus ins Grab, wird vielleicht auferstehn. Wir sind nicht allein an der Grenze des Abendlands, in Pannonien; wir sind an der Grenze überhaupt (denn oben geschieht nichts mehr als Untergang). Der Glaube hat nur noch diesen Weg: durch das Grab; sein Leben ist die geheimnisvolle, die unterirdische Agonie, sein Ort die Kapelle der Todesangst Christi" (208).

Die Erfahrung des Eisenstädter Kalvarienbergs ist für Reinhold Schneider so stark, daß sie ihm zum deutenden Bild wird auch für anderes, für das Geschick der Monarchie, für das Vermächtnis Grillparzers (vgl. 278, 281). Und auf unsere Frage, was bleibe, weist zum Ende Reinhold Schneider selbst mit einem Wink, der wie eine Antwort ist, hin auf diese unterirdische Glaubensburg: „Es ist alles, worum wir hätten bangen könne, geborgen im Bergwerk der Mystiker unter Vater Haydns Taktstock: Was wir in Wahrheit besitzen, was wir sind (denn wir besitzen nur, was wir sind), können wir nicht verlieren" (283).

4. Hoffnung: „Menschen, die chemisch reine Elemente sind"

Noch etwas bleibt: eine Hoffnung nicht nur über die Geschichte hinaus, sondern auch für die Geschichte, eine Hoffnung, die freilich ihrer Erfüllung nicht sicher zu sein vermag, die aber einen Weg weist, wie Geschichte weitergehen könnte.

Eigentümlich, diese Hoffnung ist zugleich Umkehrung und Konsequenz des Weges der Reduktion. Alles ist auf seinen Grenzwert zurückgesunken, auf sein „gerade noch". Die alle Geschichte und alle Welt im Transzendieren einbegreifende Hoffnung ruht unter der Erde, im Karsamstag, der eine Auferstehung kennt, die über die Geschichte hinausführt – aber wird sie Geschichte wandeln können? Kehren wir einen Augenblick vor die Pforten des Bergwerks zurück. Zum Grenzwert, der nur noch Sein, bloßes Sein heißt. Statt „bloßes" Sein können wir auch sagen: „reines" Sein. Die Reinheit, die Radikalität ist sozusagen die andere Gestalt des Sterbens. Wir können und müssen nicht nur die Krippe auf die Pietà hin lesen, das Kind auf den erstarrten Leichnam zu, sondern wir müssen den Tod und die Grenze auch lesen auf den reinen Aufbruch, den unberührten Anfang hin. Es gibt nicht nur den Nullpunkt des Sterbens, sondern auch den Nullpunkt des Anfangs. Die entscheidenden Worte: Reinheit und Radikalität.

Nullpunkt hat, als der Grenzwert der Reduktion und als der Grenzwert des Anfangs, seine Stelle auf zwei Bahnen zugleich, er ist Schnittpunkt zweier Dimensionen, einer qualitativen und einer quantitativen. Die Reduktion nimmt nicht nur die Vielzahl der Qualitäten und Prädikate zurück, sondern auch das Volumen, die Anzahl, sie tendiert hin auf die letzte karfreitägliche Einsamkeit. Und ebenso in der umgekehrten Dynamik: Anfang ist radikaler, reiner Aufbruch – und ist Unscheinbarkeit, Winzigkeit, quantité négligeable. Reinhold Schneider denkt hier sehr fundamental: „die Wirkstoffe, wie etwa ein Sekret des Nebennierenmarks, Adrenalin, oder die Hormone der Nebennierenrinde, all die in sensibelstem Widerspiel ‚steuernden', regulierenden Kräfte, deren Bedeutung und Wirkweise wohl noch viele Fragen stellen, sind dem gesamten Organismus gegenüber eine kaum mehr feststellbare Geringfügigkeit. Aber ohne sie kann er nicht gesund bleiben, kann er nicht leben. Sollte es sich mit den Völkern anders verhalten? Kranken sie am Ausbleiben, am Versagen der Wirkstoffe, der Spurenelemente? Und was wäre zu tun? Zwei, drei Existenzen sind nichts in einem aus achtzig Millionen (oder dem Vielfachen) aufgebauten Volkskörper. Vielleicht aber können sie durch äußerste Intensivierung zu Wirkstoffen werden: zu jenen seltenen, kaum oder gar nicht bekannten personalen Leistungen, die in den Blutstrom eingehen, die inneren Prozesse ermöglichen, beschleunigen, hemmen, ohne sich selbst zu verändern. Existenzen also wie Metalle. Ein einziger, der die Wahrhaftigkeit bis zum äußersten intensiviert, oder das Tragische an sich, die Kunst, den Glauben, die Liebe, kurz, extreme Existenzen tun not. Wer den Fehler macht, sie zu isolieren, sieht sie im Unrecht. Ein Wirkstoff, der ohne Gegenspieler bliebe, schädigt. Aber das Extrem findet immer seinen Gegner, wie der Ruhm seinen Feind, ein Werk die Jugend, die es verwirft und zerstört. Das Extrem kann in sich nicht vollkommen sein. Unsere wesentliche Armut ist die an Radikalität, an Menschen, die chemisch reine Elemente sind" (137/138).

Immer wieder zieht es Reinhold Schneider hin zu Existenzen, die solche Radikalität und Reinheit ahnen lassen. Eine der heimlichen Hauptfiguren seines Buches ist Pater B., der junge Jesuit, der im Sterben liegt und dessen Glaubens- und Leidensbereitschaft ihm Zeugnis christlicher Hoffnung bedeutet (vgl. 141/142, 210). Nicht minder wichtig die Jugend, die sich vom Idealen anzünden läßt. Es ist eine Jugend, der Reinhold Schneider gerade nicht ein unbefangenes Vorwärtsstürmen in neue Horizonte verheißen kann, eine Jugend, der er den Mut zum Anfang nur als Mut zum Opfer, als Mut zur Dunkelheit zuzusprechen vermag. Mut zum Anfang im Mut zum Nicht, vielleicht ist das die Bereitschaft zu jenem Wunder, das allein weiterführt. „Aber der Jugend, gerade dieser, die noch von Tugend weiß und sich des Wortes nicht schämt, wünsche ich einen helleren Himmel als den Himmel dieses Advents. Und doch: ist Advent nicht Dunkelheit? Aber ein adventlicher Glaube bricht den Himmel vielleicht auf: wäre der Retter gekommen, wenn ihm Glaube nicht vorausgeeilt wäre? Kommt einmal eine Jugend herauf, ist sie da, die mit dem Wissen von der Welt, der Wahrheit von Geschichte, den Glauben an das Wunder zu vereinen vermag? Das ist ja eigentlich der Gehalt, die heilige Paradoxie der Botschaft, Alten wie Neuen Testaments" (50, vgl. insgesamt 49-52). „Wir müssen leidenschaftlich das erstreben, woran wir (wie Whitman) im geheimen verzweifelt sind. Darum ist es unsagbar schwer, vor die Jugend zu treten – obwohl sie, wie vielleicht noch keine Generation, dort beginnen könnte, wo bisher alle endeten: mit des großen Glaubens großer Enttäuschung. Und vielleicht, wenn hier unverbrauchte Existenz sich einsetzte, während bisher nur Verbrauchte ans Tor kamen, erschlösse sich ein Pfad" (159).

Mit dieser Hoffnung schließt der Gang des „Winter in Wien" vor dem kostbaren Nachtrag der „Confusionen". Verhüllung des Gottesbildes, äußerste Annäherung an den Nullpunkt – und hier zugleich die unpathetische Hoffnung, die um den ungeheuerlichen und nicht im Kalkulieren zu versichernden Einsatz weiß, den sie kostet. „Von Schritt zu Schritt, auf dem Weg durch diese Räume, verhüllt sich dichter und dichter Gottes Bild. Nun, am Ausgang, ist es verschwunden. Vielleicht, das ist die einzige Hoffnung dieser Jahre, würde es sich wieder erzeigen, wenn die Menschen sich in Ehrfurcht frei machen würden von allem, was bisher Geschichte war; wenn sie sich, unter den Fahnen vollendeten, verhallenden Ruhms ein Herz faßten zu einer geschichtlichen Existenz, die noch nie gelebt worden ist" (250). Der Mut, den diese Existenz kostet, wäre allerdings zugleich Mut zur letzten Einsamkeit (vgl. ebd.).

Was bleibt? Die Konstellation, die auseinanderflieht und doch zusammengehalten ist: vom Menschen her im Gebet, von Gott her in der Menschwerdung bis zum Grab, aus dem Verheißung ergeht, und nochmals vom Menschen her im Mut zum reinen Anfang. Was bleibt? Es bleiben Gott und Welt und Kreatur und Mensch als die Pole, die sich voneinander entfernen und sich von sich selbst entfernen zur Grenze ihres Nicht – um an diesem Nicht eingeholt zu werden von dem, der ihr Nicht zu dem seinen macht und sie anruft, in diesem Nicht alles auf seine Wunder zu setzen. Rettung ist geschehen, aber sie ist nicht „gelaufen". Sie steht auf dem offenen Spiel, das alles fordert und den Menschen rein menschlich so überfordert. Das Gleiten ist nicht am Ende, aber es steht unter einem letzten, nicht mehr vom Menschen, von seinem Mut und von seinem Gebet zu präsumierenden Geheimnis. Der allerletzte Satz des „Winter in Wien": „Und es muß sein, es ist ganz unabdingbar, was sich verhüllt in mir, was sich mir unter dem Geheimnis der Barmherzigkeit sachte entzieht" (284).

IV. Dissonanzen

Wir täten dem „Winter in Wien" Unrecht, wenn wir am Ende nur die Österlichkeit im „Bergwerk des Glaubens" und die Hoffnung auf die unverbrauchte Generation sähen, die des Wunders fähig ist. Wir müssen ebenso sehen, was da an Fragen aufgebrochen und nicht beantwortet ist, was da an Ganzem und Gutem zersprang, ohne geheilt zu werden. Reinhold Schneider äußert immer wieder die Überzeugung, daß die Theologen mit ihm nicht zufrieden seien – und er ist es nicht mit ihnen. Wir sollten es nicht durch eine „bessere Theologie“ wettzumachen suchen. Wir müssen die Dissonanzen nennen. Ein Christentum, das die Natur, auch die unterm Sündenfall, nicht mehr vom Bilde Gottes beantwortet weiß (vgl. 222), eine „Offenbarung der Liebe“, die „kein Wort an die Kreatur, die Räume, die Gestirne, auch nicht an die Geschichte“ ist, ein Christentum, in dem alles, was Weltordnung angeht, nur „Zutat der Theologen“ wäre (vgl. 132) – ist dies das ganze Christentum, ist dies die ganze Botschaft? Und weiter: „Geht“ christlicher Glaube, wenn er sich zurückzieht vom Ausgriff auf die Unsterblichkeit (vgl. 69, 98-102, 119)? Am drückendsten und schrecklichsten: das Ersterben des Vaternamens, das Unglaubwürdigwerden der Botschaft von der Liebe: „ich kann eigentlich nicht ‚Vater‘ sagen“ (119; vgl. 131, 171, 245).

Vielleicht ergreifendstes Zeichen die verschlossenen Lippen unter dem verehrenden Blick für die Hostie, das Abbrechen der Übersetzung des zuvor auf portugiesisch ganz gegebenen Textes von Murilo Mendes: „Die Wolke, die jungfräuliche Rose, das reine Wasser, der Sphärenklang gehören den Engeln, nicht mir. Und die Hostien ...“ (113). Der im Deutschen ausgelassene Text: „Reine Hostien, vergebens erhebt ich euch über mich“ (ebd.).

V. Spuren vom Karsamstag zu Ostern

Was ist die Antwort? Stehenlassen der Erfahrung Reinhold Schneiders, als Grenzerfahrung, bestimmt. Sicher auch hinweisen auf die verborgene Kraft dessen, was in solchem Abbruch bleibt und wächst. Hinweisen auf den alle Not um den Glauben nährenden, im Gebet eingeschlossenen Glauben auch an jenes, was entgleitet. Hinweisen auf die Zuversicht, daß das Schiff Petri ankommen wird, in dessen Laderaum die Pulverfässer geborgen sind – „gerade dieser Ballast mag beitragen zu einigermaßen sicherer Fahrt. Es wird ankommen; und dann ist von der Ladung nichts mehr zu befürchten. Denn wir werden sein wie die Träumenden“ (241). Aber wer nur „stehenläßt“, hat die Herausforderung ebensowenig ganz angenommen wie jener, der nur die Argumente anführt, die über die Grenze hinausdeuten, an welche Reinhold Schneider im „Winter in Wien“ anstößt. Ruft die Frömmigkeit des „Winter in Wien“, ruft die Selbstbescheidung, die Ehrfurcht, in welcher alle seine Fragen und

Erfahrungen verlauten, nicht einfach nach dem Zeugnis, das von anderer Seite her zugeht auf sein Zeugnis? Wenige Stichworte mögen genügen:

Reinhold Schneider ist ein Mensch des Ganzen. Nichts bleibt „draußen“ aus seinem Horizont. Und doch staunt er über sich selber, über den weltweiten Lebenskreis anderer, „während ich mein Leben lang auf dem Geländer des westeuropäischen Balkons auf und nieder hüpfte und nie den Abflug gewagt habe. Ich bin Gefangener Europas geblieben, des Restes, den wir so nennen“ (70). Die tragischen Ahnungen Reinhold Schneiders für die Menschheitsgeschichte haben sich in den zwei Jahrzehnten nach „Winter in Wien“ keineswegs zerstreuen lassen. Aber ein neues Element mischt sich in die Konstellation hinein: andere Völker, Kulturen sind eingetreten in den Lichtraum der einen Welt – und sie bringen ein Potential anderer Erfahrungen, anderen Verhältnisses zu Leben und Zukunft mit. Werden wir sie sich selbst entfremden, sie einweben in das Geflecht der sich und alles verplanenden technischen Zivilisation? Oder werden wir von ihnen lernen, wird unsere Zivilisation – und damit auch unser Denken und Leben – innerlich von den „reinen Elementen“ verwandelt werden, die in unsere Blutbahn eindringen wollen? Vielleicht klingt das zu naiv, zu romantisch. Optimismus ist unangebracht. Doch nicht die Zuversicht. Es gibt die Unbefangenheit, leben zu wollen und leben zu können auch mit den dunklen und rätselvollen Zusammenhängen des Kosmos und der Geschichte, die es in der bloßen Konsequenz neuzeitlich-europäischer Kultur so kaum gäbe. Es gibt darin und darüber hinaus eine Spontanität geistlichen Lebens, das nicht philanthropische Harmlosigkeit christlich überhöht, sondern den Mut zur Einfahrt ins „Bergwerk“ ebenso wie den zur Auferstehung erschließt. Neue Quellen: Werden wir aus ihnen schöpfen? Werden sie Strömung werden können? Gegen einen Untergang oder über einen Untergang hinaus? Solches läge in der Linie dessen, was Reinhold Schneider selbst erhofft. Und wird darin nicht doch auch das Christentum wieder relevant für All und Geschichte?

Die widersprüchliche Verstrickung des Lebens in den Schmerz, ja in die Zerstörung bleibt freilich ein rätselvolles Grundgesetz des Lebens. Berühren wir nicht hier die tiefste Wunde im Glauben Reinhold Schneiders? Er erkennt nicht mehr das Antlitz des liebenden Vaters. Die Lippen bleiben geschlossen vor dem Geheimnis der Liebe, der Eucharistie.

Und doch kann gerade die Eucharistie uns hier einen Weg weisen. Sie ist Selbsthingabe, Verschwinden in das Leben des anderen hinein, das sie nährt. Seufzt die Schöpfung nicht einfach danach, daß dieses eucharistische Mysterium offenbar werde als das, wovon in der Ordnung der Vergänglichkeit die Verflechtung von Tod und Leben spiegelbildlich Zeugnis gibt? Eucharistische Ontologie: Ontologie der Liebe, die sich in den anderen, das andere verliert und auch im andern gewinnt. Sicher, das ist nicht eine glatte Lösung aller Fragen, aber es könnte die Lösung der Lippen sein, daß sie sich öffnen für die Hostie.

Und nun ein letzes Wort: Einen Monat nach dem abschließenden Datum unter der letzten Zeile des „Winter in Wien" („Freiburg, 7.3.1958", 284) war Reinhold Schneider tot. Er brach zusammen am Karsamstag, sein Tod geschah am Ostersonntag. Es gibt einen Text, der Reinhold Schneider „abholt" in seinem Karsamstag und der mit ihm hinausweist aus dem Bergwerk des Glaubens auf jenes Ostern, das auch er für seinen Glauben erhoffte: „Der Glaube, der zu Grabe fährt, mit Christus ins Grab, wird vielleicht auferstehn" (208). Der Text, mit dem wir von außen nochmals eintreten in die Mitte der Erfahrung Reinhold Schneiders, stammt aus der ersten Collatio des Hexaëmeron von Bonaventura; der Heilige spricht von Christus als der Mitte der Mathematik, will sagen, der Geometrie des universalen, alles umspannenden Raumes: „Diese Mitte wurde Christus in seiner Kreuzigung. Im Psalm heißt es: ‚Unser König wirkte vor Ewigkeiten das Heil in Mitten der Erde.' Denn die Erde ist genau die Mitte, und darum ist sie am niedrigsten und nicht sonderlich groß, und weil sie am niedrigsten und begrenzt ist, darum empfängt sie alle himmlischen Einflüsse und bewirkt das wundervolle Sprießen. So wurde auch der Gottessohn der Niedrigste, arm und gering, unsere Erde annehmend, aus Erde geschaffen, und er kam nicht nur auf die Oberfläche der Erde, sondern in den Abgrund ihres Mittelpunktes, denn er wirkte das Heil in Mitten der Erde, weil nach der Kreuzigung seine Seele in die Unterwelt hinabstieg und die himmlischen Sitze wieder herstellte. Diese Mitte bringt das Heil"[3].

---

[3] *Bonaventura*, Hexaëmeron, I, 22f. Zitiert nach der Übersetzung von *W. Nyssen*: Bonaventura, Das Sechstagewerk. Lateinisch und deutsch (München 1964) 85-87.

„DER GEKREUZIGTE"

(Zur Federzeichnung des Johannes vom Kreuz)

Trotz seiner winzigen Maße, trotz des bescheidenen Aufwands – eine Federzeichnung von wenigen Quadratzentimetern – ein großes Bild.

Ein großes Bild ja, aber nicht von einem, der als großer Maler gilt. Johannes vom Kreuz (1542–1591), der bedeutendste Mystiker der Neuzeit und einer der großen Meister der spanischen Sprache, schuf es in dem für seine dramatische Biographie entscheidenden Jahr 1577. Noch wirkte er als Spiritual und Beichtvater im Karmelitinnenkloster „La Encarnación" zu Avila, wo Teresa von Jesus, die ihm ebenbürtige Mystikerin, Priorin war. Im Streit um die Reform des Ordens, deren geistliche Antriebskräfte Teresa und Johannes waren, wurde er Ende 1577 von seinen Gegnern entführt, und von da an durchlitt er bis zu seinem Tod eine Epoche der Demütigung, Verfolgung, Verkennung, Anfechtung und Krankheit. Gerade in diesen Jahren reifte sein literarisches Werk, das nicht nur ein einmaliges Zeugnis persönlicher Liebesvereinigung mit dem lebendigen Gott darstellt, sondern auch bis heute den Weg anzeigt, der zu diesem Ziel führt. Der entscheidende Punkt auf diesem Weg ist – wie könnte es in christlicher Mystik anders sein? – der Gekreuzigte, das Kreuz.

Wen wundert es, daß einer, der nichts anderes „ist" als lebendige Beziehung zum Gekreuzigten, ihn nicht nur in sich, sondern auch über sich hinaus zur Gestalt bringt? Es geht bei dieser Zeichnung eines Meditationsbildes nicht darum, ein Kunstwerk zu fertigen, sondern jenen, den die eigene Seele sucht, ins Bild zu holen und sich selbst ins Erbilden dieses Bildes hineinzugeben.

Die Größe dieses Bildes liegt in der überraschenden Unmittelbarkeit, in der seine Gestalt als solche zu sprechen vermag, wenn wir, ohne uns auf Kontexte abzustützen, die Augen von ihr gefangennehmen lassen.

Versuchen wir es in vier hinblickenden Annäherungen. Es sind die meinen, sie sind zufällig. Aber vielleicht fällt in ihnen auch anderen die Botschaft zu, die mich darin traf.

I. Vaterlos

Mit dem Bild ist in sich selber Schluß.
Genauer: Mit Dem am Kreuz ist in sich selber Schluß.
Er blickt nicht auf zu einem Antlitz, das ihn anblickte.
Und sein Blick nach unten fällt nicht in einen bergenden Schoß.

Die ans Kreuz genagelten Hände sind nicht nach vorne oder oben ausgestreckt im Gestus der Bitte.

Durchhängend und zusammengezogen,
beides zugleich sein Leib.
Aber wo kommt mein Blick überhaupt an in diesem Bild?
Er findet seinen Weg von rückwärts seitlich oben.
Er trifft den am Kreuz Hängenden im Nacken.
Was für ein Weg: von rückwärts seitlich oben in den Nacken!
Der Blick gleitet den Längsbalken des Kreuzes entlang,
bis er auf den Leib des Gekreuzigten stößt.
So aber verwandelt sich das Bild.
Die in sich verharrende Gespanntheit und Gekrümmtheit
des Korpus
tritt doch in Beziehung.

In Beziehung wozu?
Ort der Beziehung: der Nacken.
Was liegt auf dem Nacken?
Nichts. Ein lastendes Nichts, das grenzenlos von oben hereinbricht.

Und dann sieht der Blick plötzlich mehr: auch links vor und über dem Gekreuzigten: Nichts.
Auch unter und hinter dem Kreuz: Nichts.
Und wo die nach vorne stoßenden Knie den Bildrand berühren,
auf den auch der geneigte Kopf
und die angewinkelten Füße weisen:
wiederum Nichts.

Im Nichts, vom Nichts, ins Nichts.
Vaterlos, Gott-los.

Da bist du.
Und da hältst du meinen Blick fest, da bannst du mich,
daß ich bei dir bleibe.

Und du, der in sich Gekrümmte und Gewinkelte,
Ausgespannte und Eingeschlossene,

rührst mich an, machst mich still,
bist mir Wort.
Du sprichst mir – wovon?

Vom Nichts über dir, unter dir, um dich.
Und wenn ich dich lange genug zu mir habe sprechen lassen
in deinem Schweigen,
dann kann ich nicht mehr sagen: Vaterlos, Gott-los.

II. Menschenlos

Ist es wirklich unser Menschenlos,
menschenlos allein zu sein?

Ein anderer Blick-Weg: Versuch,
von einer anderen Seite sich ins Bild zu zwängen.
Doch drinnen ist kein Platz,
um unter dein Mich-Anschauen zu geraten.
Und wenn ich draußen bleibe vor dem Bild,
so trifft auch dort dein Blick den meinen nicht.

Oder
dreht dein umdunkeltes und verschwimmendes Antlitz
sich doch heimlich nach der Seite über das Bild hinaus?
Sucht es meine Einsamkeit, die gleich der deinen ist?
So daß ich dort, draußen vor dem Bild,
entdeckt, erblickt,
gemeint bin?
Ist deine Einsamkeit in mir?
Ist meine Einsamkeit in dir?

Die Mutter und der Jünger sind nicht im Bild.
Sie sind in mir,
wenn mein Blick den Weg sucht
im Draußen
zu deinem Blick.

III. Weltlos

Nichts anderes als der Gekreuzigte und das Kreuz.
Sonst nur Nichts.
Und doch: Wer dieses Bild gesehen hat,
der hat die Welt gesehen.

Der Angenagelte,
ans Kreuz wie Angeschmiedete,
ist im Absprung.
Schau doch auf seinen Nacken:
Welche Wucht fällt senkrecht da auf ihn herab.
Er ist gestoßen -
vielleicht:
Er ist gesandt.

Ob es ihm nur ein Muß ist? In allem Schmerz
doch ein Abschwung hin zum Nichts unter ihm und um ihn
von oben her,
vom Über-Ihm.

Wird das Grenzenlose,
in das hinein er auf dem Sprunge ist,
ihn nicht verschlingen?

Es wird ihn essen:
Brot für das Leben der Welt.

IV. Kreuzlos

Verkehrte Welt, verkehrtes Kreuz!
Man drehe das Bild, so daß der Gekreuzigte
auf ihm zu liegen kommt.
Und siehe da: Er liegt nicht.
Er ist wie weggehoben vom Kreuz, an das er doch genagelt ist.
Als ob ein Windstoß ihn trüge.

Zurückgedreht in die rechte Ordnung:
Kaum mehr Reibungsfläche zwischen dem Korpus und dem Kreuz.
In der Tat, der Eingerollte und Gekrümmte,
der Durchhängende ist,
angenagelt und angeschmiedet, der Freie.

Ich ahne ihn schon: den Kreuzlosen,
den, der durch verschlossene Türen geht,
der die Seinen anhaucht
mit dem heiligen Windhauch,
der freimacht,
wo wir angenagelt sind.

Und nochmals: kreuzlos.
Das Kreuz ist kein Kreuz,
das Kreuz sind zwei kreuzende Längsbalken.

Nur noch eins, mitten in der Verlassenheit:
Höhe und Abgrund, der Vater und Er.
Und da sind wir drinnen, du und ich und wir.

Daß wir eins seien,
wie Vater und Sohn,
daß die Welt glaube.
Wunderbare Kreuzgeschichte dieses Bild,
das von der grenzenlosen Einsamkeit
in die Einheit führt.

Der Kreuzlose aber zeigt uns die Wunde.

Johannes vom Kreuz schreibt wenige Jahre, nachdem er dieses Bild gezeichnet hat, vom Gekreuzigten: „... daß er im Augenblick des Todes auch in der Seele vernichtet war, ohne irgendeinen Trost und eine Stärkung, weil der Vater ihn so sehr in innerster Trockenheit ließ ... Deswegen war er genötigt zu schreien und sagte: Mein Gott, mein Gott, warum hast du mich ohne Stütze gelassen? Das war die größte Verlassenheit, ... die er in seinem Leben je empfand. Und dadurch wirkte er in dir das größte Werk, größer als alle, die er in seinem Leben mit Wundern und Werken tat ...: In Gnaden das Menschengeschlecht mit Gott versöhnen und mit ihm vereinen ... So soll man das Geheimnis der Tür und des Weges Christi verstehen und erkennen, daß man sich desto mehr mit Gott vereinigt ..., je mehr man sich um Gottes willen vernichtet."[1]

[1] Aufstieg zum Berge Karmel, Buch II, Kap. 6. Zitiert nach *R. Mosis*, Der Mensch und die Dinge nach Johannes vom Kreuz (Würzburg 1964) 151f.

BIBLIOGRAPHISCHE NACHWEISE

Die Ironie Gottes
K. Hemmerle, Im Konkurrenzkampf der Weltanschauungen (München ²1977) 37–51.

Merkmale der Kirche – Kennmale des Geistes
Sekretariat der Deutschen Bischofskonferenz (Hg.), Aus dem Geist leben. Hilfen zur Spiritualität der Laien im pastoralen Dienst (Arbeitshilfen 33) (Bonn o. J. [1983]) 21–43.

Dienst aus dem Glauben – Dienst in der Kirche
(Zur Pastoral der geistlichen Berufe, hg. v. Informationszentrum Berufe der Kirche, 11) (Freiburg i. Br. 1973) 16–21.

Wandelbares und Unwandelbares an der Kirche
K. Hemmerle, Volk Gottes auf dem Weg. In: Kartellverband der KAB Deutschlands (Hg.), Kirche gestern, heute, morgen. Ergänzungsthema 1968/69 (o.O. o. J. [1968]) 6–9.

Ist das Konzil schon angekommen? Zum Schlußdokument der Außerordentlichen Bischofssynode 1985
Neubearbeitung von: (Berichte und Dokumente 62) (Bonn 1986) 49–66.

Trinität und Kirche. Zur Trinitätstheologie von „Christifideles laici“
Erstveröffentlichung in deutscher Sprache. – In Italienisch: Trinità e Chiesa. Sulla teologia della Trinità nella „Christifideles laici“. In: D. Tettamanzi (Hg.), Laici verso il terzo millenio. Esortazione apost. „Christifideles laici“. Testo e commenti (Roma 1989) 187–200.

Pilgerndes Gottesvolk – geeintes Gottesvolk. Eine Weg-Skizze
E. Kleindienst – G. Schmuttermayr (Hg.), Kirche im Kommen. Festschrift für Bischof Josef Stimpfle (Frankfurt a. M. 1991) 349–374.

Eine Martins- und eine Marienkirche
M. Albus (Hg.), Feuer in der Nacht. Ein Lesebuch zur Zukunft von Glaube und Kirche (Düsseldorf 1988) 75–79.

Gemeinschaft des Zeugnisses. Wandlungen im kirchlichen Institutionswesen
K. Färber (Hg.), Krise der Kirche – Chance des Glaubens. Die „Kleine Herde“ heute und morgen (Frankfurt a. M. 1968) 119–144.

Zwischen Bistum und Gesamtkirche. Ekklesiologische Vorbemerkunngen zu Fragen kirchlicher Strukturen
Internationale katholische Zeitschrift „Communio“ 1 (1974) 22–41.

Institution: geflohen und gesucht – Zusammen mit Hans Urs von Balthasar
Internationale katholische Zeitschrift „Communio“ 2 (1975) 127–138.

Zur Entwicklung der nachkonziliaren Räte in der Bundesrepublik. Theologische Reflexionen und praktische Erfahrungen
(Berichte und Dokumente 10) (Bonn 1970) 13–29.

In welchen Fragen sollen Kirche und Christen öffentlich sprechen?
Erstveröffentlichung, entstanden 1973.

Einleitung zum Dokument der Römischen Bischofssynode 1971 „Der priesterliche Dienst“
Deutsche Bischofskonferenz (Hg.), Römische Bischofssynode 1971. Der priesterliche Dienst. Gerechtigkeit in der Welt (Trier 1972) 7–38.

Wie als Priester heute leben? Versuch einer geistlichen Orientierung – Zusammen mit Wilhelm Breuning
(pwb Sonderdruck, hg. v. Informationszentrum Berufe der Kirche, 18) (Freiburg i. Br. 1982).

*Das Heilige und das Schöne. Sinn und Gestalt sakraler Kunst**
Erstveröffentlichung, entstanden ca. 1967.

Botschaft: Kirchenbau
P. Boonen (Hg.), Ludwig Schaffrath. Oasen in Glas + Stein (Aachener Beiträge zu Pastoral- und Bildungsfragen 15) (Aachen 1986) 7–17.

OIKONOMIA. Zum inneren Nexus zwischen Architektur und Theologie
C. Bayer – T. Jülich – M. Kuhl (Hg.), Celica Ihervsalem. Festschrift für Erich Stephany (Köln 1986) 305 – 310.

Nächte, die Licht geben
Was meinem Leben Richtung gab. Bekannte Persönlichkeiten berichten über entscheidende Erfahrungen (Herderbücherei 940) (Freiburg i. Br. 1982) 71–74.

Unser Lebensraum – der dreifaltige Gott. Die Gotteserfahrung von Chiara Lubich
Das Prisma. Beiträge zu Pastoral, Katechese und Theologie 6 (1994) H. 1, 17–23.

Lebenslinien
Pastoralblatt für die Diözesen Aachen, Berlin, Essen, Hildesheim, Köln, Osnabrück 45 (1993) 353 f.

Ökumene aus der Mitte
Ökumenische Mitteilungen. Informationsdienst der Arbeitsgemeinschaft christlicher Kirchen in Nordrhein-Westfalen (1976) H. 43, 3–7.

*Man hat meinem Gott das Haus angezündet**
Die Menorah. Zeitschrift der Jüdischen Gemeinde Aachen 5 (1988) H. 3, 16.

*Aufbruch in Gottes Zukunft – Anbruch der Zukunft Gottes. Zu einem Projekt „Judentum im katholischen Religionsunterricht"**
G. Biemer – A. Biesinger – P. Fiedler – K.H. Minz – U. Reck, Freiburger Leitlinien zum Lernprozeß Christen Juden. Theologische und didaktische Grundlegung (Lernprozeß Christen Juden 2) (Düsseldorf 1981) 145–150.

Judentum und Christentum nach Franz Rosenzweig. Ein Gespräch zwischen Emmanuel Levinas, Klaus Hemmerle, Hans Hermann Henrix, Bernhard Casper, Heinz-Jürgen Görtz und Herman J. Heering
G. Fuchs – H. H. Henrix (Hg.), Zeitgewinn. Messianisches Denken nach Franz Rosenzweig (Frankfurt a. M. 1987) 163 – 183.

Die Frömmigkeit des „Winter in Wien"
Widerruf oder Vollendung. Reinhold Schneiders „Winter in Wien" in der Diskussion (Freiburg i. Br. 1981) 95 – 128.

„Der Gekreuzigte"
R. Göllner (Hg.), Glaubend sehen lernen. Praktische Beiträge einer Theologie des Bildes (Hildesheim 1993) 53–58

EDITORISCHE NOTIZ

1. Offensichtliche Versehen oder Druckfehler wurden stillschweigend korrigiert, die Zitate und ihre Nachweise überprüft, doch ältere Übersetzungen, vor allem des Bibeltextes belassen. Fehlende Angaben zu Textausgaben sind nicht nachgetragen worden.

2. Ohne dies im einzelnen nachzuweisen, wurden vereinheitlicht: die Numerierung der Gliederungen, die Anmerkungen – soweit es sich nicht um die Angabe von Bibelstellen oder um wiederholte kurze Belege derselben Quelle handelt, befinden sie sich durchgehend als Fußnoten unter dem Text –, die Form der Belege und die verwendeten Abkürzungen – sie wurden nach Maßgabe des *Lexikons für Theologie und Kirche*, 3. Aufl. Freiburg 1993 ff. aktualisiert.

3. Texte ohne Titel wurden mit einer Überschrift versehen. Längere ungegliederte Texte wurden bisweilen gegliedert und mit Zwischenüberschriften versehen; oder es sind, in vom Autor selbst gegliederte, jedoch nicht mit Zwischenüberschriften ausgestattete Texte, solche neu eingefügt worden. Alle von den Bearbeitern stammenden Titel oder Zwischenüberschriften sind durch einen *Asteriskus* am Ende gekennzeichnet.

4. Andere Eingriffe in die Textgestalt sind eigens angemerkt. Den Anmerkungen der Bearbeiter ist der Hinweis *Anm. d. Bearb.* vorangestellt.

ANHANG

CURRICULUM VITAE

Geboren am 3. April 1929 in Freiburg im Breisgau als Sohn von Maria Hemmerle, geb. Hummel, und Franz Valentin Hemmerle, Kunstmaler und Graphiker.

1935 bis 1939 Besuch der Volksschule, anschließend des Berthold-Gymnasiums in Freiburg bis zum Abitur 1947.

Zum Wintersemester 1947/48 Eintritt ins Theologenkonvikt „Collegium Borromaeum" und Studium der Philosophie und Theologie an der Universität Freiburg bis zum Sommersemester 1951.

Nach der Seminarzeit in St. Peter (Schwarzwald) am 25. Mai 1952 Priesterweihe im Freiburger Münster. 1952 bis 1954 Vikarsstellen in Donaueschingen, Kollnau und Rheinfelden.

1954 freigestellt zum Weiterstudium bei Bernhard Welte, Lehrstuhl für Christliche Religionsphilosophie in der Theologischen Fakultät der Universität Freiburg. 1957 Promotion zum Doktor der Theologie aufgrund der Dissertation „Philosophische Grundlagen zu Franz von Baaders Gedanke der Schöpfung".

1956 Beauftragung mit der Gründung der Katholischen Akademie des Erzbistums Freiburg und deren Leitung bis 1961.

1958 erste Begegnung mit der Fokolar-Bewegung.

1961 bis 1968 wissenschaftlicher Assistent bei Bernhard Welte. 1967 Habilitation mit der Arbeit „Gott und das Denken nach Schellings Spätphilosophie" und Erteilung der venia legendi für das Fach Religionsphilosophie.

1968 Bestellung zum Geistlichen Direktor des Zentralkomitees der deutschen Katholiken.

1969 Umhabilitierung an die Katholisch-Theologische Fakultät der Universität Bonn.

1970 Berufung auf den Lehrstuhl für Fundamentaltheologie in der Katholisch-Theologischen Abteilung der Ruhruniversität Bochum.

1973 Berufung auf den Lehrstuhl für Christliche Religionsphilosophie in der Theologischen Fakultät der Universität Freiburg als Nachfolger von Bernhard Welte.

1975 Bestellung zum Geistlichen Assistenten des Zentralkomitees der deutschen Katholiken.

9. September 1975 Ernennung zum Bischof von Aachen. 8. November 1975 Bischofsweihe im Aachener Dom. Ernennung zum Honorarprofessor der Universität Freiburg.

1976 Bestellung zum Vorsitzenden der Kommission IV der Deutschen Bischofskonferenz „Geistliche Berufe und kirchliche Dienste". 1978 bis 1983 Mitglied der Bischofs- und der Kleruskongregation. 1987 bis 1990 Mitglied des Rates des Generalsekretariates der Bischofssynode.

1988 Verleihung der Ehrendoktorwürde der Philosophischen Fakultät der Rheinisch-Westfälischen Technischen Hochschule Aachen.

Gestorben am 23. Januar 1994 in Aachen.

BIBLIOGRAPHIE[1]

1957

1. Der Ort der Akademie in der Kirche. In: Oberrhein. Pastoralbl. 58 (1957) 304-309. Gekürzt in: AS IV, 260-264 (Der theologische Ort der Akademie).
2. Ein Jahr Katholische Akademie der Erzdiözese Freiburg. In: Oberrhein. Pastoralbl., aaO., 309f.
3. Art. Androgyn. In: LThK² I, 522.
4. Art. Baader, Franz von. In: LThK² I, 1161f.

1960

5. (Hg.), *Gespräch ohne Partner. Die Krise des Hörens* (Fr 1960, ²1961) 70 S. – Darin: Krise des Hörens, 46-70, in: AS III, 17-35.
6. Priester und Laie. In: Akademische Monatsbll. 73 (1960/1961) 58-63, 95-99.

---

[1] Das Schrifttum Hemmerles umfaßt ein Mehrfaches der hier verzeichneten Titel. Es gibt Hunderte kleinere und größere Beiträge in Publikationen von Bistümern, Verbänden, geistlichen Gemeinschaften, Gemeinden, kirchlichen und gesellschaftlichen Institutionen. Nicht wenige Texte Hemmerles sind mehrmals abgedruckt worden.
Ein Verzeichnis von M. Bandel, die als Hemmerles Sekretärin in Aachen seine Veröffentlichungen gesammelt und katalogisiert hat, wird von der Bischöflichen Diözesanbibliothek (Aachen) fortgeführt. Die Veröffentlichung einer vollständigen Bibliographie ist in Vorbereitung.
Hier sind verzeichnet: die Monographien Hemmerles, die von ihm herausgegebenen Publikationen, die Beiträge in Sammelbänden, Festschriften, wissenschaftlichen Zeitschriften bzw. Fachzeitschriften, die Lexikonartikel und Rezensionen. Weiterhin sind berücksichtigt: wichtige Veröffentlichungen im Rahmen seiner Tätigkeit beim Zentralkomitee der deutschen Katholiken (ZdK), insbesondere in der Reihe „Berichte und Dokumente" (BuD), und als Mitglied der Deutschen Bischofskonferenz (DBK). Bei mehrfach publizierten Titeln ist in der Regel nur der Ort angegeben, wo der Titel heute am leichtesten auffindbar ist.
Das Sigel „Ac" steht für Aachen; auf die Fundstelle eines Textes in den *Ausgewählten Schriften* wird verwiesen mit „AS", Bandzahl in römischen Ziffern, Seitenzahlen in arabischen Ziffern. Alle anderen Abkürungen nach LThK³.

1962

7. *Eine Einführung in die Theologie* (Fr 1962) 92 S. – Manuskriptdruck.
8. Die Suche nach dem Bruder. In: C. Böhle (Hg.), Sozialer Dienst als menschliche Begegnung (Fr 1962) 25-49.

1963

9. *Franz von Baaders philosophischer Gedanke der Schöpfung* (Sym 13) (Fr 1963) 147 S. – Dissertation (überarbeitet).
10. Franz von Baaders Weg philosophischer Gotteserkenntnis. In: PhJ 70 (1962/1963) 271-294. – Auszug aus Nr. 9, in: AS I, 58-92.
11. Art. Katholische Akademien. In: E. Bornemann – G. v. Mann-Tiechler (Hg.), Hb. der Sozialerziehung II (Fr 1963) 401-407.
12. Art. Die Arbeit mit dem einzelnen. 1. Gesprächsführung. In: E. Bornemann – G. v. Mann-Tiechler (Hg.), Hb. der Sozialerziehung III (Fr 1963) 420-428.

1964

13. Personale Hilfe in einer technisierten und rationalisierten Welt. In: Car 65 (1964) 165-178. In: AS III, 316-333.

1966

14. – B. Casper – P. Hünermann, *Besinnung auf das Heilige* (Fr 1966) 152 S. – Darin: Das Heilige und das Denken. Zur philosophischen Phänomenologie des Heiligen, 9-79, in: AS I, 111-175.
15. Zum Verständnis der Potenzenlehre in Schellings Spätphilosophie. In: PhJ 74 (1966) 99-125.

1967

16. Bespr. B. Casper, Das dialogische Denken. Fr 1967/P. Hünermann, Der Durchbruch geschichtlichen Denkens im 19. Jh. Fr 1967. In: PhJ 75 (1967/1968) 382-389. In: AS I, 176-191.
17. Art. Böse, Das. In: SM I, 617, 619-623.
18. Art. Enthusiasmus. In: SM I, 1049 ff.
19. Art. Heilige, Das. In: SM II, 576-582.
20. Art. Macht. In: SM III, 313-317.
21. Art. Nichts. In: SM III, 800-804.

1968

22. *Gott und das Denken nach Schellings Spätphilosophie* (Fr 1968) 331 S. – Habilitationsschrift (überarbeitet). Auszug in: AS I, 192-201.
23. Il significato della critica kantiana delle prove dell'esistenza di Dio. In: Ekklesia. Riv. di cultura cristiana 2 (1968) H. 2, 5-23. – Dt.: Die Bedeutung der Kantschen Kritik der Gottesbeweise, in: AS I, 93-110.

24. Gemeinschaft des Zeugnisses. Wandlungen im kirchlichen Institutionswesen. In: K. Färber (Hg.), Krise der Kirche – Chance des Glaubens. Die „Kleine Herde" heute und morgen (F 1968) 119-144. In: AS V, 112-130.
25. Volk Gottes auf dem Wege. In: Kartellverband der KAB Deutschlands (Hg.), Ergänzungsthema 1968/69: Kirche gestern, heute, morgen (o.O. o. J.) 40 S. – Loseblattsammlung. Auszug in: AS V, 55-58.
26. Enzyklika und Dialog. Der Stellenwert des Lehramts im kirchlichen Gespräch. In: Rhein. Merkur 23 (1968) 6.9., 4 f.
27. Mitten in dieser Welt. Eröffnungsrede. In: Mitten in dieser Welt. 82. Deutscher Katholikentag Essen 1968 (Pb 1968) 161-169.

1969

28. *Offene Weltformel. Perspektiven christlicher Bewußtseinsbildung* (M 1969, [2]1971) 103 S. – It.: Cosmologia, Antropologia, Sociologia e Religione (Ro 1970). Niederl.: Visie op het bestaan (Bl-Nj 1971). Franz.: Dieu, l'homme, les hommes. Essai de formulation du monde (P 1972). – In: Nr. 303.
29. – B. Albrecht – J. B. Hirschmann, Überlegungen zur Bildung der Räte des Laienapostolates. In: BuD (1969) H. 1, 27-46.
30. Einführung in die Thematik des 83. Deutschen Katholikentages. In: BuD (1969) H. 5, 3-18.
31. Geschenk der Freiheit. Bespr. B. Welte, Determination und Freiheit. In: Christ in der Gegenwart 21 (1969) 344.
32. Art. Christsein. In: PBL[1], 166-171.

1970

33. – B. Casper – P. Hünermann, *Theologie als Wissenschaft. Methodische Zugänge* (QD 45) (Fr 1970) 126 S. – Darin: Wahrheit und Zeugnis, 54-72, in: AS I, 221-238
34. – W. Hagemann, *Kirchen – wollt ihr euch behaupten? Zur Glaubensproblematik heute* (M 1970) 128 S. – Darin: Gottesfinsternis. Zur Situation des Glaubens, 10-22; Christentum – bloße Humanität?, 59-67; Konsequenz des Ostergeschehens, 70-79; Kirchen – wollt ihr euch behaupten?, 80-99; Autorität und Freiheit, 100-110; Priester – was ist das eigentlich?, 111-128.
35. *83. Deutscher Katholikentag Trier 1970. Programmstudie* = BuD (1970) H. 9, 120 S.
36. *Caritas in Kirche und Gesellschaft*. Hg. v. Deutschen Caritasverband (Fr 1970) 16 S.
37. Was heißt „katholisch" in der katholisch-sozialen Bildung? In: Civitas. Jb. für Sozialwiss. 9 (1970) 9-26. In: AS III, 276-298.
38. Ideologiekritik und christlicher Glaube. In: Militärseelsorge 12 (1970) 15-27. In: AS III, 36-49.

39. Neuzeitlicher Humanismus – mit oder ohne Gott? Zu seiner Genese und Bilanz. In: Militärseelsorge 12 (1970) 266-288.
40. Marxismus im Christentum? In: Informationsdienst des kath. Arbeitskreises für zeitgesch. Fragen (Bn 1970) H. 49, 18-24.
41. Das Konzept der Gemeinsamen Synode. In: Synode 1 (1970) 15-24.
42. Zur Entwicklung der nachkonziliaren Räte in der Bundesrepublik. Theol. Reflexionen und praktische Erfahrungen. In: BuD (1970) H. 10, 13-29. In: AS V, 172-186
43. Zur Theologie der Repräsentativität in der Kirche. Es geht um die Darstellung Christi. In: Rhein. Merkur 25 (1970) 17. 4., 22 f.
44. Das Alte Testament und das Konzil. Bespr. H. Lubscyk, Aufbauen oder niederreißen? M 1969. In: Christ in der Gegenwart 22 (1970) 134 f.

1971

45. – W. Hagemann, *Ein Gott ohne Zukunft? Glaube zwischen Idealen und Widersprüchen unserer Zeit* (M 1971) 141 S. – Darin: Ein Gott ohne Wirklichkeit? Sieben Fragen – sieben Wege, 11-71; Die verschüttete „Wohin-Frage“: eine unumgängliche Frage, 73-91.
46. Theologische Grundlagen religiöser Führung. In: Sozialpäd. Aufgaben (Fr 1971) H. 4, 100-115.
47. Auftrag der Kirche. Zwei Worte zur Grundlage. In: H. G. Schmidt (Hg.), Mit jungen Leuten. Hb. für die Jugendarbeit (M 1971) 88-101.
48. Das Zentralkomitee der Katholiken und die Diözesen. Grundsätzliche Erwägungen zu faktischen Entwicklungen. In: Civitas. Jb. für Chr. Sozialwiss. 12 (1971) 95-122.
49. Einführung in die Thematik der Synode. In: Synode 2 (1971) 11-18.
50. Die ökumenische Dimension der Synode der katholischen Bistümer in der Bundesrepublik Deutschland. In: US 26 (1971) H. 1/2, 95-102.
51. Bespr. J. Schreiner (Hg.), Die Kirche im Wandel der Gesellschaft. Wü 1970. In: ThPQ (1971) 375 f.

1972

52. *Unterscheidungen. Gedanken und Entwürfe zur Sache des Christentums heute* (Fr 1972) 132 S. – Darin: Unterscheidung des Menschlichen, 17-37, in: AS I, 264-284; Unterscheidung Gottes, 38-53, in: AS I, 350-365; Unterscheidung des Religiösen, 54-74, in: AS I, 285-306; Unterscheidung des Christlichen, 75-89, in: AS I, 307-321; Das Christliche im „nachchristlichen“ Zeitalter, 90-111, in: AS III, 50-70; Unterscheidung des Politischen, 112-127, in: AS III, 144-159.
53. *Im Konkurrenzkampf der Weltanschauungen. Meditationen zu Zeitfragen* (M 1972; ^{2}1977 verb., ^{3}1978) 164 bzw. 118 S. – Auszug in Nr. 303.
54. Der Begriff des Heils. Fundamentaltheologische Erwägungen. In: IKaZ 1 (1972) 210-230. In: AS I, 322-348.

55. Einleitung zum Dokument: Der priesterliche Dienst. In: DBK (Hg.), Röm. Bischofssynode 1971. Der priesterliche Dienst. Gerechtigkeit in der Welt (Trier 1972) 7-38. In: AS V, 206-236.
56. Caritas – eine theologische Reflexion zwischen Konzil und Synode. In: Deutscher Caritasverband (Hg.), 1897-1972. 75 Jahre Deutscher Caritasverband (Fr 1972) 131-136. In: AS III, 334-348.
57. Bespr. H. Rombach, Strukturontologie. Eine Phänomenologie der Freiheit. Fr 1971. In: PhJ 79 (1972) 212-219. In: AS I, 416-432.
58. Bespr. N. Schiffers, Befreiung zur Freiheit. Rb 1971. In: ThPQ 120 (1972) 262 f.
59. Art. Focolarini. In: HPTh V, 140.

1973

60. *Das geistliche Leben der Priester* (pwb-Sonderdrucke 2) (Fr 1973) 18 S.
61. *Der nahe Gott – der entäußerte Mensch. Eucharistie als Provokation und Antwort* (Kölner Beiträge 15) (K 1973) 18 S.
62. Was heißt Glaubenssituation? Theologische Gesichtspunkte und methodische Konsequenzen für eine Situationsanalyse. In: K. Forster (Hg.), Befragte Katholiken. Zur Zukunft von Glaube und Kirche (Fr 1973) 23-42. Gekürzt in: AS IV, 191-216.
63. Viele Wege führen ins Getto. In: K. Lehmann – K. Rahner (Hg.), Marsch ins Getto? Der Weg der Katholiken in der BRD (M 1973) 70-78. In: AS III, 71-80.
64. Endgültigkeit und Offenbarung. Theologische Kriterien für den Dialog zwischen Christentum und anderen Weltanschauungen. In: Informationsdienst Ost-West des kath. Arbeitskreises für zeitgesch. Fragen (1973) H. 62, 1-9.
65. Katholikentag unter dem Vorzeichen der Sinnfrage. In: Lebendiges Zeugnis (1973) H. 1/2, 120-123.
66. Dienst aus dem Glauben – Dienst in der Kirche. In: Zur Pastoral der geistlichen Berufe (1973) H. 11, 16-21. In: AS V, 44-54.

1974

67. (Hg.), *Die Botschaft von Gott. Orientierungen für die Praxis* (Fr 1974) 192 S. – Darin: Fragen nach Gott, 11-28, in: AS I, 366-383; Glauben an Gott, 29-45, in: AS I, 384-399; Sprechen von Gott, 46-62, in: AS I, 400-414.
68. Trasformazioni dell'immagine di Dio a partire dal Vaticano II. In: A. Marranzini (Hg.), Correnti teologiche postconciliari (Ro 1974) 235-252. – Dt.: Wandlungen des Gottesbildes seit dem II. Vatikanum, in AS I, 433-456.
69. Bonaventura und der Ansatz theologischen Denkens. In: WiWei 37 (1974) 89-97. In: AS II, 164-175.
70. Eine Theologie für heute. Wer war Bonaventura? In: Christ in der Gegenwart 26 (1974) 269.

71. Zwischen Bistum und Gesamtkirche. Ekklesiologische Vorbemerkungen zu Fragen kirchlicher Strukturen. In: IKaZ 3 (1974) 22-41. In: AS V, 131-155.
72. Funktionale Interpretation des priesterlichen Dienstes? In: K. Forster (Hg.), Priester zwischen Anpassung und Unterscheidung (Fr 1974) 27-40.
73. Die Bedeutung kollegialer Spiritualität für Dienst und Leben des Priesters heute. In: Bischöfliches Priesterseminar Trier (Hg.), Priesterausbildung im Anspruch der Zeit (Trier 1974) 30-40.
74. Gemeinsam christlich leben – gemeinsam Zeugnis geben. Die geistliche Dimension katholischer Verbände. In: Für das Leben der Welt. 84. Deutscher Katholikentag Mönchengladbach '74 (Pb 1974) 79-90.
75. Für das Leben der Welt, aaO., 114-119.
76. Sinnfrage, Glaube und Engagement. In: HerKorr 28 (1974) 516-524.
77. Katholikentag unter der Sinnfrage. In: Pastoralbl. für die Diöz. Aachen, Berlin u. a. 26 (1974) 153 ff.
78. Ihr in mir und ich in euch. In: H. Spaemann (Hg.), Wer ist Jesus von Nazareth – für mich? 100 zeitgenössische Zeugnisse (M 1974) 57 f.

1975

79. *Theologie als Nachfolge. Bonaventura – ein Weg für heute* (Fr 1975) 186 S.
80. – A. Hollerbach – R. Spaemann (Hg.), Reihe „Symposion. Philosophische Schriftenreihe" Bd. 51-100 (Fr 1975 bis 1994).
81. – H. U. von Balthasar, Institution: geflohen und gesucht. In: IKaZ 4 (1975) 127-138. In: AS V, 156-170.
82. Christliche Spiritualität in einer pluralistischen Gesellschaft. In: J. Sauer (Hg.), Glaubenserfahrung und Meditation. Wege einer neuen Spiritualität (Fr 1975) 85-110. In: AS III, 81-100.
83. Geistlich heißt weltlich. In: LS 26 (1975) 309-321. In: AS IV, 146-169.
84. Neuer Ansatz in Sicht? Zur Situation der Pastoral im Umbruch der Gesellschaft. In: H. Heinz (Hg.), Gemeinde der Zukunft – nicht erst morgen (M 1975) 10-40. In: AS IV, 16-39.
85. Voraussetzung des pastoralen Dienstes: dienende Gemeinde. In: Lebendiges Zeugnis 30 (1975) H. 1, 19-30. In: AS IV, 113-128.
86. Forderung und Spielraum des Evangeliums – gleichermaßen maximal. In: Diak 6 (1975) 113 f. In: AS IV, 110-112.

1976

87. *Vorspiel zur Theologie. Einübungen* (Fr 1976, [2]1979) 159 S. In: AS II, 12-121.
88. *Thesen zu einer trinitarischen Ontologie* (Kriterien 40) (Ei 1976, [2]1992) 72 S. – It.: Tesi di ontologia trinitaria. Per un rinnovamento della filosofia cristiana (Ro 1986). – In: AS II, 124-161.
89. *Das Wort für uns. Meditationen* (Fr 1976, [7]1982) 136 S.

90. Die Wahrheit Jesu. In: Jesus. Ort der Erfahrung Gottes. Mit Beitr. v. B. Casper u. a. (Fr 1976, ^{2}1977) 95-115. In: AS II, 176-198.
91. Leben und Denken aus dem Ursprung. B. Welte 70 Jahre. In: Christ in der Gegenwart 28 (1976) 101 f.
92. Hoffnung für uns – Misereor als Chance einer religiösen Erneuerung der kath. Kirche in Deutschland. In: Bfl. Komm. für Misereor (Hg.), Misereor – Zeichen der Hoffnung. Beitr. zur kirchlichen Entwicklungsarbeit. FS G. Dossing (M 1976) 57-70. In: AS IV, 54-69.
93. Einführung in die Thematik. In: DBK (Hg.), Zur Ordnung der pastoralen Dienste (Die deutschen Bischöfe 11) (Bn 1977) 29-43.
94. Erste Überlegungen zum 85. Deutschen Katholikentag 1978 in Freiburg. In: BuD (1976) H. 26, 47-53.
95. Weltdienst – Heilsdienst. Zur spirituellen Orientierung des organisierten Laienapostolats, aaO., 54-65.
96. Ökumene aus der Mitte. In: Ökum. Mitt. Informationsdienst der Arbeitsgemeinschaft chr. Kirchen in Nordrhein-Westfalen (1976) H. 43, 3-7. In: AS V, 310-315.

1977

97. *Der Himmel ist zwischen uns* (M 1977, ^{3}1978) 95 S. In: Nr. 303.
98. *Kirche und Wirtschaft*. Hg. v. Industrie- u. Handelskammer Düsseldorf (Vortragsreihe der Industrie- u. Handelskammer zu Düsseldorf 21) (D 1977) 15 S. In: AS III, 206-221.
99. Das problematische Verhältnis von Philosophie und Theologie. Theologische Perspektiven. In: PhJ 84 (1977) 229-241. In: AS I, 31-49.
100. Plädoyer für eine „naive" Theologie. Zu einer Rückfrage von Josef Brechtken. In: HerKorr 31 (1977) 269 f. In: AS I, 50-54.
101. Kommunikation der Kirche – Kirche der Kommunikation. In: ComSoc 10 (1977) H. 4, 253-257.
102. Brief des Bischofs von Aachen an die Priester des Bistums zur Situation des pastoralen Dienstes. In: Pastoralbl. für die Diöz. Aachen, Berlin u. a. 29 (1977) 261-269, 293-297.
103. Grenzgänger der Transzendenz – eine Zielgruppe der Pastoral. In: L. Bertsch – K.-H. Rentmeister (Hg.), Zielgruppen. Brennpunkte kirchlichen Lebens. FS K. Delahaye (F 1977) 141-154. In: AS IV, 90-108.
104. Wir sind gefragt – Jugendarbeit aus dem Evangelium, in: L. Zinke (Hg.), Religionen am Rande der Gesellschaft. Jugend im Sog neuer Heilsversprechungen (M 1977) 148-151.
105. Zur Einführung. In: M. Otto (Hg.), Blaise Pascal. Worte, die befreien (Fr 1977) 7-11.

1978

106. *Glauben – wie geht das? Wege zur Mitte des Evangeliums* (Fr 1978, ^{6}1986) 221 S.

107. Macht und Ohnmacht des Wortes. In: Möglichkeiten des Redens über Gott. Mit Beitr. v. H. Fries u. a. (D 1978) 81-104.
108. Schweigen für das Wort. In: G. Stachel (Hg.), munen muso. Ungegenständliche Meditation. FS H. M. Enomiya-Lassalle (Mz 1978) 34 f.
109. Spiritualität und Gemeinschaft. In: J. Sauer (Hg.), Lebenswege des Glaubens (Fr 1978) 73-95. In: AS IV, 170-187.
110. Kirche als Ortskirche. Ein Beitrag zu ihrer theologisch-historischen Deutung. In: H. H. Henrix – H. D. Rauh (Hg.), Der Christ und die Geschichte seiner Kirche (Aachener Beitr. zu Pastoral- u. Bildungsfragen 9) (Ac 1978) 40-54.
111. Akute Strömungen unserer Zeit als Herausforderung an die Franziskaner. In: Thuringia Franciscana 33 (1978) 211-224.
112. Ich will euch Zukunft und Hoffnung geben. In: Ich will Euch Zukunft und Hoffnung geben. 85. Deutscher Katholikentag Freiburg 1978 (Pb 1978) 89-93.
113. Das Beten der Kirche. In: DBK (Hg.), Beten mit der Kirche. Hilfen zum neuen Stundengebet (Rb 1978) 18-25.
114. Gott ins Spiel bringen. Predigt vor religionspäd. Praktikern. In: KatBl 103 (1978) 674-677.

1979

115. *Dreifaltigkeit, Geheimnis der Nähe. Das unerhört Neue der christlichen Glaubenserfahrung* (Antwort des Glaubens 11) (Fr 1979, ^{2}1982) 16 S.
116. (Hg.), *Liebe verwandelt die Welt. Anstöße zum Berliner Katholikentag 1980* (Mz 1979) 120 S. – Darin: Eucharistie und Weltverantwortung, 9-24.
117. Geistige Hintergründe des Terrorismus. Theologische und pastorale Folgerungen. In: H. Maier (Hg.), Terrorismus. Beiträge zur geistigen Auseinandersetzung (Mz 1979) 47-60.
118. Jeder hat, was er gibt. Ermutigung zur Selbsthingabe. In: K. Rahner – B. Welte (Hg.), Mut zur Tugend. Über die Fähigkeit, menschlicher zu leben. FS R. Scherer (Fr 1979) 19-29.
119. Kirche und Kunst – heute. In: Das Münster 32 (1979) 155-158.
120. Seelsorge als geistliches Tun. In: LS 30 (1979) 272-283.
121. Jugend braucht Weggenossenschaft. In: HerKorr 33 (1979) 134-140.
122. Krise oder Aufbruch? Zur Situation der Eucharistie in unseren Gemeinden. In: H. Heinz (Hg.), Ein Leib werden. Zugänge zu einer eucharistischen Pastoral (M 1979) 11-25.
123. Die Einheit des Priestertums in der Verschiedenheit. In: Seminarium 31 (1979) 463-481.
124. Zum Wegverlauf geistlicher Berufung. In: DBK (Hg.), Das Wirken des Geistes deuten. Hilfen zur Weckung und Förderung geistlicher Berufe (Wü 1979) 33-37.
125. Kriterien und Anzeichen einer Berufung. Versuch einer Zusammenschau, aaO., 51-55.

126. [Vortrag und Gespräch mit L. Vischer zu „Glaube, der Gemeinschaft schafft"]. In: Deutscher Evangelischer Kirchentag Nürnberg 1979 (St 1979) 170-181.

1980

127. *Christus nachgehen. Jungen Menschen den Weg finden helfen* (Fr 1980, ²1981) 69 S. Gekürzt in: AS IV, 269-323.
128. Musik als Liturgie – Liturgie als Musik. In: R. Hagelstange (Hg.), Musica Divinas Laudes. FS St.-Gregorius-Haus Aachen (Rb 1980) 15-27.
129. Der Ruf nach Klarheit und Offenheit. In: N. Greinacher – H. Haag (Hg.), Der Fall Küng. Eine Dokumentation (M 1980) 408-413.
130. Die leise Stimme der Hoffnung. In: F. Boll – M. Linz – T. Seiterich (Hg.), Wird es denn überhaupt gehen? FS W. Dirks (Mz 1980) 114-117.
131. Christen sind gleich – Christen sind anders. Zur Situation christlichen Zeugnisses in kommunistischen Ländern. In: Informationsdienst des kath. Arbeitskreises für zeitgesch. Fragen (1980) H. 100, 7-20.
132. Ortskirche und Priesterorden in der BRD. In: Ordenskorrespondenz 21 (1980) 428-449.
133. Das Evangelium bahnt sich Wege. Geistliche Aufbrüche heute. In: ThPQ 128 (1980) 59-67.
134. Zur Thematik des Düsseldorfer Katholikentags 1982. In: BuD (1981) H. 45, 27-34.
135. Diakonat und Eucharistie. Eine Meditation. In: J. G. Plöger – H. J. Weber (Hg.), Der Diakon. Wiederentdeckung und Erneuerung seines Dienstes (Fr 1980) 274-281.
136. Der Tod – ein fließender Übergang, kein Bruch. In: K. Richter (Hg.), Der Himmel geht über allen auf. Beispiele der Verkündigung angesichts des Todes (Fr 1980) 38-42.
137. ... mehr und mehr Weggemeinschaft werden. In: KatBl 105 (1980) 682.

1981

138. *Wo finde ich Jesus? Kinder erzählen ihrem Bischof von einer großen Suchaktion*. Hg. v. E. Strick (M 1981) 45 S.
139. *Die geistliche Grundgestalt des Diakonates* (pwb-Sonderdrucke 15) (Fr 1981) 12 S.
140. Das Neue ist älter. H. U. von Balthasar und die Orientierung der Theologie. In: EuA 57 (1981) 81-98. In: AS II, 201-223.
141. Glaube ist dem Denken Freund. B. Welte 75 Jahre. In: Christ in der Gegenwart 33 (1981) 109 f.
142. Die Zukunft der Zukunft. In: Freiburger Universitätsbll. 20 (1981) 35-45.
143. [Antworten auf Fragen des Projektes „Judentum im kath. Religionsunterricht"]. In: G. Biemer u. a., Freiburger Leitlinien zum Lernprozeß Christen – Juden. Theol. und didaktische Grundlegung (Lernprozeß

Christen Juden 2) (D 1981) 145-150. In: AS V, 317-325 (Aufbruch in Gottes Zukunft – Anbruch der Zukunft Gottes. Zu einem Projekt „Judentum im kath. Religionsunterricht").

144. Die Frömmigkeit des „Winter in Wien". In: Widerruf oder Vollendung. Reinhold Schneiders „Winter in Wien" in der Diskussion (Schriften der Reinhold-Schneider-Stiftung 3) (Fr 1981) 95-128. In: AS V, 342-373.
145. Christliches Naturverständnis und Liebesgebot als politische Wertmaßstäbe. In: W. Heintzeler – H.-J. Werhahn (Hg.), Energie und Gewissen (St 1981) 81-85.
146. [Bibelarbeit zu Lk 2,1-14]. In: Deutscher Evangelischer Kirchentag Hamburg 1981 (St 1981) 98-108.
147. Aufbruch in den Ursprung – Aufbruch in die Zukunft. Zur Aktualität der Wallfahrten. In: Amt für rhein. Landeskunde (Hg.), Wallfahrt im Rheinland (K 1981) 8 ff.
148. Das Vater unser und die Frage nach dem Wofür unseres Lebens. In: Lebendiges Zeugnis 36 (1981) H. 2, 30-33.
149. Maria – meine Chance Christ zu sein. In: KatBl 106 (1981) 590 f.
150. Fastenhirtenbrief 1981. In: Kirchlicher Anz. für die Diöz. Aachen 51 (1981) 27f. In: AS, III, 222-225 (Kirche und Arbeiterschaft – eine Herausforderung für die Gemeinden).

1982

151. *Wegmarken der Einheit. Theologische Reflexionen zur Spiritualität der Fokolar-Bewegung* (M 1982) 125 S. – Niederl.: Eenheid in opbouw. Een theologische bezinning over de spiritualiteit van de eenheid (An 1984). It.: Vie per l'unità. Tracce di un cammino teologico e spirituale (Ro 1985). Span.: Caminos para la unidad. Huellas de un camino teológico y espiritual (Ma 1986) – In: Nr. 303.
152. *Das Haus des barmherzigen Vaters* (Fr 1982, ^{2}1983) 93 S.
153. – W. Breuning, *Wie als Priester heute leben? Versuch einer geistlichen Orientierung* (pwb-Sonderdrucke 18) (Fr 1982) 16 S. In: AS V, 237-254.
154. (Hg.), *Sag mir, was du glaubst. Betrachtungen von zwölf Bischöfen über das Glaubensbekenntnis* (M 1982) 95 S. – Darin: Empfangen durch den Heiligen Geist, geboren von der Jungfrau Maria, 27-33. – It.: Dimmi in cosa credi. Dodici vescovi confessano la propria fede (Ro 1985). Niederl.: P. Schruers – A. J. Simonis (Hg.), Zeg mij hoe jij gelooft. Twaalf bisschoppen uit de wereldkerk belijden hun geloof (An 1983).
155. Denken der Grenze – Grenze des Denkens. Zur Phänomenologie B. Weltes. In: B. Casper (Hg.), Die Angewiesenheit der Theologie auf das philosophische Fragen (Schriftenreihe der Kath. Akad. der Erzdiöz. Freiburg) (M 1982) 9-27. In: AS I, 239-259.
156. Verkündigung und Dialog. Zur Bedeutung der Fundamentaltheologie für die Kirche. In: H. Waldenfels (Hg.), Theologie – Grund und Grenzen. FS H. Dolch (Pb 1982) 63-77. Auszug in: AS IV, 232-240.

157. Aufgabe der Universalität – Aufgabe der Identität: Fragen kirchlicher Akademiearbeit. In: D. Bader (Hg.), Universalität als Auftrag des Glaubens (Schriftenreihe der Kath. Akad. der Erzdiöz. Freiburg) (M 1982) 92-106. In: AS IV, 265-281.
158. Tradition – Aktualität – Zukunft: (nicht nur) Perspektiven kirchlicher Akademiearbeit. In: P. Boonen (Hg.), Lebensraum Bistum Aachen. Tradition – Aktualität – Zukunft (Aachener Beitr. zu Pastoral- u. Bildungsfragen 10) (Ac 1982) 311-324.
159. Der Mensch als Thema der Kirche und der Kunst, aaO., 220-230.
160. Gerettetes Wort – rettendes Wort. In: Akademische Monatsbll. 94 (1982) 303 f., 355 ff.; 95 (1983) 1 f. In: AS IV, 218-231.
161. [Geistliches Wort und Fürbitten bei der Friedenskundgebung]. In: Kehrt um und glaubt – erneuert die Welt. 87. Deutscher Katholikentag Düsseldorf 1982 (Pb 1982), 115 ff.
162. Woraus wir leben: unser Glaube, aaO., 240-253. In: Nr. 170.
163. Wege des Glaubens – immer wieder anfangen, aaO., 405-410. In: Nr. 170.
164. Umwelt – Lebenswelt. Die schöpfungstheologischen Grundlagen, aaO., 510-514.
165. „Halte die Gebote!“ – Versuch eines Zugangs zum kirchlichen Verständnis ethischer Normen. In: H.-J. Grossimlinghaus – L. Roos (Hg.), Christliche Verantwortung in einer säkularisierten Gesellschaft (Wü 1982) 124-148.
166. Profil der Jugend. Positive Ansätze – Überwindung der Defizite. In: StZ 200 (1982) 579-583.
167. Nächte, die Licht geben. In: Was meinem Leben Richtung gab. Bekannte Persönlichkeiten berichten über entscheidende Erfahrungen (Fr 1982) 71-74. In: AS V, 292-295.
168. Gegen die Angst – für die Hoffnung. Der Bischof von Aachen an junge Arbeiterinnen und junge Arbeiter. 1982 – Faltblatt. In: AS III, 226 ff.
169. Dynamik der Besonnenheit. Bespr. K. Forster, Glaube und Kirche im Dialog mit der Welt von heute. Wü 1982. In: LS 33 (1982) 388 ff.

1983

170. *Aus den Quellen leben. Besinnung auf das Glaubensbekenntnis und die Sakramente* (Fr 1983, [2]1984) 96 S. – Darin: Nrn. 162 u. 163.
171. – E. Spath, *Verantwortung der Ortskirche für die geistlichen Berufe. Perspektiven – Impulse* (pwb-Sonderdrucke 21) (Fr 1983) 20 S. – Darin: Glaube – Mitte der Berufung. Berufung – Mitte des Glaubens, 1-10.
172. „Mit eigener Stimme“. Geistliche Randbemerkungen zur Predigt als Rückübersetzung. In: H. Bürkle – G. Becker (Hg.), Communicatio fidei. FS E. Biser (Rb 1983) 139-146. In: AS IV, 241-254.
173. Erfahrungen mit Wort und Sakrament. In: Jb. des Ev. Bundes 26 (1983) 69-87.

174. Philosophisch-theologische Reflexionen zum Thema: „Unsere Verantwortung für die Welt von morgen“. In: H. J. Schulte-Vieting (Hg.), Mut zur Zukunft. Über den sinnvollen Umgang mit den Lebensmöglichkeiten auf der Erde (Aachener Beitr. zu Pastoral- u. Bildungsfragen 12) (Ac 1983) 17-37. In: AS III, 241-261.
175. Grundentscheidungen für ein verantwortliches Verhalten zur Zukunft. In: H. J. Schulte-Vieting (Hg.), Mut zur Zukunft, aaO., 171-183. In: AS III, 262-274.
176. Was fängt die Jugend mit der Kirche an? Was fängt die Kirche mit der Jugend an? In: IKaZ 12 (1983) 306-317. In: AS IV, 324-339.
177. La famiglia e il rinnovamento dell'Europa. In: nuova umanità. Riv. bimestrale di cultura 5 (1982/1983) H. 24/25, 9-24.
178. Heiliges Leben in heutiger Zeit. In: W. Beinert (Hg.), Die Heiligen heute ehren. Eine theol.-pastorale Handreichung (Fr 1983) 215-231.
179. Spiritualität – was heißt das? In: DBK (Hg.), Aus dem Geist leben. Hilfen zur Spiritualität der Laien im pastoralen Dienst (Arbeitshilfen 33) (Bn 1983) 13-20.
180. Merkmale der Kirche – Kennmale des Geistes, aaO., 21-43. In: AS V, 27-43.
181. Orden und Jugend im Lebensraum der Kirche. In: W. Herbstrith (Hg.), Orden als Lebensmodell. Erwartungen – Ansprüche – Tendenzen (M 1983) 120-148.
182. „Die Gnade Christi ist eine Gnade der Brüderlichkeit.“ Brudersein als Beruf und Berufung: menschliche und geistliche Hintergründe. In: Ordenskorrespondenz 24 (1983) 1-12.

1984

183. *Brücken zum Credo. Glaubenswege* (Fr 1984) 272 S.
184. *Damit die Zukunft eine Zukunft hat. Maßstäbe und Orientierung* (Kirche u. Gesellschaft 111) (K 1984) 16 S.
185. „Da mir eng war, hast du mir's weit gemacht“ (Ps 4). Ansprache bei der Totenliturgie für B. Welte. In: B. Welte, Dialektik der Liebe. Gedanken zur Phänomenologie der Liebe und zur christlichen Nächstenliebe im technologischen Zeitalter (F 1984) 128-136.
186. Matrimonio e famiglia in una antropologia trinitaria. In: nuova umanità. Riv. bimestrale di cultura 6 (1984) H. 31, 3-31.
187. Einheit als Leitmotiv in „Lumen gentium“ und im Gesamt des II. Vatikanums. In: E. Klinger – K. Wittstadt (Hg.), Glaube im Prozeß. Christsein nach dem II. Vat. FS K. Rahner (Fr 1984) 207-220.
188. Die Bedeutung der Transzendentalienlehre des heiligen Thomas von Aquin für die Politik. In: W. Zylla (Hg.), Frieden durch Menschenrechte. FS H. Czaja (Dülmen 1984) 93-97.
189. [Statement]. In: Keeney – Renn – von Winterfeldt – Kotte, Die Wertbaumanalyse. Entscheidungshilfe für die Politik (Sozialverträglichkeit von Energieversorgungssystemen) (M 1984) 50 f.

190. Was heißt „Selbstverwirklichung" christlich? In: Dem Leben trauen, weil Gott es mit uns lebt. 88. Deutscher Katholikentag München 1984 (Pb 1984) 177-187.
191. Einladung zum Katholikentag 1986 in Aachen, aaO., 1051.
192. Einladung des 89. Deutschen Katholikentags nach Aachen. In: BuD (1984) H. 53, 15-18.

1985

193. Trinität und Zeit. In: M. Böhnke – H. Heinz (Hg.), Im Gespräch mit dem dreieinen Gott. Elemente einer trinitarischen Theologie. FS W. Breuning (D 1985) 348-360. In: AS II, 280-294.
194. Nur das „Mehr" ist genug. Zum 80. Geburtstag von H. U. von Balthasar. In: Pastoralbl. für die Diöz. Aachen, Berlin u. a. 37 (1985) 226-230.
195. Der Weg zur Einheit der Christen als geistlicher Weg. In: Jb. der Ges. für Niedersächs. Kirchengeschichte 83 (1985) [FS K. Schmidt-Clausen] 31-40.
196. Der „dritte Weg" im kirchlichen Dienst. Theologische Gesichtspunkte zu seiner Begründung und Ausgestaltung. In: LS 36 (1985) 320-328. In: AS IV, 129-145.
197. Berufung und Sendung der Laien in Kirche und Welt zwanzig Jahre nach dem II. Vatikanischen Konzil. Zur Fragestellung der Bischofssynode 1987 und zu deren „Lineamenta". In: BuD (1985) H. 58, 16-25.
198. – G. Bauer, Die Themenbereiche im Licht des Leitwortes. In: Dein Reich komme. Handreichung zur Vorbereitung des 89. Deutschen Katholikentags Aachen 1986 = BuD (1985) H. 59, 27-35.
199. Die Tagesthemen und ihr Bezug zum Leitwort und zu den Heiligtümern, aaO., 35-39.
200. [Predigt]. In: ZdK (Hg.), Der 8. Mai 1945 und die deutschen Katholiken (Kevelaer 1985) 39-48.
201. In Christus ist alles erschaffen. Ausschnitte aus der Bibelarbeit über Kol 1, 15-23. In: I. Ueberschär (Hg.), Die Erde bewahren. Versöhnung von Arbeit und Leben. Impulse vom Düsseldorfer Kirchentag (St 1985) 28 ff.
202. Art. Kirche (Kirchlichkeit). In: R. Bleistein – G. Casel (Hg.), Lexikon der kirchlichen Jugendarbeit (M 1985) 114-117.

1986

203. *Gerufen und verschenkt. Theologischer Versuch einer geistlichen Ortsbestimmung des Priesters* (L zugleich M 1986) 218 S. – It.: Scelto per gli uomini. Profilo del sacerdote (Ro 1995).
204. *Dein Herz an Gottes Ohr. Einübung ins Gebet* (Fr 1986, ^{2}1987) 160 S. – It.: Con l'anima in ascolto. Guida alla preghiera (Ro 1989).
205. *Arbeiterpastoral – eine Herausforderung für Theologie und Kirche* (Arbeiterfragen, hg. v. Wiss. Arbeitsstelle der Bildungs- u. Begegnungsstätte der KAB u. CAJ der Diöz. Aachen, 3) (Herzogenrath 1986) 11 S.

206. – H. Heinz, *Heute Berufung vermitteln. Hintergründe – Perspektiven – Impulse* (pwb-Sonderdrucke 24) (Fr 1986) 33 S. – Darin: Berufungspastoral um die Jahrtausendwende, 1-14, in: AS IV, 70-89.
207. Spiritualität der Caritas. In: P. Nordhues (Hg.), Hb. der Caritasarbeit. Beitr. zur Theol., Pastoral u. Gesch. der Caritas (Pb 1986) 105-115.
208. Integration – Auftrag und Lebensvollzug der Kirche. In: G. M. Boll – L. Penners (Hg.), Integration. Herausforderung an eine Kultur des dritten Jahrtausends. FS J. Kentenich (Schönstatt-Stud. 6) (Vallendar 1986) 313-327.
209. Ist das Konzil schon angekommen? Zum Schlußdokument der Außerordentlichen Bischofssynode 1985. In: BuD (1986) H. 62, 49-66. Neufassung in: AS V, 60-71.
210. Botschaft: Kirchenbau. In: P. Boonen (Hg.), Ludwig Schaffrath. Oasen in Glas und Stein (Aachener Beitr. zu Pastoral- u. Bildungsfragen 15) (Ac 1986) 7-17. In: AS V, 267-280.
211. OIKONOMIA. Zum inneren Nexus zwischen Architektur und Theologie. In: C. Bayer – T. Jülich – M. Kuhl (Hg.), Celica Ihervsalem. FS E. Stephany (K 1986) 305-310. In: AS V, 281-287
212. Herbert Falken: Christusbild – Menschenbild. In: Halbjahreshh. der Dt. Ges. für christliche Kunst 6 (1986) H. 10/11, 6-10.
213. Zukunft des Sonntags – Zukunft der Gemeinden. In: Militärseelsorge (1985) 126-149.
214. Andere Ikonen? Gedanken zur Aachener Heiligtumsfahrt. In: Christ in der Gegenwart 38 (1986) 197. In: AS IV, 384-388.

1987

215. *Die leise Stimme. Ulrika Nisch – ihr Weg und ihre Botschaft* (Fr 1987) 84 S. - Kroat.: Tihi glas. Ulrika Nisch put i poruka (Dakovo 1988). Engl.: The silent voice. Ulrika Nisch. Her Way and Message (Ingenbohl 1990).
216. *Wegzeichen zur Neuen Stadt. Geistliche Spuren von Heiligtumsfahrten und 89. Deutschem Katholikentag 1986* (Ac 1987) 49 S.
217. (Hg.), *Fragend und lehrend den Glauben weit machen. Zum Werk Bernhard Weltes anläßlich seines 80. Geburtstages* (Schriftenreihe der Kath. Akad. der Erzdiöz. Freiburg) (M 1987) 167 S. – Darin: Einleitung, 6-11, gekürzt in: AS I, 472-476; Eine Phänomenologie des Glaubens – Erbe und Auftrag von B. Welte, 102-122, in: AS I, 476-497.
218. Theologie in Fragmenten. Franz von Baader. In: A. Halder – K. Kienzler – J. Möller (Hg.), Auf der Suche nach dem verborgenen Gott. Zur theol. Relevanz neuzeitlichen Denkens (D 1987) 160-174. In: AS I, 204-220.
219. Dein Reich komme. In: Dein Reich komme. 89. Deutscher Katholikentag Aachen 1986 I (Pb 1987) 88-93. In: Nr. 216.
220. Maria – Mutter des Lebens. Marienfeier, aaO., 130 ff. In: Nr. 216.

221. Geistliches Wort. Hauptkundgebung, aaO., 143 ff. In: Nr. 216.
222. Wort zum Abschied, aaO., 173.
223. Geleitwort. In: „Das ist mir heilig". Ausstellung Heiligtümer Jugendlicher (Altenberg 1987) 3-6. In: AS IV, 389-394 („Das ist mir heilig – Du bist uns heilig". Zu einer Ausstellung Heiligtümer Jugendlicher).
224. Das Kleid als Spur Gottes. Reflexionen zur Aachener Heiligtumsfahrt. In: V. Hertle – M. Saller – R. Sauer (Hg.), Spuren entdecken. Zum Umgang mit Symbolen. FS H. Kirchhoff (M 1987) 201-206.
225. „Die große Sehnsucht unserer Zeit". In: M. Albus (Hg.), Wort wie Brot. Ein Text, der meinem Leben Mitte gibt (M 1987) 86 ff.
226. Grundgedanken einer Meditation zum Vaterunser. In: KatBl 112 (1987) 627.

1988

227. Technik und Weisheit. In: Alma Mater Aquensis. Ber. aus dem Leben der RWTH Aachen 25 (1988/89) 101-106. In: AS III, 230-240.
228. Propädeutische Überlegungen zur Glaubensvermittlung. In: KatBl 113 (1988) 101-108. In: AS IV, 351-362.
229. Bildung und Bistum. In: H. Hammans – H. H. Henrix (Hg.), Bildung und Bistum. FS P. Boonen (Aachener Beitr. zu Pastoral- u. Bildungsfragen 03) (Ac 1988) 18-29. Gekürzt in: AS IV, 282-293.
230. Trinitarische Kirche – Kirche als Communio. In: „Gemeinsam für die Menschheit". Internationaler Priesterkongreß 1988 (Neue-Stadt-Dokumentation 2) (M 1988) 43-61.
231. Communio als Schlüsselwort für das Verständnis Mariens. Skizze zur Phänomenalität christlicher Persongestalt. In: J. Schreiner – K. Wittstadt (Hg.), Communio Sanctorum. Einheit der Christen – Einheit der Kirche. FS P.-W. Scheele (Wü 1988) 303-309.
232. Eine Martins- und eine Marienkirche. In: M. Albus (Hg.), Feuer in der Nacht. Ein Lesebuch zur Zukunft von Glaube u. Kirche (D 1988) 75-79. In: AS V, 104-107.
233. Auf der Suche nach dem Profil der Kirche. Überlegungen zur Röm. Bischofssynode 1987 zur Stellung der Laien in der Kirche. In: Das Prisma. Beitr. für Pastoral u. Theol. (1988) H. 1, 23-28.
234. Bemerkungen zur Weltbischofssynode 1987 über „Berufung und Sendung der Laien in Kirche und Welt". In: BuD (1988) H. 66, 69-77.
235. Erläuterungen zum vorgeschlagenen Leitwort des 90. Deutschen Katholikentages 1990 in Berlin. In: BuD (1988) H. 68, 84-92.
236. Bericht über den Studientag der DBK zu theologisch-pastoralen Fragen der Verbände. In: BuD (1988) H. 69, 19-24.
237. [Einführung zum Arbeitskreis „Welchen Gott lernen die Menschen durch uns Christen kennen?"]. In: DBK (Hg.), Die Zukunft des Glaubens. Studientagung der DBK und des ZdK 1988 (Arbeitshilfen 65) (Bn 1989) 78 ff., zugleich: BuD (1989) H. 70, 78 ff.

238. [Ansprache zum Gedenken an die Pogromnacht 1938]. In: Die Menorah. Zs. der Jüd. Gemeinde Aachen 5 (1988) H. 3, 16. In: AS V, 316.
239. Art. Ruf, Beruf, Berufung. In: C. Schütz (Hg.), Praktisches Lexikon der Spiritualität (Fr 1988) 1066-1069.

1989

240. (Hg.), *Dreifaltigkeit – Schlüssel zum Menschen, Schlüssel zur Zeit. Beiträge zu Zeitfragen des Glaubens* (M 1989) 136 S. – Darin: Dreifaltigkeit: Lebensentwurf für den Menschen aus dem Leben Gottes, 119-133.
241. *Was haben Evangelium und Wirtschaft miteinander zu tun?* Hg. v. Vereinigung der Unternehmerverbände im Aachener Industriegebiet (Zur Sache 10) (Ac 1989) 12 S. In: AS III, 194-205.
242. Wandern mit deinem Gott – religionsphilosophische Kontexte zu Mi 6, 8. In: R. Mosis – L. Ruppert (Hg.), Der Weg zum Menschen. Zur philosophischen und theologischen Anthropologie. FS A. Deissler (Fr 1989) 234-250. In: AS II, 295-314.
243. Trinità e Chiesa. Sulla teologia della Trinità nella „Christifideles laici". In: D. Tettamanzi (Hg.), Laici verso il terzo millennio. Esortazione apostolica „Christifideles laici". Testo e commenti (Ro 1989) 187-200. – Dt.: Trinität und Kirche. Zur Trinitätstheologie von „Christifideles laici", in: AS V, 72-84.
244. Die Stunde des Neubeginns. Ein theologischer Gedanke zur Evangelisierung heute. In: Das Prisma. Beitr. zu Pastoral u. Theol. 1 (1989) H. 2, 4-10. In: AS IV, 40-52.
245. Reinhold Schneider, Der Turm des Freiburger Münsters. In: H. Kirchhoff – M. Saller (Hg.), Im Dialog mit Texten. Zum Umgang mit literarischen Texten in Religionsunterricht und Gemeindearbeit (Donauwörth 1989) 63-71.
246. Randbemerkungen eines Katholiken. In: R. Runge – C. Krause (Hg.), Zeitansage. 40 Jahre Deutscher Evangelischer Kirchentag (St 1989) 145-154.
247. Die Welt – Gottes wohnliches Haus für den Menschen? In: H. Mockenhaupt (Hg.), Gesellschaftspolitische Impulse. Das Soziale Seminar. Beitr. zu den Fragen der Zeit (Trier 1989) 93-98.
248. Wegweisung für heute: die Zehn Gebote, aaO., 211-219.
249. Maria, Mutter der Glaubenden, und die Priester. In: G. Rovira (Hg.), Maria, Mutter der Glaubenden. Dokumentation des Rahmenprogramms zum 17. Marianischen Weltkongreß (Essen 1989) 305-312.

1990

250. Politik und Ethik. Phänomenologische Randbemerkungen. In: M. Mols – H.-O. Mühleisen – T. Stammen – B. Vogel (Hg.), Normative und institutionelle Ordnungsprobleme des modernen Staates. FS M. Hättich (Stud. zur Politik 15) (Pb 1990) 66-79. In: AS III, 160-179.

251. Wert und Wirkungen der Religion. In: R. Biskup (Hg.), Werte in Wirtschaft und Gesellschaft (Beitr. zur Wirtschaftspolitik 52) (Be 1990) 41-52. In: AS III, 101-113.
252. Heinrich Köppler: Christ und Politiker. In: F. Kronenberg – B. Vogel (Hg.), Heinrich Köppler. Christ und Politiker. 1925-1980 (D 1990) 17-27.
253. Der Priester als „Zeitgenosse". In: K. Hillenbrand – M. Kehl (Hg.), Du führst mich hinaus ins Weite. Erfahrungen im Glauben – Zugänge zum priesterlichen Dienst. FS G. Mühlenbrock (Wü 1990) 139-151.
254. Im Austausch Gestalt gewinnen. Nach-Denkenswertes zur Bischofssynode 1987 über „Die Berufung und Sendung der Laien in Kirche und Welt". In: J. Müller – E. J. Birkenbeil (Hg.), Miteinander Kirche sein. Idee und Praxis (M 1990) 11-18.
255. Wie im Himmel so auf Erden. In: Wie im Himmel so auf Erden. 90 Deutscher Katholikentag Berlin 1990 I (Pb 1991) 59-63.
256. Art. Nisch, Franziska. In: B. Ottnad (Hg.), Badische Biographien. N. F. III (St 1990) 197.

1991

257. *Und das Wort ist Kind geworden. Gedanken zur Weihnacht* (M 1991, ^{2}1992) 78 S. – Poln.: A Słowo stało się Dzieckiem. Rozważania na Boże Naradzenie (Ws 1993). It.: Dio si è fatto bambino. Meditazioni sul Natale (Ro 1994).
258. Pilgerndes Gottesvolk – geeintes Gottesvolk. Eine Weg-Skizze. In: E. Kleindienst – G. Schmuttermayr (Hg.), Kirche im Kommen. FS J. Stimpfle (F 1991) 349-374. In: AS V, 85-103
259. Die Kirche in der ersten Collatio des „Hexaemeron" von Bonaventura und in „Lumen Gentium". In: H. Hammans – H.-J. Reudenbach – H. Sonnemans (Hg.), Geist und Kirche. Stud. zur Theol. im Umfeld der beiden Vatikanischen Konzilien. FS H. Schauf (Pb 1991) 3-15.
260. Die geistige Größe Edith Steins. In: L. Elders (Hg.), Edith Stein. Leben, Philosophie, Vollendung (Wü 1991) 275-289.
261. Einheit als Lebensstil. In: H. Adolphsen – G. Harig (Hg.), Bischöfe kommentieren Fragen der Zeit (St 1991) 103-117. In: AS III, 114-130.
262. Wie im Himmel so auf Erden. In: Wie im Himmel so auf Erden. 90. Deutscher Katholikentag 1990 Berlin I (Pb 1991) 59-63.
263. Eine neue Stadt ersteht. Theologische Aspekte zum Thema des Karlsruher Katholikentags. In: ZdK (Hg.), Eine neue Stadt ersteht. Europa bauen in der Einen Welt. Überlegungen zum Leitwort des 91. Deutschen Katholikentags Karlsruhe 1992 (Bn 1991) 17-27. In: AS III, 131-139.
264. Was bewegt die Fokolarbewegung?. In: ThPQ 139 (1991) 349-354.

1992

265. Wahrheit und Liebe – ein perichoretisches Verhältnis. In: P. Jaskóły (Hg.), Veritati et caritati. W służbie teologii i pojednania. FS A. Nossol (Opole 1992) 106-118. In: AS II, 315-332.
266. Communio als Denk- und Lebensweise. In: G. Biemer – B. Casper – J. Müller (Hg.), Gemeinsam Kirche sein. Theorie und Praxis der Communio. FS O. Saier (Fr 1992) 77-89.
267. Politik und Zeugnis. In: P. Haungs – K. M. Graß – H. Maier – H.-J. Veen (Hg.), Civitas. FS B. Vogel (Stud. zur Politik 19) (Pb 1992) 315-324. In: AS III, 180-192.

1993

268. *Wo Gott aufgeht. Das „Neue" in der Spiritualität von Mutter Clara Fey* (Ac 1993) 74 S.
269. Person und Gemeinschaft – eine philosophische und theologische Erwägung. In: N. Glatzel – E. Kleindienst (Hg.), Die personale Struktur des gesellschaftlichen Lebens. FS A. Rauscher (B 1993) 31-44. In: AS III, 299-314.
270. Proportio aequalitatis – eine Erwägung zu Bonaventura, Itinerarium II 6. In: R. Breil – S. Nachtsheim (Hg.), Vernunft und Anschauung. Philosophie – Literatur – Kunst. FS G. Wolandt (Bn 1993) 203-210.
271. „Der Gekreuzigte". In: R. Göllner (Hg.), Glaubend sehen lernen. Praktische Beiträge einer Theol. des Bildes (Hildesheim 1993) 53-58. In: AS V, 374-380.
272. [Ansprache. Christlich-jüdische Gemeinschaftsfeier]. In: Eine neue Stadt ersteht – Europa bauen in der Einen Welt. 91. Deutscher Katholikentag 1992 Karlsruhe (Kevelaer 1993) 79f.
273. [Geistliches Wort. Hauptkundgebung], aaO., 90 f.
274. [Geistliches Wort. Versöhnungsfeier], aaO., 492 ff.
275. [Bibelarbeit zu: „Ich sah die heilige Stadt, das neue Jerusalem von Gott her aus dem Himmel herabkommen" (Apk 21,1-27)], aaO., 618 ff.
276. Weihbischof August Peters (1931-1986). In: Oberkreisdirektor Viersen (Hg.), Heimatbuch des Kreises Viersen XLIV (Viersen 1993) 40-44.
277. Zur Spiritualität geistlicher Leitung. In: S. Jakob – H. Strub (Hg.), Kirche leiten im Übergang – Konturen werden sichtbar. FS E. Meili (Z 1993) 264-268.
278. Spielräume Gottes und der Menschen. In: KatBl 118 (1993) 4-7. In: AS IV, 363-368.
279. Die Krippe deines Nächsten. In: M. Langer (Hg.), Wir alle sind Fremde. Texte gegen Haß und Gewalt (Rb 1993) 102 ff.
280. Unser Wohnproblem. In: Pastoralbl. für die Diöz. Aachen, Berlin u. a. 45 (1993) 1f. In: Nr. 304.
281. „Amor pastoralis", aaO., 33f. In: Nr. 304.

282. Der einzig menschliche und einzig göttliche Superlativ, aaO., 65f. In: Nr. 304.
283. Verherrlichung, aaO., 97f. In: Nr. 304.
284. Durst und Quelle, aaO., 129f. In: Nr. 304.
285. Eucharistische Not – eucharistische Erneuerung, aaO., 161f. In: Nr. 304.
286. Seine Stunde, unsere Stunde, aaO., 193f. In: Nr. 304.
287. Der Name, aaO., 225f. In: Nr. 304.
288. Das Wort, aaO., 257f. In: Nr. 304.
289. Die Mutter, aaO., 289f. In: Nr. 304.
290. Einander Geschenk sein, aaO., 321f. In: Nr. 304.
291. Lebenslinien, aaO., 353f. In: Nr. 304.

1994

292. *Nicht Nachlaßverwalter, sondern Wegbereiter. Predigten 1993*. Hg. v. K. Collas (Ac 1994) 150 S. – Darin auch: Predigt zur Bischofsweihe am 8. 11. 1975.
293. *Hirtenbriefe*. Hg. v. K. Collas (Ac 1994) 247 S. – Darin: erster Hirtenbrief von 1975, die Fastenhirtenbriefe von 1976 bis 1994, eine Auswahl von Briefen an Gruppen im Bistum Aachen.
294. *Gottes Zeit – unsere Zeit. Gedanken für jeden Tag*. Hg. v. E. Strick (M 1994, [2]1995) 395 S. – Aphorismen.
295. Das unterscheidend Eine. Bemerkungen zum christlichen Verständnis von Einheit. In: B. Fraling – H. Hoping – J. C. Scannone (Hg.), Kirche und Theologie im kulturellen Dialog. FS P. Hünermann (Fr 1994) 339-354. In: AS II, 333-353.
296. Weite des Denkens im Glauben – Weite des Glaubens im Denken. In: L. Wenzler (Hg.), Mut zum Denken, Mut zum Glauben. B. Welte und seine Bedeutung für eine künftige Theologie (Tagungsber. der Kath. Akad. Freiburg) (Fr 1994) 222-239. In: AS II, 354-370.
297. Der Religionsunterricht als Vermittlungsgeschehen. Überlegungen zum Korrelationsprinzip. In: KatBl 119 (1994) 304-311. Überarbeitete Fassung in: AS IV, 369-381.
298. Erste Überlegungen zu möglichen Themen für den Dresdener Katholikentag. In: Klaus Hemmerle – Weggeschichte mit dem ZdK = BuD (1994) H. 91, 39-52.
299. Unser Lebensraum – der dreifaltige Gott. Die Gotteserfahrung von Chiara Lubich. In: Das Prisma. Beitr. zu Pastoral, Katechese u. Theol. 6 (1994) H. 1, 17-23. In: AS V, 296-305.
300. [Bericht v. 29. 7. 1946]. In: Freiburg i. Br. (Hg.), Die Zerstörung Freiburgs am 27. 11. 1944. Augenzeugen berichten 1994 (Fr 1994) 120 ff.
301. Art. Welte, Bernhard, Religionsphilosoph und Theologe. In: B. Ottnad (Hg.), Baden-Württ. Biogr. I (St 1994) 378 ff.

1995

302. *Leben aus der Einheit. Eine theologische Herausforderung.* Hg. v. P. Blättler (Fr 1995) 205 S.
303. *Wie Glauben im Leben geht. Schriften zur Spiritualität* (M 1995) 306 S. – Darin: Nr. 28; Auszug aus Nr. 53; Nr. 97; Nr. 151.

1996

304. *Linien des Lebens. Meditationsimpulse zum Johannesevangelium* (M 1996) 79 S. – Darin: Nrn. 280-291.

INHALTSVERZEICHNIS

Zweites Kapitel: *Geeintes Gottesvolk*

ZWEITER TEIL:

Die Erscheinung von Kirche

Erstes Kapitel: *Kirche als Institution*

Zweites Kapitel: *Strukturen der Mitverantwortung*

DRITTER TEIL: Kirche als Bauwerk

VIERTER TEIL:
Ekklesiale Existenz in Dialog und Begegnung

Erstes Kapitel: *Persönliches Zeugnis – Leben in Gemeinschaft*

Zweites Kapitel: *Dialog zwischen Glaubenden*

Drittes Kapitel: *Begegnung im Schweigen*